Springer

［日］田中 诚

［美］Antonio J. Conejo　　著

［瑞典＆芬兰］Afzal S. Siddiqui

国网经济技术研究院有限公司　　译

电力系统
经济学

中国电力出版社
CHINA ELECTRIC POWER PRESS

内 容 提 要

本书基于最新电力市场设计和运营所需要的微观经济学概念和运筹学技术，以及其代理人（生产者、消费者、运营商和监管机构）的行为，构想了一个以可再生能源为主导的电力市场。

本书共七章：第 1 章介绍一般需求理论；第 2 章探讨电力供应的经济基础；第 3 章介绍电力市场出清算法；第 4 章探讨电力市场中的边际电价；第 5 章讨论在电力市场中观察到的市场支配力；第 6 章探讨电力市场中存在的环境负外部性问题；第 7 章探讨间歇性可再生能源普及的分散式电力行业中的投资决策。

本书没有连篇累牍的数学推导，也没有拖沓冗长的纯理论描述，而是以通俗易懂的语言，结合详细示例，便于读者更好地理解电力市场。

本书可供国内从事电力市场领域工作的各级管理人员、专家学者及其他读者阅读使用。

版 权 声 明

First published in English under the title
Economics of Power Systems
by Makoto Tanaka, Antonio J. Conejo Navarro and Afzal S. Siddiqui, edition: 1
Copyright © Makoto Tanaka, Antonio J. Conejo Navarro and Afzal S. Siddiqui, 2022
This edition has been translated and published under licence from
Springer Nature Switzerland AG.

图书在版编目（CIP）数据

电力系统经济学 / 国网经济技术研究院有限公司译 .

北京：中国电力出版社，2024. 12. -- ISBN 978-7-5198-9289-0

Ⅰ . F407.61

中国国家版本馆 CIP 数据核字第 20241DS515 号

北京市版权局著作权合同登记　图字：01-2024-1647

出版发行：中国电力出版社
地　　址：北京市东城区北京站西街 19 号（邮政编码 100005）
网　　址：http://www.cepp.sgcc.com.cn
责任编辑：王春娟　张冉昕
责任校对：黄　蓓　王小鹏
装帧设计：张俊霞
责任印制：石　雷

印　　刷：三河市万龙印装有限公司
版　　次：2024 年 12 月第一版
印　　次：2024 年 12 月北京第一次印刷
开　　本：710 毫米 ×1000 毫米　16 开本
印　　张：22.5
字　　数：340 千字
定　　价：128.00 元

翻译工作组

（按照贡献度排序）

汪　莹　　陈政琦　　韩晓男
薛　彪　　高　源　　吴界辰
杨卓栋　　韦　尊　　梁　燕
陈原子　　赵　震　　余　轶
张柯欣

致 Naomi、Rei 和 Shou

纪念我的母亲 María，感谢她给我的谆谆教诲

致 Niraj Patel

译者前言 Preface

　　当前，电力系统发展正在面临日益复杂的环境，包括越来越多无边际成本的可再生能源、竞争日益激烈的储能设施、不断增长的电能需求以及支持分布式决策制定的广泛通信渠道，要求电力行业重新审视所需的微观经济学知识和运筹学技术。

　　本书是由田中 诚、Antonio J. Conejo、Afzal S. Siddiqui 三位教授编撰的。所述内容丰富、理论眼界高远、思考剖析深刻，具备较高的学术价值和重要的参考意义，适合从事电力市场领域工作的各级管理人员、专家学者以及对相关内容感兴趣的其他读者参考，国网经研院组织研究人员对此书翻译以飨读者。此外，本书仅以翻译原作者内容，为读者普及国际电力知识为宗旨，书中个别观点并不代表译者观点。

　　《电力系统经济学》主要阐述了在电力系统不断发展的环境下，了解电力市场的设计和运行以及其中各主体行为所需要的最新微观经济学概念和运筹学方法。内容涵盖一般需求理论、电力供应的经济基础、电力市场出清算法等多个方面，其中也包括备受关注的可再生能源、储能技术等热门话题。本书案例丰富、应用性强，每章后面都附有练习题及大量说明性示例，读者可以验证和体验电力市场中许多数学模型的物理意义。希望国内从事电力市场领域工作的读者，能够从本书中得到借鉴，共同推动中国电力市场的有序发展。

　　由于译者水平有限，加之时间仓促，书中难免存在不妥之处，恳请读者批评指正。

译　者

2024 年 8 月

P英文版前言
reface

本书旨在提供并详述最新的微观经济学概念和运筹学方法，这些概念和方法是了解电力市场的设计和运行，以及其中各行为主体的行为所必需的。这些行为主体包括生产者、消费者、产消者（既是生产者又是消费者的行为主体，如使用太阳能光伏系统的住户）、运营商和监管机构。在电力系统不断发展的环境下，太阳能和风能等无边际成本的可再生能源越来越多，储能设施的竞争力越来越强，需求响应的速度越来越快，脱碳需求越来越大，能够实现分布式决策的通信渠道越来越广泛，解决相关问题至关重要。在这种不断变化的环境中，需要重新审视电力系统领域的学生和从业人员所需的微观经济学概念和运筹学方法。

本书面向电力市场领域（包括工程学、运筹学、经济学和商学）的本科生、研究生、研究人员和从业人员。我们以通俗易懂的方式，编写并提供了这本教程式书籍，其中包括许多示例，涵盖典型示例到详细示例，便于读者理解电力市场专业人士使用的经济学概念和运筹学方法。我们设想了一个以可再生能源为主的市场，扩展讲解这些概念和方法。

本书共分7章。第1章介绍一般需求理论在电力市场所关注的重点，涵盖微观经济学的重要概念，包括效用函数、需求函数、需求价格弹性和消费者剩余。本章还讨论了因时变价格以及装有分布式发电装置的产消者所做决策而引起的需求响应效应。

第2章探讨电力供应的经济基础，包括短期运营成本和长期投资成本，对比了企业的短期和长期利润最大化决策，以及传统发电技术和间歇性可再生能源（VRES）与零运营成本之间的相互作用。此外，本章还探讨了可缓解时空不平衡的储能技术。

第3章介绍电力市场拍卖，即电力市场出清算法，主要关注的是日前市场，首先分析了单节点单时段拍卖和单节点多时段拍卖，其次讨论了网络约束单时段拍卖和多时段拍卖。

第 4 章探讨电力市场中的边际定价。本章首先介绍边际定价的长期和短期特性，即完全竞争下的投资成本回收和短期效率；其次，探讨了与非凸性有关的边际价格（例如，启动成本和最小发电量）；最后，还探讨了随机和多时段市场出清算法。

第 5 章讨论在电力市场中观察到的市场支配力，介绍如何衡量市场支配力和市场集中度。本章以博弈论为基础，介绍了具有同时和序贯决策者的寡头垄断模型，提出领导者 – 追随者寡头垄断模型的扩展框架，模型包含多个领导者，他们作为生产者或消费者会战略性地提交报价 / 出价。

第 6 章探讨电力市场中存在的环境负外部性问题（the issue of negative environmental externalities），包括环境税、排放许可证制度和可再生能源配额制等市场机制的影响。本章还介绍了详细的具有外部性效应的网络约束运营模式，用以适应实际的空间、技术和时间因素，以及电力系统中各生产者的市场支配力。

第 7 章探讨间歇性可再生能源普及的分散式电力行业中的投资决策。本章首先探讨输电规划，因为有前景的间歇性可再生能源发电站地处偏远，而且需要实行变化管理；其次探讨与输电规划的结构一致的发电容量投资；最后本章提出一个包括实际空间、技术和时间因素，以及生产者市场支配力的详细模型。

本书融合了理论分析与实际应用，书中包含可直接使用的数值算例 GAMS 代码，可使电力市场领域的学生、研究人员和从业人员对本书产生浓厚兴趣。我们希望本书有助于电力市场的研究和商业进步。

最后，感谢各位同事和学生提出的深刻见解和宝贵意见，尤其要感谢 Carlos Batlle 对第 4 章内容给出的精辟见解；感谢 Camille Price 鼓励我们撰写本书；同时感谢施普林格出版社的编辑人员，他们在整个写作过程中给予我们很多帮助。

田中　诚 于日本东京市
Antonio J. Conejo 于美国俄亥俄州哥伦布市
Afzal S. Siddiqui 于瑞典斯德哥尔摩市
2021 年 9 月

目 录
Contents

第 1 章

需　求

1.1　概述

电力行业实行发输配售环节分离重组之后，发电和售电环节采用市场化机制，输电和配电环节继续保持政府监管。例如，批发电价由批发电力市场中的供需条件决定[10]。因此，了解电力市场中的供需机制非常重要。本章重点探讨市场中的需求机制，特别关注消费者行为。第 2 章将探讨市场中的供应机制。

电力主要供应给家庭住户、商业楼宇及工业设施等用户。在欧盟，工业领域占所有电力消耗的 40%，家庭和商业领域则分别占 30%[5]。在放松管制的电力市场中，由于零售商试图将波动的电价转嫁给消费者，使消费者往往面临电价波动的问题。因此，电力消费者会调整其电力需求量以应对电价变化。

微观经济学理论解释了需求的一般机制[13, 15]，研究了消费者的偏好、选择和福利等基本因素。本书关注点在于消费者面对市场价格波动时做出的行为，换言之，要了解在不同的市场价格水平下，消费者愿意购买的商品数量。本章聚焦电力市场，主要探讨一般需求理论，这些理论适用于包括其他能源市场（如天然气和石油市场）在内的所有市场。

首先，本章介绍效用的基本概念。效用可以衡量消费商品所带来的满足或幸福程度。效用的一般形式通常表示为各种商品（如电、燃气和水）的函数。在应用中，可以考虑包括柯布 – 道格拉斯（Cobb-Douglas）效用函数和二次效用函数在内的特定效用函数形式。

面对波动的市场价格，消费者的目标是在预算限制下实现效用最大化。求解效用最大化问题，就需要得出最合理的用电量。这些解称为需求函数。需求函数是随价格变化的函数，能体现出需求量和市场价格之间的关系。本书将推导出常用于电力市场分析的线性需求函数。

需求函数揭示了消费者是通过改变需求量来应对价格变化。在电力市场中，如果电价在某些时期上涨，用户会通过减少使用用电设备来缩减需求量。本书将讨论需求价格弹性的概念，以衡量消费者对价格变化的反应程度。在实际应用中，线性需求价格弹性十分重要。

此外，本书还将评估电力消费的货币价值。基于需求函数，本书将介绍福利分析中总收益和消费者剩余的一般概念。具体来说，消费者剩余衡量的是以市场价格购买商品后的净收益。本书将证明效用最大化与剩余最大化密切相关。

对单个消费者的分析可扩展到市场中的多个消费者。本书研究了从个体消费者需求函数到总体市场需求函数的聚合，以及从个人消费者剩余到总体市场消费者剩余的聚合。本书还从公共事业单位（如电力市场中的系统运营商）的角度，研究了总体市场消费者剩余的最大化。

最后，本书提出了与电力行业最新技术进步有关的两个问题。一个问题涉及消费者的需求响应，其中消费者配备了先进的智能电表，可以记录近乎实时的电力消费情况。发现时变价格会引起消费者的需求响应，从而提高经济效率。另一个问题是，越来越多的消费者使用分布式发电装置，如屋顶太阳能光伏发电系统。这类客户被视为在市场上出售和购买电力的产消者。本书将介绍产消者的决策。

在本章的其余部分，第 1.2 节介绍效用的概念；第 1.3 节推导需求函数；第 1.4 节和第 1.5 节分别解释需求价格弹性和消费者剩余的概念；第 1.6 节演示如何汇总形成总体市场需求；第 1.7 节和第 1.8 节分别讨论需求响应问题和产消者问题；第 1.9 节对本章内容进行总结；第 1.10 节为章末练习。

1.2　效用

电力市场中的消费者通过消费电力获得某种程度的满足或幸福。在经济学中，这种满足或幸福程度可以用效用来衡量。本节介绍各种商品（如电、燃气和水）效用的一般形式，讨论效用的具体函数形式，即柯布 – 道格拉斯效用函数和二次效用函数。

1.2.1　效用函数

首先，介绍消费 n 个商品的效用的一般表述。商品数量表示为一个非负的 $n \times 1$ 向量，即 $\boldsymbol{x}$。商品类型可包括电、燃气、水、食物和衣服等各种家庭消费商品。消费者从消费中获得某种程度的满足，通过效用这个概念来衡量总体满意度。效用函数表示个人对一组备选方案的偏好排序。具体而言，本书考虑了以下形式的效用函数：

$$U(\boldsymbol{x}) \tag{1.1}$$

其中，$U : \mathbb{R}^n \to \mathbb{R}$。

当消费者改变每种商品的消费数量时，其满意度以及效用也会发生变化。尤其是，当一种特定商品 i 的数量发生变化，而其他商品的数量保持不变时，可以计算相对于 x_i 的边际效用 $MU_i(\boldsymbol{x})$，为：

$$MU_i(\boldsymbol{x}) = \frac{\partial U(\boldsymbol{x})}{\partial x_i} \tag{1.2}$$

$MU_i(\boldsymbol{x}) \geq 0$ 可以假设成立，因为在其他条件不变的情况下，一种商品的消费量增加通常会带来额外满意度，或者至少保持相同的满意度水平。

效用函数可以采用多种函数形式。其中一种典型的函数形式是柯布 – 道格拉斯效用函数：

$$U(\boldsymbol{x}) = \prod_{j=1}^{n} x_j^{s_j} = x_1^{s_1} x_2^{s_2} x_3^{s_3} \cdots x_n^{s_n} \tag{1.3}$$

其中，$0 < s_j < 1$ 且 $\sum_{j=1}^{n} s_j = 1$。对于柯布 – 道格拉斯效用函数，关于 x_i 的边际效用推导如下：

$$MU_i(\boldsymbol{x}) = \frac{s_i \prod_{j=1}^{n} x_j^{s_j}}{x_i} \qquad (1.4a)$$

$$= \frac{s_i U(\boldsymbol{x})}{x_i} \qquad (1.4b)$$

示例 1.1 柯布–道格拉斯效用函数

本书考虑了两种商品（i =1，2）的柯布–道格拉斯效用函数数值算例，其中 $s_1 = \dfrac{2}{5}$ 且 $s_2 = \dfrac{3}{5}$：

$$U(x_1, x_2) = x_1^{\frac{2}{5}} x_2^{\frac{3}{5}} \qquad (1.5)$$

这两种商品可以是电和燃气。图 1.1 所示为 (x_1, x_2) 的一组备选方案的效用水平。总体而言，如果两种商品的数量都增加，那么消费者的效用也会增加，这是符合预期的。

图 1.2 描绘了当固定商品 2 的数量 x_2 =10 时，相对于 x_1 的效用水平。具体来说，图 1.2 所示为函数 $U(x_1,10) = x_1^{\frac{2}{5}} 10^{\frac{3}{5}}$。当消费者可以消费更多数量的商品 1（例如，电力）时，消费者将使用空调等电器来获得更多满意度。

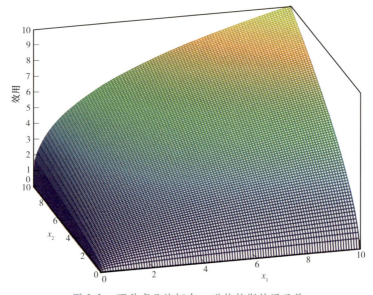

图 1.1　两种商品的柯布–道格拉斯效用函数

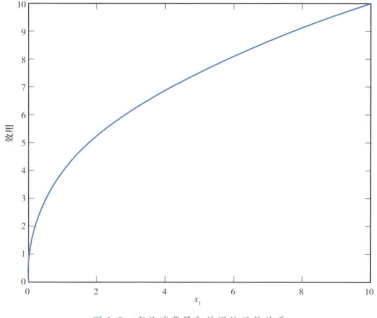

图 1.2　商品消费量和效用的函数关系

此外，在 x_2 保持不变的情况下，商品 1 的边际效用可以推导如下：

$$MU_1\left(x_1,x_2\right)=\frac{2}{5}x_1^{\frac{2}{5}-1}x_2^{\frac{3}{5}} \qquad (1.6a)$$

$$=\frac{2}{5}\frac{x_1^{\frac{2}{5}}x_2^{\frac{3}{5}}}{x_1} \qquad (1.6b)$$

$$=\frac{2}{5}\frac{U\left(x_1,x_2\right)}{x_1} \qquad (1.6c)$$

当 $x_2=10$ 时，边际效用 $MU_1\left(x_1,10\right)=\dfrac{2}{5}\dfrac{U\left(x_1,10\right)}{x_1}$ 与图 1.2 中 $U\left(x_1,10\right)$ 的梯度对应。

1.2.2　二次函数

另一种常见的效用函数形式是二次效用函数。设 **a** 和 **B** 分别表示 $n\times1$ 严格正向量和 $n\times n$ 对称矩阵。假设 **B** 是正定矩阵❶，矩阵 **B** 的元素表示为 b_{ij}，

---

❶　对于 $n\times n$ 矩阵 **B**，若 $x\neq0$，且 $x^{\mathrm{T}}Bx>0$，则称 **B** 为正定矩阵。

则 n 种商品的二次效用函数表示为：

$$U(\boldsymbol{x}) = \boldsymbol{a}^{\mathrm{T}}\boldsymbol{x} - \frac{1}{2}\boldsymbol{x}^{\mathrm{T}}\boldsymbol{B}\boldsymbol{x} \tag{1.7}$$

二次效用函数的导数给出了关于 x_i 的边际效用线性形式：

$$MU_i(\boldsymbol{x}) = a_i - \sum_{j=1}^{n} b_{ij}x_j \tag{1.8}$$

通常只关注 $\boldsymbol{x}$ 的相关范围，因此取 $MU_i(\boldsymbol{x}) \geqslant 0$。

只考虑两种商品 $i=1, 2$ 时，二次效用函数具有以下形式：

$$U(x_1, x_2) = a_1 x_1 + a_2 x_2 - \frac{1}{2}\left(b_{11}x_1^2 + 2b_{12}x_1 x_2 + b_{22}x_2^2\right) \tag{1.9}$$

需注意，由于假设 $\boldsymbol{B}$ 是对称的，则有 $b_{12}=b_{21}$。

然后，分别推导出关于 x_1 和 x_2 的边际效用线性形式，如下所列：

$$MU_1(x_1, x_2) = a_1 - b_{11}x_1 - b_{12}x_2 \tag{1.10a}$$

$$MU_2(x_1, x_2) = a_2 - b_{12}x_1 - b_{22}x_2 \tag{1.10b}$$

示例 1.2　二次效用函数

考虑两种商品 $i=1, 2$（例如，电力和燃气）的二次效用函数的数值算例。假设 $a_1=a_2=20, b_{11}=b_{22}=1$ 且 $b_{12}=b_{21}=\frac{1}{2}$，则二次效用函数表示为：

$$U(x_1, x_2) = 20(x_1 + x_2) - \frac{1}{2}\left(x_1^2 + x_1 x_2 + x_2^2\right) \tag{1.11}$$

然后，可以分别得到关于 x_1 和 x_2 的线性边际效用：

$$MU_1(x_1, x_2) = 20 - x_1 - \frac{1}{2}x_2 \tag{1.12a}$$

$$MU_2(x_1, x_2) = 20 - \frac{1}{2}x_1 - x_2 \tag{1.12b}$$

1.3　商品需求

电力消费者通过改变需求量来应对价格的变化。这种决策用需求函数来表示，需求函数是随价格变化的函数。通常，可根据消费者预算限制下的效用最大化，推导得出需求函数。本书的目标是推导出常用于电力市场分析的线性需求函数。

1.3.1　效用最大化与需求函数

通过调查消费者行为，可以了解消费者从一组备选方案中选出的最喜欢商品的组合。具体而言，假定面对这些商品的市场价格时，消费者选择消费的商品数量为 x，消费者需要在预算限制下做出决策。设 p 和 m 分别是价格的 $n \times 1$ 非负向量和用于消费商品的严格正预算（例如，收入）的固定量。在市场主导价格下，消费者选择 n 种商品的数量 x，以便在其预算限制下实现商品消费的效用最大化：

$$\text{Maximize } U(x) \atop x \geqslant 0 \tag{1.13a}$$

$$\text{s.t.} \, p^{\mathrm{T}} x = m : \lambda \tag{1.13b}$$

其中，视为预算限制因数（1.13b）与拉格朗日乘子 λ 相等，也可以表示为不等式 $p^{\mathrm{T}} x \leqslant m$。

设拉格朗日函数为 $L = U(x) + \lambda\left(m - p^{\mathrm{T}} x\right)$，假设 x 有内部解（即非零消耗），则商品 i 的一阶条件为：

$$MU_i(x) = \lambda p_i \tag{1.14}$$

效用最大化问题（1.13）的一阶条件意味着，消费者通过平衡边际效用和由 λ 调整的市场价格来选择商品数量。

为了更好地理解消费者行为的含义，可以重新排列任意两种商品 i 和 j 的一阶条件：

$$\frac{MU_i(x)}{p_i} = \frac{MU_j(x)}{p_j} = \lambda, \forall i, j \tag{1.15}$$

该条件表明，消费者就商品数量做出的决定是，在所有商品中，商品消费对应的每种货币单位（例如，美元）的边际效用相等。

例如，在最优情况下，电力的每美元边际效用应等于燃气的每美元边际效用。

类似地，式（1.15）可以改写为：

$$\frac{MU_i(x)}{MU_j(x)} = \frac{p_i}{p_j}, \forall i, j \tag{1.16}$$

这表明，任何两种商品的边际效用之比等于相应的最优价格之比。

求解效用最大化问题 (1.13)，可以得出商品数量的最优水平，即向量值需求函数 $x=X(p)$，其中 $X: \mathbb{R}^n \to \mathbb{R}^n$。商品 i 的需求函数写为：

$$x_i = X_i(p) \tag{1.17}$$

消费者对一种商品的需求量，通常不仅取决于该商品本身的价格，而且还取决于所有其他商品的价格。

如果需求量随着该商品自身价格的上涨而减少，即 $\frac{\partial x_i}{\partial p_i} < 0$，那么需求定律在一般意义上是成立的。单调递减的需求函数意味着，价格和需求量之间成反比关系。对于食品和汽油等典型商品，如果价格上涨，消费者往往会减少消费。同样，电力市场中的用户也会在电价较高的高峰时段减少用电。

此外，当向量值需求函数具有反函数时，即 $p = P(x)$ 其中 $P: \mathbb{R}^n \to \mathbb{R}^n$，则商品 i 的反需求函数可表示如下：

$$p_i = P_i(x) \tag{1.18}$$

1.3.2　线性需求函数

本小节推导常用于电力市场分析的线性需求函数。这类需求函数在价格上是线性的（或近似线性的）。考虑数量为 x 的 n 种商品和数量为 x_0 的计价物商品。计价物商品可视为一种复合商品，由所考虑市场之外的所有其他商品组成。计价物商品的价格被标准化为 $p_0=1$。引入计价物商品，便于关注所分析的商品，例如电力。

具体而言，关注以下形式的二次效用函数的最大化：

$$U(x_0, x) = a^{\mathrm{T}} x - \frac{1}{2} x^{\mathrm{T}} B x + x_0 \tag{1.19}$$

其中，a 和 B 分别是严格正向量和 $n \times n$ 正定矩阵，如式（1.7）所示。值得注意的是，效用函数（1.19）的形式为 $U(x_0, x) = V(x) + x_0$，有时称为拟线性效用函数。该函数对于一种商品（即计价物 x_0）的数量是线性的，尽管 $V(x)$ 可能是非线性的。

对于预算限制下的消费者效用最大化问题，包括计价物商品，可表示为：

$$\text{Maximize}_{x_0, \boldsymbol{x} \geqslant 0} \boldsymbol{a}^{\mathrm{T}} \boldsymbol{x} - \frac{1}{2} \boldsymbol{x}^{\mathrm{T}} \boldsymbol{B} \boldsymbol{x} + x_0 \tag{1.20a}$$

$$\text{s.t.} \boldsymbol{p}^{\mathrm{T}} \boldsymbol{x} + x_0 = m \tag{1.20b}$$

由于 $x_0 = m - \boldsymbol{p}^{\mathrm{T}} \boldsymbol{x}$，可以将问题（1.20）转化为无约束的最大化问题：

$$\text{Maximize}_{\boldsymbol{x} \geqslant 0} \boldsymbol{a}^{\mathrm{T}} \boldsymbol{x} - \frac{1}{2} \boldsymbol{x}^{\mathrm{T}} \boldsymbol{B} \boldsymbol{x} + m - \boldsymbol{p}^{\mathrm{T}} \boldsymbol{x} \tag{1.21}$$

假设 $\boldsymbol{x}$ 有内部解，最大化问题（1.21）的一阶条件形成一个方程组 $\boldsymbol{a} - \boldsymbol{B} \boldsymbol{x} - \boldsymbol{p} = 0$。可直接推导出线性反需求函数，其在数量上是线性的（或仿射的）：

$$\boldsymbol{p} = \boldsymbol{a} - \boldsymbol{B} \boldsymbol{x} \tag{1.22}$$

商品 i 的线性反需求函数表示如下：

$$p_i = P_i(\boldsymbol{x}) = a_i - \sum_{j=1}^{n} b_{ij} x_j \tag{1.23}$$

接下来，用逆矩阵 $\boldsymbol{B}^{-1}$ 来表示线性需求函数，其在价格上是线性的（或仿射的）：

$$\boldsymbol{B} \boldsymbol{x} = \boldsymbol{a} - \boldsymbol{p} \tag{1.24a}$$

$$\boldsymbol{x} = \boldsymbol{B}^{-1} \boldsymbol{a} - \boldsymbol{B}^{-1} \boldsymbol{p} \tag{1.24b}$$

设 $\hat{b}_{ij}$ 和 $\hat{a}_i$ 分别表示矩阵 $\boldsymbol{B}^{-1}$ 和向量 $\boldsymbol{B}^{-1} \boldsymbol{a}$ 中的元素。商品 i 的线性需求函数写为：

$$x_i = X_i(\boldsymbol{p}) = \hat{a}_i - \sum_{j=1}^{n} \hat{b}_{ij} p_j \tag{1.25}$$

x_i 关于其自身价格的导数 p_i 为：

$$\frac{\partial x_i}{\partial p_i} = -\hat{b}_{ii} < 0 \tag{1.26}$$

由于前面假设 $\boldsymbol{B}$ 为正定的，其逆矩阵 $\boldsymbol{B}^{-1}$ 也为正定的。因此，$\boldsymbol{B}^{-1}$ 的对角元素是严格正定的，即 $\hat{b}_{ii} > 0$。这表明，线性需求函数（1.25）随商品自身价格单调递减，符合经典需求定律。以某种商品为例，如数量为 x_1 的电力以及由数量为 x_0 的所有其他商品组成的计价物商品。假设二次效用函数为 $U(x_0, x_1) = a_1 x_1 - \frac{1}{2} b_1 x_1^2 + x_0$，采用严格正定参数 $a_1, b_1 > 0$。同样，该效用函数的形式为 $U(x_0, x_1) = V(x_1) + x_0$，可将其视为拟线性效用函数，因为它在 x_0 中是线性的。那么，消费者的效用最大化问题可描述为：

$$\underset{x_0, x_1 \geqslant 0}{\text{Maximize}} \; a_1 x_1 - \frac{1}{2} b_1 x_1^2 + x_0 \tag{1.27a}$$

$$\text{s.t.} \; p_1 x_1 + x_0 = m \tag{1.27b}$$

将该问题可转化为无约束的最大化问题：

$$\underset{x_1 \geqslant 0}{\text{Maximize}} \; a_1 x_1 - \frac{1}{2} b_1 x_1^2 + m - p_1 x_1 \tag{1.28}$$

推导内部解，分别得到线性反需求函数和线性需求函数：

$$p_1 = P_1(x_1) = a_1 - b_1 x_1 \tag{1.29a}$$

$$x_1 = X_1(p_1) = \frac{a_1}{b_1} - \frac{1}{b_1} p_1 \tag{1.29b}$$

可以直接看出，数量和价格之间成反比关系：

$$\frac{\mathrm{d}x_1}{\mathrm{d}p_1} = -\frac{1}{b_1} < 0 \tag{1.30}$$

示例 1.3 *以一种计价物为基准的两种商品的线性需求函数*

本书给出了两种商品 $i=1, 2$ 的线性需求函数的数值算例，其中采用与示例 1.2 中相同的参数。包含计价物商品的效用最大化问题转化为以下公式：

$$\underset{x_0, x_1, x_2 \geqslant 0}{\text{Maximize}} \; 20(x_1 + x_2) - \frac{1}{2}\left(x_1^2 + x_1 x_2 + x_2^2\right) + x_0 \tag{1.31a}$$

$$\text{s.t.} \; p_1 x_1 + p_2 x_2 + x_0 = m \tag{1.31b}$$

将 $x_0 = m - p_1 x_1 - p_2 x_2$ 代入目标函数，其内部解可得出两种商品的线性反需求函数，为：

$$p_1 = P_1(x_1, x_2) = 20 - x_1 - \frac{1}{2} x_2 \tag{1.32a}$$

$$p_2 = P_2(x_1, x_2) = 20 - \frac{1}{2} x_1 - x_2 \tag{1.32b}$$

相应地，线性需求函数推导如下：

$$x_1 = X_1(p_1, p_2) = \frac{2}{3}(20 - 2p_1 + p_2) \tag{1.33a}$$

$$x_2 = X_2(p_1, p_2) = \frac{2}{3}(20 + p_1 - 2p_2) \tag{1.33b}$$

这些线性需求函数随各商品价格单调递减：

$$\frac{\partial x_1}{\partial p_1} = \frac{\partial x_2}{\partial p_2} = -\frac{4}{3} < 0 \tag{1.34}$$

示例 1.4 *以一种计价物为基准的一种商品的线性需求函数*

接下来，只考虑一种商品，采用参数 $a_1 = 20$ 和 $b_1 = 1$。具有一种计价物商品的效用最大化问题可描述为：

$$\text{Maximize } 20x_1 - \frac{1}{2}x_1^2 + x_0 \qquad (1.35a)$$
$$x_0, x_1 \geqslant 0$$
$$\text{s.t. } p_1 x_1 + x_0 = m \qquad (1.35b)$$

根据内部解，可分别得出一种商品的线性反需求函数和线性需求函数：

$$p_1 = P_1(x_1) = 20 - x_1 \qquad (1.36a)$$
$$x_1 = X_1(p_1) = 20 - p_1 \qquad (1.36b)$$

这些函数在图 1.3 中显示为向下倾斜的曲线，有时称为需求曲线。同样，线性需求函数也随商品价格单调递减：

$$\frac{\mathrm{d}x_1}{\mathrm{d}p_1} = -1 < 0 \qquad (1.37)$$

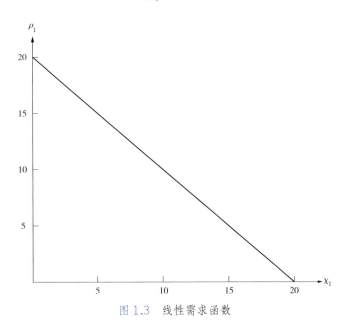

图 1.3 线性需求函数

1.3.3 替代品和互补品

从需求函数 $x_i = X_i(\mathbf{p})$ 中可以看出，一种商品的需求量不仅取决于其自身价格，还取决于所有其他商品的价格。如果一种商品的价格上涨导致另一种商品的购买量增加，即 $\dfrac{\partial x_i}{\partial p_j} > 0$，则两种商品互为替代品，例如咖啡和茶。如果咖啡价格上涨，那么消费者可能会因为茶叶具有价格优势而转向消费更多的茶叶。相反，如果一种商品的价格上涨导致另一种商品的购买量减少，即 $\dfrac{\partial x_i}{\partial p_j} < 0$，则两种商品互为互补品，例如咖啡和奶油。咖啡价格上涨时，人们会减少咖啡和奶油的消费量。

示例 1.5　替代品

考虑示例 1.3 中所包含两种商品和一种计价物商品的线性需求函数（1.33）。这些需求函数表现出替代品的特征：

$$\frac{\partial x_1}{\partial p_2} = \frac{\partial x_2}{\partial p_1} = \frac{2}{3} > 0 \tag{1.38}$$

因此，一种商品的价格上涨会导致另一种商品的消费量增加。

示例 1.6　互补品

接下来，通过略微修改式（1.31）中效用函数的参数，本书考虑包含两种商品和一种计价物商品的线性需求函数的另一个例子。假设两种商品的二次效用函数采用参数 $a_1 = a_2 = 20$、$b_{11} = b_{22} = 1$ 和 $b_{12} = b_{21} = -\dfrac{1}{2}$。然后，用二次效用函数 $U(x_0, x_1, x_2) = 20(x_1 + x_2) - \dfrac{1}{2}(x_1^2 - x_1 x_2 + x_2^2) + x_0$ 来求解效用最大化问题，并考虑式 (1.31) 中的预算限制。通过简单计算，可得出线性反需求函数：

$$p_1 = P_1(x_1, x_2) = 20 - x_1 + \frac{1}{2}x_2 \tag{1.39a}$$

$$p_2 = P_2(x_1, x_2) = 20 + \frac{1}{2}x_1 - x_2 \tag{1.39b}$$

还可得出如下线性需求函数：

$$x_1 = X_1(p_1, p_2) = \frac{2}{3}(60 - 2p_1 - p_2) \tag{1.40a}$$

$$x_2 = X_2(p_1, p_2) = \frac{2}{3}(60 - p_1 - 2p_2) \tag{1.40b}$$

需求函数表现出互补品的特征：

$$\frac{\partial x_1}{\partial p_2} = \frac{\partial x_2}{\partial p_1} = -\frac{2}{3} < 0 \tag{1.41}$$

一种商品的价格上涨会导致另一种商品的消费量减少。

1.4 弹性

如果电价在某些时期上涨，消费者会通过减少使用用电设备来缩减用电量。就电力市场分析而言，了解消费者对价格变化的反应程度非常有用。本节介绍需求价格弹性的概念，以衡量消费者的反应程度。本节将详细阐述线性需求价格弹性。

1.4.1 需求价格弹性

上一节讨论了市场价格会影响消费者对需求量的决策。接下来，本节将探讨消费者对价格变化的反应程度。"价格弹性"这个概念常常用于衡量这种反应程度。需求价格弹性 e_{ii} 定义为：

$$e_{ii} = \frac{\partial x_i}{\partial p_i} \frac{p_i}{x_i} \tag{1.42}$$

需求价格弹性用一种商品的需求量变化百分比与其价格变化百分比的比值来表示，即 $\frac{\Delta x_i / x_i}{\Delta p_i / p_i} = \frac{\Delta x_i}{\Delta p_i} \frac{p_i}{x_i}$。简而言之，价格弹性显示了消费者对价格变化的反应情况。如果需求函数随商品自身价格单调递减，即 $\frac{\partial x_i}{\partial p_i} < 0$，则需求价格弹性为负（非正），即 $e_{ii} \leq 0$ ❶。

如果价格上涨 1% 导致需求量下降超过 1%，则称需求有弹性。

$$|e_{ii}| > 1 \text{ 或 } e_{ii} < -1 \tag{1.43}$$

相反，如果价格上涨 1% 导致需求量下降不到 1%，则称需求无弹性。

$$|e_{ii}| < 1 \text{ 或 } e_{ii} > -1 \tag{1.44}$$

现有研究表明，美国居民用电需求的价格弹性范围为 –0.1~–0.4 [1, 14]。这意味着价格每上涨 1%，需求量就会减少 0.1%~0.4%。根据这些实证研究，居民仅对价格变化做出适度反应，其需求是缺乏价格弹性的。

此外，需求的交叉价格弹性 e_{ij} 定义为：

---

❶ $\frac{\partial x_i}{\partial p_i} < 0$ 且 $p_i > 0$ 时，严格不等式成立，即 $e_{ii} < 0$。

$$e_{ij} = \frac{\partial x_i}{\partial p_j} \frac{p_j}{x_i} \qquad (1.45)$$

需求的交叉价格弹性用另一种商品的需求量变化百分比与其价格变化百分比的比值来表示。如果两种商品是替代品，即 $\frac{\partial x_i}{\partial p_j} > 0$，则 $e_{ij} \geqslant 0$。如果两种商品是互补品，即 $\frac{\partial x_i}{\partial p_j} < 0$，则 $e_{ij} \leqslant 0$ ❶。

1.4.2 线性需求弹性

本小节重点关注线性需求函数，采用数量为 x_1 的一种商品和一种计价物商品，更加详细地阐述需求的（商品自身）价格弹性。首先，调用式（1.29a）中的线性反需求函数 $p_1 = a_1 - b_1 x_1$ 或式（1.29b）中的线性需求函数 $x_1 = \frac{a_1}{b_1} - \frac{1}{b_1} p_1$，采用严格正参数 $a_1, b_1 > 0$。图 1.4 为垂直截距为 a_1 且水平截距为 $\frac{a_1}{b_1}$ 的线性需求曲线。可得出，需求价格弹性为：

$$e_{11} = -\frac{1}{b_1} \frac{p_1}{x_1} \leqslant 0 \qquad (1.46)$$

线性需求价格弹性的绝对值分类如下：

$$x_1 = \frac{a_1}{2b_1} \text{时} |e_{11}| = 1 \qquad (1.47\text{a})$$

$$0 \leqslant x_1 < \frac{a_1}{2b_1} \text{时} |e_{11}| > 1 \qquad (1.47\text{b})$$

$$\frac{a_1}{2b_1} < x_1 \leqslant \frac{a_1}{b_1} \text{时} |e_{11}| < 1 \qquad (1.47\text{c})$$

简单计算时，假定 $|e_{11}| = 1$ 位于图 1.4 中需求曲线的中点 $x_1 = \frac{a_1}{2b_1}$。如果需求量小于中点 $x_1 = \frac{a_1}{2b_1}$，则为有弹性，即 $|e_{11}| > 1$；如果需求量大于中点 $x_1 = \frac{a_1}{2b_1}$，则变为无弹性，即 $|e_{11}| < 1$ ❷。

---

❶ 在两种情况中，当 $p_j > 0$ 时，严格不等式成立。

❷ 在需求曲线的水平端点处，即 $x_1 = \frac{a_1}{b_1}$ 时，价格 p_1 为 0。此时，$|e_{11}| = 0$，这种情况为完全无弹性。相反，如果在需求曲线的水平端点处需求量为 0，此时 $|e_{11}|$ 变为正无穷，这种情况为完全弹性。

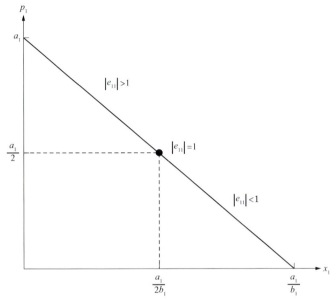

图 1.4 线性需求弹性

示例 1.7 *线性需求弹性*

调用示例 1.4 中包含一种商品和一种计价物商品的线性需求函数。线性逆需求函数为 $p_1=20-x_1$，见式（1.36a），线性需求函数为 $x_1=20-p_1$，见式（1.36b）。需求价格弹性推导如下：

$$e_{11} = -\frac{p_1}{x_1} \leqslant 0 \qquad (1.48)$$

为了说明式（1.47）中的结果，计算 $x_1=5$，10 和 15 时需求价格弹性的绝对值如下：

$$x_1 = 10 \ \text{时} \ |e_{11}| = 1 \qquad (1.49a)$$

$$x_1 = 5 \ \text{时} \ |e_{11}| = \frac{15}{5} = 3 > 1 \qquad (1.49b)$$

$$x_1 = 15 \ \text{时} \ |e_{11}| = \frac{5}{15} = \frac{1}{3} < 1 \qquad (1.49c)$$

计算结果如图 1.5 所示。

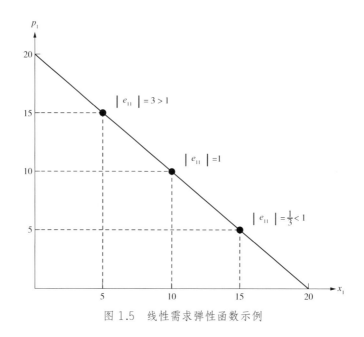

图 1.5　线性需求弹性函数示例

1.4.3　价格弹性的各种类型

用户对某些商品和服务（如紧急服务）的需求可能非常缺乏弹性。需求价格弹性可能接近于零。在极端情况下，我们用 $e_{11}=0$ 表示完全无弹性需求。图 1.6 为 $x_1=10$ 的垂直需求曲线，给出了完全无弹性需求的例子。无论价格水

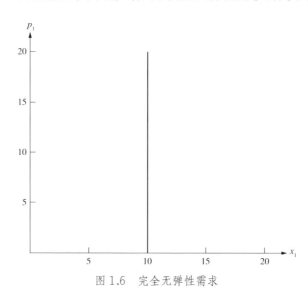

图 1.6　完全无弹性需求

平如何，需求量在 $x_1=10$ 时保持不变。

在其他极端情况下，可以用 $e_{11}=-\infty$ 或绝对值 $|e_{11}|=\infty$ 来定义完全弹性需求。图 1.7 为 $p_1=10$ 的水平需求曲线，给出了完全弹性需求的实例。当价格上升到 $p_1=10$ 以上时，需求量下降到零。

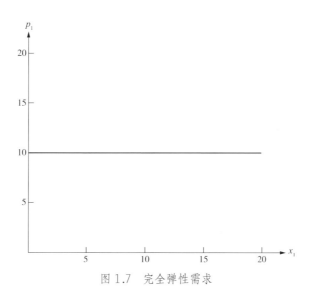

图 1.7　完全弹性需求

此外，可以考虑需求价格弹性不变的向下倾斜的需求曲线。对于形式为 $x_1=d_1 p_1^{c_1}$ 的需求函数，其中 $d_1>0$ 且 $c_1 \leqslant 0$，在需求曲线上的任何一点都具有 c_1 的恒定弹性。当 $\dfrac{\mathrm{d}x_1}{\mathrm{d}p_1}=c_1 d_1 p_1^{c_1-1}$，这种函数形式的需求价格弹性推导如下：

$$e_{11}=c_1 d_1 p_1^{c_1-1}\frac{p_1}{d_1 p_1^{c_1}} \qquad (1.50\mathrm{a})$$
$$=c_1 \qquad (1.50\mathrm{b})$$

图 1.8 是形式为 $x_1=20 p_1^{-1}$ 的需求函数。该需求函数具有恒定弹性，则有 $e_{11}=c_1=-1$ 或绝对值 $|e_{11}|=1$。

还需注意，当 $x_1=d_1 p_1^{c_1}$ 中的 $c_1=0$ 时，表现为完全无弹性需求，此时，需求曲线下滑至 $x_1=d_1$。

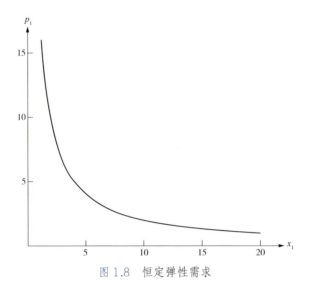

图 1.8　恒定弹性需求

1.5　消费者剩余

消费者剩余可用于评估电力消费的货币价值。基于需求函数，本节将讨论衡量消费货币价值的福利的一般概念。特别是，消费者剩余衡量的是支付后消费商品获得的净收益。此外，本节还研究了效用最大化和剩余最大化之间的关系。

1.5.1　总收益和消费者剩余

在接下来的第 1.5~1.8 节中，为简便起见，仅考虑数量为 x_1 的一种商品，例如包含计价物商品的电力。尽管如此，研究结论可以扩展到更多商品。

反需求函数 $p_1 = P_1(x_1)$，可以解释为消费者愿意为额外数量商品所支付的金额。因此，$P_1(x_1)$ 可视为边际支付意愿（WTP）或消费者消费额外数量商品产生的边际收益。对反需求函数进行积分运算，得出消费者的总收益 $B_1(x_1)$：

$$B_1(x_1) = \int_0^{x_1} P_1(x_1')\mathrm{d}x_1' \tag{1.51}$$

　　总收益表示在不考虑费用的情况下消费 x_1 个商品产生的货币价值。总收益函数的导数是边际支付意愿或边际收益，即 $\dfrac{\mathrm{d}B_1(x_1)}{\mathrm{d}x_1}=P_1(x_1)$，在图 1.9 中，需求曲线下方至 $x_1{=}12$ 部分的梯形面积即为总收益 $B_1(x_1)=B_1(12)$。

　　另外，消费者为商品支付费用，由此获得总收益。通过从总收益 $B_1(x_1)$ 中减去支付费用 p_1x_1，可以确定消费者剩余 $CS_1(x_1)$，如下所示：

$$CS_1(x_1)=B_1(x_1)-p_1x_1 \tag{1.52a}$$

$$=\int_0^{x_1}P_1(x_1')\mathrm{d}x_1'-p_1x_1 \tag{1.52b}$$

　　消费者剩余衡量的是通过消费 x_1 个商品获得净收益的货币价值。在图 1.9 中，消费者剩余表示为需求曲线和市场价格水平线 $p_1{=}8$ 之间的三角形阴影区域。消费者以 $p_1{=}8$ 的单价支付 $x_1{=}12$ 个消费品之后，可以获得经济盈余，即消费者剩余 $CS_1(x_1)=CS_1(12)$。消费者剩余也可以通过对 p_1 到正无穷的需求函数进行积分运算得出，即 $\int_{p_1}^{\infty}X_1(p_1')\mathrm{d}p_1'$。

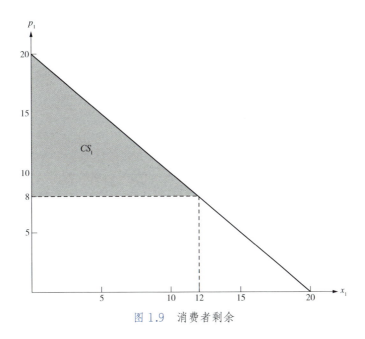

图 1.9　消费者剩余

示例 1.8　*消费者剩余*

再次调用示例 1.4 中考虑的线性反需求函数公式 $p_1{=}20{-}x_1$，见式（1.36a），相应的消费者剩余表示为：

$$CS_1(x_1) = \int_0^{x_1}(20 - x_1')\,dx_1' - p_1 x_1 \tag{1.53a}$$

$$= 20x_1 - \frac{1}{2}x_1^2 - p_1 x_1 \tag{1.53b}$$

当消费者以 $p_1=8$ 的单价消费 $x_1=12$ 个商品时，消费者剩余为 $CS_1(12) = 72$，即图 1.9 中的三角形阴影区域。假设价格上升到 $p_1=10$，消费商品的数量减少到 $x_1=10$。那么，消费者剩余会减少到 $CS_1(10) = 50$。很明显，价格越高，消费越少，这意味着消费者剩余越少。

1.5.2 消费者剩余最大化

通过消费者剩余的概念，本书重新审视了效用最大化的含义。具体而言，将效用最大化与消费者的剩余最大化关联起来，重点关注第 1.3.2 节所述的拟线性效用函数 $U(x_0, x_1) = V(x_1) + x_0$。

对于 $V(x_1)$，考虑式（1.27a）中的二次函数 $a_1 x_1 - \frac{1}{2}b_1 x_1^2$，但本节结论并不局限于 $V(x_1)$ 的二次函数。通过调用式（1.29a）中的反需求函数 $p_1 = P_1(x_1) = a_1 - b_1 x_1$，可将效用函数 $U(x_0, x_1)$ 重新推导如下：

$$U(x_0, x_1) = a_1 x_1 - \frac{1}{2}b_1 x_1^2 + x_0 \tag{1.54a}$$

$$= \int_0^{x_1}(a_1 - b_1 x_1')\,dx_1' + x_0 \tag{1.54b}$$

$$= \int_0^{x_1} P_1(x_1')\,dx_1' + x_0 \tag{1.54c}$$

$$= B_1(x_1) + x_0 \tag{1.54d}$$

然后，效用最大化问题（1.27）可用总收益函数来表示：

$$\underset{x_0, x_1 \geqslant 0}{\text{Maximize}}\ U(x_0, x_1) = B_1(x_1) + x_0 \tag{1.55a}$$

$$\text{s.t.}\ p_1 x_1 + x_0 = m \tag{1.55b}$$

将该问题转化为无约束的最大化问题：

$$\underset{x_1 \geqslant 0}{\text{Maximize}}\ B_1(x_1) + m - p_1 x_1 \tag{1.56}$$

由于式（1.52a）中有 $CS_1(x_1) = B_1(x_1) - p_1 x_1$，该问题可以进一步重新表述为消费者剩余的最大化问题：

$$\text{Maximize } CS_1(x_1) + m \atop x_1 \geqslant 0 \qquad\qquad (1.57)$$

在最大化问题（1.57）中，可以忽略恒定预算 m。因此，在 $p_1 x_1 + x_0 = m$ 的预算限制下，消费者剩余最大化 $CS_1(x_1)$ 等价于效用最大化 $U(x_0, x_1) = V(x_1) + x_0$[1]。这一事实对于各种应用场景比较有用，因为根据反需求函数的信息，消费者行为可以用剩余最大化简单地表征，即 $\text{Maximize } CS_1(x_1) \atop x_1 \geqslant 0$。

1.6 总需求

电力市场的需求侧由许多消费者组成，如家庭用户、商业楼宇和工业设施。本节讨论如何将单个消费者需求聚合起来，得到总体市场需求函数。同样，市场中所有消费者的消费者剩余也可以进行汇总。本节将从社会规划者（例如，系统运营商）的角度，研究总消费者剩余的最大化问题。

1.6.1 市场需求

本节将针对单个消费者的分析扩展到市场中的多个消费者。设 $k = 1, \cdots, \ell$，用变量 $x_{1,k}$ 表示消费某种商品（例如电力）的消费者数量。将每个消费者所需的数量 $x_{1,k}$ 加和，作为总数量 q_1。类似地，个体需求函数 $x_{1,k} = X_{1,k}(p_1)$ 也可以聚合为市场需求函数 $Q_1(p_1)$：

$$q_1 = \sum_{k=1}^{\ell} x_{1,k} \qquad\qquad (1.58\text{a})$$

$$= \sum_{k=1}^{\ell} X_{1,k}(p_1) = Q_1(p_1) \qquad\qquad (1.58\text{b})$$

通过这种方式，可以构建市场需求函数 $q_1 = Q_1(p_1)$，它反映了面对相同市场价格 p_1 的所有消费者的总需求。

此外，如果 $Q_1(p_1)$ 单调递减，则根据市场需求函数，可以得出反市场需

---

❶　严格地说，消费者剩余最大化和效用最大化之间的这种简单而方便的关系适用于拟线性效用，但不适用于形式更为普遍的效用。例如，见［15］。然而，拟线性效用广泛用于消费者理论的各种应用场景。

求函数：

$$p_1 = Q_1^{-1}(q_1) = P_1(q_1) \qquad (1.59)$$

示例 1.9 总需求

作为一个简单示例，图 1.10 显示了由三个相同消费者组成的总需求，其中每个消费者都有相同的需求，如图 1.3（示例 1.4）或图 1.9（示例 1.8）所示。在市场价格为 $p_1=8$ 时，每个消费者 $k=1, 2, 3$ 消费 $x_{1,k}=12$ 个商品。将各消费数量相加，即可得到总数量 $q_1 = \sum_{k=1}^{3} x_{1,k} = 36$。同样，通过横向加总各需求曲线，可构建图 1.10 中的市场需求曲线。此外，个体消费者剩余已汇总到市场需求曲线和 $p_1=8$ 的市场价格水平线之间的三角形阴影区域。

更具体地说，市场需求函数可以通过聚合各个相同需求函数推导得到，即 $\sum_{k=1}^{3} X_{1,k}(p_1) = \sum_{k=1}^{3} (20 - p_1)$：

$$q_1 = Q_1(p_1) = 60 - 3p_1 \qquad (1.60)$$

通过计算 $Q_1^{-1}(q_1)$，可得出反市场需求函数：

$$p_1 = P_1(q_1) = 20 - \frac{1}{3}q_1 \qquad (1.61)$$

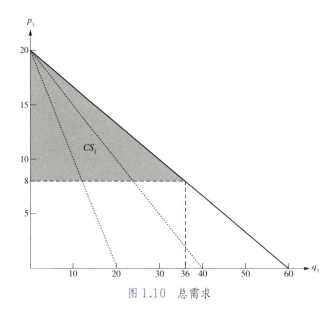

图 1.10 总需求

1.6.2　总消费者剩余

可针对市场中的所有消费者，对个体总收益 $B_{1,k}\left(x_{1,k}\right)$ 进行汇总：

$$B_1\left(x_{1,1},\cdots,x_{1,\ell}\right)=\sum_{k=1}^{\ell}B_{1,k}\left(x_{1,k}\right) \tag{1.62}$$

从式（1.62）中减去消费者支付的费用，或者通过加和个体消费者剩余 $CS_1\left(x_1,k\right)$，可得到总消费者剩余：

$$CS_1\left(x_{1,1},\cdots,x_{1,\ell}\right)=\sum_{k=1}^{\ell}B_{1,k}\left(x_{1,k}\right)-p_1\sum_{k=1}^{\ell}x_{1,k} \tag{1.63a}$$

$$=\sum_{k=1}^{\ell}CS_{1,k}\left(x_{1,k}\right) \tag{1.63b}$$

第 1.5.2 节讨论了基于个体消费者的消费者剩余最大化。由于 $CS_1\left(x_{1,1},\cdots,x_{1,\ell}\right)$ 是一个加性可分函数，因此通过个体消费者剩余的最大化问题（同时忽略恒定预算），即 $\underset{x_{1,k}\geqslant 0}{\text{Maximize}}\,CS_{1,k}\left(x_{1,k}\right)$，可以构成市场中总消费者剩余的最大化问题。

$$\underset{x_{1,1},\cdots,x_{1,\ell}\geqslant 0}{\text{Maximize}}\,CS_1\left(x_{1,1},\cdots,x_{1,\ell}\right) \tag{1.64}$$

假设存在内部解，由式（1.64）的一阶条件可得：

$$\frac{\partial CS_1\left(x_{1,1},\cdots,x_{1,\ell}\right)}{\partial x_{1,k}}=\frac{\mathrm{d}CS_{1,k}\left(x_{1,k}\right)}{\mathrm{d}x_{1,k}}=0,\forall k \tag{1.65}$$

这些条件可以视为每个消费者实现消费者剩余最大化后所做最优决策的集合。总消费者剩余的最大化问题式（1.64）可视为代表社会规划者（例如，系统运营商）的决策，与个体消费者分别做出的决策一致[1]。

此外，式（1.65）的条件也可以用市场价格和每个消费者的边际收益来表示：

$$p_1=\frac{\mathrm{d}B_{1,1}\left(x_{1,1}\right)}{\mathrm{d}x_{1,1}}=\cdots=\frac{\mathrm{d}B_{1,\ell}\left(x_{1,\ell}\right)}{\mathrm{d}x_{1,\ell}} \tag{1.66a}$$

$$=P_{1,1}\left(x_{1,1}\right)=\cdots=P_{1,\ell}\left(x_{1,\ell}\right) \tag{1.66b}$$

---

[1]　当消费者是价格接受者但对市场价格没有任何影响时，这一论点成立。

这些条件意味着，通过市场价格，消费商品的边际收益或边际支付意愿在所有消费者之间是相等的。图 1.10 为市场价格 $p_1 = 8$ 时，三个消费者的边际收益相等的情况。

到目前为止，还没有考虑消费量的上限。然而，用电设备和电器都有自身额定功率限制。因此，在总消费者剩余的最大化问题中，可将消费者 k 的消费量上限 $x_{1,k}^{\max}$ 考虑为：

$$\text{Maximize } CS_1\left(x_{1,1}, \cdots, x_{1,\ell}\right) \tag{1.67a}$$
$$x_{1,1}, \cdots, x_{1,\ell} \geq 0$$
$$\text{s.t. } x_{1,k} \geq x_{1,k}^{\max} : v_{1,k}, \forall k \tag{1.67b}$$

构建拉格朗日函数 $L = CS_1\left(x_{1,1}, \cdots, x_{1,\ell}\right) + \sum_{k=1}^{\ell} v_{1,k}\left(x_{1,k}^{\max} - x_{1,k}\right)$，其卡鲁什 – 库恩 – 塔克条件（Karush–Kuhn–Tucker condition，简称 KKT 条件）推导如下：

$$\frac{\mathrm{d}B_{1,k}\left(x_{1,k}\right)}{\mathrm{d}x_{1,k}} - p_1 - v_{1,k} \leq 0, \forall k \tag{1.68a}$$
$$0 \leq v_{1,k} \perp x_{1,k}^{\max} - x_{1,k} \geq 0, \forall k \tag{1.68b}$$

其中，$\perp$ 表示互补性，即 $0 \leq a \perp b \geq 0$ 等价于 $a \geq 0$、$b \geq 0$ 且 $ab = 0$。当消费者 k 的用电量达到其最大容量时，即 $x_{1,k} = x_{1,k}^{\max} > 0$，则 $\frac{\mathrm{d}B_{1,k}\left(x_{1,k}\right)}{\mathrm{d}x_{1,k}} - p_1 - v_{1,k} = 0$ 成立，因此有：

$$\frac{\mathrm{d}B_{1,k}\left(x_{1,k}\right)}{\mathrm{d}x_{1,k}} \geq p_1 \tag{1.69}$$

这意味着，边际收益或边际支付意愿可以大于或等于消费者按其最大容量使用电力时的市场价格。

示例 1.10 恒定边际收益的消费者

假设每个消费者都有恒定边际收益（或边际效用），即 $\frac{\mathrm{d}B_{1,k}\left(x_{1,k}\right)}{\mathrm{d}x_{1,k}} = u_{1,k} > 0$。因此，每个消费者可通过消费数量 $x_{1,k}$ 来获得总收益 $u_{1,k} x_{1,k}$。总消费者剩余的最大化问题表示为：

$$\underset{x_{1,1}, \cdots, x_{1,\ell} \geq 0}{\text{Maximize}} \sum_{k=1}^{\ell} \left(u_{1,k} - p_1\right) x_{1,k} \tag{1.70a}$$
$$\text{s.t. } x_{1,k} \leq x_{1,k}^{\max} : v_{1,k}, \forall k \tag{1.70b}$$

其 KKT 条件推导如下：

$$u_{1,k} - p_1 - v_{1,k} \leqslant 0, \forall k \tag{1.71a}$$

$$0 \leqslant v_{1,k} \perp x_{1,k}^{max} - x_{1,k} \geqslant 0, \forall k \tag{1.71b}$$

假设有三个消费者，$k=1, 2, 3$，其恒定边际收益分别为 $u_{1,1}=18$、$u_{1,2}=12$ 和 $u_{1,3}=5$。他们的消费量上限是 $x_{1,1}^{max}=14$、$x_{1,2}^{max}=20$ 和 $x_{1,3}^{max}=26$。假设市场价格为 $p_1=8$。在这种情况下，消费者 1 和消费者 2 的边际利益都高于市场价格 $p_1=8$，并且他们按最大容量消费，即消费量分别为 $x_{1,1}=x_{1,1}^{max}=14$ 和 $x_{1,2}=x_{1,2}^{max}=20$。此外，消费者 3 的边际收益低于市场价格 $p_1=8$，且 $x_{1,3}=0$。因此，市场上的总需求量为 $q_1 = \sum_{k=1}^{3} x_{1,k} = 34$。总消费者剩余为 $CS_1(14,20,0) = 140 + 80 = 220$，如图 1.11 中的阴影区域所示。

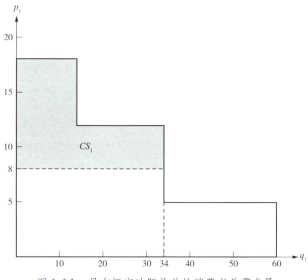

图 1.11　具有恒定边际收益的消费者总需求量

1.7　需求响应

本节讨论时变价格对需求响应产生的影响。对电力、燃气等商品的需求通常会在一天内或一年内发生变化。例如，白天（高峰时段）的用电需求通常高于夜间（非高峰时段）的用电需求。相应地，供电的增量成本也会在一天内发生变化，这反映出发电厂（例如，燃煤、燃气和燃油发电厂）的价值顺序。消费者面临恒定价格（如固定费率电价）时，会导致经济效率低下。时变价格反映了时变需求，从而激发消费者的需求响应能力，可提高经济效率。

为进行举例说明，考虑市场中的两个总需求量，即白天高峰时段和夜间非高峰时段。图 1.12 中向下倾斜的曲线代表高峰时段需求曲线，图 1.13 中向

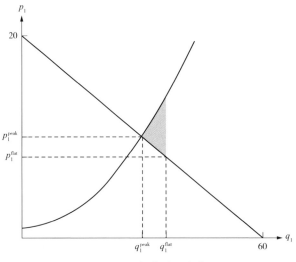

图 1.12　高峰时段定价

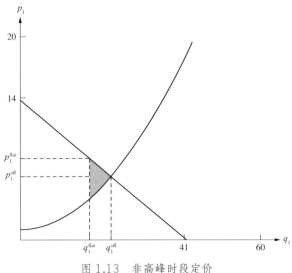

图 1.13　非高峰时段定价

下倾斜的曲线则代表非高峰时段需求曲线。需注意，高峰时段需求曲线的垂直和水平截距大于非高峰时段需求曲线的垂直和水平截距。两张图中，向上倾斜的曲线都是商品的市场供应曲线。如第 2 章所述，供应曲线表示边际成本，即供应额外单位发电量的增量成本。为简单起见，假设高峰时段和非高峰时段的供应曲线相同。

假设这种商品的价格恒定不变，那么消费者在高峰时段和非高峰时段就面临固定费率 p_1^{flat}。在图 1.12 所示的高峰时段，固定费率 p_1^{flat} 低于需求曲线和供应曲线相交处的价格水平 p_1^{peak}。相应地，面临固定费率 p_1^{flat} 时，消费者的需求量为 q_1^{flat}，高于价格水平 p_1^{peak} 下的需求量 q_1^{peak}。需求量为 q_1^{flat} 时，供应这种商品的边际成本高于消费者的边际收益，因此，按固定费率 p_1^{flat} 得到的结果在经济上是低效的。如果消费者的需求量为 q_1^{peak}，边际成本将恰好等于需求曲线和供应曲线相交处的边际收益。然而，消费者的实际需求量达到 q_1^{flat} 时，会增大边际成本和边际收益的偏差。这种情况视为造成社会损失，因为与收益相比，超过 q_1^{peak} 的额外商品需求量带来的成本更高。图 1.12 中 q_1^{peak} 和 q_1^{flat} 之间的三角形阴影区域即为效益损失，有时称为无谓损失。

在图 1.13 所示的非高峰时段，固定费率 p_1^{flat} 高于需求曲线和供应曲线相交处的价格水平 p_1^{off}。相应地，面临固定费率 p_1^{flat} 时，消费者的需求量为 q_1^{flat}，低于价格水平 p_1^{off} 下的消费者需求量 q_1^{off}。需求量为 q_1^{flat} 时，消费者的收益高于供应这种商品的边际成本，因此，在非高峰时段按固定费率 p_1^{flat} 得到的结果在经济上也是低效的。如果消费者的需求量为 q_1^{off}，边际收益将恰好等于需求曲线和供应曲线相交处的边际成本。但是，消费者的需求量仅为 q_1^{flat}，边际收益和边际成本之间的偏差较大，造成了低效，因为与节省成本相比，低于 q_1^{off} 的商品消费增量减少会造成更多的收益损失。图 1.13 中 q_1^{off} 和 q_1^{flat} 之间的三角形阴影区域，也是无谓损失。

避免这种低效的自然方法是采用随时间变化的定价方法（也称为动态定价），而不是采用固定费率。在需求旺盛的高峰时段，可将价格设定在需求曲线和供应曲线相交处的较高水平 p_1^{peak}。这样能激发消费者的需求响应，让需求量从 q_1^{flat} 减少到 q_1^{peak}，消除图 1.12 中三角形阴影区域所示的社会损失。类似地，在需求较低的非高峰时段，可将价格设定在需求曲线和供应曲线相交

处的较低水平 p_1^{off}。这同样能激发消费者的需求响应，让需求量从 q_1^{flat} 增加到 q_1^{off}，消除图 1.13 中三角形阴影区域所示的社会损失。因此，激发消费者需求响应的随时间变化的定价方法可增加效益。

尽管针对工商业用户采用时变电价已有一定的历史，但大多数居民用户的电价并未反映时间变化[2, 12]。其中一个原因是，记录时变用电量所需的智能电表没有安装到每家每户。然而，在过去十年里，许多国家和地区的居民用户已经广泛安装了先进的智能电表，这种电表可以记录近乎实时的用电量，并将其传送给供应商[9]。沿着这条发展路线，美国[6, 7]和其他国家[11]已经开展了越来越多的针对家庭时变定价的试点项目。

1.8 产消者

在过去十年里，居民用户分布式发电装置的使用迅速扩大。在美国、欧洲和其他国家 / 地区，屋顶太阳能光伏发电设备的规模急剧增长[3]。拥有太阳能光伏系统的居民用户，可以用产消者这一概念来描述[4, 8]。产消者一词是指既是生产者又是消费者的市场参与者。作为生产者，光伏产消者用屋顶太阳能电池板发电，并将多余电力出售给电网；另一方面，光伏产消者在住宅中使用电器，也是电力消费者，作为消费者，产消者可以自行消耗由太阳能电池板提供的电力或从电网购买电力。关于产消者的另一个典型例子，是种植农作物和饲养牲畜的农民。农民将其产品卖给市场，同时自己消费其中的一部分。

本节研究了一个简单的产消者行为案例。考虑一个拥有屋顶太阳能光伏发电系统的居民产消者，光伏发电系统的发电量为 r_1。假设光伏发电的边际成本在短期内为零，产消者以市场价格 p_1 出售或购买电力。那么，光伏产消者可以通过决定自身用电量 x_1，实现电力消费的总收益 $B_1(x_1)$ 以及与电网交易量 $p_1(r_1-x_1)$ 之和的最大化：

$$\underset{x_1 \geqslant 0}{\text{Maximize}}\ B_1(x_1) + p_1(r_1 - x_1) \tag{1.72}$$

如果光伏发电系统的发电量 r_1 大于用电量 x_1，则多余电力可按价格 p_1 出售给电网，为产消者带来收入。相反，如果光伏发电系统的发电量小于用电量，则产消者需通过从电网购买电力来补偿电力短缺。假设存在内部解，产消者问题的一阶条件是 $\dfrac{dB_1(x_1)}{dx_1} = p_1$。这意味着，产消者可通过改变其用电量，使得边际收益正好等于市场价格。用以下数值算例进一步开展讨论。

示例 1.11　*产消者出售电力的情况*

如示例 1.4 的式（1.36a）中所示，考虑光伏发电系统产消者的电力线性反需求函数为 $p_1 = 20 - x_1$。假设光伏发电量相对较大，在晴朗天气下达到 $r_1 = 21$，电力市场价格为 $p_1 = 8$。根据总收益函数 $B_1(x_1) = 20x_1 - \dfrac{1}{2}x_1^2$，光伏发电系统产消者的最大化问题转换为：

$$\text{Maximize } 20x_1 - \frac{1}{2}x_1^2 + 8(21 - x_1) \qquad (1.73)$$
$$x_1 \geqslant 0$$

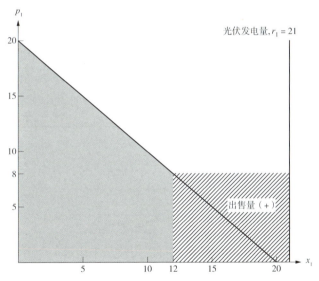

图 1.14　产消者的电力出售曲线

简单计算后，得到一个内部解，$x_1 = 12$。图 1.14 显示了光伏发电系统产消者向电网出售多余电力的最佳结果。该产消者的自耗电可达 $x_1 = 12$，直至其边际收益与市场价格 $p_1 = 8$ 相等。光伏发电量中的自耗电为 $x_1 = 12$，小于 $r_1 = 21$。假设光伏发电的短期边际成本为零，因而不会给产消者带来可变成本。因此，如需求曲线下方阴影区域至 $x_1 = 12$ 的部分所示，产消者可在没有任何费用的情况下享受收益。此外，多余电力，即 $r_1-x_1=9$，可按 $p_1=8$ 的价格出售给电网，销售收入显示为矩形阴影区域。通过这种方式，产消者可以实现电力消费总收益和多余电力出售量的最大化。

示例 1.12　产消者购买电力的情况

假设多云天气下的光伏发电量为 $r_1=8$，与前述例子中的光伏发电量相比，相对较小。光伏发电系统产消者的问题可描述为：

$$\underset{x_1 \geqslant 0}{\text{Maximize}} \; 20x_1 - \frac{1}{2}x_1^2 + 8(8-x_1) \tag{1.74}$$

与前述例子一样，得到一个解，$x_1=12$，其中边际收益等于市场价格。在本例中，产消者因为光伏发电量相对较小，需要额外从电网购买电力。图1.15 显示了光伏发电系统产消者购买短缺电力的最佳结果。产消者的自耗电达 $r_1=8$。需求曲线下方阴影区域至 $r_1=8$ 的部分，显示了没有任何费用的自消费总收益。此外，该产消者以 $p_1=8$ 的市场价格从电网购买电力以补偿电力短缺，即 $r_1-x_1=-4$。通过这种交易，产消者从相应的总收益中减去支出后，获得的收益即为 $x_1=8$ 和 $x_1=12$ 之间的三角形阴影区域。这个三角形区域可以看作是通过购买电力进行更多消费而获得的额外消费者剩余，这是光伏发电量不能覆盖的。

1.9　总结

本章讨论了可应用于电力市场的一般需求理论。

（1）消费者对消费商品的满意度可以用效用来衡量。

（2）面对市场价格，消费者可通过在预算限制下消费商品来获得效用最大化。

（3）可推导出需求函数，作为消费者效用最大化问题的解。

（4）需求价格弹性衡量消费者对价格变化的反应程度。

（5）消费者剩余衡量的是付款后消费商品的净收益。

（6）可以针对市场中的所有消费者，对其需求函数和消费者剩余进行汇总。

（7）基于一般需求理论，可以分析电力市场的近期问题，如需求响应和产消者的影响。

1.10 章末练习

1.1 考虑以一种计价物为基准的两种商品。效用函数为 $U(x_0, x_1, x_2) = 60(x_1 + x_2) - (x_1^2 + x_1 x_2 + x_2^2) + x_0$，预算限制为 $p_1 x_1 + p_2 x_2 + x_0 = m$。考虑预算水平 m。求解其效用最大化问题，推导出这两种商品的线性需求函数，并检验这两种商品是替代品还是互补品。

1.2 考虑以一种计价物为基准的一种商品。效用函数为 $U(x_0, x_1) = 40x_1 - 2x_1^2 + x_0$，预算限制为 $p_1 x_1 + x_0 = m$。考虑预算水平 m。求解其效用最大化问题，推导出这种商品的线性需求函数，计算 x_1 相对其自身价格 p_1 的导数，并检验其是否为负值。

1.3 考虑线性反需求函数 $p_1 = 40 - 2x_1$，或线性需求函数 $x_1 = 20 - \frac{1}{2} p_1$。计算需求曲线上各个点（例如，$x_1 = 5$、10 和 15 等点）的价格弹性绝对值 $|e_{11}|$。检验每个点的需求是弹性需求，还是无弹性需求。

1.4 考虑形式为 $x_1 = f_1 - g_1 p_1$ 的线性需求函数。假设在需求曲线上的点 $(x_1, p_1) = (100, 20)$ 处，需求价格弹性为 $e_{11} = -0.2$。推导出线性需求函数，即求出 f_1 和 g_1。

1.5 考虑线性反需求函数 $p_1 = 40 - 2x_1$，如练习 1.3 所示。假设市场价格为 $p_1 = 10$，计算总收益和消费者剩余。如果市场价格上升到 $p_1 = 20$，这些值会如何变化？

1.6 考虑示例 1.9 中具有不同需求函数的三个不同消费者（而不是相同消费者）$x_{1,k} = f_{1,k} - g_{1,k} p_1, k = 1, 2, 3$。考虑 $f_{1,k}$ 的异质值以及 $g_{1,k} k = 1, 2, 3$，然后通过横向加总各需求曲线，得出市场需求曲线。〔提示：市场需求曲线可能是分段线性曲线〕

1.7 考虑示例 1.11 和 1.12 中的产消者。假设光伏发电量 r_1 根据天气发生变化，例如在 $r_1 = 0 \sim 25$ 的范围内变化。计算不同发电量水平 r_1 下的电力消费总效益和与电网交易之和，了解产消者的效益如何随着光伏发电量的变化而变化。

参考文献

[1] Alberini, A., Filippini, M.: Response of residential electricity demand to price: the effect of measurement error. Ener. Econ. 33, 889-895 (2011).

[2] Borenstein, S.: Time-varying retail electricity prices: theory and practice. In: Griffin, J.M., Puller, S. (eds.) Electricity Deregulation: Choices and Challenges. University of Chicago Press, Chicago (2005).

[3] Borenstein, S.: Private net benefits of residential solar PV: the role of electricity tariffs, tax incentives, and rebates. J. Assoc. Environ. Resour. Econ. 4, S85-S122 (2017).

[4] Chen, Y., Tanaka, M., Takashima, R.: Energy expenditure incidence in the presence of prosumers: can a fixed charge lead us to the promised land. IEEE Trans. Power Syst. Published online (2021). https://doi.org/10.1109/TPWRS.2021.3104770.

[5] European Environment Agency: Overview of electricity production and use in Europe (2016). https://www.eea.europa.eu/data-and-maps/indicators/overview-of-the-electricity-production-2/assessment.

[6] Faruqui, A., Sergici, S.: Household response to dynamic pricing of electricity: a survey of 15 experiments. J. Reg. Econ. 38, 193-225 (2010).

[7] Faruqui, A., Sergici, S.: Dynamic pricing of electricity in theMid-Atlantic region: econometric results from the Baltimore gas and electric company experiment. J. Reg. Econ. 40, 82-109 (2011).

[8] Gautier, A., Jacqmin, J., Poudou, J.C.: The prosumers and the grid. J. Reg. Econ. 53, 100-126 (2018).

[9] Haney, A.B., Jamasb, T., Pollitt, M.G.: Smart metering and electricity demand: technology, economics and international experience. Cambridge Working Paper in Economics 0905, Cambridge (2009).

［10］Hogan, W.W.: Market design practices: which ones are best? IEEE Power Energy Mag. 17, 100-104 (2019).

［11］Ito, K., Ida, T., Tanaka, M.: Moral suasion and economic incentives: field experimental evidence from energy demand. Am. Econ. J. Econ. Policy 10, 240-267 (2018).

［12］Jessoe, K., Rapson, D.: Commercial and industrial demand response under mandatory time-ofuse electricity pricing. J. Ind. Econ. 63, 397-421 (2015).

［13］Nicholson, W., Snyder, C.: Microeconomic Theory: Basic Principles and Extensions. Cengage Learning, Boston (2016).

［14］Paul, A.C., Myers, E.C., Palmer, K.L.: A partial adjustment model of US electricity demand by region, season, and sector. RFF DP 08-50, Washington (2009).

［15］Varian, H.R.: Microeconomic Analysis. W.W. Norton & Company, New York (1992).

第 2 章

供　应

2.1　概述

历史上，电力行业由纵向一体化投资者拥有的公用事业公司（Investor-Owned Utility，IOU）组成，其控制着电力行业的所有环节，即发电、配电、售电和输电[48]。这类公司通常在所属地理区域内获得特许垄断权，并接受监管部门的监督，例如，向消费者提供的零售价格受到监管。这种结构让这类公司能够利用网络型产业固有的"自然垄断"效应，通过内部经营实现互补，例如发电和输电扩容之间。反过来，消费者也得到了成本确定性的保证[23]，尽管由于没有竞争压力，电力公司没有动力将成本降到最低。同样，IOU 依赖大规模成熟技术来满足基本负荷需求，例如燃煤电厂、核电厂和水电站（如有），并根据需要利用燃气和燃油发电厂来满足高峰负荷需求。因此，这些发电技术的安装容量足以满足需求的增长，同时还留有一定的储备余量。由于缺乏竞争压力或环境监管，高能效技术的发展受到限制。

随着 20 世纪 80 年代电力行业实行结构调整，大多数经合组织国家的电力行业现已放松管制，发电和售电环节放开竞争。与此同时，配电和输电仍然主要由受监管的实体负责，因为它们是自然垄断企业，其长期平均成本随容量规模的增长而降低。尽管有人提出了所谓的商业投资者建议，但让电网供应商参与竞争并不高效[24, 26]。在放松管制的模式下，电力公司和零售商为争夺市场份额而竞争，而电网规划者则期望他们会加大投资，增加自身发电容量。这些竞争以及最近颁布的法律约束条款，即要求减少温室气体排放以实现气候目标，大大促进了间歇性可再生能源发展，改变了电力供应方式[47]。因此，与 20 世纪 80 年代的集中决策和热电厂主导相比，目前的电力供应更加依赖间歇性可再生能源和基于市场的决策。例如，1990 年，德国的太阳能和风能发电比例几乎可以忽略不计，到 2019 年，已经达到 28.6%[1]。

鉴于经济和环境因素推动电力行业转型，有必要重新审视电力行业供应的基础。与传统的热能供应堆栈相比[40]，增加间歇性可再生能源的渗透率既能降低市场出清价格，又能增加价格波动性[34]。因此，有些自相矛盾的是，虽然间歇性可再生能源发电需要更多的灵活性，但其零运营成本使得具有高爬坡率的热电厂（即燃气轮机）变得不太经济。在短期内，这种间歇性将影响价格的形成，并对市场设计产生影响[27]。因此，需要系统地阐述针对企业和行业短期运营决策的经济激励措施，以便更好地了解灵活资源（如爬坡电厂和储能系统）在整合间歇性可再生能源方面的作用。同样，必须重新评估长期投资决策，以便考虑可再生能源的间歇性。事实上，传统的电力系统规划模型通过负荷分段[22]来体现需求侧的变化，如果不做出充分修改，可能会大幅高估间歇性可再生能源的可用性[32]。

本章探讨电力供应的经济基础，首先在第 2.2 节讨论运营成本的各个组成部分。第 2.3 节从长期角度通过平准化投资成本和筛选曲线来研究投资成本。第 2.4 节讨论运营成本和投资成本与企业短期和长期利润最大化问题之间的联系。第 2.5 节分析间歇性可再生能源及其对短期运行调度（以爬坡决策为例）的影响。同样，第 2.6 节分析储能对间歇性可再生能源集群的影响。第 2.7 节对本章内容进行总结。第 2.8 节和第 2.9 节则分别为本章的章末练习和选定示例的 GAMS 代码。

2.2　运营成本

在短期内，产能水平是固定的，企业的生产决策取决于其收入是否能够支付其可变成本[44]。可变成本仅随生产水平的变化而变化，例如燃料、排放和耗水量等其他可变的运行和维护（简称运维）费用。当然，也可能存在与发电厂定期维护和一般管理相关的固定运维成本（或类似固定成本）[17]。这些固定运维成本不随生产水平的变化而变化。如果发电厂完全退役，则没有可变和固定运维成本。为便于阐述，本书将忽略固定运维成本，并假设运营成本仅有可变成本，包括燃料成本、排放成本和可变运维成本。

2.2.1　计算运营成本

对于热电厂，例如使用煤、天然气或石油作为燃料的发电厂，燃料成本取决于发电机效率和燃料价格。在电力系统经济学中，通常使用热耗率（实际上，它是效率的倒数）来衡量效率，其单位是 BTU/kWh，其中"BTU"是一个非国际单位制单位，代表英制热量单位，指热能含量。典型的联合循环汽轮机的热耗率为 7500 BTU/kWh，即其需要 7500 BTU 的热能，才能产生 1 kWh 的电能。因此，热耗率越低，涡轮机的效率越高。此外，由于 1 kWh 相当于 3412 BTU，因此上述联合循环汽轮机的效率，即将热能转化为电能的比例为[15]：

$$\frac{3412 \text{ BTU}}{1 \text{ kWh}} \times \frac{1 \text{ kWh}}{7500 \text{ BTU}} = 0.4549 \tag{2.1}$$

在美国和其他经合组织国家，燃料价格会定期变化，因为其基于商品市场的出清价格。例如，美国能源信息管理局（Energy Information Administration, EIA）将发电商支付的天然气价格数据制成表格，通常以美元 /MMBTU（即每百万 BTU 的美元价格）报价。使用热耗率为 7500 BTU/kWh 的上述联合循环汽轮机，天然气价格为 4.43 美元 /MMBTU，则产生的燃料成本（以美元 / MWh 表示）为：

$$\frac{7500 \text{ BTU}}{1 \text{ kWh}} \times \frac{1 \text{ MMBTU}}{1000000 \text{ BTU}} \times \frac{1000 \text{ kWh}}{1 \text{ MWh}} \times \frac{4.43 \text{ 美元}}{1 \text{ MMBTU}} = 33.23 \text{ 美元 / MWh} \tag{2.2}$$

发电厂的排放成本取决于以下因素：①燃料中污染物（如二氧化碳）的含量；②热耗率；③污染物价格❶。如上所述，热耗率的单位通常用 BTU/kWh

---

❶　污染物价格通常是指碳税或二氧化碳排放许可价。例如，加拿大不列颠哥伦比亚省 2021 年的碳税为 45 加元 /t [4]，而欧盟排放交易体系 2021 年的许可价约为 50 欧元 /t [19]。

表示，而在美国，污染物价格则用美元 /t（即美元 / 吨）表示，污染物含量通常以 lbs/MMBTU（即磅 /MMBTU）为单位。排放价格的数据可从相关机构或市场获得，如从欧盟排放交易体系（Emissions Trading System，ETS）[19] 和区域温室气体减排倡议（Regional Greenhouse Gas Initiative，RGGI）[31] 获得二氧化碳价格。各种燃料的二氧化碳含量可以从美国能源信息管理局[14] 获得。例如，天然气的二氧化碳含量为 117lbs/MMBTU。假设联合循环燃气发电厂的热耗率为 7500 BTU/kWh，二氧化碳价格为 2.67 美元 /t，则其排放成本为：

$$\frac{117 \text{ lbs CO}_2}{1 \text{ MMBTU}} \times \frac{0.0005 \text{ t}}{1 \text{ lbs}} \times \frac{2.67 \text{ 美元}}{1 \text{ t CO}_2} \times \frac{7500 \text{ BTU}}{1 \text{ kWh}} \times \frac{1 \text{ MMBTU}}{1000000 \text{ BTU}} \times \frac{1000 \text{ kWh}}{1 \text{ MWh}}$$
$$=1.17 \text{ 美元 / MWh} \tag{2.3}$$

可变运维成本取决于发电厂的配置。对于具有平均发电容量系数的联合循环燃气发电厂而言，其运维成本估算为 2.77 美元 /MWh[29]。因此，对于这样的发电厂，其短期运营成本包括式（2.2）中的燃料成本，式（2.3）中的排放成本以及 2.77 美元 /MWh 的可变运维成本：

$$33.23 \text{ 美元 / MWh} + 1.17 \text{ 美元 / MWh} + 2.77 \text{ 美元 / MWh} = 37.17 \text{ 美元 / MWh} \tag{2.4}$$

需注意，在式（2.4）中，将二氧化碳排放成本视为一种税收，而不是像欧盟排放交易体系和区域温室气体减排倡议中那样，通过限额与交易约束确定。目前，这种区别并不重要，因为本书只是为了构建短期供应堆栈而对运营成本进行事后描述。

2.2.2 短期供应堆栈

按照上述步骤，可以构建各个地区的短期供应堆栈 ❶。例如，文献 [11] 的附录描述了如何构建纽约 2013 年短期供应堆栈。燃料价格、来水量和间歇性可再生能源发生季节性变化，导致运营成本和有效发电容量发生周期性

---

❶ 也称为短期供应曲线，由短期边际成本组成。

变化，并不是单一的供应堆栈。表 2.1 提供了夏季供应堆栈的快照 ❶。该表旨在说明各类型发电厂的发电潜力，并不意味着 807 MW 的间歇性可再生能源（VRES）和 4272 MW 的径流式水电（ROR）在典型夏季期间发电容量完全可用。实际上，这些发电容量以及成本会随全年中的不同时段发生变化。理想情况下，8760 个这样的供应堆栈可以全面反映出纽约的发电能力。进行分组，以减轻计算负担，同时保留可用资源的时序特征。

表 2.1　纽约短期供应堆栈数据（2013 年夏季）

发电厂类型	运营成本（美元/MWh）	装机容量（MW）
VRES	0	807
ST–UR	5.16	5418
ROR	6	4272
ST–BIT	38.01	1495
CC–NG	38.76	8992
IC–NG	54.27	104
ST–NG	62.94	3570
GT–NG	67.60	1971
ST–FO6	174.10	5973
IC–FO2	233.21	111
GT–FO2	305.87	1902
GT–KER	323.32	959

根据图 2.1 中构建的短期供应堆栈，可以利用典型夏季期间的高峰和非

❶　根据文献［11］，发电厂类型的缩写与技术和燃料（如果使用）相对应。除了 VRES（间歇性可再生能源），采用 ST（蒸汽轮机）、CC（联合循环）、ROR（径流式水电）、IC（内燃机）和 GT（燃气轮机）作为技术缩写。燃料缩写则包括 UR（铀）、BIT（烟煤）、NG（天然气）、FO6（渣油）、FO2（蒸馏油）和 KER（煤油）。

高峰时段负荷需求量（分别为 23.05 GWh 和 17.11 GWh），获得对应的市场价格[11, 30]。将负荷需求数值线与短期供应堆栈 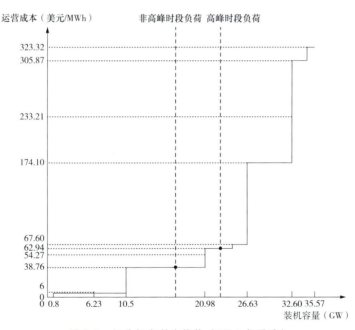 曲线相交，得到高峰和非高峰时段的市场价格分别为 62.94 美元 /MWh 和 38.76 美元 /MWh。实际上，CC–NG 正是非高峰时段采用的边际技术，ST–NG 则是高峰时段采用的边际技术。尽管 2013 年纽约州南部的平均周期性夏季价格与这些值相符，但实际市场出清价格取决于目前忽略的其他因素，即输电限制、净输入电量、抽水蓄能运行、水电和间歇性可再生能源的可用性、需求响应、机组组合决策和爬坡约束。本章后续小节和本书其他章节中将讨论这些现实问题。不过，现在可以说，短期供应堆栈和平均负荷条件为我们提供了一个有用的电力系统运营快照。

图 2.1　纽约短期供应堆栈（2013 年夏季）

---

❶　尽管图 2.1 中水平轴的单位为 GW，但其也可以等效为 GWh/h，即反映单位时间内的电能流动情况。

2.2.3　经济调度

角标和集合

$s \in \mathcal{S}$	季节
$t \in \mathcal{T}$	时段
$u \in \mathcal{U}$	发电技术

参数

$A_{s,t,u}$　　季节 s 时段 t 内技术 u 的最大可用性系数（无量纲）

$C_{s,t,u}^{\text{opr}}$　　季节 s 时段 t 内技术 u 的运营成本（美元 /MWh）

$C_{s,t}^{\text{lsh}}$　　季节 s 时段 t 内的负荷削减成本（美元 /MWh）

$D_{s,t}$　　季节 s 时段 t 内的负荷需求量（MWh）

K_u　　技术 u 的发电装机容量（MW）

T_t　　时段 t 的时长（h）

W_s　　季节 s 的权重（无量纲）

原始变量

$d_{s,t}$　　季节 s 时段 t 内的负荷削减量（MWh）

$y_{s,t,u}$　　季节 s 时段 t 内技术 u 的发电量（MWh）

对偶变量

$\beta_{s,t,u}$　　季节 s 时段 t 内技术 u 的最大发电量边际成本（美元 /MWh）

$\lambda_{s,t}$　　季节 s 时段 t 内的用电量边际成本（美元 /MWh）

$\phi_{s,t}^{d}$　　季节 s 时段 t 内非负负荷削减边际成本（美元 /MWh）

$\phi_{s,t,u}^{y}$　　季节 s 时段 t 内技术 u 的非负发电量边际成本（美元 /MWh）

在短期内，通过调度发电技术来满足周期性需求，可以最大限度地降低运营成本。发电容量不足以满足需求时，也可采取负荷削减措施❶。需注意，这种观点假定所有发电厂都是价格接受者，并且市场由系统运营商清算，系

---

❶　负荷削减成本指的是损失负荷的社会成本，即损失负荷的价值（Value of Lost Load，VOLL），或价格上限。前者通常被假定为 10,000 美元 /MWh，而后者在美国市场通常为 1,200 美元 /MWh[3]。

统运营商在发电厂容量限制下平衡供需。目前忽略了更现实的技术约束条件，即爬坡率、水力或储能平衡、机组组合，以及输电阻塞等。因此，经济调度问题可表述为：

$$\underset{d_{s,t},\,y_{s,t,u}}{\text{Minimize}} \sum_{s\in\mathcal{S}} W_s \sum_{t\in\mathcal{T}} \left(\sum_{u\in\mathcal{U}} C^{\text{opr}}_{s,t,u} y_{s,t,u} + C^{\text{lsh}}_{s,t} d_{s,t} \right) \tag{2.5a}$$

$$\text{s.t.} \sum_{u\in\mathcal{U}} y_{s,t,u} + d_{s,t} - D_{s,t} = 0 : \lambda_{s,t}, \forall s,t \tag{2.5b}$$

$$y_{s,t,u} \leqslant A_{s,t,u} T_t K_u : \beta_{s,t,u}, \forall s,t,u \tag{2.5c}$$

$$d_{s,t} \geqslant 0 : \phi^d_{s,t}, \forall s,t \tag{2.5d}$$

$$y_{s,t,u} \geqslant 0 : \phi^y_{s,t,u}, \forall s,t,u \tag{2.5e}$$

其中，式（2.5a）是电力系统的季节加权运营成本，由统一调度者将其最小化；$\sum_{u\in\mathcal{U}} C^{\text{opr}}_{s,t,u} y_{s,t,u}$ 和 $C^{\text{lsh}}_{s,t} d_{s,t}$ 分别是季节 $s\in\mathcal{S}$ 期间时段 $t\in\mathcal{T}$ 内的发电技术运营成本和负荷削减成本。举例来说，如果我们在模型中使用具有代表性的周，每个时段对应一个小时，$|\mathcal{T}|$（即 $\mathcal{T}$ 的基数）等于 168，也就是 $|\mathcal{T}| = \dfrac{24\text{h}}{\text{日}} \times \dfrac{7\text{日}}{\text{周}}$。因此，每个季节由代表周的成本 $\sum_{t\in\mathcal{T}} \left(\sum_{u\in\mathcal{U}} C^{\text{opr}}_{s,t,u} y_{s,t,u} + C^{\text{lsh}}_{s,t} d_{s,t} \right)$ 来反映，用该成本乘以季节权重 W_s（该权重表示一年中类型 s 的周数），并对所有季节 $s\in\mathcal{S}$ 求和，即可得到按季节加权的运营成本，如式（2.5a）所示。

运营问题受以下因素制约：

（1）能量平衡，即发电量加上负荷削减量等于电量需求，见式（2.5b）。

（2）基于装机容量的最大发电量限制，见式（2.5c）。

（3）负荷削减量和发电量的非负约束条件，见式（2.5d）～式（2.5e）。

需注意的是，无量纲参数 $A_{s,t,u}$ 仅适用于径流式水力发电和间歇性可再生能源发电，因为它反映了季节性资源可用性[1]。对于热能技术，$A_{s,t,u}=1$。由于目标函数式（2.5a）与变量及约束条件式（2.5b）～式（2.5e）是线性关系，因此式（2.5a）～式（2.5e）是一个线性规划（Linear Programming，LP）问题。此外，由于不存在跨时段决策关联的约束条件，例如爬坡或储能，线性规划

---

[1]　假定可能会削减间歇性可再生能源的发电量，而在通过上网电价支持可再生能源的初期，可能无法实现这一点。

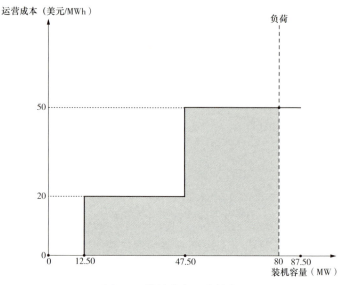

图 2.2 最低成本运营调度

问题式（2.5a）~ 式（2.5e）实际上是可跨时段分离的，即可以针对每个季节 $s \in \mathcal{S}$ 中的每个时间段 $t \in \mathcal{T}$ 单独求解。尽管如此，本节将继续展开当前阐述，并在后续章节中添加实际系统特性。最后，每个约束条件中与冒号相邻的小写希腊字母是该问题的对偶变量。

直观地说，线性规划问题式（2.5a）~ 式（2.5e）将每个时段的需求量与可用发电量匹配，必要时会加上负荷削减量。图 2.2 给出了最低成本解决方案的图示。例如，对于需求量为 80 MWh、三种技术的运营成本分别为 0 美元 / MWh、20 美元 /MWh 和 50 美元 /MWh，装机容量分别为 25 MW、35 MW 和 40 MW 的情况，只要零成本技术的资源可用率为 50%，则最优调度量分别是 12.50 MWh、35 MWh 和 32.50 MWh。实际上，装机容量足以满足需求，因此不需要削减负荷。图 2.2 中阴影区域的面积等于最小化成本，见式（2.5a），在本例中为 2325 美元。

一旦检验了线性规划问题式（2.5a）~ 式（2.5e）的一阶必要条件，对偶变量（尤其是 $\lambda_{s,t}$，即耗电量边际值）的重要性就会变得更加明显。这是因为对偶变量提供了有关发电边际成本的信息，而这些信息可用于确定市场出清价格。为了理解这种联系，首先为线性规划问题式（2.5a）~ 式（2.5e）设定拉格朗日函数 L：

$$
\begin{aligned}
L = &\sum_{s \in \mathcal{S}} W_s \sum_{t \in \mathcal{T}} \left(\sum_{u \in \mathcal{U}} C_{s,t,u}^{\mathrm{opr}} y_{s,t,u} + C_{s,t}^{\mathrm{lsh}} d_{s,t} \right) \\
&- \sum_{s \in \mathcal{S}} \sum_{t \in \mathcal{T}} \lambda_{s,t} \left(\sum_{u \in \mathcal{U}} y_{s,t,u} + d_{s,t} - D_{s,t} \right) \\
&- \sum_{s \in \mathcal{S}} \sum_{t \in \mathcal{T}} \sum_{u \in \mathcal{U}} \beta_{s,t,u} \left(A_{s,t,u} T_t K_u - y_{s,t,u} \right) - \sum_{s \in \mathcal{S}} \sum_{t \in \mathcal{T}} d_{s,t} \phi_{s,t}^d \\
&- \sum_{s \in \mathcal{S}} \sum_{t \in \mathcal{T}} \sum_{u \in \mathcal{U}} y_{s,t,u} \phi_{s,t,u}^y
\end{aligned}
\tag{2.6a}
$$

一阶必要条件或 KKT 条件是，对于每个原始变量式（2.7a）~ 式（2.7b）以及原始约束条件式（2.7c）~ 式（2.7f）、不等式约束条件的互补条件式（2.7g）~ 式（2.7i），以及与不等式约束条件相关的对偶变量的非负约束条件式（2.7j）~ 式（2.7l），式（2.6a）中拉格朗日函数的偏导数都等于零。

$$
W_s C_{s,t}^{\mathrm{lsh}} - \lambda_{s,t} - \phi_{s,t}^d = 0, \forall s,t
\tag{2.7a}
$$

$$
W_s C_{s,t,u}^{\mathrm{opr}} - \lambda_{s,t} + \beta_{s,t,u} - \phi_{s,t,u}^y = 0, \forall s,t,u
\tag{2.7b}
$$

$$
\sum_{u \in \mathcal{U}} y_{s,t,u} + d_{s,t} - D_{s,t} = 0, \forall s,t
\tag{2.7c}
$$

$$
A_{s,t,u} T_t K_u - y_{s,t,u} \geqslant 0, \forall s,t,u
\tag{2.7d}
$$

$$
d_{s,t} \geqslant 0, \forall s,t
\tag{2.7e}
$$

$$
y_{s,t,u} \geqslant 0, \forall s,t,u
\tag{2.7f}
$$

$$
\beta_{s,t,u} \left(A_{s,t,u} T_t K_u - y_{s,t,u} \right) = 0, \forall s,t,u
\tag{2.7g}
$$

$$
\phi_{s,t}^d d_{s,t} = 0, \forall s,t
\tag{2.7h}
$$

$$
\phi_{s,t,u}^y y_{s,t,u} = 0, \forall s,t,u
\tag{2.7i}
$$

$$
\beta_{s,t,u} \geqslant 0, \forall s,t,u
\tag{2.7j}
$$

$$
\phi_{s,t}^d \geqslant 0, \forall s,t
\tag{2.7k}
$$

$$
\phi_{s,t,u}^y \geqslant 0, \forall s,t,u
\tag{2.7l}
$$

在图 2.2 所示的市场出清背景下，假设 $W_s = 1, \forall s$，且 $A_{s,t,u} = 0.50$，$\forall s,t,u$，同时 $T_t = 1, \forall t$，则 KKT 条件式（2.7a）为 $C_{s,t}^{\mathrm{lsh}} \geqslant \lambda_{s,t}$，由于未采取负荷削减措

施，即 $d_{s,t}=0$ 时，$\phi_{s,t}^d \geq 0$。直观地说，负荷削减的边际成本大于或等于其边际收益 $\lambda_{s,t}$，也就是市场出清价格。接下来，KKT 条件式（2.7b）为 $C_{s,t,u}^{\mathrm{opr}}=\lambda_{s,t}$ 时，即对于运营成本为 50 美元 /MWh 的边际技术而言，其发电边际成本等于用电量边际值，因为 $K_u > y_{s,t,u}$ 且 $y_{s,t,u} > 0$。由 KKT 条件式（2.7g）和式（2.7i）可知，这分别表示 $\beta_{s,t,u}=0$ 和 $\phi_{s,t,u}^y=0$。因此，$\lambda_{s,t}=50$ 是市场出清价格，等于边际技术的运营成本。这也意味着，在其他条件不变的情况下，需求量增加 1 MWh，最小化成本将增加 50 美元。相比之下，对于运营成本分别为 0 美元 /MWh 和 20 美元 /MWh 的两种边际技术，KKT 条件式（2.7b）为 $C_{s,t,u}^{\mathrm{opr}}+\beta_{s,t,u}=\lambda_{s,t}$，即其已经达到发电量上限，即 $A_{s,t,u}T_t K_u = y_{s,t,u}$ 且 $y_{s,t,u} > 0$。由 KKT 条件式（2.7g）和式（2.7i）可知，这分别表示 $\beta_{s,t,u} \geq 0$ 且 $\phi_{s,t,u}^y=0$。因此，对于运营成本分别为 0 美元 /MWh 和 20 美元 /MWh 的两种边际技术，$\beta_{s,t,u}$ 分别等于 50 美元 /MWh 和 30 美元 /MWh。这些 $\beta_{s,t,u}$ 值反映了两种技术的发电量边际成本。例如，在其他条件不变的情况下，对于运营成本为 0 美元 /MWh 的技术，如果增加 1MW 的发电量，分析期内的最小化成本将降低 25 美元。从形式上看，包络定理通过拉格朗日乘子将最小化成本与约束条件的右侧联系起来[44]：

$$\frac{\partial L}{\partial D_{s,t}} = \lambda_{s,t}, \forall s,t \tag{2.8a}$$

$$\frac{\partial L}{\partial K_u} = -\sum_{s\in\mathcal{S}}\sum_{t\in\mathcal{T}} A_{s,t,u}T_t\beta_{s,t,u}, \forall u \tag{2.8b}$$

通过求解 LP 问题如式（2.5a）～式（2.5e）得到的对偶变量 $\lambda_{s,t}$ 和 $\beta_{s,t,u}$，使我们能够对目标函数值（即最小化成本）进行比较静态分析。

示例 2.1　经济调度的最小化成本线性规划问题

针对一个简化示例进行线性规划，见式（2.5a）～式（2.5e）。该示例涉及两个季节、三个时段和三种技术类型。如果使用具有代表性的日，那么每日将由三个时长为 $T_t=8\mathrm{h}$ 的时段组成，即 $\sum_{t\in\mathcal{T}}T_t=24$。进一步假设各季节的份额相等，即 $W_s=183$，假设一年有 366 天 ❶。对于所有的 s 和 t，技术运营成本 $C_{s,t,u}^{\mathrm{opr}}$ 如图 2.2 所示，而负荷削减成本 $C_{s,t}^{\mathrm{lsh}}$ 在所有 s、t 条件下均为 500 美元 /

---

❶　同样，我们也可以使用具有代表性的周，其中有两个等权重的季节，会导致 $W_s=26$（假设一年有 52 周）。在这种情况下，如果有三个时段，则 $T_t=56\mathrm{h}$，即 $\sum_{t\in\mathcal{T}}T_t=168$。

MWh。同样，三种技术的装机容量 K_u 如图 2.2 所示，分别为 25 MW、35 MW 和 40 MW。与图 2.2 中示例的主要区别是，表 2.2 中考虑了负荷 $D_{s,t}$ 的变化，并根据季节和时段，考虑了零成本 VRES 技术 $A_{s,t,u}$ 的可用性。其他两种技术的可用性在所有季节和时段均设为 1。根据上述数据，全年最低运营成本为 48,055,800 美元。原始变量和对偶变量的最优解如表 2.4、2.5、2.6 和 2.7 所示[1]。

表 2.2 　需求参数 $D_{s,t}$ 　　　　　　　单位：MWh

季节	时段		
	$t=1$	$t=2$	$t=3$
$s=1$	280	600	720
$s=2$	880	640	420

表 2.3 　VRES 技术的可用性参数 $A_{s,t,l}$

季节	时段		
	$t=1$	$t=2$	$t=3$
$s=1$	0.20	0.10	0.05
$s=2$	0.25	0.50	0.75

表 2.4 　负荷削减决策 $d_{s,t}$ 　　　　　　　单位：MWh

季节	时段		
	$t=1$	$t=2$	$t=3$
$s=1$	0	0	110
$s=2$	230	0	0

---

[1] 　为了节省篇幅，未提供非负约束条件下对偶变量 $\phi_{s,t}^d$ 和 $\phi_{s,t,u}^y$ 的值。但是，在相应的原始变量严格为正时，可以验证这些对偶变量为零。

表 2.5 运营决策 $y_{s,t,u}$ 单位：MWh

技术	季节	时段		
		$t=1$	$t=2$	$t=3$
$u=1$	$s=1$	40	20	10
	$s=2$	50	100	150
$u=2$	$s=1$	240	280	280
	$s=2$	280	280	270
$u=3$	$s=1$	0	300	320
	$s=2$	320	260	0

表 2.6 需求量边际值 $\lambda_{s,t}$ 单位：美元 /MWh

季节	时段		
	$t=1$	$t=2$	$t=3$
$s=1$	3,660	9,150	91,500
$s=2$	91,500	9,150	3,660

表 2.7 发电量边际值 $\beta_{s,t,u}$ 单位：美元 /MWh

技术	季节	时段		
		$t=1$	$t=2$	$t=3$
$u=1$	$s=1$	3,660	9,150	91,500
	$s=2$	91,500	9,150	3,660
$u=2$	$s=1$	0	5,490	87,840
	$s=2$	87,840	5,490	0
$u=3$	$s=1$	0	0	82,350
	$s=2$	82,350	0	0

例如，在季节 $s=2$ 和时段 $t=2$ 期间，从表 2.4 和表 2.5 中可以明显看

出，没有发生负荷削减，技术 $u=1$、$u=2$ 和 $u=3$ 分别产生 100 MWh、280 MWh 和 260 MWh 的电量。将这些值分别除以 $T_t=8$，观察到任何给定小时的发电量分别为 12.50 MWh、35 MWh 和 32.50 MWh，这与图 2.2 中的调度情况相符。由表 2.6 中可知，需求边际成本为 9150 美元 /MWh，即在季节 $s=2$ 和时段 $t=2$ 期间负荷增加 1 MWh，其他条件不变的情况下，相较于式（2.8a），每年的最小化成本将增加 9150 美元 ❶。由于这种类型的发电天数为 183 天，因此在季节 $s=2$ 和时段 $t=2$ 的典型小时内，这种增加的影响是 9150 美元除以 183，即 50 美元。换句话说，在季节 $s=2$ 和时段 $t=2$ 的典型小时内，需求边际成本为 50 美元 /MWh，这也是图 2.2 中所示的市场出清价格。由式（2.7b）可知，这也是边际技术的运营成本加上发电量的边际成本，即对于季节 $s=2$ 和时段 $t=2$ 内的技术 $u=3$，有 $\lambda_{s,t}=W_s C_{s,t,u}^{\mathrm{opr}}+\beta_{s,t,u}-\phi_{s,t,u}^y=183\times50+0-0=9150$，其中 $\beta_{s,t,u}$ 和 $\phi_{s,t,u}^y$ 的值均为零，因为发电量限制约束条件和非负约束条件均未生效。相比之下，对于两种超边际技术，式（2.7b）揭示了与表 2.7 中相同的 $\beta_{s,t,u}$ 值，即技术 $u=1$ 时，$\beta_{s,t,u}=-183\times0+9150+0=9150$，以及技术 $u=2$ 时，$\beta_{s,t,u}=-183\times20+9150+0=5490$。通过式（2.8b）可以更容易地解释每种技术的 $\beta_{s,t,u}$ 值，这些值表示技术 u 的额外发电量对年度最小化成本的边际影响。特别地，对于 $u=1$，有 $-\sum_{s\in\mathcal{S}}\sum_{t\in\mathcal{T}}A_{s,t,u}T_t\beta_{s,t,u}=-0.20\times8\times3660-0.10\times8\times9150-0.05\times8\times91500-0.25\times8\times91500-0.50\times8\times9150-0.75\times8\times3660=-291336$。因此，其他条件不变时，技术 $u=1$ 的装机容量增加 1 MW，会使年度最小化成本减少 291,336 美元。❷

2.3　投资成本

从长远来看，可以通过投资新建电厂或让现有电厂退役来改变装机容量。如果进行投资，则需要将投资成本纳入总成本。投资成本通常按照电厂的整个寿命周期进行摊销，以便与运营成本进行比较。通过使用公开可获得的数

---

❶　假定在其他条件不变的情况下，负荷的增长量在容许范围内。
❷　假定在其他条件不变的情况下，技术 $u=1$ 的装机容量增加量在容许范围内。

据，本节将解释如何将所谓的平准化成本纳入最低成本规划模型。

2.3.1 计算平准化成本

新建发电厂的投资成本通常以美元 /kW 的基础投资成本进行报告。这类成本反映了开发商的总成本，包括劳动力、材料、运输、项目管理、机电设备、土地以及与公用设施互连成本等。文献［17］中报告了几种代表性技术类型的基础投资成本。例如，650 MW 燃煤电厂的初始投资成本为 3676 美元 /kW。假设电厂的寿命周期为 30 年，利率为 5%/ 年，摊销固定成本计算如下[9]：

$$\frac{3676 \text{ 美元}}{1 \text{ kW}} \times \left[\frac{0.05 \times 1.05^{30}}{1.05^{30} - 1} \right] = \frac{239.12 \text{ 美元}}{1\text{kW-a}} \qquad (2.9) \text{ ❶}$$

接下来，可将式（2.9）中的摊销固定成本分配到特定年份（假设一年有366 天或 8784 h），以便与以美元 /MWh 计的运营成本进行比较：

$$\frac{239.12 \text{ 美元}}{\text{kW-a}} \times \frac{1000 \text{ kW}}{\text{MW}} \times \frac{1 \text{ a}}{8784 \text{ h}} = \frac{27.22 \text{ 美元}}{\text{MWh}} \qquad (2.10)$$

将式（2.9）中的摊销固定成本 $\bar{C}_u^{\text{gen}}$ 与图 2.2 中的可变成本 $\bar{C}_u^{\text{opr}}$（为 20 美元 /MWh）相结合，可计算出燃煤电厂在每年运行 $\bar{H}$ 小时情况下的平准化成本（以美元 /MW/ 年计）如下：

$$\bar{C}_u \left(\bar{H} \right) = \bar{C}_u^{\text{gen}} + \bar{C}_u^{\text{opr}} \times \bar{H} = \frac{239120 \text{ 美元}}{\text{MW-a}} + \frac{20 \text{ 美元}}{\text{MWh}} \times \bar{H} \qquad (2.11)$$

因此，对于每年运行 8784 h 的电厂，其平准化成本为每年 414,200 美元 /MW。

同样，在文献［17］中，一座 430 MW 的联合循环燃气发电厂和一座 200 MW的陆上风电场的基础投资成本分别为 1084 美元 /kW 和 1265 美元 /kW。假设两者寿命均为 30 年，利率为 5%/ 年，可以使用式（2.9）计算出每年的摊销固定成本分别为 70.51 美元 /kW 和 82.29 美元 /kW。根据式（2.10），这将分别产生 8.03 美元 /MWh 和 9.37 美元 /MWh 的可变成本。最后，使用式（2.11）计算出这两种技术的平准化成本，分别为 $\frac{70510 \text{ 美元}}{\text{MW-a}} + \frac{50 \text{ 美元}}{\text{MWh}} \times \bar{H}$ 和 $\frac{82290 \text{ 美元}}{\text{MW-a}} + \frac{0 \text{ 美元}}{\text{MWh}} \times \bar{H}$。

---

❶ 公式中 "a" 代表 "annum"，意为 1 年。

2.3.2　筛选曲线

在传统能源规划模型[22, 40]中，利用式（2.11）计算出的平准化成本用于追踪满足给定年度需求分布的最低成本技术组合。后者称为负荷－持续时间曲线，其中有表示年度需求的累积频率分布。通过将成本最低的技术与需求持续时间匹配，可以直观地做出联合投资运营决策。本书将在示例 2.2 中说明，如何在没有间歇性可再生能源（VRES）的情况下利用负荷－持续时间曲线以及筛选曲线。但需要注意的是，这种能源规划方法的假设条件是，供电输出不是间歇性的并且传统技术不会受到爬坡约束。因此，能源需求的时序性可以忽略，这样负荷－持续时间曲线可将年度能源需求"切分"为不同的层次，以便利用候选的发电技术。然而，VRES 渗透率的增加削弱了这种框架的有效性，因为供应间歇性会增加灵活性需求，需要利用传统发电技术爬坡或储能技术。因此，在基于负荷－持续时间曲线的传统能源规划模型中，忽略此类决策的时间依赖性，将使满足能源需求的实际成本失真。本节将探讨这种框架的补救方法，例如，按比例调整 VRES 可用性或使用所谓的"剩余负荷－持续时间曲线"。但首先，我们将说明在没有 VRES 的情况下，如何进行传统能源规划。

示例 2.2　*通过筛选曲线和负荷－持续时间曲线进行投资规划和发电调度*

我们忽略 VRES，仅关注利用传统技术的能源规划。首先，根据式（2.11），燃煤和燃气的筛选曲线分别为：

$$\frac{239120\ \text{美元}}{\text{MW-a}} + \frac{20\ \text{美元}}{\text{MWh}} \times \bar{H}$$

和：

$$\frac{70510\ \text{美元}}{\text{MW-a}} + \frac{50\ \text{美元}}{\text{MWh}} \times \bar{H}$$

图 2.3 的上部绘出了这些曲线。注意，当 $\bar{H}$ 等于 5626.33h，这两条曲线相交，平准化成本的下包络线以粗体标出。实际上，由于摊销固定成本较高且可变成本较低，如果一年中的运行时间超过 5626.33h，燃煤发电的平准化成本就低于燃气发电；否则，燃气发电的平准化成本较低。利用这一临界值，可将负荷－持续时间曲线"切分"为基本负荷和峰值负荷，并相应地调整各技术的发电容量，以满足这两种负荷的需求。为了利用示例 2.1 中表 2.2 的需求数据推导出负荷－持续时间曲线，首先定义 $\ell \in \mathcal{L}$ 为一年中的负荷段。

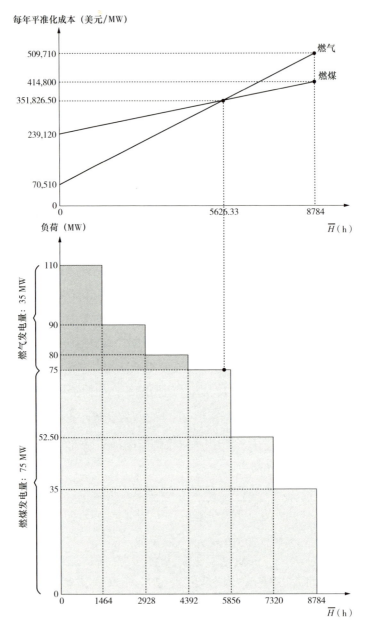

图 2.3 没有 VRES 的筛选曲线和负荷－持续时间曲线

表 2.8 负荷水平 $\overline{D}_{(\ell)}$ 单位：MW

（1）	（2）	（3）	（4）	（5）	（6）
35	52.50	75	80	90	110

根据表 2.2 中的六个需求水平，我们可以使用六个负荷段，负荷水平记为 $\overline{D}_{(\ell)}$（单位：MW），负荷持续时间记为 $\overline{T}_{(\ell)}$（单位：小时，以 h 表示），具体定义如下：

$$\overline{D}_{(\ell)} = \frac{D_{s,t}}{T_t}, \forall \ell : O(s,t) = O(\ell) \qquad (2.12)$$

$$\overline{T}_{(\ell)} = W_s T_t, \forall \ell : O(s,t) = O(\ell) \qquad (2.13)$$

其中，$\overline{D}_{(\ell)}$ 是负荷水平的时序统计量，$(\ell) = (1),(2),\cdots,(|\mathcal{L}|)$，而 $O(s,t)$ 是指数 (s,t) 到序数排列的映射。例如，表 2.2 中的需求数据可得出 $O(1,1)=1$，$O(2,3)=2$ 和 $O(2,1)=6$。因此，表 2.8 中计算得出了负荷水平，而 $\overline{T}_{(\ell)}$ 都等于 1464 h。利用 $\overline{D}_{(\ell)}$ 和 $\overline{T}_{(\ell)}$，可将对应的负荷 – 持续时间曲线显示在图 2.3 的下部。随后，在图 2.3 中从上部向下追踪筛选曲线的交点，最终在负荷 – 持续时间曲线上的点（5626.33, 75）结束。沿着这个点向左追踪，可在纵轴上到达点（0, 75），该点表示采用 75 MW 的燃煤发电装机容量和 35 MW 的燃气发电装机容量是最优选择。此外，负荷 – 持续时间曲线的浅色阴影区域表示燃煤电厂的发电量，深色阴影区域则表示燃气电厂的发电量。与该发电组合相对应的年化投资成本为：

$$75\text{MW} \times \frac{239120 \text{ 美元}}{\text{MW-a}} + 35\text{MW} \times \frac{70510 \text{ 美元}}{\text{MW-a}} = 20,401,850 \text{ 美元}$$

与此同时，燃煤电厂的年运营成本为：

$$5856\text{h} \times 75\text{MW} \times \frac{20 \text{ 美元}}{\text{MWh}} + 1464\text{h} \times 52.50\text{MW} \times \frac{20 \text{ 美元}}{\text{MWh}} +$$

$$1464\text{h} \times 35\text{MW} \times \frac{20 \text{ 美元}}{\text{MWh}} = 11,346,000 \text{ 美元}$$

而燃气电厂的年运营成本为：

$$1464\text{h} \times 35\text{MW} \times \frac{50 \text{ 美元}}{\text{MWh}} + 1464\text{h} \times 15\text{MW} \times \frac{50 \text{ 美元}}{\text{MWh}} +$$

$$1464\text{h} \times 5\text{MW} \times \frac{50 \text{ 美元}}{\text{MWh}} = 4,026,000 \text{ 美元}$$

因此，该发电组合的年化成本为 20,401,850 美元加上 15,372,000 美元，总计 35,773,850 美元。

图 2.3 所示的解决方案可以通过求解下面的成本最小化问题得到，其中 $\mathcal{U}^C$ 集合指的是传统技术：

$$\frac{\text{Minimize}}{\overline{d}_\ell, \overline{y}_{\ell,u}, \overline{x}_u} \sum_{\ell \in \mathcal{L}} \overline{T}_\ell \left(\sum_{u \in \mathcal{U}^C} \overline{C}_u^{\text{opr}} \overline{y}_{\ell,u} + \overline{C}_\ell^{\text{lsh}} \overline{d}_\ell \right) + \sum_{u \in \mathcal{U}^C} C_u^{\text{gen}} \overline{x}_u \qquad (2.14\text{a})$$

$$\text{s.t.} \sum_{u \in \mathcal{U}^C} \overline{y}_{\ell,u} + \overline{d}_\ell - \overline{D}_\ell = 0 : \overline{\lambda}_\ell, \forall \ell \tag{2.14b}$$

$$\overline{y}_{\ell,u} \leqslant \overline{T}_\ell \overline{x}_u : \overline{\beta}_{\ell,u}, \forall \ell, u \in \mathcal{U}^C \tag{2.14c}$$

$$\overline{d}_\ell \geqslant 0 : \overline{\phi}_\ell^d, \forall \ell \tag{2.14d}$$

$$\overline{y}_{\ell,u} \geqslant 0 : \overline{\phi}_{\ell,u}^y, \forall \ell, u \in \mathcal{U}^C \tag{2.14e}$$

$$\overline{x}_u \geqslant 0 : \overline{\phi}_u^x, \forall u \in \mathcal{U}^C \tag{2.14f}$$

与式（2.5a）~式（2.5e）类似，其目的是在需求平衡和容量限制条件下，最大限度地降低发电技术的年运营成本。不同的是，式（2.14a）~式（2.14f）中包括了式（2.14a）中的年化投资成本，并将装机容量视为决策变量 $\overline{x}_u$，使用式（2.12）~式（2.13）的负荷–持续时间定义来代替电能需求。此外，将燃煤电厂和燃气电厂的固定发电量代入到示例 2.1 的式（2.5a）~式（2.5e）问题中，可以验证示例 2.2 中发电组合的运营成本。

在没有 VRES 的情况下，结合使用筛选曲线和负荷–持续时间曲线可以对能源规划进行充分评估。将此方法简单地推广到包含 VRES 的做法，就是利用每种技术的平均可用系数对 VRES 发电量进行缩放，即：

$$\overline{A}_u \equiv \frac{\sum_{s \in \mathcal{S}} \sum_{t \in \mathcal{T}} W_s A_{s,t,u}}{|\mathcal{T}| \sum_{s \in \mathcal{S}} W_s}$$

然而，如后文的示例 2.3 所示，这样缩放会忽略 VRES 可用性的时序特征，并且也无法获得与需求的相关性。

示例 2.3 *通过筛选曲线以及负荷–持续时间曲线（含缩放 VRES 发电量），进行投资规划和发电调度*

利用示例 2.1 中表格 2.3 的数据，我们计算出 VRES 的 $\overline{A}_u$ 为：

$$\frac{183 \times (0.20 + 0.10 + 0.05) + 183 \times (0.25 + 0.50 + 0.75)}{3 \times (183 + 183)} = 0.308333$$

接下来，将风力发电的平准化成本乘以这个系数，如图 2.4 的上部所示，得到：

$$\frac{82290 \ 美元}{\text{MW-a}} \times \frac{1}{0.308333} = \frac{266887 \ 美元}{\text{MW-a}}$$

有了这个缩放后的平准化成本，燃煤发电就被排除在外，即在任何装机容量下燃煤发电都不具有最低平准化成本。相反，风力发电和燃气发电的筛选曲线在 3927.52 h 相交，这意味着风力发电在一年中有近 5000 h 可充当基本负荷发电技术。将这个交点追溯到图 2.4 的下部，我们发现它与

负荷 – 持续时间曲线在点（3927.52, 80）相交。将这个点向左追溯，可在纵轴上找到点（0, 80），这意味着负荷被"切分"，缩放后的发电量需求分别为风力发电 80 MW 和燃气发电 30 MW。需注意，80 MW 的缩放风力发电量相当于 $\dfrac{80\ \text{MW}}{0.308333}=259.46\ \text{MW}$ 的额定风力发电量。这种发电组合的年化投资成本为 $259.46\ \text{MW}\times\dfrac{82290\ \text{美元}}{\text{MW-a}}+30\text{MW}\times\dfrac{70510\ \text{美元}}{\text{MW-a}}=23,466,263$ 美元。假设风力的全年可用系数为 0.308333，则风力发电的年运营成本为零（因为它始终具有足够容量来产生高达 80 MW 的电力），燃气发电的年运营成本为 $1464\ \text{h}\times30\ \text{MW}\times\dfrac{50\ \text{美元}}{\text{MWh}}+1464\ \text{h}\times10\ \text{MW}\times\dfrac{50\ \text{美元}}{\text{MWh}}=2,928,000$ 美元。然而，采用实际风力可用系数时，对于这种发电组合来说，26,394,263 美元的年化成本过于乐观。例如，在最低成本的最优调度问题中，见式（2.5a）~ 式（2.5e），固定风力发电容量和燃气发电容量分别为 259.46 MW 和 30 MW，得到 66,038,112 美元的年运营成本和 89,504,333 美元的年总成本。实际上，由于风力资源在平均水平下 [即在负荷段（3）、（5）和（6）中] 不可用，其运营成本更高。这些负荷段分别对应于季节和时段的组合（1, 2）、（1, 3）和（2, 1）。在这些情况下，与负荷相比，风能可利用率相对较低，因此需要削减负荷以及增加燃气发电调度❶。因此，运营成本实际上为 $1464\ \text{h}\times30\ \text{MW}\times\dfrac{50\ \text{美元}}{\text{MWh}}+1464\ \text{h}\times$ $19.054\ \text{MW}\times\dfrac{500\ \text{美元}}{\text{MWh}}+1464\ \text{h}\times30\ \text{MW}\times\dfrac{50\ \text{美元}}{\text{MWh}}+1464\ \text{h}\times47.027\ \text{MW}\times$ $\dfrac{500\ \text{美元}}{\text{MWh}}+1464\ \text{h}\times30\ \text{MW}\times\dfrac{50\ \text{美元}}{\text{MWh}}+1464\ \text{h}\times15.135\ \text{MW}\times\dfrac{500\ \text{美元}}{\text{MWh}}=66,038,112$ 美元。

通过求解式（2.14a）~ 式（2.14f），并将所有技术都包含进来（不仅仅是采用 $u\in\mathcal{U}^{\text{C}}$），也可以得到图 2.4 中所示的缩放解决方案，此时式（2.14c）转换成 $\overline{y}_{\ell,u}\leqslant\overline{T}_\ell\overline{A}_u\overline{x}_u:\overline{\beta}_{\ell,u},\forall\ell,u$。然而，这种缩放方法通常会低估系统运营成本，因其破坏了 VRES 发电量的时序特征[32]。

考虑到许多电力公司对 VRES 目标的承诺，可将此类技术视为必须运行的电厂，并将其从负荷 – 持续时间曲线中扣除[43, 49]，如下所示：

$$\hat{D}_{(\ell)}=\left\{\overline{D}_{(\ell)}-\sum_{u\in\mathcal{U}^R}A_{s,t,u}K_u\right\}^{+},\forall\ell:O(s,t)=O(\ell) \tag{2.15}$$

❶ 虽然（1, 1）期间的风力可用性也低于平均值，但由于这也是一个低需求实例，短缺问题得到了缓解。

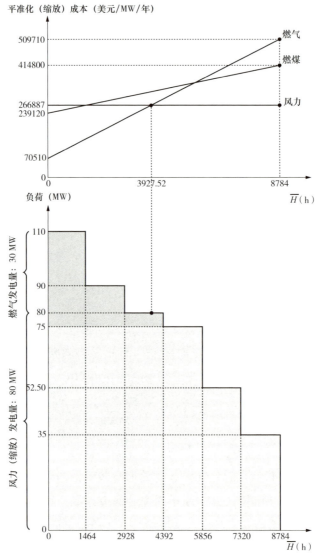

图 2.4 筛选曲线和负荷 - 持续时间曲线（含缩放 VRES 发电量）

其中，$\mathcal{U}^R$ 为所有 VRES 技术的集合 ❶。实际上，通过预先确定 VRES 发电量，可以得出所谓的剩余负荷 – 持续时间曲线，该曲线可以保留时序特征。随后，根据剩余负荷 – 持续时间曲线，确定传统技术的最佳发电组合。

---

❶ $\mathcal{U}^R \cup \mathcal{U}^C = \mathcal{U}, \mathcal{U}^R \cap \mathcal{U}^C = \varnothing, K_u, \forall u \in \mathcal{U}^R$ 均为固定容量，$\{X\}^+$ 指的是 X 为正的部分。

示例 2.4 *通过筛选曲线和剩余负荷 – 持续时间曲线（含 10% 的 VRES 发电量），进行投资规划和发电调度*

这个例子使用与示例 2.2 相同的数据，唯一的区别是该管辖区有一个 10% 的 VRES 发电量要求，即应有足够的 VRES 发电量，至少覆盖峰值负荷的 10%。在这种情况下，由于峰值负荷为 110 MW，则假设风力发电量为 11 MW，因此，图 2.5 上部的筛选曲线与图 2.3 中的筛选曲线相同。主要区别在于，需根据式（2.15）从每个负荷段中减去 VRES 发电量，例如 $\hat{D}_{(1)} = \{35 - 0.20 \times 11\}^+ = 32.80$，以便创建图 2.5 下部的剩余负荷 – 持续时间曲线。再次通过图 2.5 上部筛选曲线在 5626.33 h 处的交点，将其追踪到图 2.5 下部的剩余负荷 – 持续时间曲线中，即点（5626.33，73.90）。这意味着除了规定的 11 MW 风力发电量外，增设 73.90 MW 的燃煤发电和 33.35 MW 的燃气发电是最优选择。由于存在 VRES 发电量，对传统发电量的需求减少到图 2.5 下部阴影部分所示的范围内。因此，这种发电组合对应的年化投资成本为：

$$73.90 \text{ MW} \times \frac{239120 \text{ 美元}}{\text{MW-a}} + 33.35 \text{ MW} \times \frac{70510 \text{ 美元}}{\text{MW-a}} + 11 \text{ MW} \times \frac{82290 \text{ 美元}}{\text{MW-a}}$$
$$= 20{,}927{,}666.50 \text{ 美元}$$

同时，燃煤发电的年运营成本为：

$$5856 \text{ h} \times 73.90 \text{ MW} \times \frac{20 \text{ 美元}}{\text{MWh}} + 1464 \text{ h} \times 44.25 \text{ MW} \times \frac{20 \text{ 美元}}{\text{MWh}} + 1464 \text{ h} \times$$
$$32.80 \text{ MW} \times \frac{20 \text{ 美元}}{\text{MWh}} = 10{,}911{,}192 \text{ 美元}$$

燃气发电的年运营成本为：

$$1464 \text{ h} \times 33.35 \text{ MW} \times \frac{50 \text{ 美元}}{\text{MWh}} + 1464 \text{ h} \times 15.55 \text{ MW} \times \frac{50 \text{ 美元}}{\text{MWh}} + 1464 \text{ h} \times 0.60 \text{ MW} \times$$
$$\frac{50 \text{ 美元}}{\text{MWh}} = 3{,}623{,}400 \text{ 美元}$$

这种发电组合的年化成本为 20,927,666.50 美元加上 14,534,592 美元，总计为 35,462,258.50 美元。

可以通过固定所有技术的发电量，并利用例 2.1 中的其他数据运算式（2.5a）~ 式（2.5e）的问题实例，验证示例 2.4 的年化成本。同样，也可以通过运算式（2.14a）~ 式（2.14f）的问题实例，并在式（2.14b）中用 $\hat{D}_\ell$ 替换 $\bar{D}_\ell$，得到结果。

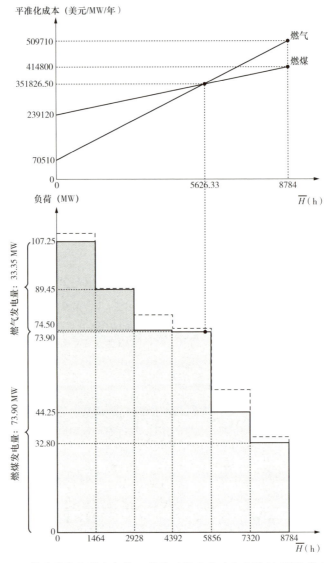

图 2.5　筛选曲线和剩余负荷－持续时间曲线（含 10% 的 VRES 发电量）

　　总之，对于变化不大的电力系统发电规划，筛选曲线可为其提供宝贵的直观认识，但在 VRES 渗透率较高的现代电力系统中，使用筛选曲线可能会严重低估运营成本，因为负荷－持续时间曲线不能保留能源生产和消费的时序特征。与简单缩放 VRES 可用性相比，剩余负荷－持续时间曲线可以改善时间的表示，但这些曲线仍受到 VRES 发电量的处理限制。在实践中，可针对多种 VRES 发电量水平，利用示例 2.4 中的剩余负荷 – 持续时间曲线反复进行分析[43]。

在 VRES 渗透率较高的电力系统中，诸如机组组合和爬坡率限制等方面的问题更加突出。换句话说，传统的筛选曲线法假定所有已采用技术都是可控的，并且其装机容量可以与各负荷段相匹配，与此不同的是，热电厂的短期特性对投资决策的影响不容忽视。调整筛选曲线的启发式方法[2, 49]可在整个系统范围内分配因 VRES 渗透率增加而导致的常规发电厂短期成本，第2.3.3 节中概述的优化方法可对能源规划进行全面评估。第 2.5 节和第 2.6 节分别介绍了考虑爬坡约束和储能的扩展方法。

2.3.3 投资规划

本节采用与第 2.2.3 节相同的术语，以下是一些补充术语。

参数

C_u^{gen} 技术 u 的年化投资成本（美元 /MW）

原始变量

x_u 技术 u 的装机容量投资（MW）

对偶变量

ϕ_u^x 技术 u 非负装机容量投资的边际成本（美元 /MW）

如第 2.3.2 节所述，使用筛选曲线以及负荷 – 持续时间曲线来处理 VRES 投资问题，可能存在局限性。这种方法可能忽略其他方面，包括热电厂的短期运行约束、储能和市场支配力。此外，投资决策通常是在多年范围内针对特定位置的离散机组做出的。在筛选曲线法中，也很难考虑到这些因素，因为该方法假设决策是针对目标年份做出的，并且发电量大小连续、无输电约束。本章和本书后续章节中将研究其中的部分特性，例如第 2.5 节中的爬坡约束、第 2.6 节中的储能、第 3 章中的输电约束、第 4 章中的机组组合、第 5章中的市场支配力、第 6 章中的外部特性以及第 7 章中的输电投资。关于多阶段和离散机组的投资规划，参考文献 [9] 中有更加详细的探讨。本节的重点是扩展研究第 2.2.3 节中经济调度的成本最小化线性规划问题，以便在考虑VRES 发电量的情况下进行扩容。

在这些假设条件下，发电扩容和运营成本最小化的线性规划问题为：

$$
\underset{d_{s,t},y_{s,t,u},x_u}{\text{Minimize}} \sum_{s\in\mathcal{S}} W_s \sum_{t\in\mathcal{T}} \left(\sum_{u\in\mathcal{U}} C_{s,t,u}^{\text{opr}} y_{s,t,u} + C_{s,t}^{\text{lsh}} d_{s,t} \right) + \sum_{u\in\mathcal{U}} C_u^{\text{gen}} x_u \quad (2.16a)
$$

$$
\text{s.t.} \sum_{u\in\mathcal{U}} y_{s,t,u} + d_{s,t} - D_{s,t} = 0 : \lambda_{s,t}, \forall s,t \quad (2.16b)
$$

$$
y_{s,t,u} \leqslant A_{s,t,u} T_t x_u : \beta_{s,t,u}, \forall s,t,u \quad (2.16c)
$$

$$
d_{s,t} \geqslant 0 : \phi_{s,t}^d, \forall s,t \quad (2.16d)
$$

$$
y_{s,t,u} \geqslant 0 : \phi_{s,t,u}^y, \forall s,t,u \quad (2.16e)
$$

$$
x_u \geqslant 0 : \phi_u^x, \forall u \quad (2.16f)
$$

其中，式（2.16a）是规划年份的年化投资和运营成本，与式（2.5a）类似，但增加了投资成本 $\sum_{u\in\mathcal{U}} C_u^{\text{gen}} x_u$。电力平衡约束条件式（2.16b）与式（2.5b）相同，同时在式（2.5c）的右侧用 x_u 替换 K_u，得到容量约束条件式（2.16c）。最后，式（2.16f）是投资决策 x_u 的非负约束条件。

由于有意与式（2.5a）~式（2.5e）类似，式（2.16a）~式（2.16f）的拉格朗日函数与式（2.6a）的区别仅在于涉及 x_u 的项不同：

$$
\begin{aligned}
L = & \sum_{s\in\mathcal{S}} W_s \sum_{t\in\mathcal{T}} \left(\sum_{u\in\mathcal{U}} C_{s,t,u}^{\text{opr}} y_{s,t,u} + C_{s,t}^{\text{lsh}} d_{s,t} \right) + \sum_{u\in\mathcal{U}} C_u^{\text{gen}} x_u \\
& - \sum_{s\in\mathcal{S}} \sum_{t\in\mathcal{T}} \lambda_{s,t} \left(\sum_{u\in\mathcal{U}} y_{s,t,u} + d_{s,t} - D_{s,t} \right) \\
& - \sum_{s\in\mathcal{S}} \sum_{t\in\mathcal{T}} \sum_{u\in\mathcal{U}} \beta_{s,t,u} \left(A_{s,t,u} T_t x_u - y_{s,t,u} \right) \\
& - \sum_{s\in\mathcal{S}} \sum_{t\in\mathcal{T}} d_{s,t} \phi_{s,t}^d - \sum_{s\in\mathcal{S}} \sum_{t\in\mathcal{T}} \sum_{u\in\mathcal{U}} y_{s,t,u} \phi_{s,t,u}^y - \sum_{u\in\mathcal{U}} x_u \phi_u^x
\end{aligned} \quad (2.17a)
$$

因此，式（2.16a）~式（2.16f）的 KKT 条件与式（2.5a）~式（2.5e）类似。特别是，式（2.7a）~式（2.7c）、式（2.7e）~式（2.7f）和式（2.7h）~式（2.7l）仍然成立，但式（2.7d）和式（2.7g）有如下修改：

$$
A_{s,t,u} T_t x_u - y_{s,t,u} \geqslant 0, \forall s,t,u \quad (2.18a)
$$

$$
\beta_{s,t,u} \left(A_{s,t,u} T_t x_u - y_{s,t,u} \right) = 0, \forall s,t,u \quad (2.18b)
$$

此外，还增加了与 x_u 相关的下列 KKT 条件：

$$C_u^{\text{gen}} - \sum_{s \in \mathcal{S}} \sum_{t \in \mathcal{T}} \beta_{s,t,u} A_{s,t,u} T_t - \phi_u^x = 0, \forall u \qquad (2.19\text{a})$$

$$x_u \geqslant 0, \forall u \qquad (2.19\text{b})$$

$$x_u \phi_u^x = 0, \forall u \qquad (2.19\text{c})$$

$$\phi_u^x \geqslant 0, \forall u \qquad (2.19\text{d})$$

需注意，式（2.19a）只是关于 x_u 的平稳性条件，而式（2.19c）和式（2.19d）则是互补条件和非负条件，参见式（2.7i）和式（2.7l）。

根据 KKT 条件，如式（2.7a）~式（2.7c）、式（2.7e）~式（2.7f）、式（2.7h）~式（2.7l）、式（2.18a）~式（2.18b）和式（2.19a）~式（2.19d），可以得出两个重要的经济启示。首先，假设技术 u' 的装机容量严格为正，即 $x_{u'} > 0$，并且始终以其可用容量进行调度，即 $y_{s,t,u'} > 0, \forall s, t$，以及 $y_{s,t,u'} = A_{s,t,u'} T_t x_{u'} \forall s, t$。根据式（2.19c），$x_{u'} > 0$ 意味着 $\phi_{u'}^x = 0$，由此根据式（2.19a）可得出：

$$\sum_{s \in \mathcal{S}} \sum_{t \in \mathcal{T}} \beta_{s,t,u'} A_{s,t,u'} T_t = C_{u'}^{\text{gen}}$$

接下来，根据式（2.7i）中的 $y_{s,t,u'} > 0, \forall s, t$，可得出 $\phi_{s,t,u'}^y = 0, \forall s, t$，并且根据式（2.18b）中的 $y_{s,t,u'} = A_{s,t,u'} T_t x_{u'} \forall s, t$，可得出 $\beta_{s,t,u'} \geqslant 0, \forall s, t$。对于 u'，将式（2.7b）的两边都乘以 $A_{s,t,u'} T_t$，并对所有的 s,t 求和，得到：

$$\sum_{s \in \mathcal{S}} \sum_{t \in \mathcal{T}} W_s C_{s,t,u'}^{\text{opr}} A_{s,t,u'} T_t + \sum_{s \in \mathcal{S}} \sum_{t \in \mathcal{T}} \beta_{s,t,u'} A_{s,t,u'} T_t = \sum_{s \in \mathcal{S}} \sum_{t \in \mathcal{T}} A_{s,t,u'} T_t \lambda_{s,t}$$

对 u' 使用式（2.19a）后，该式可以简化为：

$$\sum_{s \in \mathcal{S}} \sum_{t \in \mathcal{T}} W_s C_{s,t,u'}^{\text{opr}} A_{s,t,u'} T_t + C_{u'}^{\text{gen}} = \sum_{s \in \mathcal{S}} \sum_{t \in \mathcal{T}} A_{s,t,u'} T_t \lambda_{s,t} \qquad (2.20)$$

换句话说，如果在全年都采用技术 u' 并以其可用容量进行调度，那么所获得的收入恰好足以支付其年化投资成本和年运营成本。这里，年化投资成本和年运营成本可视为长期边际成本。

其次，相比之下，假设采用技术 $\hat{u}$，即根据式（2.19c）可得 $x_{\hat{u}} > 0$ 且 $\phi_u^x = 0$，但从未以其可用容量进行调度，即 $0 < y_{s,t,\hat{u}} < A_{s,t,\hat{u}} T_t x_{\hat{u}}, \forall s, t$。根据式（2.18b），对于 $\hat{u}$ 而言，这意味着 $\beta_{s,t,\hat{u}} = 0, \forall s, t$。然而，如果 $C_{\hat{u}}^{\text{gen}} > 0$，则式（2.19a）不成立，即会与假设的 $x_{\hat{u}} > 0$ 且 $\phi_u^x = 0$ 相矛盾。因此，如果技术 $\hat{u}$ 在至少一个 (s, t) 组合内没有以其可用容量进行调度，那么就不会优先采用该技术。

总之，如果采用了某项技术，那么必须在一年中的至少一个 (s, t) 组合内，以其可用容量进行调度。因此，在该技术以其可用容量进行调度的任何 (s, t) 组合中，根据式（2.18b）可得 $\beta_{s,t,\hat{u}} \geqslant 0$，并且根据式（2.7b）可得 $W_s C_{s,t,u}^{\text{opr}} + \beta_{s,t,u} = \lambda_{s,t} \Rightarrow \lambda_{s,t} - W_s C_{s,t,u}^{\text{opr}} = \beta_{s,t,u} \geqslant 0$，则利用该技术赚取的收入至少可以支付其运营成本。相反，如果采用的技术在给定 (s, t) 组合下以低于其可用容量的方式进行调度，根据式（2.18b）可得 $\beta_{s,t,u} = 0$，并且根据式（2.7b）可得 $\lambda_{s,t} = W_s C_{s,t,u}^{\text{opr}}$，则采用该技术赚取的收入仅够支付其运营成本。因此，若要采用某项技术，该技术必须在一年中至少有一个 (s, t) 组合内的收入高于其运营成本，才能收回其年化投资成本。

示例 2.5　发电扩容的成本最小化线性规划

在示例 2.1 中，风力、燃煤和燃气发电量分别设定为 25 MW、35 MW 和 40 MW。我们使用表 2.2 和表 2.3 中的需求数据和 VRES 可用性数据，以及 2.3.1 节中的年化投资成本 C_u^{gen}，通过解决式（2.16a）~ 式（2.16f）的问题实例，选择各技术的发电量 x_u。风能、燃煤、燃气发电技术的年化投资成本分别为 82,290 美元 /MW、239,120 美元 /MW 和 70,510 美元 /MW。结果显示，表 2.9 中的最优投资与示例 2.1 中的任意发电组合有很大不同。最小年度成本为 33,847,450 美元，年化投资成本为 19,280,650 美元，年运营成本为 14,566,800 美元。这比示例 2.1 中的运营成本 48,055,800 美元要低得多，主要是因为没有负荷削减。事实上，表 2.10 中的发电量调度规模足以满足电力需求。在电价方面，表 2.11 表明，燃煤发电是 $s=1$ 且 $t=1$ 时采用的定价技术（因为 $\lambda_{1,1} = W_1 C_{1,1,2}^{\text{opr}} = 183 \times 20$），燃气发电则是 $s=1$ 且 $t=2$ 时采用的定价技术（因为 $\lambda_{1,2} = W_1 C_{1,2,3}^{\text{opr}} = 183 \times 50$）。同时，表 2.12 中的容量边际成本可用于验证式（2.19a）[1]，例如，对于 $u=1$，有 $\sum_{s \in S} \sum_{t \in T} \beta_{s,t,1} A_{s,t,1} T_t = 3660 \times 0.20 \times 8 + 9150 \times 0.10 \times 8 + 11361.5625 \times 0.05 \times 8 + 15752.1875 \times 0.25 \times 8 + 8266.25 \times 0.50 \times 8 + 0 \times 0.75 \times 8 = 82290$。因此，每种技术所赚取的加权"容量租金"足以支付其年化投资成本 C_u^{gen}。最后要注意的是，对于燃气发电等技术（$u=3$），按低于可用容量进行调度时，其收入仅够支付运营成本，例如在 $s=1$ 且 $t=2$ 时，为 9150 美元 /MWh；而按可用容量进行调度时，其收入高于运营成本，例如在 $s=1$ 且 $t=3$ 时，为

---

[1]　在式（2.19a）中，对于 $u=1$，由于 $x_1 > 0$，所以 $\phi_1^x = 0$。

11361.56 美元 /MWh 。❶

表 2.9　装机容量投资 x_u　　　　　　单位：MW

$u=1$	$u=2$	$u=3$
100	30	55

表 2.10　考虑发电扩容的运营决策 $y_{s,t,u}$　　　　　　单位：MWh

技术	季节	时段		
		$t=1$	$t=2$	$t=3$
$u=1$	$s=1$	160	80	40
	$s=2$	200	400	420
$u=2$	$s=1$	120	240	240
	$s=2$	240	240	0
$u=3$	$s=1$	0	280	440
	$s=2$	440	0	0

表 2.11　考虑发电扩容的需求量边际值 $\lambda_{s,t}$　　　　　　单位：MWh

季节	时段		
	$t=1$	$t=2$	$t=3$
$s=1$	3660	9150	11,361.5625
$s=2$	15,752.1875	8266.25	0

表 2.12　考虑发电扩容的装机容量边际值 $\beta_{s,t,u}$　　　　　　单位：MWh

技术	季节	时段		
		$t=1$	$t=2$	$t=3$
$u=1$	$s=1$	3660	9150	11,361.5625
	$s=2$	15,752.1875	8266.25	0
$u=2$	$s=1$	0	5490	7701.5625
	$s=2$	12,092.1875	4606.25	0
$u=3$	$s=1$	0	0	2211.5625
	$s=2$	6602.1875	0	0

---

❶　在此任意提高风力发电的年化投资成本，可以得到示例 2.2 的结果，其中只有燃煤发电和燃气发电是候选发电技术。

2.4 利润最大化

第 2.2 节和第 2.3 节从成本最小化的角度分别探讨了电力行业的短期和长期决策。然而，由于许多经合组织国家放松了对电力行业的管制，此类运营和投资决策通常由追求利润最大化的电力公司做出。电力公司并非以成本最小化的方式满足需求，而是以对其最有利的方式部署资源。如果是完全竞争市场❶，那么供需协调由市场出清价格（即 $\lambda_{s,t}$）实现。在成本最小化框架下，对于电力平衡约束条件式（2.5b）或式（2.16b）的对偶变量可确保增量发电获得边际收入，从而保证资源的最优组合得到部署，以满足需求。因此，在完全竞争条件下，对各参与者来说，市场出清价格是外生因素，即使是以利润最大化为目标的企业，也可以确保得到成本最小化结果，与市场出清条件相关的价格信号会指引他们做出决策，如第 4 章中所述。本节重点关注利润最大化的单一企业（有多个价格接受者时，结果也是相同的），并在第 5 章中讨论这一限制性假设的偏离问题。

2.4.1 短期利润最大化

采用给定市场出清价格 $\lambda_{s,t}$，则价格接受企业的短期利润最大化问题可表述为式（2.21a）~ 式（2.21c）中的线性规划问题。假定装机容量是固定的，并忽略某些运行特性，如爬坡和储能。本书将在后文第 2.5 节和第 2.6 节中重新讨论这些特性。同样，这里也忽略负荷削减成本和市场出清约束条件，仅关注企业的动机。

$$\underset{y_{s,t,u}}{\text{Maximize}} \sum_{s\in S} W_s \sum_{t\in \mathcal{T}} \sum_{u\in \mathcal{U}} \left(\frac{\lambda_{s,t}}{W_s} - C_{s,t,u}^{\text{opr}} \right) y_{s,t,u} \tag{2.21a}$$

$$\text{s.t.} \, y_{s,t,u} \leqslant A_{s,t,u} T_t K_u : \beta_{s,t,u}, \forall s,t,u \tag{2.21b}$$

$$y_{s,t,u} \geqslant 0 : \phi_{s,t,u}^{y}, \forall s,t,u \tag{2.21c}$$

企业的目标函数式（2.21a）包含给定 (s, t) 组合中的收入，即 $\frac{\lambda_{s,t}}{W_s} y_{s,t,u}$，

---

❶ 如果一个行业存在全面信息，消费者认为产品完全相同，交易成本较低，并且（在长期框架内）没有进入壁垒，则可认为该行业是完全竞争行业[44]。

减去运营成本，即 $\sum_{u\in\mathcal{U}}C_{s,t,u}^{\text{opr}}y_{s,t,u}$，再按季节 W_s 加权，并对所有的 (s,t) 求和。根据第 2.2.3 节，应注意的是，由于 $\lambda_{s,t}$ 是全年需求增量的边际值，$\dfrac{\lambda_{s,t}}{W_s}$ 是其在任何给定 (s,t) 组合中的边际值。同时，式（2.21b）是容量约束条件［就像式（2.5c）］，式（2.21c）是非负约束条件［就像式（2.5e）］，对偶变量 $\beta_{s,t,u}$ 和 $\phi_{s,t,u}^y$ 可做类似解释。

通过检查其 KKT 条件，可以得出短期利润最大化线性规划问题式（2.21a）~式（2.21c）解的经济直观结果。在此之前需构建相应的拉格朗日函数 ❶：

$$
\begin{aligned}
L = &-\sum_{s\in\mathcal{S}}W_s\sum_{t\in\mathcal{T}}\sum_{u\in\mathcal{U}}\left(\frac{\lambda_{s,t}}{W_s}-C_{s,t,u}^{\text{opr}}\right)y_{s,t,u}\\
&-\sum_{s\in\mathcal{S}}\sum_{t\in\mathcal{T}}\sum_{u\in\mathcal{U}}\beta_{s,t,u}\left(A_{s,t,u}T_tK_u-y_{s,t,u}\right)\\
&-\sum_{s\in\mathcal{S}}\sum_{t\in\mathcal{T}}\sum_{u\in\mathcal{U}}y_{s,t,u}\phi_{s,t,u}^y
\end{aligned}
\tag{2.22a}
$$

接下来，采用如下 KKT 条件：

$$-\lambda_{s,t}+W_sC_{s,t,u}^{\text{opr}}+\beta_{s,t,u}-\phi_{s,t,u}^y=0,\forall s,t,u \tag{2.23a}$$

$$A_{s,t,u}T_tK_u-y_{s,t,u}\geqslant 0,\forall s,t,u \tag{2.23b}$$

$$\beta_{s,t,u}\left(A_{s,t,u}T_tK_u-y_{s,t,u}\right)=0,\forall s,t,u \tag{2.23c}$$

$$\beta_{s,t,u}\geqslant 0,\forall s,t,u \tag{2.23d}$$

$$y_{s,t,u}\geqslant 0,\forall s,t,u \tag{2.23e}$$

$$y_{s,t,u}\phi_{s,t,u}^y=0,\forall s,t,u \tag{2.23f}$$

$$\phi_{s,t,u}^y\geqslant 0,\forall s,t,u \tag{2.23g}$$

其中，最重要的是式（2.23a），它指出在 (s,t) 期间（即 $y_{s,t,u'}>0$ 且 $\phi_{s,t,u'}^y=0$），以可用容量调度技术 u' 时，即 $y_{s,t,u'}=A_{s,t,u'}T_tK_{u'}$ 且 $\beta_{s,t,u'}\geqslant 0$ 时，所获得的边际收益等于运营成本加上任何容量租金，即 $\lambda_{s,t}=W_sC_{s,t,u'}^{\text{opr}}+\beta_{s,t,u'}$ ❷。相比之下，在 (s,t) 期间以低于其可用容量的方式调度技术 $\hat{u}$ 时，即 $y_{s,t,\hat{u}}>0,\phi_{s,t,\hat{u}}^y=0,y_{s,t,u'}<A_{s,t,\hat{u}}T_tK_{\hat{u}}$，且 $\beta_{s,t,\hat{u}}=0$ 时，所获得的边际收益恰好等于其运营成本，即

---

❶ 为了便于与成本最小化问题，式（2.6a）中的拉格朗日函数进行比较，本书将目标函数式（2.21a）表示为负利润的最小化，即，$\text{Minimize}_{y_{s,t,u}}-\sum_{s\in\mathcal{S}}W_s\sum_{t\in\mathcal{T}}\sum_{u\in\mathcal{U}}\left(\dfrac{\lambda_{s,t}}{W_s}-C_{s,t,u}^{\text{opr}}\right)y_{s,t,u}$。

❷ 由于关注的是价格接受者，边际收益就是市场出清价格，即 $\lambda_{s,t}$。

$\lambda_{s,t} = W_s C_{s,t,\hat{u}}^{\text{opr}}$。最后，式（2.23a）意味着，在 (s,t) 期间不调度技术 $\bar{u}$，则有 $W_s C_{s,t,\bar{u}}^{\text{opr}} = \lambda_{s,t} + \phi_{s,t,\bar{u}}^y$ 或 $W_s C_{s,t,\bar{u}}^{\text{opr}} \geqslant \lambda_{s,t}$，即技术 $\bar{u}$ 的运营成本过高，无法证明其在 (s,t) 期间的调度是合理的。其余 6 个 KKT 条件，即式（2.23b）~ 式（2.23g）类似于经济调度的 KKT 条件，即式（2.7d）、式（2.7f）、式（2.7g）、式（2.7i）、式（2.7j）和式（2.7l）。需注意，式（2.23b）~ 式（2.23g）是从企业利润最大化的短期视角出发，忽略了其他市场参与者的动机。这些市场参与者包括：希望最大限度地降低能源采购成本的消费者，参见式（2.7a）、式（2.7e）、式（2.7h）和式（2.7k）；希望清算市场的系统运营商，参见式（2.5b）。

使用包络定理进行的比较静态分析也与经济调度的分析类似。例如，$\frac{\partial L}{\partial K_u} = -\sum_{s \in \mathcal{S}} \sum_{t \in \mathcal{T}} A_{s,t,u} T_t \beta_{s,t,u}, \forall u$ 反映了技术 u 的装机容量边际增长对利润最大化的影响，参见式（2.8b）。负号可以解释为，已将式（2.21a）~ 式（2.21c）转化为一个利润负数最小化问题。因此，减小这里的最小化目标函数就相当于增加最大化利润。

示例 2.6　短期利润最大化的线性规划问题

基于示例 2.1 中的运营成本、装机容量、VRES 可用性以及最终价格，本书可根据式（2.21a）~ 式（2.21c）求出一个企业的短期利润最大化问题实例的最优解。最优解如表 2.13 所示，最大利润为 112,252,200 美元。风力发电场、燃煤电厂和燃气电厂的利润分别为 7,283,400 美元、52,264,800 美元和 52,704,000 美元。边际容量值 $\beta_{s,t,u}$ 与表 2.7 中的值相同。然而，表 2.13 中的最优发电量与表 2.5 中的不匹配。也就是说，表 2.5 中，在（$s=1$，$t=1$）且（$s=2$，$t=3$）的条件下，燃煤发电量分别为 240 MWh 和 270 MWh，在（$s=1$，$t=2$）且（$s=2$，$t=2$）的条件下，燃气发电量分别为 300 MWh 和 260 MWh，但表 2.13 中没有进行调度。乍看之下，这种差异令人费解，但它的确有经济学和数学方面的解释❶。首先企业感知到的价格 $\lambda_{s,t}$ 是基于均衡条件式（2.5b）得出的，而该条件在这里没有强制执行。因此，企业做出的行为就好像它可以在季节 $s=1$ 和时段 $t=1$ 获得按比例调整的价格 $\frac{\lambda_{s,t}}{W_s} = 20$ 美元 /MWh，而无需调度燃煤电厂。事实上，式（2.23a）包括了在 (s,t) 期间未调度技术 $\bar{u}$ 的可能

---

❶　请注意，在这四种情况下，燃煤发电和燃气发电的运行利润为零，因为它们属于边际技术。

性 $W_s C_{s,t,\bar{u}}^{\mathrm{opr}} = \lambda_{s,t}$。然而，在均衡状态下，给定价格 $\lambda_{s,t}$ 只有在市场出清情况下才会出现，而在这种（部分均衡）设定中并未强制执行市场出清条件。其次，从数学角度来看，表 2.13 中给出的最优解并不是唯一的。例如，在（$s=1$，$t=1$）期间，由 40 MWh 风力发电、0 MWh 燃气发电和 0~280 MWh 燃煤发电之间的任意线性组合构成的解决方案，都会产生相同利润。因此，只要市场或系统运营商执行市场出清条件式（2.5b），就可以采用相同的市场出清价格，在此得到示例 2.1 中成本最小化问题的解。有关市场出清的更多详情，将在第3 章中介绍。作为参考，仍按式（2.8b）量化给定技术装机容量增加的边际影响，即对于 $u=1$：

$$
\begin{aligned}
-\sum_{s \in S} \sum_{t \in T} A_{s,t,u} T_t \beta_{s,t,u} &= -0.20 \times 8 \times 3660 - 0.10 \times 8 \times 9150 - 0.05 \times 8 \times 91500 - \\
&\quad 0.25 \times 8 \times 91500 - 0.50 \times 8 \times 9150 - 0.75 \times 8 \times 3660 \\
&= -291336
\end{aligned}
$$

因此，其他条件不变的情况下，$u=1$ 技术的装机容量增加 1 MW（假设这种波动在允许增加的范围内），将使每年的最小化负利润减少 291,336 美元（或让最大化利润增加相同数量）❶。

表 2.13　短期利润最大化运营决策 $y_{s,t,u}$　　　　　　　单位：MWh

技术	季节	时段		
		$t=1$	$t=2$	$t=3$
$u=1$	$s=1$	40	20	10
	$s=2$	50	100	150
$u=2$	$s=1$	0	280	280
	$s=2$	280	280	0
$u=3$	$s=1$	0	0	320
	$s=2$	320	0	0

❶　需要强调的是，尽管追求利润最大化的受价企业在求解式（2.21a）~式（2.21c）时将装机容量视为外生变量，但实际上装机容量变化会影响市场出清价格 $\lambda_{s,t}$。若想更加全面地了解装机容量变化的影响，需要执行成本最小化问题式（2.5a）~式（2.5e）的相应问题实例，如示例 2.1 中所示。在其他条件不变的情况下，技术 $u=1$ 的装机容量增加到200 MWh，市场出清价格在一些情况下会降为零，从而使设想受价企业的收益减少近一半。这就是所谓的"蚕食效应"[25]。其中，VRES 发电量增加时，会使传统的燃煤发电和燃气发电等传统技术的利润降低。

图 2.2 所示的供应堆栈也是企业的短期供应函数，这种供应堆栈是由各发电机组的运营成本相加而成的。根据前文对 KKT 条件式（2.23a）~式（2.23g）的讨论，可以明显看出，只有当价格足够高，至少覆盖其运营成本时，才会调度机组。因此，鉴于市场出清价格为 50 美元 /MWh，图 2.2 可用于计算企业的短期利润。具体而言，风力、燃煤和燃气发电机组的利润分别为 $50 \times 12.50 = 625$、$(50-20) \times 35 = 1050$ 和 $(50-50) \times 32.50 = 0$，总利润为 1675 美元。从几何学角度看，利润是矩形 $\{(0,0),(0,50),(80,50),(80,0),(0,0)\}$ 的面积（表示总收入），减去阴影区域的面积（表示总运营成本）。需注意，由于本书忽略了摊销固定成本，因此这种短期利润也称为生产者剩余，即收入减去运营成本。

虽然到目前为止，本书讨论的是恒定边际成本的技术，但用逐渐增加的边际成本来表示这些技术也是合理的。这样的表述是有必要的，因为它反映了这样一个事实，即在一类技术中，会首先部署效率较高的机组。同样，燃料价格上涨也可能导致某类技术的边际成本上升。存在线性边际成本的情况下（如 Debia 等人[11]针对纽约提出的假设），技术 u 的简化边际成本函数如下：

$$p = C_u^{\text{int}} + C_u^{\text{slp}} y_u \tag{2.24}$$

在这里不考虑时间依赖性，以便通过对每种技术的短期反供应函数求和，说明构建行业短期反供应曲线的原理。式（2.24）中，p 是外生价格（单位：美元 /MWh），C_u^{int} 是截距参数（单位：美元 /MWh），C_u^{slp} 是斜率参数（单位：美元 /MWh^2），y_u 是发电量（单位：MWh）。根据 KKT 条件式（2.23a）~式（2.23g）的逻辑，式（2.24）表示技术 u 的反供应曲线，即短期边际成本曲线。因此，反推这个公式可得到技术 u 的供应曲线：

$$y_u(p) = \begin{cases} 0, & \text{当 } p < C_u^{\text{int}} \text{ 时} \\ \dfrac{p - C_u^{\text{int}}}{C_u^{\text{slp}}}, & \text{其他} \end{cases} \tag{2.25}$$

需注意，式（2.25）中的第一行反映了这样一个事实，即如果采用技术 u 无法收回其运营（边际）成本，则不会调度该技术。基于这一点，只需将各单项技术的供应函数加总，即可得到行业供应函数，即 $y(p) = \sum_{u \in \mathcal{U}} y_u(p)$，同时注意每种技术供应函数的定义域。

示例 2.7 *具有线性边际成本的行业短期供应函数*

本书说明了如何构建具有线性边际成本的不同技术的短期行业供应函数。假设三种技术分别是风力发电（$u=1$）、燃煤发电（$u=2$）和燃气发电（$u=3$），它们的边际成本如式（2.24）所示。截距参数和斜率参数的相关数据见表 2.14。据此，这些技术的边际成本函数为：

$$p = 0.10y_1 \tag{2.26a}$$

$$p = 20 + 0.20y_2 \tag{2.26b}$$

$$p = 50 + 0.50y_3 \tag{2.26c}$$

表 2.14　线性边际成本数据

参数	技术		
	$u=1$	$u=2$	$u=3$
C_u^{int}	0	20	50
C_u^{slp}	0.10	0.20	0.50

根据式（2.25）反推式（2.26a）～式（2.26c），即可得到每种技术的短期供应函数：

$$y_1(p) = \begin{cases} 0, & \text{当} p < 0 \text{时} \\ 10p, & \text{其他} \end{cases} \tag{2.27a}$$

$$y_2(p) = \begin{cases} 0, & \text{当} p < 20 \text{时} \\ 5p - 100, & \text{其他} \end{cases} \tag{2.27b}$$

$$y_3(p) = \begin{cases} 0, & \text{当} p < 50 \text{时} \\ 2p - 100, & \text{其他} \end{cases} \tag{2.27c}$$

将式（2.27a）～式（2.27c）相加，可得到行业短期供应函数：

$$y(p) = \begin{cases} 0, & \text{当} p < 0 \text{时} \\ 10p, & \text{当} 0 \leqslant p < 20 \text{时} \\ 15p - 100, & \text{当} 20 \leqslant p < 50 \text{时} \\ 17p - 200, & \text{当} p \geqslant 50 \text{时} \end{cases} \quad (2.28a)$$

反推式（2.28a），即可得到分段线性的行业短期边际成本：

$$p = \begin{cases} \dfrac{y}{10}, & \text{当} 0 \leqslant y < 200 \text{时} \\ \dfrac{y+100}{15}, & \text{当} 200 \leqslant y < 650 \text{时} \\ \dfrac{y+200}{17}, & \text{当} y \geqslant 650 \text{时} \end{cases} \quad (2.29)$$

通过加总每种技术的短期供应函数，图 2.6 以粗体字说明了分段线性的行业短期供应函数的结构。对于 820 MWh 的需求量，由于 $y(p)$ 与需求量相交于点（820, 60），因此市场出清价格为 60 美元 /MWh。每种技术获得的补偿为 60 美元 /MWh，而每种技术的调度是根据各自的供应函数得出的。例如，$y_1(60) = 600$ MWh。同样，燃煤发电量和燃气发电量分别为 200 MWh 和 20 MWh，行业总供应量为 820 MWh，与需求完全匹配。

在均衡状态下，每种技术的边际成本都是 60 美元 /MWh，这也绝非巧合。因为如果不是这样，那么通过略微减少边际成本高于 60 美元 /MWh 的对应技术的发电量，同时略微增加边际成本低于 60 美元 /MWh 的对应技术的发电量，也有可能降低成本（并增加利润）。最后，从图 2.6 中可以看出，企业的收入为 $60 \times 820 = 49{,}200$ 美元，而其总运营成本为阴影区域的面积，即 27,100 美元，因此利润为 22,100 美元 ❶。

---

❶ 阴影区域的面积分别包含三角形 {(0,0), (200,20), (200,0), (0,0)}、矩形 {(200,0), (200,20), (820,20), (820,0), (200,0)}、三角形 {(200,20), (650,50), (650,20), (200,20)}、矩形 {(650,50), (650,50), (820,50), (820,20), (650,20)} 和三角形 {(650,50), (820,60), (820,50), (650,50)} 的面积。这些部分的成本分别为 2000 美元、12400 美元、6750 美元、5100 美元和 850 美元，总成本为 27100 美元。另外，还可以计算出每种技术的利润，即 $60 \times 600 - 0.10 \times 600 \times 600/2 = 18{,}000$ 美元、$60 \times 200 - (20 \times 200 + 0.20 \times 200 \times 200/2) = 4000$ 美元，以及 $60 \times 20 - (50 \times 20 + 0.50 \times 20 \times 20/2) = 100$ 美元，分别对应风力发电、燃煤发电和燃气发电。

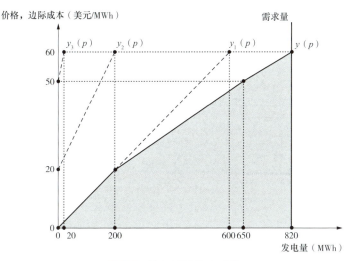

图 2.6　增加短期供应函数

2.4.2　长期利润最大化

企业的长期利润最大化问题涉及投资和运营决策。从这个意义上说，决策范围与第 2.3.3 节中的完全竞争企业相同，都是将价格视为外生因素。因此，该问题的表述与式（2.21a）~ 式（2.21c）类似：

$$\underset{y_{s,t,u},x_u}{\text{Maximize}} \sum_{s \in \mathcal{S}} W_s \sum_{t \in \mathcal{T}} \sum_{u \in \mathcal{U}} \left(\frac{\lambda_{s,t}}{W_s} - C_{s,t,u}^{\text{opr}} \right) y_{s,t,u} - \sum_{u \in \mathcal{U}} C_u^{\text{gen}} x_u \quad (2.30a)$$

$$\text{s.t.} \, y_{s,t,u} \leqslant A_{s,t,u} T_t x_u : \beta_{s,t,u}, \forall s,t,u \quad (2.30b)$$

$$x_u \leqslant \overline{K}_u : \overline{\beta}_u, \forall u \quad (2.30c)$$

$$y_{s,t,u} \geqslant 0 : \phi_{s,t,u}^y, \forall s,t,u \quad (2.30d)$$

$$x_u \geqslant 0 : \phi_u^x, \forall u \quad (2.30e)$$

与式（2.21a）相比，目标函数（2.30a）的唯一变化是纳入了摊销投资成本，即 $\sum_{u \in \mathcal{U}} C_u^{\text{gen}} x_u$。此外，容量约束条件（2.30b）现在假定进行新建投资，即在给定的 (s, t) 组合中，任何技术 u 的最大可用性取决于其容量采用情况 x_u。为了避免因采用任意大容量而导致没有约束性，式（2.30c）将最大装机容量限制为 $\overline{K}_u$（单位：MW）❶。最后，式（2.30d）与式（2.21c）相同，式（2.30e）

---

❶　需要注意的是，这一约束条件并未出现在长期成本最小化问题中，因为式（2.16a）~ 式（2.16f）包含了限制按需求调度的市场出清约束条件。

是容量的非负约束条件。

对应的拉格朗日函数如下：

$$
\begin{aligned}
L = & -\sum_{s \in \mathcal{S}} W_s \sum_{t \in \mathcal{T}} \sum_{u \in \mathcal{U}} \left(\frac{\lambda_{s,t}}{W_s} - C_{s,t,u}^{\mathrm{opr}} \right) y_{s,t,u} + \sum_{u \in \mathcal{U}} C_u^{\mathrm{gen}} x_u \\
& -\sum_{s \in \mathcal{S}} \sum_{t \in \mathcal{T}} \sum_{u \in \mathcal{U}} \beta_{s,t,u} \left(A_{s,t,u} T_t x_u - y_{s,t,u} \right) - \sum_{u \in \mathcal{U}} \overline{\beta}_u \left(\overline{K}_u - x_u \right) \\
& -\sum_{s \in \mathcal{S}} \sum_{t \in \mathcal{T}} \sum_{u \in \mathcal{U}} y_{s,t,u} \phi_{s,t,u}^y - \sum_{u \in \mathcal{U}} x_u \phi_u^x
\end{aligned}
\tag{2.31}
$$

与式（2.22a）一样，研究 KKT 条件可以获取关于长期决策的经济见解。相对于式（2.23a）～式（2.23g），唯一发生变化的 KKT 条件是式（2.23b）和式（2.23c）。具体如下：

$$
A_{s,t,u} T_t x_u - y_{s,t,u} \geq 0, \forall s,t,u \tag{2.32a}
$$

$$
\beta_{s,t,u} \left(A_{s,t,u} T_t x_u - y_{s,t,u} \right) = 0, \forall s,t,u \tag{2.32b}
$$

此外，还增加了与 x_u 相关的 KKT 条件：

$$
C_u^{\mathrm{gen}} - \sum_{s \in \mathcal{S}} \sum_{t \in \mathcal{T}} A_{s,t,u} T_t \beta_{s,t,u} + \overline{\beta}_u - \phi_u^x = 0, \forall u \tag{2.33a}
$$

$$
x_u \geq 0, \forall u \tag{2.33b}
$$

$$
x_u \phi_u^x = 0, \forall u \tag{2.33c}
$$

$$
\phi_u^x \geq 0, \forall u \tag{2.33d}
$$

$$
\overline{K}_u - x_u \geq 0, \forall u \tag{2.33e}
$$

$$
\overline{\beta}_u \left(\overline{K}_u - x_u \right) = 0, \forall u \tag{2.33f}
$$

$$
\overline{\beta}_u \geq 0, \forall u \tag{2.33g}
$$

因此，针对长期利润最大化问题的全套 KKT 条件是式（2.23a）、式（2.32a）～式（2.32b）、式（2.23d）～式（2.23g）和式（2.33a）～式（2.33g）。需要注意的是，式（2.33a）与长期成本最小化问题中的式（2.19a）具有相同解释，即如果采用技术 u'，则其赚取的收入必须能覆盖其年化投资成本和年运营成本，参见式（2.20）。唯一的区别是，包含了对偶变量 $\overline{\beta}_{u'}$，如果没有达到容量上限，则 $\overline{\beta}_{u'}$ 为零。相比之下，如果 $x_{u'} = \overline{K}_{u'}$，则 $\overline{\beta}_{u'} > 0$，从而得出对式（2.20）略有修正的公式：

$$\sum_{s \in \mathcal{S}} \sum_{t \in \mathcal{T}} W_s C_{s,t,u'}^{\text{opr}} A_{s,t,u'} T_t + C_{u'}^{\text{gen}} + \overline{\beta}_{u'} = \sum_{s \in \mathcal{S}} \sum_{t \in \mathcal{T}} A_{s,t,u'} T_t \lambda_{s,t} \qquad (2.34)$$

这意味着，如果在自身容量限制下采用技术 u'，并在全年按其可用容量进行调度，正好能赚取足够的收入，用于覆盖其年化投资成本、年运营成本和扩容限制的机会成本。通过对 $\overline{K}_u$ 偏微分的拉格朗日函数式（2.31a）进行比较静态分析，可以验证扩容限制的机会成本：

$$\frac{\partial L}{\partial \overline{K}_u} = -\overline{\beta}_u, \forall u \qquad (2.35)$$

回顾一下，由于式（2.31a）有效地实现了利润负值最小化，因此式（2.35）规定，最大化利润以 $\overline{\beta}_u$ 的速率增加。

示例 2.8　长期利润最大化的线性规划问题

此外使用示例 2.6 中的数据来解决式（2.30a）~式（2.30e）的问题实例。唯一的区别是，将所有技术的最大装机容量 $\overline{K}_u$ 规定为 100 MW，并使用表 2.11 中生成的价格 $\lambda_{s,t}$，不采用需求数据 $D_{s,t}$。需注意，示例 2.6 中的价格可让每种技术覆盖其年化投资成本和年运营成本。如果在此例中使用这些价格，将导致所有技术产生的利润均为零，并且对于追求利润最大化的企业而言，按最大容量限值 $\overline{K}_u$ 投资和不进行投资并无差别。为了避免产生这种经济上的结果，本书修改了 $(s, t)=(2, 3)$ 时追求利润最大化的企业所面临的价格，设为 3660 美元 /MWh，即 $\frac{\lambda_{s,t}}{W_s} = 20$ 美元 /MWh，就如同燃煤发电是定价技术一样。因此，采用的最佳技术方案的是风力发电、燃煤发电和燃气发电各为 100 MW，其调度决策见表 2.15。总利润为 2,196,000 美元，但只有风力发电可盈利，即燃煤发电和燃气发电的利润为零 ❶。将表 2.15 与表 2.10 中的类似成本最小化情况进行比较，可以看出，这些技术的发电模式是不现实的，如同市场可以吸纳其全部发电量一样。然而，表 2.16 中的容量租金 $\beta_{s,t,u}$ 与表 2.12 中成本最小化时的容量租金相同（$\beta_{2,3,1}$ 除外），因为它们必须覆盖年化投资成本 C_u^{gen}，参见式（2.33a）。在这里采用 $\beta_{2,3,1}$ 为 3660 美元 /MWh（而不是零）的原因是，它反映了风力发电在该 (s, t) 组合中获得的正利润。因此，对风力发电使用式（2.33a）可以得出，$\overline{\beta}_1$ 必须等于这个"额外"利润，即

---

❶　这意味着，另一个最优解就是将燃煤发电和燃气发电的装机容量设为零。

$A_{2,3,1}T_3\beta_{2,3,1}=0.75\times8\times3660=21{,}960$ 美元 /MW。此外，由于每 MW 风力发电装机容量的年收入为 $\sum_{s\in\mathcal{S}}\sum_{t\in\mathcal{T}}A_{s,t,1}T_t\lambda_{s,t}=104{,}250$ 美元，因此对于风力发电，可以验证条件（2.34），因为其左侧恰好等于 $\sum_{s\in\mathcal{S}}\sum_{t\in\mathcal{T}}W_sC_{s,t,1}^{\text{opr}}A_{s,t,1}T_t+C_1^{\text{gen}}+\overline{\beta}_1=0+82290+21960=104{,}250$ 美元。最后，如式（2.35）所述，关于风力发电最大装机容量 $\overline{K}_u$ 的比较静态分析也可以得到验证，在其他条件不变的情况下，$\overline{K}_1$ 的增量无限小时，最大化利润以 21,960 美元的速度增加。

表 2.15　长期利润最大化下发电扩容的运营决策 $y_{s,t,u}$　　单位：MWh

技术	季节	时段		
		$t=1$	$t=2$	$t=3$
$u=1$	$s=1$	160	80	40
	$s=2$	200	400	600
$u=2$	$s=1$	0	800	800
	$s=2$	800	800	0
$u=3$	$s=1$	0	0	800
	$s=2$	800	0	0

表 2.16　长期利润最大化下发电扩容的容量边际价值 $\beta_{s,t,u}$　　单位：美元 /MWh

技术	季节	时段		
		$t=1$	$t=2$	$t=3$
$u=1$	$s=1$	3660	9150	11,361.5625
	$s=2$	15,752.1875	8266.25	3660
$u=2$	$s=1$	0	5490	7701.5625
	$s=2$	12,092.1875	4606.25	0
$u=3$	$s=1$	0	0	2211.5625
	$s=2$	6602.1875	0	0

2.5　间歇性可再生能源

在探讨电力行业的短期和长期决策时，本书分别在第 2.2.3 节和第 2.3.3 节中强调了间歇性可再生能源（VRES）的时变发电量。忽略资源可用性的时序会使发电组合发生扭曲，导致产生次优调度。此外，本书在第 2.4.1 节中指出，增加零运营成本的 VRES 发电量会压低电价。这将阻碍对灵活发电的投资，例如对燃气发电厂的投资（作为 VRES 的补充）。然而，前述忽略了电力系统运行的另一个重要特征，即传统发电设备具备爬坡能力，在 VRES 存在的情况下，这一点更加突出。

加利福尼亚州的"鸭子曲线"就反映了这一特征在现实世界中的结果。在过去十年中，加州气候目标的一部分是支持发展 VRES，这增强了清洁但不可控的发电量。例如，加利福尼亚州的太阳能发电量从 2010 年的 912 GWh 增加到 2018 年的 27,265 GWh，占州内发电量的近 14%[6, 7]。考虑到太阳能可用性，图 2.7 和图 2.8 中的净负荷曲线（即预测电力需求量与 VRES 发电量之间的差值）具有"鸭子曲线"的特征形状，傍晚时传统发电设备的爬坡要求逐渐升高。尤其是日落导致曲线的"颈部"从下午 5 点到晚上 8 点出现爬坡，这提出了一个挑战，即需要具备额外的灵活性来维持供需平衡。此外，3 个傍晚时段的爬坡需求已从 2018 年的 9190 MW 普遍增至 2021 年的 11,182 MW[8]。这种灵活性可通过需求侧管理（见第 1 章）、储能（见第 2.6 节）、增加输电互联（见第 3 章）和部署快速爬坡发电机来实现。有点自相矛盾的是，"鸭子曲线"的本质可能会削弱（运营成本较高的）燃气发电厂等灵活发电厂的盈利能力，因为 VRES 会压低价格，尤其是在白天的过量发电时段。承认这一窘境并对新的互补发电技术市场设计进行奖励，有助于减轻"鸭子曲线"的严重后果。例如，文献中已提出采用改进的市场出清机制[27]、支持向灵活发电厂付款[33]、针对爬坡的辅助服务[21]以及容量支付[3, 20, 42]。

为了理解存在 VRES 时爬坡约束的影响，本书对第 2.2.3 节中的经济调度模型式（2.5a）~式（2.5e）进行了相应修改：

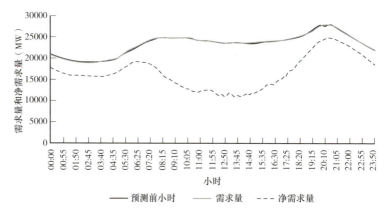

图 2.7 加利福尼亚州 2018 年 4 月 30 日的需求量和净需求量

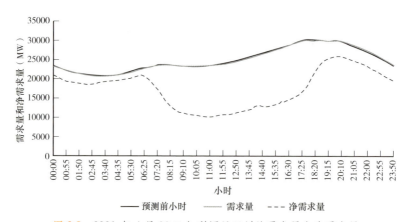

图 2.8 2021 年 4 月 30 日加利福尼亚州的需求量和净需求量

$$\underset{d_{s,t},y_{s,t,u}}{\text{Minimize}} \sum_{s\in\mathcal{S}} W_s \sum_{t\in\mathcal{T}} \left(\sum_{u\in\mathcal{U}} C_{s,t,u}^{\text{opr}} y_{s,t,u} + C_{s,t}^{\text{lsh}} d_{s,t} \right) \tag{2.36a}$$

$$\text{s.t.} \sum_{u\in\mathcal{U}} y_{s,t,u} + d_{s,t} - D_{s,t} = 0 : \lambda_{s,t}, \forall s,t \tag{2.36b}$$

$$y_{s,t,u} \leqslant A_{s,t,u} T_t K_u : \beta_{s,t,u}, \forall s,t,u \tag{2.36c}$$

$$y_{s,t,u} - y_{s,t-1,u} \leqslant R_u^{\text{up}} T_t K_u : \beta_{s,t,u}^{\text{up}}, \forall s,t,u \tag{2.36d}$$

$$-y_{s,t,u} + y_{s,t-1,u} \leqslant R_u^{\text{down}} T_t K_u : \beta_{s,t,u}^{\text{down}}, \forall s,t,u \tag{2.36e}$$

$$d_{s,t} \geqslant 0 : \phi_{s,t}^d, \forall s,t \tag{2.36f}$$

$$y_{s,t,u} \geqslant 0 : \phi_{s,t,u}^y, \forall s,t,u \tag{2.36g}$$

　　唯一的变化是增加了限制技术上升或下降速度的约束条件式（2.36d）~式（2.36e）。其中，R_u^{up} 和 R_u^{down} 分别是介于 0 和 1 之间的无单位最大速率，相应技术的发电量从一个时期到下一个时期按此速率上升或下降，$\beta_{s,t,u}^{\text{up}}$ 和 $\beta_{s,t,u}^{\text{down}}$ 则是相应的对偶变量。爬坡约束隐含地假定了在每个季节的第一个时段，发电厂从最初的零发电量开始增产。

　　拉格朗日函数与第 2.2.3 节中的函数类似，在式（2.37a）的最后两项中考虑了两个爬坡约束条件：

$$
\begin{aligned}
L = & \sum_{s\in\mathcal{S}} W_s \sum_{t\in\mathcal{T}} \left(\sum_{u\in\mathcal{U}} C_{s,t,u}^{\text{opr}} y_{s,t,u} + C_{s,t}^{\text{lsh}} d_{s,t} \right) - \sum_{s\in\mathcal{S}}\sum_{t\in\mathcal{T}} \lambda_{s,t} \left(\sum_{u\in\mathcal{U}} y_{s,t,u} + d_{s,t} - D_{s,t} \right) \\
& - \sum_{s\in\mathcal{S}}\sum_{t\in\mathcal{T}}\sum_{u\in\mathcal{U}} \beta_{s,t,u} \left(A_{s,t,u} T_t K_u - y_{s,t,u} \right) - \sum_{s\in\mathcal{S}}\sum_{t\in\mathcal{T}} d_{s,t} \phi_{s,t}^d \\
& - \sum_{s\in\mathcal{S}}\sum_{t\in\mathcal{T}}\sum_{u\in\mathcal{U}} y_{s,t,u} \phi_{s,t,u}^y - \sum_{s\in\mathcal{S}}\sum_{t\in\mathcal{T}}\sum_{u\in\mathcal{U}} \beta_{s,t,u}^{\text{up}} \left(R_u^{\text{up}} T_t K_u - y_{s,t,u} + y_{s,t-1,u} \right) \\
& - \sum_{s\in\mathcal{S}}\sum_{t\in\mathcal{T}}\sum_{u\in\mathcal{U}} \beta_{s,t,u}^{\text{down}} \left(R_u^{\text{down}} T_t K_u + y_{s,t,u} - y_{s,t-1,u} \right)
\end{aligned} \tag{2.37a}
$$

　　最终，式（2.36a）~式（2.36g）的 KKT 条件反映了式（2.7a）~式（2.7l）中由于爬坡约束而发生的变化。因此，这些条件包括式（2.7a）、式（2.7c）~式（2.7l）和以下各式：

$$
\begin{aligned}
& W_s C_{s,t,u}^{\text{opr}} - \lambda_{s,t} + \beta_{s,t,u} + \left(\beta_{s,t,u}^{\text{up}} - \beta_{s,t,u}^{\text{down}} \right) + \left(\beta_{s,t+1,u}^{\text{down}} - \beta_{s,t+1,u}^{\text{up}} \right) \\
& - \phi_{s,t,u}^y = 0, \forall s,t,u
\end{aligned} \tag{2.38a}
$$

$$
R_u^{\text{up}} T_t K_u - y_{s,t,u} + y_{s,t-1,u} \geq 0, \forall s,t,u \tag{2.38b}
$$

$$
R_u^{\text{down}} T_t K_u + y_{s,t,u} - y_{s,t-1,u} \geq 0, \forall s,t,u \tag{2.38c}
$$

$$
\beta_{s,t,u}^{\text{up}} \left(R_u^{\text{up}} T_t K_u - y_{s,t,u} + y_{s,t-1,u} \right) = 0, \forall s,t,u \tag{2.38d}
$$

$$
\beta_{s,t,u}^{\text{down}} \left(R_u^{\text{down}} T_t K_u + y_{s,t,u} - y_{s,t-1,u} \right) = 0, \forall s,t,u \tag{2.38e}
$$

$$
\beta_{s,t,u}^{\text{up}} \geq 0, \forall s,t,u \tag{2.38f}
$$

$$
\beta_{s,t,u}^{\text{down}} \geq 0, \forall s,t,u \tag{2.38g}
$$

　　具体而言，式（2.38a）将爬坡的影子价格纳入市场出清价格，从而修改了式（2.7b）。否则，KKT 条件式（2.38b）~式（2.38c）仅是爬坡约束条件，式（2.38d）~式（2.38e）是互补条件，式（2.38f）~式（2.38g）是爬坡约束对偶变量的非负约束条件。最后，类似于式（2.8b），可以应用包络定理来确定在其他条件不变的情况下爬坡能力的边际增量对最小化成本的影响：

$$\frac{\partial L}{\partial R_u^{\mathrm{up}}} = -\sum_{s\in\mathcal{S}}\sum_{t\in\mathcal{T}}\beta_{s,t,u}^{\mathrm{up}}T_t K_u, \forall u \quad (2.39a)$$

$$\frac{\partial L}{\partial R_u^{\mathrm{down}}} = -\sum_{s\in\mathcal{S}}\sum_{t\in\mathcal{T}}\beta_{s,t,u}^{\mathrm{down}}T_t K_u, \forall u \quad (2.39b)$$

示例 2.9 有爬坡约束的经济调度成本最小化线性规划问题

此处使用示例 2.1 中的数据来实现爬坡约束经济调度式（2.36a）～式（2.36g）。唯一增加的爬坡约束条件是式（2.36d）～式（2.36e），其中需要为每种技术指定 R_u^{up} 和 R_u^{down}。此处将风力发电、燃煤发电和燃气发电的爬升率和下降率分别设定为 1.0、0.3 和 0.6，这是在文献［13］数据的基础上粗略设定的。因此，燃煤发电量和燃气发电量的最大周期性变化分别为 $0.3\times8\times35=84$ MWh 和 $0.6\times8\times40=192$ MWh。需要注意的是，由于风力发电的最大发电量受到外生可用系数 $A_{s,t,u}$ 的限制，其爬坡率有些超常。有了爬坡约束，燃煤电厂和燃气电厂等传统发电厂无法"跟随" VRES 的时间波动，最小化成本几乎翻了一番，从 48,055,800 美元增至 92,920,080 美元。因此，在某些时段需要削减更多负荷。例如，在 $(s, t)=(1, 2)$ 时，无爬坡约束解决方案需要 280 MWh 的燃煤发电量和 300 MWh 的燃气发电量。虽然燃气电厂可在两个时段内从零开始爬升至 300 MWh，但燃煤电厂不可能在两个时段内达到 280 MWh 的发电量。由于燃煤电厂只能提供 168 MWh 的发电量，燃气电厂按全部产能进行调度，可产生 320 MWh 的发电量。这意味着，需求量缺口为 92 MWh，如表 2.17 和表 2.18 所示。因此，$(s, t)=(1, 2)$ 时的市场出清价格为 500 美元 /MWh（见表 2.19），而不是 50 美元 /MWh，燃气发电不再是定价技术。此外，风力发电的容量边际价格为 91,500 美元 /MWh，燃气发电的容量边际价格为 9150 美元 /MWh，而燃煤发电的边际价格则完全消失（见表 2.20）。根据式（2.39a）和表 2.21，可以计算出燃煤发电爬升能力增加的边际影响为 $-181170\times8\times35-175680\times8\times35-87840\times8\times35-175680\times8\times35-87840\times8\times35-0\times8\times35=-198298800$。

表 2.17　有爬坡约束的负荷削减决策 $d_{s,t}$　　　　　单位：MWh

季节	时段		
	$t=1$	$t=2$	$t=3$
$s=1$	0	92	138
$s=2$	554	52	0

表 2.18　有爬坡约束的运营决策 $y_{s,t,u}$　　　　　单位：MWh

技术	季节	时段		
		$t=1$	$t=2$	$t=3$
$u=1$	$s=1$	40	20	10
	$s=2$	50	100	150
$u=2$	$s=1$	84	168	252
	$s=2$	84	168	142
$u=3$	$s=1$	156	320	320
	$s=2$	192	320	128

表 2.19　有爬坡约束的需求边际价格 $\lambda_{s,t}$　　　　　单位：美元 / MWh

季节	时段		
	$t=1$	$t=2$	$t=3$
$s=1$	9150	91,500	91,500
$s=2$	91,500	91,500	3660

表 2.20　有爬坡约束的容量边际价格 $\beta_{s,t,u}$　　　　　单位：美元 / MWh

技术	季节	时段		
		$t=1$	$t=2$	$t=3$
$u=1$	$s=1$	9150	91,500	91,500
	$s=2$	91,500	91,500	3660
$u=2$	$s=1$	0	0	0
	$s=2$	0	0	0
$u=3$	$s=1$	0	82,350	82,350
	$s=2$	0	76,860	0

表 2.21　爬升容量的边际价格 $\beta_{s,t,u}^{\mathrm{up}}$　　　　单位：美元 /MWh

技术	季节	时段		
		$t=1$	$t=2$	$t=3$
$u=1$	$s=1$	0	0	0
	$s=2$	0	0	0
$u=2$	$s=1$	181,170	175,680	87,840
	$s=2$	175,680	87,840	0
$u=3$	$s=1$	0	0	0
	$s=2$	82,350	0	0

此结果可以理解为最小化成本的变化率，即在其他条件不变的情况下，燃煤发电的 R_u^{up} 每增加 0.01，最小化成本将减少 1,982,988 美元（表 2.21）❶。

2.6　储能

鉴于可变发电量和爬坡约束给间歇性可再生能源带来的上述挑战，人们自然而然地认为，储能可能是缓解时空不平衡的一种解决方案。事实上，抽水蓄能早已用于实现这种套利，即把能源从相对充裕的时期转移到相对匮乏的时期。在此过程中，储能运营商和社会都能从中受益，既能获得套利收益，又能避免昂贵的调峰发电[18]。然而，适合抽水蓄能的地点往往受到地理条件限制。因此，在过去十年间，人们的注意力已经转向电池储能，如锂离子设备。这类设备可以大规模部署，部署容量可超过 1 MW。由于成本降低（例如，仅在 2015 年至 2017 年间，成本就降低了 61%），美国的大规模电池装机容量已从 2010 年的 59 MW 增至 2018 年的 869 MW[16]。这些装置大多为锂离子型，因为该类型具有高充放效率，已被独立发电商和受监管实体所采用。事实上，储能具有多种应用形式，如套利、需求侧管理、输电 / 配电延迟、针对频率调节、

---

❶　与示例 2.6 中提到的提高 VRES 发电量对生产商收益的"蚕食效应"有关，值得注意的是，在爬坡约束条件下，这种效应也会持续存在并扭曲激励机制。例如，如果风力发电量增加到 200 MW，那么燃气电厂的收益将减少一半以上，即从约 9400 万美元减少到 4400 万美元以下。因此，增加 VRES 发电量需要采取更灵活的发电方式，但这些资源恰恰会在某些时期因价格暴跌而降低对追求利润最大化企业的吸引力。

电压支撑和旋转备用的辅助服务，这些都使其对众多行业参与者具有吸引力。

　　尽管储能很受欢迎，但正是由于其具有多种运行模式，它可能会给电力行业带来难题。储能从直观上可以提高福利并为所有者带来套利收益，但电力行业资产所有权的性质往往会使这些目标相互冲突。Sioshansi[37]证明，在一个简化的完全竞争电力行业的局部均衡分析模型中，与消费者或生产者所有权相比，由独立商人拥有储能可以提高社会福利。对这一结果的解释是，商人是追求利润最大化的经营者，他只是进行时间套利。相比之下，消费者（生产者）会过度使用（未充分使用）存储容量，产生（防止）过度的价格平滑效应。将分析扩展到纳什－古诺均衡后，Sioshansi[39]进一步证明，与无储能情况相比，存在战略型发电企业时，储能可能会减少福利。此外，他还发现，如果储能业务具有完全竞争性，那么战略型发电企业带来的福利损失可能会更大。为了探索追求利润最大化的储能运营商与社会福利之间的目标冲突，文献［12］将有关水电生产者战略行为的研究成果[5, 10]推广到具有效率损失的通用储能设备上。具体来说，在一个两阶段模型中，具备存储能力的可再生能源生产者在类似古诺模型下使用储能设备，在非高峰时段发出的电力比完全竞争生产者多。这一战略决策源于生产者希望通过在非高峰时段"倾销"能源来提高高峰时段的价格（以及自身利润）。有趣的是，文献［12］证明，即使在完全竞争的情况下，随着设备效率的提高，也会出现这种扭曲现象。直观地说，在其他条件不变的情况下，提高设备效率会增强生产者将能源从非高峰时段转移到高峰时段的能力，从而提高福利，但会抑制高峰时段价格。效率达到临界水平时，生产者的最大化利润实际上会随着效率的提高而开始下降。作为一种抵消措施，生产者希望通过增加非高峰时段的产量来防止其利润下降。因此，即使在完全竞争的情况下，涉及储能的私有和公共激励措施也可能发生冲突。同样，储能也不一定总能促进实现环境目标，因为在非高峰时段，充电通常是通过基本发电技术完成的。也就是说，如果间歇性可再生能源不足，就会采用燃煤发电。相较于没有储能的情况，这样做可能会增加碳排放量[35, 38, 45]。在基于市场的环境中，采用储能技术的投资决策也会产生这种相互矛盾的目标[36, 46]。

　　显然，储能分析需要采取多层面方法。不过，本节将从现实世界中提取部分细节，如所有权问题、价格响应需求、市场支配力、排放量和空间套利等，便于集中讨论储能如何影响发电和价格。首先，本节将使用一个简化的两阶段模型，即没有容量限制和间歇性可再生能源的模型，说明简单的时间套利；然后，再使用一个更现实的模型，即有容量限制和间歇性可再生能源的模型，说明储能如何通过减少爬坡来整合间歇性可再生能源并影响传统发电商的利润。

这个简化模型假定，一般发电商具有线性边际成本，如式（2.24）所示，其中 $C^{\text{int}} \geqslant 0$（单位：美元 /MWh）且 $C^{\text{slp}} \geqslant 0$（单位：美元 /MWh^2）分别为截距参数和斜率参数。时段 1 为非高峰时段，具有外生需求量 $D_1 \geqslant 0$（单位：MWh）；时段 2 为高峰时段，具有外生需求量 $D_2 > D_1$（单位：MWh）。目标是选择每个时段的发电量 y_1 和 y_2（单位：MWh），以及时段 2 的储能放电量 Z（单位：MWh），以便得出最小的总发电成本，见式（2.40a）：

$$\underset{y_1,y_2,z}{\text{Minimize}}\, C^{\text{int}}\left(y_1 + y_2\right) + \frac{1}{2}C^{\text{slp}}\left(y_1^2 + y_2^2\right) \qquad (2.40a)$$

$$\text{s.t.}\, y_1 - Fz - D_1 = 0 : \lambda_1 \qquad (2.40b)$$

$$y_2 + z - D_2 = 0 : \lambda_2 \qquad (2.40c)$$

目标函数式（2.40a）是发电量的二次函数，并在各时段受到电力平衡约束。忽略 y_1、y_2 和 Z 的非负约束条件以关注内部解。这里，$F \geqslant 1$ 表示储能效率的倒数，即对于储能效率为 50% 的设备，$F=2$。这意味着如果要在时段 2 从储能设备中放出电量 Z，则需要在时段 1 将 F_Z 充入储能设备。因此，在式（2.40b）中，储能充电会导致时段 1 的发电量增加，而在式（2.40c）中，储能放电会导致时段 2 的发电量减少。需要注意的是，低效储能设备必然意味着有能量损耗。然而，社会最优使用原则意味着能源会从价值较低的时段（或地点）转移到价值较高的时段（或地点）。

由于式（2.40a）~式（2.40c）属于线性约束二次规划问题（Quadratic Program，QP），如果其目标函数是凸函数，就会有全局最优解❶。因此，只需研究式（2.40a）~式（2.40c）的 KKT 条件即可：

$$C^{\text{int}} + C^{\text{slp}}y_1 - \lambda_1 = 0 \qquad (2.41a)$$

$$C^{\text{int}} + C^{\text{slp}}y_2 - \lambda_2 = 0 \qquad (2.41b)$$

---

❶ 注意，目标函数（2.40a）的海森矩阵是正定矩阵，由此可以验证这一点[28]。

$$F\lambda_1 - \lambda_2 = 0 \qquad (2.41c)$$

$$y_1 - Fz - D_1 = 0 \qquad (2.41d)$$

$$y_2 + z - D_2 = 0 \qquad (2.41e)$$

平稳性条件式（2.41a）~ 式（2.41b）规定，每个时段的价格 λ_1 或 λ_2（单位：美元 /MWh）等于发电边际成本，而式（2.41c）则表明，设备的低效率决定了价格比率。

假定存在内部解，即 $y_1 > 0$、$y_2 > 0$ 且 $z > 0$，可以针对五个未知数 y_1^*、y_2^*、z^*、λ_1^* 和 λ_2^* 对五个方程组式（2.41a）~ 式（2.41e）进行解析求解。鉴于对储能的重视，注意到时段 2 的储能最优放电量为：

$$z^* = \frac{C^{\text{slp}}\left(D_2 - FD_1\right) - C^{\text{int}}\left(F-1\right)}{C^{\text{slp}}\left(F^2 + 1\right)} \qquad (2.42)$$

为了使求出的解具有经济意义，要求式（2.42）的分子为正数，即设备不应过于低效，而且周期性能量消耗的差异应足够大，以保证实现能量转移❶。对于 $F=1$ 的完全高效储能设备，式（2.42）可归结为 $z^* = \dfrac{D_2 - D_1}{2}$。这实际上意味着每个时段的发电量等于 $\dfrac{D_1 + D_2}{2}$，从而也导致价格相等，即 $C^{\text{int}} + C^{\text{slp}}\left(\dfrac{D_1 + D_2}{2}\right)$。图 2.9 描绘了在 $F > 1$ 的更常见情况下，储能对平衡的影响，其中顶部（底部）表示发电量和价格在非高峰时段（高峰时段）的变化。特别地，在非高峰时段（高峰时段）充电，会导致发电量增多（减少）以及均衡价格上升（下降），即产生价格平滑效应。虽然净发电量有所增加，但由于非高峰时段发电成本的增加（在顶部以灰色阴影区域表示）小于高峰时段发电成本的减少（在底部以灰色阴影区域表示），因而对社会有利❷。因此，如果时段 2 的需求量相对较大，即 $D_2 - FD_1 > \dfrac{C^{\text{int}}\left(F-1\right)}{C^{\text{slp}}}$，发电厂的收益就会下降。在 $z^* > 0$

---

❶　根据式（2.42），$z^* > 0$ 要求 $C^{\text{int}} < \dfrac{C^{\text{slp}}\left(D_2 - FD_1\right)}{F-1}$。

❷　利用式（2.42）中 z^* 的定义，注意到有储能与无储能相比，时段 1 的最小化成本变化量为 $z^*\left[F\left(C^{\text{int}} + C^{\text{slp}}D_1\right) + 1/2\, F^2 C^{\text{slp}}z^*\right]$。同样，有储能时，时段 2 的最小化成本变化量为 $z^*\left[-\left(C^{\text{int}} + C^{\text{slp}}D_2\right) + 1/2\, F^2 C^{\text{slp}}z^*\right]$。因此，储能产生的最小化成本的总变化量为 $z^*\left[1/2\, C^{\text{slp}}\left(F^2 + 1\right)z^* + (F-1)C^{\text{int}} + (FD_1 - D_2)C^{\text{slp}}\right]$，只要 $D_2 - FD_1 > C^{\text{int}}\left(F-1\right)/C^{\text{slp}}$，总变化量就是负值。这与 $z^* > 0$ 条件下得到的结果相同，即只有最小化成本降低时，才会采用储能方式。

的情况下，这一点始终成立 **❶**。与此同时，在这种设定下，储能运营的利润始终为零 **❷**。当然，在更现实的情况下，发电和储能容量将受到限制，导致短期内产生正收益。

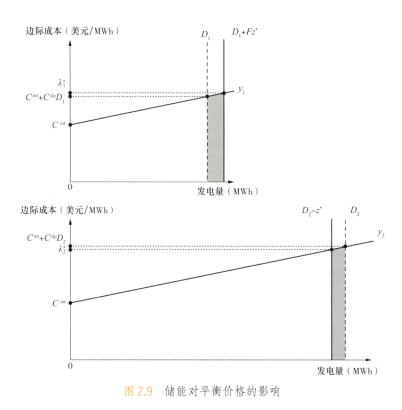

图 2.9　储能对平衡价格的影响

在更现实的情况下，本节考虑间歇性可再生能源和常规发电容量，如式（2.5a）~ 式（2.5e）所示。对储能运营采取了如下约束条件：

---

❶　要理解这一点，需注意，由于储能使用 $z^* > 0$，导致发电商利润的变化量为 $1/2 C^{\text{slp}} z^* \left[2\left(FD_1 - D_2\right) + z^* \left(F^2 + 1\right) \right]$，只要 $D_2 - FD_1 > C^{\text{int}}\left(F-1\right)/C^{\text{slp}}$，该变化量就是负值。由于 $z^* > 0$，需要 $D_2 - FD_1 > C^{\text{int}}\left(F-1\right)/C^{\text{slp}}$，因此得出的结果是，采用储能方式会减少发电商利润。

❷　要理解这一点，需注意储能利润为 $\lambda_2^* z^* - F\lambda_1^* z^* = \left(\lambda_2^* - F\lambda_1^*\right) z^*$。此外，根据式（2.41c），有 $F\lambda_1^* = \lambda_2^*$。

$$\underset{d_{s,t},y_{s,t,u},z_{s,t}^{\text{in}},z_{s,t}^{\text{out}},z_{s,t}^{\text{sto}}}{\text{Minimize}}\sum_{s\in\mathcal{S}}W_s\sum_{t\in\mathcal{T}}\left(\sum_{u\in\mathcal{U}}C_{s,t,u}^{\text{opr}}y_{s,t,u}+C_{s,t}^{\text{lsh}}d_{s,t}\right) \quad (2.43\text{a})$$

$$\text{s.t.}\sum_{u\in\mathcal{U}}y_{s,t,u}+d_{s,t}+z_{s,t}^{\text{out}}-z_{s,t}^{\text{in}}-D_{s,t}=0:\lambda_{s,t},\forall s,t \quad (2.43\text{b})$$

$$z_{s,t}^{\text{in}}\leqslant R^{\text{in}}T_t B:\theta_{s,t}^{\text{in}},\forall s,t \quad (2.43\text{c})$$

$$z_{s,t}^{\text{out}}\leqslant R^{\text{out}}T_t B:\theta_{s,t}^{\text{out}},\forall s,t \quad (2.43\text{d})$$

$$z_{s,t}^{\text{sto}}\leqslant T_t B:\overline{\theta}_{s,t}^{\text{sto}},\forall s,t \quad (2.43\text{e})$$

$$z_{s,t}^{\text{sto}}\leqslant R^{\text{sto}}T_t B:\underline{\theta}_{s,t}^{\text{sto}},\forall s,t \quad (2.43\text{f})$$

$$E^{\text{in}}z_{s,t}^{\text{in}}-z_{s,t}^{\text{out}}+\left(1-E^{\text{sto}}\right)^{T_t}z_{s,t-1}^{\text{sto}}-z_{s,t}^{\text{sto}}=0:\theta_{s,t},\forall s,t \quad (2.43\text{g})$$

$$z_{s,t}^{\text{in}}\geqslant 0:\phi_{s,t}^{\text{zin}},\forall s,t \quad (2.43\text{h})$$

$$z_{s,t}^{\text{out}}\geqslant 0:\phi_{s,t}^{\text{zout}},\forall s,t \quad (2.43\text{i})$$

$$z_{s,t}^{\text{sto}}\geqslant 0:\phi_{s,t}^{\text{zsto}},\forall s,t \quad (2.43\text{j})$$

$$式（2.5c）\sim 式（2.5e）$$

　　这里，式（2.43a）是与式（2.5a）相同的目标函数，即求最小化运营成本。但是，有与储能运营相关的三个新决策变量：$z_{s,t}^{\text{in}}$、$z_{s,t}^{\text{out}}$ 和 $z_{s,t}^{\text{sto}}$。这三个变量的单位都是兆瓦时，分别表示每个给定季节 – 时段组合 (s,t) 的储能充电量、储能放电量和储能水平。在式（2.5b）的基础上，对电力平衡约束条件式（2.43b）做出适当修改，以反映 (s,t) 期间的储能净放电量 $z_{s,t}^{\text{out}}-z_{s,t}^{\text{in}}$。储能的充放电速率受式（2.43c）～式（2.43d）中无量纲参数 R^{in} 或 R^{out} 的限制，其取值介于 0 和 1 之间。这些参数与电池装机容量 B（单位：MW）有关，在式（2.43e）和式（2.43f）中，B 也分别限制了电池的最大和最小储能水平❶。式（2.43f）中的最小荷电状态 R^{sto} 反映了一个事实，即储能水平在技术上受到限制，不能低于临界值。主要储能平衡方程为式（2.43g），该方程表明，(s,t) 期间的储能水平等于前一时段的储能水平（扣除效率损失 $1-E^{\text{sto}}$）加上任何充电量（同时考虑输入充电效率 E^{in}），再减去 (s,t) 期间的任何放电量❷。式（2.43h）～式（2.43j）列明这三个储能决策变量为非负值。最后，第 2.2.3 节经济调度中的式（2.5c）～式（2.5e）约束条件完善了包含储能的经济调度线性规划。

---

❶　实际上，电池容量可以用功率或能量容量来表示。功率是指在任何时刻可用的最大功率输出量，单位：MW。相比之下，能量容量是指可储存的能量总量，单位：MWh。

❷　采用具有代表性的季节，需要有类似于式（2.43g）的季节间储能约束条件，即考虑每个季节的净储量输入，并按每个季节的持续时间（通常是季节中的周数）进行缩放[41]。

表 2.22 储能决策$z_{s,t}^{in}$、$z_{s,t}^{out}$和$z_{s,t}^{sto}$ 　　　　单位：MWh

技术	季节	时段		
		$t=1$	$t=2$	$t=3$
$z_{s,t}^{in}$	$s=1$	149.47	0	0
	$s=2$	33.68	0	0
$z_{s,t}^{out}$	$s=1$	0	0	110
	$s=2$	0	0	0
$z_{s,t}^{sto}$	$s=1$	142	142	32
	$s=2$	32	32	32

示例 2.10　包含储能的经济调度的成本最小化线性规划问题

此处使用与示例 2.1 相同的数据来解决式（2.43a）~式（2.43j）和式（2.5c）~式（2.5e）的问题实例。假设储能设备的容量为 $B=40MW$，最小荷电状态为 $R^{sto}=0.1$，且无自放电，即 $E^{sto}=0$。相反，设备的低效仅反映在输入效率 $E^{in}=0.95$ 上。最大充电和放电速率为 $R^{in}=R^{out}=0.5$，此速率反映了锂离子电池的特性[46]。由于电池具有可用性，能在 $(s,t)=(1,1)$ 期间充电，在 $(s,t)=(1,3)$ 期间放电，即从低需求时段向高需求时段套利（表 2.22）。这种决策还能在 $(s,t)=(1,3)$ 期间，从 110 MWh 中剔除负荷削减量，参见表 2.4。因此，由于采取储能方式，最小化成本为 42,220,989.47 美元，相比之前减少了约 12%。此外，储能还有助于将常规电厂的预期爬坡量减少近 22%，其中将机组 u 的预期爬坡量规定为 $\sum_{s\in\mathcal{S}}W_s\sum_{t\in\mathcal{T}}|y_{s,t,u}-y_{s,t-1,u}|$。储能的价格平滑效应也很明显，因为在 $(s,t)=(1,1)$ 期间，价格因燃气发电调度而上涨，而在 $(s,t)=(1,3)$ 期间，由于避免了负荷削减，价格有所下降（见表 2.23 和表 2.24）。因此，从成本最小化和间歇性可再生能源集成的角度来看，储能具有理想特性。然而，如果高峰时段的价格下降超过了非高峰时段的价格上涨，那么储能也会给生产者带来挑战。在这种情况下，传统发电商的利润会因为存在储能而下降 40% 以上，其中燃煤发电和燃气发电受到的影响最大。

表 2.23　包含储能的发电决策 $y_{s,t,u}$　　　　　　单位：MWh

技术	季节	时段		
		$t=1$	$t=2$	$t=3$
$u=1$	$s=1$	40	20	10
	$s=2$	50	100	150
$u=2$	$s=1$	280	280	280
	$s=2$	280	280	270
$u=3$	$s=1$	109.47	300	320
	$s=2$	320	260	0

表 2.24　包含储能的需求边际值 $\lambda_{s,t}$　　　　　　单位：美元 /MWh

季节	时段		
	$t=1$	$t=2$	$t=3$
$s=1$	9150	9150	9631.58
$s=2$	91,500	9150	3660

在这一问题实例中，即使采取储能方式，也不能盈利。这是由于最小荷电状态（2.43f）要求在 $(s,t)=(2,1)$ 期间充电，而此时价格较高。根据所有权结构的不同，也可以减少储能容量以使其运营盈利，尽管这不利于为社会减少成本。

2.7　总结

本章讨论了电力行业的供给侧，重点关注间歇性可再生能源（VRES）如何使其有别于传统的经济学模型。具体而言，在过去十年中，对气候变化的担忧促使政府制定了降低太阳能发电和风能发电成本的政策。太阳能和风能的间歇性输出意味着运营模型和投资模型必须考虑需求和 VRES 可用性的时序特征，而不是使用季节平均值或筛选曲线。本章展示了如何收集有关各种技术的运营成本和投资成本相关数据，以便用于设计短期和长期成本最小化模型。本章还证明了后者与筛选曲线之间的联系。接下来，从完全竞争行业中追求利润最大化的企业的角度进行分析，然后探讨 VRES 的高渗透率会如何为电力系统的爬坡能力带来挑战。最后，将储能纳入经济调度问题中，说明其优点和复杂性。

正如在前文中提到的，本章忽略了部分细节。首先，将需求视为价格无弹性需求，鉴于智能电网技术的迅速发展，这可能也是一种过时假设。不过，本章做出这种假设是为了将重点放在供给侧，并在第 3~4 章中更加全面地研究供需互动。其次，虽然本章提到可通过聚类法来提取保留时序的代表性时段，但并未详细说明。取而代之的是，我们建议读者参阅现有文献（如文献［32］），以便获得更加全面的解释和必要代码。再次，本章避免讨论机组组合和区域边际定价问题，因为 VRES 渗透率的提高可能会使这些问题变得更加突出。第 4 章将详细介绍这些问题。接下来，影响 VRES 和传统发电容量的市场设计相关问题，如环境政策和相互冲突的目标，将分别在第 6 章和第 7 章中进行讨论。最后，考虑到电力行业的放松管制性质，主导企业自然会利用其规模和准入壁垒来发挥市场支配力，我们在本章中也绕过了这一问题，将在第 5 章中重点讨论。

2.8 章末练习

2.1 以第 2.1 节中的讨论为起点，找到你所在辖区内促进间歇性可再生能源利用的相关政策措施。

2.2 按照第 2.2.1 节所述步骤，确定你所在辖区内典型季节的供应堆栈。利用收集到的数据和划分的季节，解决经济调度线性规划式（2.5a）~式（2.5e）的问题实例。

2.3 按照第 2.3.1 节所述步骤，计算你所在辖区内候选发电技术的平准化成本。利用收集到的数据和划分的季节，解决投资线性规划式（2.16a）~式（2.16f）的问题实例。与使用第 2.3.2 节中的传统筛选曲线法相比，结果如何？

2.4 类似于第 2.4.1 节的简化短期利润最大化问题可等效地表示为：

$$\underset{y_u}{\text{Maximize}} \sum_{u \in \mathcal{U}} \left(\lambda y_u - C_u^{\text{int}} y_u - \frac{1}{2} C_u^{\text{slp}} y_u^2 \right) \qquad (2.44)$$

假设存在内部解，即 $y_u > 0$, $\forall u \in \mathcal{U}$，则 KKT 条件可得出 $\lambda = C_u^{\text{int}} + C_u^{\text{slp}} y_u$，$\forall u \in \mathcal{U}$。换句话说，每种技术的边际成本都等于价格。在此基础上，简化长期利润最大化问题可表述为：

$$\underset{y_u, x_u}{\text{Maximize}} \sum_{u \in \mathcal{U}} \left(\lambda y_u - C_u^{\text{int}} y_u - \frac{1}{2} C_u^{\text{slp}} y_u^2 - C_u^{\text{gen}} x_u \right) \tag{2.45a}$$

$$\text{s.t.} \, y_u \leqslant x_u : \beta_u, \forall u \tag{2.45b}$$

假设存在内部解，证明每种技术的边际成本加上投资成本 C_u^{gen} 等于价格。

2.5　使用适当的数据来源，为你所在辖区构建图 2.8 所示的"鸭子曲线"。根据收集到的数据，解决爬坡约束经济调度线性规划式（2.36a）~ 式（2.36g）的问题实例。

2.6　将爬坡约束条件式（2.36d）~ 式（2.36e）代入线性规划式（2.43a）~ 式（2.43j）和式（2.5c）~ 式（2.5e）中，研究储能对缓解爬坡约束的影响。可以使用示例 2.9 和示例 2.10 中的数据。为社会带来收益的储能容量范围是多少？

2.9　GAMS 代码

本节提供了用于数值求解所选示例的 GAMS 代码。以下代码用于求解示例 2.1，以确定成本最小化经济调度方案。

```
1  * 经济调度的成本最小化线性规划

3  Sets
4  S seasons /s1*s2/
5  T periods /t1*t3/
6  U technologies /u1*u3/;

8  Parameters

10 TT(T)      Length of each period in hours
11 / t1       8
12   t2       8
13   t3       8/

15 W(S)       Weight of each season
16 / s1       183
17   s2       183/
```

```
19  K(U)          Installed capacity of each technology
20  / u1          25
21    u2          35
22    u3          40
23  /
24  ;

26  Table

28  A(S,T,U)  Maximum availability factor for each technology by
       season and by period
29          u1    u2    u3
30  s1.t1   0.20  1     1
31  s1.t2   0.10  1     1
32  s1.t3   0.05  1     1
33  s2.t1   0.25  1     1
34  s2.t2   0.50  1     1
35  s2.t3   0.75  1     1
36  ;

38  Table

40  DD(S,T)  Demand by season and by period
41          t1    t2    t3
42  s1      280   600   720
43  s2      880   640   420
44  ;

46  Table

48  C_lsh(S,T)  Load-shedding cost by season and by period
49          t1    t2    t3
50  s1      500   500   500
51  s2      500   500   500
52  ;

54  Table

56  C_opr(S,T,U)   Operating cost for each technology by season and
       by period
57          u1    u2    u3
58  s1.t1   0     20    50
59  s1.t2   0     20    50
60  s1.t3   0     20    50
61  s2.t1   0     20    50
62  s2.t2   0     20    50
63  s2.t3   0     20    50
```

```
64 ;

66 Variables
67 OF          Objective function value
68 d(S,T)      Load shed by season and by period
69 y(S,T,U)    Dispatch for each technology by season and by period
70 ;

72 Equations
73 ObjectiveFunction    Objective function
74 EnergyBalance        Energy balance by season and by period
75 CapacityLimit        Capacity limit for each technology by season
        and by period
76 NNd                  Non-negativity for load shedding by season
        and by period
77 NNy                  Non-negativity for each technology by season
        and by period
78 ;

80 ObjectiveFunction.. OF=E=SUM(S, W(S)*SUM(T, d(S,T)*C_lsh(S,T)+SUM
        (U, y(S,T,U)*C_opr(S,T,U))));
81 EnergyBalance(S,T).. SUM(U, y(S,T,U))+d(S,T)-DD(S,T)=E=0;
82 CapacityLimit(S,T,U).. A(S,T,U)*TT(T)*K(U)-y(S,T,U)=G=0;
83 NNd(S,T).. d(S,T)=G=0;
84 NNy(S,T,U).. y(S,T,U)=G=0;

86 MODEL ED /ALL/;

88 SOLVE ED USING lp MINIMIZING OF;
```

以下代码用于求解示例 2.5，以确定成本最小化发电扩容。

```
1 * 发电扩容的成本最小化线性规划

3 Sets
4 S seasons /s1*s2/
5 T periods /t1*t3/
6 U technologies /u1*u3/;

8 Parameters

10 C_gen(U)    Annualized investment cost of each technology
11 / u1       82290
12   u2       239120
13   u3       70510/
```

```
15  TT(T)       Length of each period in hours
16  / t1        8
17    t2        8
18    t3        8/

20  W(S)        Weight of each season
21  / s1        183
22    s2        183/
23  ;

25  Table

27  A(S,T,U)    Maximum availability factor for each technology by
       season and by period
28          u1      u2   u3
29  s1.t1  0.20     1    1
30  s1.t2  0.10     1    1
31  s1.t3  0.05     1    1
32  s2.t1  0.25     1    1
33  s2.t2  0.50     1    1
34  s2.t3  0.75     1    1
35  ;

37  Table

39  DD(S,T)    Demand by season and by period
40          t1      t2      t3
41  s1      280     600     720
42  s2      880     640     420
43   ;

45  Table

47  C_lsh(S,T)    Load-shedding cost by season and by period
48          t1      t2      t3
49  s1      500     500     500
50  s2      500     500     500
51  ;

53  Table

55  C_opr(S,T,U)    Operating cost for each technology by season and
       by period
56          u1      u2      u3
57  s1.t1   0       20      50
58  s1.t2   0       20      50
59  s1.t3   0       20      50
```

```
60 s2.t1  0      20     50
61 s2.t2  0      20     50
62 s2.t3  0      20     50
63 ;

65 Variables
66 OF           Objective function value
67 d(S,T)       Load shed by season and by period
68 y(S,T,U)     Dispatch for each technology by season and by period
69 x(U)         Capacity adoption for each technology
70 ;

72 Equations
73 ObjectiveFunction    Objective function
74 EnergyBalance        Energy balance by season and by period
75 CapacityLimit        Capacity limit for each technology by season
          and by period
76 NNd                  Non-negativity for load shedding by season
          and by period
77 NNy                  Non-negativity for each technology by season
          and by period
78 NNx                  Non-negativity for technology adoption
79 ;

81 ObjectiveFunction.. OF=E=SUM(S, W(S)*SUM(T, d(S,T)*C_lsh(S,T)+SUM
       (U, y(S,T,U)*C_opr(S,T,U))))+SUM(U, x(U)*C_gen(U));
82 EnergyBalance(S,T).. SUM(U, y(S,T,U))+d(S,T)-DD(S,T)=E=0;
83 CapacityLimit(S,T,U).. A(S,T,U)*TT(T)*x(U)-y(S,T,U)=G=0;
84 NNd(S,T).. d(S,T)=G=0;
85 NNy(S,T,U).. y(S,T,U)=G=0;
86 NNx(U).. x(U)=G=0;

88 MODEL GEP /ALL/;

90 SOLVE GEP USING lp MINIMIZING OF;
```

以下代码用于求解示例 2.6，以解决企业的短期利润最大化问题。

```
 1 * 经济调度的利润最大化线性规划

 3 Sets
 4 S seasons /s1*s2/
 5 T periods /t1*t3/
 6 U technologies /u1*u3/;
```

```
 8  Parameters

10  TT(T)        Length of each period in hours
11  / t1         8
12    t2         8
13    t3         8/

15  W(S)         Weight of each season
16  / s1         183
17    s2         183/

19  K(U)         Installed capacity of each technology
20  / u1         25
21    u2         35
22    u3         40
23  /
24  ;

26  Table

28  A(S,T,U)    Maximum availability factor for each technology by
        season and by period
29              u1       u2      u3
30  s1.t1       0.20     1       1
31  s1.t2       0.10     1       1
32  s1.t3       0.05     1       1
33  s2.t1       0.25     1       1
34  s2.t2       0.50     1       1
35  s2.t3       0.75     1       1
36  ;

38  Table

40  C_opr(S,T,U)    Operating cost for each technology by season and
        by period
41              u1       u2      u3
42  s1.t1       0        20      50
43  s1.t2       0        20      50
44  s1.t3       0        20      50
45  s2.t1       0        20      50
46  s2.t2       0        20      50
47  s2.t3       0        20      50
48  ;

50  Table

52  Lambda(S,T)    Price by season and by period
53              t1       t2      t3
```

```
54 s1        3660    9150    91500
55 s2        91500   9150    3660
56 ;

58 Variables
59 OF        Objective function value
60 y(S,T,U)  Dispatch for each technology by season and by period
61 ;

63 Equations
64 ObjectiveFunction   Objective function
65 CapacityLimit       Capacity limit for each technology by season
       and by period
66 NNy                 Non-negativity for each technology by season
       and by period
67 ;

69 ObjectiveFunction.. OF=E=-SUM(S, W(S)*SUM(T, SUM (U,(Lambda(S,T)/
       W(S)-C_opr(S,T,U))*y(S,T,U))));
70 CapacityLimit(S,T,U).. A(S,T,U)*TT(T)*K(U)-y(S,T,U)=G=0;
71 NNy(S,T,U).. y(S,T,U)=G=0;

73 MODEL SRPM /ALL/;

75 SOLVE SRPM USING lp MINIMIZING OF;
```

以下代码用于求解示例 2.8，以解决企业的长期利润最大化问题。

```
1 * 发电扩容的利润最大化线性规划

3 Sets
4 S seasons /s1*s2/
5 T periods /t1*t3/
6 U technologies /u1*u3/;

8 Parameters

10 TT(T)     Length of each period in hours
11 / t1      8
12   t2      8
13   t3      8/

15 W(S)      Weight of each season
16 / s1      183
17   s2      183/

19 C_gen(U)  Annualized investment cost of each technology
```

```
20  / u1          82290
21    u2          239120
22    u3          70510/

24  KK(U)      Maximum installed capacity for each technology
25  / u1          100
26    u2          100
27    u3          100/
28  ;

30  Table

32  A(S,T,U)   Maximum availability factor for each technology by
       season and by period
33              u1        u2        u3
34  s1.t1       0.20      1         1
35  s1.t2       0.10      1         1
36  s1.t3       0.05      1         1
37  s2.t1       0.25      1         1
38  s2.t2       0.50      1         1
39  s2.t3       0.75      1         1
40  ;

42  Table

44  C_opr(S,T,U)   Operating cost for each technology by season and
       by period
45              u1        u2        u3
46  s1.t1       0         20        50
47  s1.t2       0         20        50
48  s1.t3       0         20        50
49  s2.t1       0         20        50
50  s2.t2       0         20        50
51  s2.t3       0         20        50
52  ;

54  Table

56  Lambda(S,T)    Price by season and by period
57              t1          t2         t3
58  s1          3660        9150       11361.56250
59  s2          15752.18750 8266.25    3660
60  ;

62  Variables
63  OF            Objective function value
64  y(S,T,U)      Dispatch for each technology by season and by period
65  x(U)          Capacity adoption for each technology
```

```
66 ;

68 Equations
69 ObjectiveFunction    Objective function
70 CapacityLimit        Capacity limit for each technology by season
       and by period
71 MaximumCapacity      Maximum capacity for each technology
72 NNy                  Non-negativity for each technology by season
       and by period
73 NNx                  Non-negativity for technology adoption
74 ;

76 ObjectiveFunction.. OF=E=-SUM(S, W(S)*SUM(T, SUM (U, (Lambda(S,T)/
       W(S)-C_opr(S,T,U))*y(S,T,U))))+SUM(U, x(U)*C_gen(U));
77 CapacityLimit(S,T,U).. A(S,T,U)*TT(T)*x(U)-y(S,T,U)=G=0;
78 MaximumCapacity(U).. KK(U)-x(U)=G=0;
79 NNy(S,T,U).. y(S,T,U)=G=0;
80 NNx(U).. x(U)=G=0;

82 MODEL LRPM /ALL/;

84 SOLVE LRPM USING lp MINIMIZING OF;
```

以下代码用于求解示例 2.9，以确定受爬坡约束的成本最小化经济调度
方案。

```
 1 * 有爬坡约束的经济调度的成本最小化线性规划

 3 Sets
 4 S seasons /s1*s2/
 5 T periods /t1*t3/
 6 U technologies /u1*u3/;

 8 Parameters

10 TT(T)       Length of each period in hours
11 / t1        8
12   t2        8
13   t3        8/

15 W(S)        Weight of each season
16 / s1        183
17   s2        183/

19 K(U)        Installed capacity of each technology
20 / u1        25
21   u2        35
```

```
22   u3        40
23 /

25 R(U)        Ramping limit of each technology
26 / u1        1
27   u2        0.3
28   u3        0.6
29 /
30 ;

32 Table

34 A(S,T,U)    Maximum availability factor for each technology by
        season and by period
35             u1       u2       u3
36 s1.t1       0.20     1        1
37 s1.t2       0.10     1        1
38 s1.t3       0.05     1        1
39 s2.t1       0.25     1        1
40 s2.t2       0.50     1        1
41 s2.t3       0.75     1        1
42 ;

44 Table

46 DD(S,T)    Demand by season and by period
47             t1       t2       t3
48 s1          280      600      720
49 s2          880      640      420
50 ;

53 Table

55 C_lsh(S,T)    Load-shedding cost by season and by period
56             t1       t2       t3
57 s1          500      500      500
58 s2          500      500      500
59 ;

61 Table

63 C_opr(S,T,U)    Operating cost for each technology by season and
        by period
64             u1       u2       u3
65 s1.t1       0        20       50
66 s1.t2       0        20       50
67 s1.t3       0        20       50
68 s2.t1       0        20       50
```

```
69 s2.t2    0        20      50
70 s2.t3    0        20      50
71 ;

73 Variables
74 OF          Objective function value
75 d(S,T)      Load shed by season and by period
76 y(S,T,U)    Dispatch for each technology by season and by period
77 ;

79 Equations
80 ObjectiveFunction    Objective function
81 EnergyBalance        Energy balance by season and by period
82 CapacityLimit        Capacity limit for each technology by season
       and by period
83 RampUpLimit          Up-ramping limit for each technology by
       season and by period
84 RampDownLimit        Down-ramping limit for each technology by
       season and by period
85 NNd                  Non-negativity for load shedding by season
       and by period
86 NNy                  Non-negativity for each technology by season
       and by period
87 ;

89 ObjectiveFunction.. OF=E=SUM(S, W(S)*SUM(T, d(S,T)*C_lsh(S,T)+SUM
      (U, y(S,T,U)*C_opr(S,T,U))));
90 EnergyBalance(S,T).. SUM(U, y(S,T,U))+d(S,T)-DD(S,T)=E=0;
91 CapacityLimit(S,T,U).. A(S,T,U)*TT(T)*K(U)-y(S,T,U)=G=0;
92 RampUpLimit(S,T,U).. R(U)*TT(T)*K(U)-y(S,T,U)+y(S,T-1,U)=G=0;
93 RampDownLimit(S,T,U).. R(U)*TT(T)*K(U)+y(S,T,U)-y(S,T-1,U)=G=0;
94 NNd(S,T).. d(S,T)=G=0;
95 NNy(S,T,U).. y(S,T,U)=G=0;

97 MODEL EDR /ALL/;

99 SOLVE EDR USING lp MINIMIZING OF;
```

以下代码用于求解示例 2.10，以确定包含储能的成本最小化经济调度方案。

```
1  * 包含储能的经济调度的成本最小化线性规划

3 Sets
4 S seasons /s1*s2/
```

```
 5 T periods /t1*t3/
 6 U technologies /u1*u3/;

 8 Parameters

10 TT(T)        Length of each period in hours
11 / t1         8
12   t2         8
13   t3         8/

15 W(S)         Weight of each season
16 / s1         183
17   s2         183/

19 K(U)         Installed capacity of each technology
20 / u1         25
21   u2         35
22   u3         40
23 /

25 ;

27 Scalars

29 Rin     Rate at which storage can be charged /0 .5/
30 Rout    Rate at which storage can be discharged /0 .5/
31 Rmin    Minimum state of charge /0 .1/
32 Ein     Storage input efficiency /0 .95/
33 Esto    Periodic storage discharge /0 .0/
34 B       Installed storage capacity /40/
35 ;

38 Table

40 A(S,T,U)   Maximum availability factor for each technology by
      season and by period
41           u1       u2      u3
42 s1.t1     0.20     1       1
43 s1.t2     0.10     1       1
44 s1.t3     0.05     1       1
45 s2.t1     0.25     1       1
46 s2.t2     0.50     1       1
47 s2.t3     0.75     1       1
48 ;

50 Table

52 DD(S,T)    Demand by season and by period
```

```
53              t1        t2        t3
54 s1          280       600       720
55 s2          880       640       420
56 ;

59 Table

61 C_lsh(S,T)    Load-shedding cost by season and by period
62              t1        t2        t3
63 s1          500       500       500
64 s2          500       500       500
65 ;

67 Table

69 C_opr(S,T,U)  Operating cost for each technology by season and
      by period
70              u1        u2        u3
71 s1.t1       0         20        50
72 s1.t2       0         20        50
73 s1.t3       0         20        50
74 s2.t1       0         20        50
75 s2.t2       0         20        50
76 s2.t3       0         20        50
77 ;

79 Variables
80 OF          Objective function value
81 d(S,T)      Load shed by season and by period
82 y(S,T,U)    Dispatch for each technology by season and by period
83 zin(S,T)    Storage charge by season and by period
84 zout(S,T)   Storage discharge by season and by period
85 zsto(S,T)   Storage level by season and by period
86 ;

88 Equations
89 ObjectiveFunction    Objective function
90 EnergyBalance        Energy balance by season and by period
91 CapacityLimit        Capacity limit for each technology by season
      and by period
92 StorageCharge        Limit for storage charge by season and by
      period
93 StorageDischarge     Limit for storage discharge by season and by
      period
94 StorageULimit        Upper limit for storage level by season and
      by period
95 StorageLLimit        Lower limit for storage level by season and
```

```
          by period
 96 StorageBalance        Storage balance by season and by period
 97 NNd                   Non-negativity for load shedding by season
          and by period
 98 NNy                   Non-negativity for each technology by season
          and by period
 99 NNzin                 Non-negativity for storage charge by season
          and by period
100 NNzout                Non-negativity for storage discharge by
        season and by period
101 NNzsto                Non-negativity for storage level by season
          and by period
102 ;

104 ObjectiveFunction.. OF=E=SUM(S, W(S)*SUM(T, d(S,T)*C_lsh(S,T)+SUM
      (U,y(S,T,U)*C_opr(S,T,U)))));
105 EnergyBalance(S,T).. SUM(U, y(S,T,U))+d(S,T)+zout(S,T)-zin(S,T)-
      DD(S,T)=E=0;
106 CapacityLimit(S,T,U).. A(S,T,U)*TT(T)*K(U)-y(S,T,U)=G=0;
107 StorageBalance(S,T).. Ein*zin(S,T)-zout(S,T)+power(1-Esto,TT(T))*
      zsto(S,T-1)-zsto(S,T)=E=0;
108 StorageULimit(S,T).. TT(T)*B-zsto(S,T)=G=0;
109 StorageLLimit(S,T).. zsto(S,T)-Rmin*TT(T)*B=G=0;
110 StorageCharge(S,T).. Rin*TT(T)*B-zin(S,T)=G=0;
111 StorageDischarge(S,T).. Rout*TT(T)*B-zout(S,T)=G=0;
112 NNd(S,T).. d(S,T)=G=0;
113 NNy(S,T,U).. y(S,T,U)=G=0;
114 NNzin(S,T).. zin(S,T)=G=0;
115 NNzout(S,T).. zout(S,T)=G=0;
116 NNzsto(S,T).. zsto(S,T)=G=0;

118 MODEL EDS /ALL/;

120 SOLVE EDS USING lp MINIMIZING OF;
```

参考文献

[1] A.G. Energiebilanzen e.V.: Stromerzeugung nach Energieträgern (Strommix) von 1990 bis 2019 (in TWh) Deutschland insgesamt (2019). https://ag-energiebilanzen.de/28-0-Zusatzinformationen.html.

[2] Batlle, C., Rodilla, P.: An enhanced screening curves method for considering

thermal cycling operation costs in generation expansion planning. IEEE Trans. Power Syst. 28, 3683-3691(2013).

［3］Bothwell, C., Hobbs, B.F.: Crediting wind and solar renewables in electricity capacity markets: the effects of alternative definitions upon market efficiency. Energy J. 38, 173-188 (2017).

［4］British Columbia: British Columbia's Carbon Tax (2021). https://www2.gov. bc.ca/gov/content/environment/climate-change/clean-economy/carbon-tax.

［5］Bushnell, J.: A mixed complementarity model of hydrothermal electricity competition in the western United States. Oper. Res. 51, 80-93 (2003).

［6］California Energy Commission: 2018 Total System Electric Generation (2018). https://www.energy.ca.gov/data-reports/energy-almanac/california-electricity-data/ 2018-total-systemelectric-generation.

［7］California Independent System Operator: What the Duck Curve Tells Us About Managing a Green Grid (2016). https://www.caiso.com/Documents/Flexible ResourcesHelpRenewables_FastFacts.pdf1.

［8］California Independent System Operator: Current and Forecasted Demand (2021). http://www.caiso.com/TodaysOutlook/Pages/default.aspx.

［9］Conejo, A.J., Baringo, L., Kazempour, S.J., Siddiqui, A.S.: Investment in Electricity Generation and Transmission: Decision Making under Uncertainty. Springer, Cham (2016).

［10］Crampes, C., Moreaux, M.:Water resource and power generation. Int. J. Ind. Org. 19, 975-997 (2001).

［11］Debia, S., Benatia, D., Pineau, P.-O.: Evaluating an interconnection project: Do strategic interactions matter? Energy J. 39, 99-120 (2018).

［12］Debia, S., Pineau, P.-O., Siddiqui, A.S.: Strategic use of storage: the impact of carbon policy, resource availability, and technology efficiency on a renewable-thermal power system. Energy Econ. 80, 100-122 (2019).

［13］Debia, S., Pineau, P.-O., Siddiqui, A.S.: Strategic storage use in a hydro-thermal power system with carbon constraints. Energy Econ. 98, 105261

(2021).

[14] Energy Information Administration: How Much Carbon Dioxide is Produced When Different Fuels are Burned? (2019). https://www.eia.gov/tools/faqs/faq. php?id=73&t=11.

[15] Energy Information Administration: What is the Efficiency of Different Types of Power Plants? (2019). https://www.eia.gov/tools/faqs/faq. php?id=107&t=3.

[16] Energy Information Administration: Battery Storage in the United States: An Update on Market Trends (2020). https://www.eia.gov/analysis/studies/ electricity/batterystorage/pdf/battery_storage.pdf.

[17] Energy Information Administration: Capital Cost and Performance Characteristic Estimates for Utility Scale Electric Power Generating Technologies (2020). https://www.eia.gov/analysis/. studies/powerplants/capitalcost/pdf/capital_cost_ AEO2020. pdf.

[18] Electric Power Research Institute: Assessment of Energy Storage Systems Suitable for Use by Electric Utilities. Technical Report EPRI-EM-264, Palo Alto, CA (1976).

[19] EU Emissions Trading System (2020). https://ec.europa.eu/clima/policies/ets.

[20] Fabra, N.: A primer on capacity mechanisms. Energy Econ. 75, 323-335 (2018).

[21] Godoy-González, D., Gil, E., Gutiérrez-Alcaraz, G.: Ramping ancillary service for cost-based electricity markets with high penetration of variable renewable energy. Energy Econ. 85, 104556 (2020).

[22] Hobbs, B.F.: Optimization methods for electric utility resource planning. Eur. J. Oper. Res. 83, 1-20 (1995).

[23] Hyman, L.S.: Restructuring electricity policy and financial models. Energy Econ. 32, 751-757 (2010).

[24] Joskow, P., Tirole, J.: Merchant transmission investment. J. Ind. Econ. 53, 233-264 (2005).

[25] López Prol, J., Steininger, K.W., Zilberman, D.: The cannibalization effect of

wind and solar in the California wholesale electricity market. Energy Econ. 85, 104552 (2020).

[26] Maurovich-Horvat, L., Boomsma, T.K., Siddiqui, A.S.: Transmission and wind investment in a deregulated electricity industry. IEEE Trans. Power Syst. 30, 1633-1643 (2015).

[27] Morales, J.M., Zugno, M., Pineda, S., Pinson, P.: Electricity market clearing with improved scheduling of stochastic production. Eur. J. Oper. Res. 235, 765-774 (2014).

[28] Nash, S.G., Sofer, A.: Linear and Nonlinear Programming. Springer, McGraw-Hill College, New York (1995).

[29] National Renewable Energy Laboratory: 2019 Annual Technology Baseline (2019). https://atb.nrel.gov/electricity/2019/data.html.

[30] New York Independent System Operator: 2014 Load & Capacity Data (2014). https://www.nyiso.com/documents/20142/2226467/2014-Load-Capacity-Data-Report-Gold-Book.pdf/7f 25165f-b808-34dd-269e-093fdebca735.

[31] Regional Greenhouse Gas Initiative (2020). https://www.rggi.org /.

[32] Reichenberg, L., Siddiqui, A.S., Wogrin, S.: Policy implications of downscaling the time dimension in power system planning models to represent variability in renewable output.Energy 159, 870-877 (2018).

[33] Rintamäki, T., Siddiqui, A.S., Salo, A.: How much is enough? Optimal support payments in a renewable-rich power system. Energy 117, 300-313 (2016).

[34] Rintamäki, T., Siddiqui, A.S., Salo, A.: Does renewable energy generation decrease the volatility of electricity prices? An analysis of Denmark and Germany. Energy Econ. 62, 272-282 (2017).

[35] Schill, W.-P., Kemfert, C.: Modeling strategic electricity storage: the case of pumped hydro storage in Germany. Energy J. 32, 59-87 (2011).

[36] Siddiqui, A.S., Sioshansi, R., Conejo, A.J.: Merchant storage investment in a restructured electricity industry. Energy J. 40, 129-163 (2019).

[37] Sioshansi, R.: Welfare impacts of electricity storage and the implications of

ownership structure. Energy J. 31, 173-198 (2010).

［38］ Sioshansi, R.: Emissions impacts of wind and energy storage in a market environment. Environ. Sci. Tech. 45, 10728-10735 (2011).

［39］ Sioshansi, R.: When energy storage reduces social welfare. Energy Econ. 41, 106-116 (2014).

［40］ Stoft, S.: Power System Economics: Designing Markets for Electricity. Wiley-IEEE Press, Piscataway (2002).

［41］ Tejada-Arango, D.A., Domeshek, M., Wogrin, S., Centeno, E.: Enhanced representative days and system states modeling for energy storage investment analysis. IEEE Trans. Power Syst. 33, 6534-6544 (2018).

［42］ Traber, T.: Capacity remuneration mechanisms for reliability in the integrated European electricity market: effects on welfare and distribution through 2023. Util. Policy 46, 1-14 (2017).

［43］ Ueckerdt, F., Hirth, L., Luderer, G., Edenhofer, O.: System LCOE: What are the costs of variable renewables? Energy 63, 61-75 (2013).

［44］ Varian, H.R.: Microeconomic Analysis. W.W. Norton & Company, New York (1992).

［45］ Virasjoki, V., Rocha, P., Siddiqui, A.S., Salo, A.: Market impacts of energy storage in a transmission-constrained power system. IEEE Trans. Power Syst. 31, 4108-4117 (2016).

［46］ Virasjoki, V., Siddiqui, A.S., Oliveira, F., Salo, A.: Utility-scale energy storage in an imperfectly competitive power sector. Energy Econ. 88, 104716 (2020).

［47］ von Hirschhausen, C.: The German "Energiewende": an introduction. Econ. Energy Environ. Policy 3, 1-12 (2014).

［48］ Wilson, R.B.: Architecture of power markets. Econometrica 70, 1299-1340 (2002).

［49］ Zhang, T., Baldick, R., Deetjen, T.: Optimized generation capacity expansion using a further improved screening curve method. Electr. Power Syst. Res. 124, 47-54 (2015).

第 3 章

市场出清

3.1 概述

短期电力市场包括日前市场、日内市场和实时市场[6]。例如,德克萨斯州的 ERCOT❶、美国东海岸的 PJM❷ 以及西班牙和葡萄牙的 OMIE❸ 都属于短期电力市场。长期市场或期货市场允许采用远期合约、期权和其他形式,时间跨度通常为一周至数年。本章的重点是能量市场,因此不分析备用市场、调节市场或容量市场。

日前市场[1, 11]在目标日期前一天的中午左右清算。因为所涉及的大部分资金通过日前市场转手,所以在大多数管辖区,日前市场是最重要的市场。

实时市场也称为调整市场,在实际能源交付前约一小时清算,允许生产者和消费者分别对其生产量和消费量做出最后调整。

日内市场在日前市场出清和实时市场出清之间每隔几小时清算一次,允许生产者和消费者在日前市场上分别修正其报价和出价偏差。

---

❶ http://www.ercot.com/。

❷ http://www.pjm.com/。

❸ https://www.omie.es/en/mercado-de-electricidad。

期货市场[6]允许通过远期合约、期权和其他方式做出长期安排，并使生产者和消费者能够分别对利润和支出进行风险控制。

3.2 日前市场

日前市场[1, 11]通过市场出清算法或拍卖进行清算。如果这种拍卖不涉及非凸性（例如最低产量或启动成本），那么它就会产生有意义的边际价格，从而保证市场的充足性（消费者支付的总金额高于或等于支付给生产者的总金额）和生产者的成本回收。本章将对这种拍卖进行分析。此外，非凸性的影响将在第 4 章中分析，该章专门讨论定价问题。

下文讨论了不同管辖区内日前市场出清时采用的几种拍卖形式，即

（1）单节点单时段拍卖（第 3.2.1 节）；

（2）单节点多时段拍卖（第 3.2.2 节）；

（3）网络约束单时段拍卖（第 3.2.3 节）；

（4）网络约束多时段拍卖（第 3.2.4 节）；

（5）随机拍卖（第 3.2.5 节）。

3.2.1 单节点单时段拍卖

本节分析最简单的单节点单时段拍卖。为了说明单节点单时段拍卖是如何运作的，下文以图 3.1 为例进行解释。

本例涉及 3 个生产者，其边际成本分别为 1 美元 /MWh、2 美元 /MWh 和 3 美元 /MWh，其发电容量都为 10 MW（图 3.1 左侧）。同样，本例涉及 3 个消费者，其边际效用分别为 6 美元 /MWh、5 美元 /MWh 和 4 美元 /MWh，

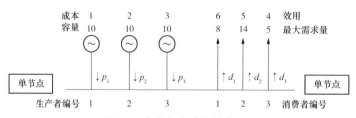

图 3.1 单节点单时段拍卖示例

最大需求功率分别为 8 MW、14 MW 和 5 MW（图 3.1 右侧）。

在这个简单例子中，单节点单时段拍卖具有以下形式：

$$\max_{\substack{d_1, d_2, d_3 \\ p_1, p_2, p_3}} z = 6 \cdot d_1 + 5 \cdot d_2 + 4 \cdot d_3 - 1 \cdot p_1 - 2 \cdot p_2 - 3 \cdot p_3 \tag{3.1a}$$

$$\text{s.t.} \qquad p_1 + p_2 + p_3 = d_1 + d_2 + d_3 : \lambda \tag{3.1b}$$

$$0 \leqslant p_1 \leqslant 10, 0 \leqslant p_2 \leqslant 10, 0 \leqslant p_3 \leqslant 10 \tag{3.1c}$$

$$0 \leqslant d_1 \leqslant 8, 0 \leqslant d_2 \leqslant 14, 0 \leqslant d_3 \leqslant 5 \tag{3.1d}$$

其中，各优化变量的定义如下：

d_1、d_2、d_3 分别是消费者 1、2、3 的消费量；p_1、p_2、p_3 分别是生产者 1、2、3 的生产量。

此外：

z 是社会福利（目标函数）；λ 是市场出清价格，为单一功率平衡约束条件的对偶变量。

目标函数式（3.1a）是求社会福利的最大值，约束条件式（3.1b）是功率平衡方程，约束条件式（3.1c）是生产量限值，约束条件式（3.1d）是消费量限值。

通过检验或利用本章第 3.7 节给出的 GAMS 代码[7]，可得出此问题的解，为：

$$\begin{cases} p_1^* = 10, p_2^* = 10, p_3^* = 7 \\ d_1^* = 8, d_2^* = 14, d_3^* = 5 \\ \lambda^* = 3 \\ z^* = 87 \end{cases}$$

图 3.2 给出了解的示意图。图中上部的分段常数下降曲线（需求曲线）对应消费者，下部的分段常数增长曲线（供应曲线）对应生产者。所有需求都得到供应，因此 $d^* = 27$。出清价格为 $\lambda^* = 3$。

如果消费者 3 的边际效用从 4 美元 /MWh 降至 2.5 美元 /MWh，那么市场出清的解为：

$$\begin{cases} p_1^* = 10, p_2^* = 10, p_3^* = 2 \\ d_1^* = 8, d_2^* = 14, d_3^* = 0 \\ \lambda^* = 3 \\ z^* = 82 \end{cases}$$

图 3.3 显示了第二种情况的解。可以注意到只有消费者 1 和 2 的需求得到供应，而消费者 3 的需求没有得到供应。需求总量为 $d^* = 22$，出清价

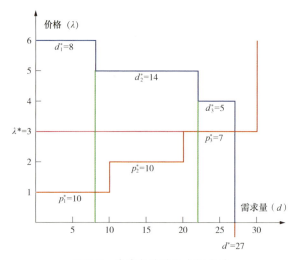

图 3.2　单节点单时段市场出清

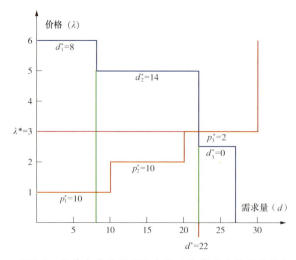

图 3.3　单节点单时段市场出清（消费者 3 效用降低）

格为 $\lambda^* = 3$。

单节点单时段拍卖的一般公式为：

$$\max_{d_i, \forall i; p_j, \forall j} z = \sum_{i \in \Omega^C} b_i \cdot d_i - \sum_{j \in \Omega^P} o_j \cdot p_j \qquad (3.2a)$$

$$\text{s.t.} \qquad \sum_{j \in \Omega^P} p_j = \sum_{i \in \Omega^C} d_i : \lambda \qquad (3.2b)$$

$$0 \leqslant d_i \leqslant d_i^{\max}, \forall i \in \Omega^C \qquad (3.2c)$$

$$0 \leqslant p_j \leqslant p_j^{\max}, \forall j \in \Omega^P \qquad (3.2d)$$

其中，各优化变量的定义如下：

d_i 是消费者 i 的消费量，功率单位为 MW；p_j 是生产者 j 的生产量，功率单位为 MW；z 是社会福利，单位为美元；λ 是出清价格，能量单位为美元 /MWh。

各常数的定义如下：

b_i 是消费者 i 的出价（边际效用），能量单位为美元 /MWh；o_j 为生产者 j 的报价（边际成本），能量单位为美元 /MWh；$d_i^{\max}$ 是消费者 i 的最大需求量，功率单位为 MW；$p_j^{\max}$ 是生产者 j 的最大生产量，功率单位为 MW。Ω^C 和 Ω^P 分别为消费者和生产者的角标集合。

目标函数式（3.2a）是求社会福利的最大值，约束条件式（3.2b）为功率平衡方程，约束条件式（3.2c）和式（3.2d）分别为消费量限值和生产量限值。

3.2.2　单节点多时段拍卖

本小节将第 3.2.1 节中的简单例子由一个时段扩展到两个时段。如图 3.4 所示，图中提供了两个时段内消费者的最大需求量和效用（图 3.4 右

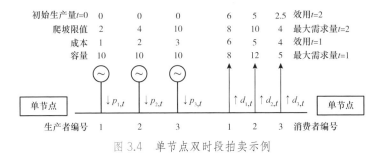

图 3.4　单节点双时段拍卖示例

侧）。此外，图中还显示了生产者的初始生产量和爬坡限值（图 3.4 左侧）。

在单节点双时段例子中，拍卖具有以下形式：

$$\max_{\substack{d_{1,1},d_{2,1},d_{3,1} \\ d_{1,2},d_{2,2},d_{3,2} \\ p_{1,1},p_{2,1},p_{3,1} \\ p_{1,2},p_{2,2},p_{3,2}}} z = 6 \cdot d_{1,1} + 5 \cdot d_{2,1} + 4 \cdot d_{3,1} - 1 \cdot p_{1,1} - 2 \cdot p_{2,1} - 3 \cdot p_{3,1}$$
$$+ 6 \cdot d_{1,2} + 5 \cdot d_{2,2} + 2.5 \cdot d_{3,2} - 1 \cdot p_{1,2} - 2 \cdot p_{2,2} - 3 \cdot p_{3,2} \tag{3.3a}$$

$$\text{s.t. } p_{1,1} + p_{2,1} + p_{3,1} = d_{1,1} + d_{2,1} + d_{3,1} : \lambda_1 \tag{3.3b}$$

$$p_{1,2} + p_{2,2} + p_{3,2} = d_{1,2} + d_{2,2} + d_{3,2} : \lambda_2 \tag{3.3c}$$

$$0 \leqslant p_{1,1} \leqslant 10, 0 \leqslant p_{2,1} \leqslant 10, 0 \leqslant p_{3,1} \leqslant 10 \tag{3.3d}$$

$$0 \leqslant p_{1,2} \leqslant 10, 0 \leqslant p_{2,2} \leqslant 10, 0 \leqslant p_{3,2} \leqslant 10 \tag{3.3e}$$

$$p_{1,1} - p_{1,0} \leqslant 2, p_{1,2} - p_{1,1} \leqslant 2 \tag{3.3f}$$

$$p_{2,1} - p_{2,0} \leqslant 4, p_{2,2} - p_{2,1} \leqslant 4 \tag{3.3g}$$

$$p_{3,1} - p_{3,0} \leqslant 10, p_{3,2} - p_{3,1} \leqslant 10 \tag{3.3h}$$

$$p_{1,0} - p_{1,1} \leqslant 2, p_{1,1} - p_{1,2} \leqslant 2 \tag{3.3i}$$

$$p_{2,0} - p_{2,1} \leqslant 4, p_{2,1} - p_{2,2} \leqslant 4 \tag{3.3j}$$

$$p_{3,0} - p_{3,1} \leqslant 10, p_{3,1} - p_{3,2} \leqslant 10 \tag{3.3k}$$

$$0 \leqslant d_{1,1} \leqslant 8, 0 \leqslant d_{2,1} \leqslant 12, 0 \leqslant d_{3,1} \leqslant 5 \tag{3.3l}$$

$$0 \leqslant d_{1,2} \leqslant 8, 0 \leqslant d_{2,2} \leqslant 10, 0 \leqslant d_{3,2} \leqslant 4 \tag{3.3m}$$

其中，各优化变量的定义如下：$d_{1,1}$、$d_{2,1}$、$d_{3,1}$ 分别是消费者 1、2、3 在时段 1 的消费量；$d_{1,2}$、$d_{2,2}$、$d_{3,2}$ 分别是消费者 1、2、3 在时段 2 的消费量；$p_{1,1}$、$p_{2,1}$、$p_{3,1}$ 分别是生产者 1、2、3 在时段 1 的生产量；$p_{1,2}$、$p_{2,2}$、$p_{3,2}$ 分别是生产者 1、2、3 在时段 2 的生产量。

此外：

z 是社会福利（目标函数）；λ_1 和 λ_2 分别是时段 1 和时段 2 的市场出清价格（均衡约束条件的对偶变量）。

目标函数式（3.3a）是求社会福利的最大值，约束条件式（3.3b）和式（3.3c）分别是时段 1 和时段 2 的功率平衡方程，约束条件式（3.3d）和式（3.3e）分别是时段 1 和时段 2 的生产量限值。

约束条件式（3.3f）、式（3.3g）和式（3.3h）分别是生产者 1、2、3

的上爬坡限值（从初始状态到时段 1 以及从时段 1 到时段 2），约束条件式（3.3i）、式（3.3j）和式（3.3k）分别是生产者 1、2、3 的下爬坡限值（从初始状态到时段 1 以及从时段 1 到时段 2），约束条件式（3.3l）和式（3.3m）分别是时段 1 和时段 2 的消费量限值。

通过检验或利用本章 3.7 节 GAMS 代码[7]，可得出此问题的解，为：

$$
\begin{cases}
p_{1,1}^* = 2, p_{2,1}^* = 4, p_{3,1}^* = 10, \\
d_{1,1}^* = 8, d_{2,1}^* = 8, d_{3,1}^* = 0, \\
p_{1,2}^* = 4, p_{2,2}^* = 8, p_{3,2}^* = 6, \\
d_{1,2}^* = 8, d_{2,2}^* = 10, d_{3,2}^* = 0, \\
\lambda_1^* = 5, \lambda_2^* = 3, \\
z^* = 108
\end{cases}
$$

图 3.5（时段 1）和图 3.6（时段 2）显示了以上解。一方面，在时段 1，需求 1 完全得到供应，需求 2 最多得到 8 MW 的供应，而需求 3 则完全没有得到供应。这种有限的能源供应是由有效爬坡限值造成的。出清价格为 $\lambda_1^* = 5$ 美元 /MWh。另一方面，在时段 2，需求 1 和需求 2 得到充分供应，但需求 3 没有得到供应。爬坡限值在时段 2 仍然有效，但能源供应水平不受爬坡限值的影响。出清价格为 $\lambda_1^* = 3$ 美元 /MWh。

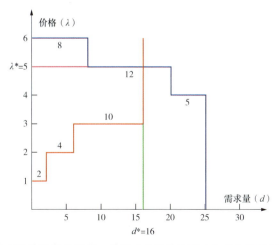

图 3.5　单节点双时段市场出清：时段 1（区块下方 / 上方的数值表示区块大小）

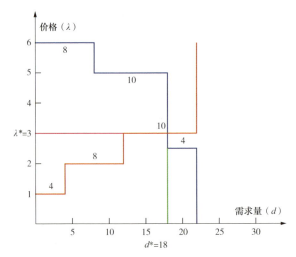

图 3.6　单节点两时段市场出清：时段 2（区块下方 / 上方的数值表示区块大小）

单节点多时段拍卖的一般形式为：

$$\max_{d_{i,t},\,p_{j,t},\,\forall j,\forall t} z = \sum_{t\in\mathcal{T}}\left(\sum_{i\in\Omega^{\mathrm{C}}}b_{i,t}\cdot d_{i,t}-\sum_{j\in\Omega^{\mathrm{P}}}o_{j,t}\cdot p_{j,t}\right) \qquad (3.4\mathrm{a})$$

$$\text{s.t.}\quad \sum_{i\in\Omega^{\mathrm{C}}}d_{i,t}=\sum_{j\in\Omega^{\mathrm{P}}}p_{j,t}:\lambda_t,\forall t \qquad (3.4\mathrm{b})$$

$$0\leqslant d_{i,t}\leqslant d_{i,t}^{\max},\forall i\forall t \qquad (3.4\mathrm{c})$$

$$0\leqslant p_{j,t}\leqslant p_{j}^{\max},\forall j\forall t \qquad (3.4\mathrm{d})$$

$$0\leqslant p_{j,t}-p_{j,t-1}\leqslant p_{j}^{\mathrm{U,max}},\forall j\forall t \qquad (3.4\mathrm{e})$$

$$0\leqslant p_{j,t-1}-p_{j,t}\leqslant p_{j}^{\mathrm{D,max}},\forall j\forall t \qquad (3.4\mathrm{f})$$

其中，各优化变量的定义如下：

$d_{i,t}$ 是消费者 i 在时段 t 的消费量，功率单位为 MW；$p_{j,t}$ 是生产者 j 在时段 t 的生产量，功率单位为 MW；z 是社会福利，单位为美元；λ_t 是时段 t 的出清价格（区位边际价格），能量单位为美元 /MWh。

各常数的定义如下：

$b_{i,t}$ 是消费者 i 在时段 t 的出价（边际效用），能量单位为美元 /MWh；$o_{j,t}$ 是生产者 j 在时段 t 的报价（边际成本），能量单位为美元 /MWh；$d_{i,t}^{\max}$ 是消费者 i 在时段 t 的最大需求量，功率单位为 MW；$p_{j}^{\max}$ 是生产者 j 的最大生产量，功率单位为 MW；$p_j^{\mathrm{U,max}}$是生产者 j 的上爬坡限值，功率单位为 MW/h；$p_j^{\mathrm{D,max}}$是生产者 j 的下爬坡限值，功率单位为 MW/h；p_j^0为生产者 j 在规划期开始时的实际生产量，功率单位为 MW。

此外，Ω^{C} 和 Ω^{P} 分别为消费者和生产者的角标集合。

目标函数式（3.4a）是求社会福利的最大值，约束条件式（3.4b）是功率平衡方程，约束条件式（3.4c）和式（3.4d）分别是消费量限值和生产量限值，约束条件式（3.4e）和式（3.4f）分别是生产者的上爬坡限值和下爬坡限值。

3.2.3　网络约束单时段拍卖

为了说明网络约束单时段拍卖，本小节采用图 3.7 所示的简单例子。图中标注了每个生产者的边际成本和生产量、每个消费者的最大需求量和边际效用、每条线路的对应功率流。

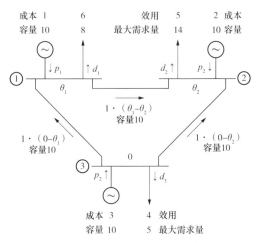

图 3.7　网络约束单时段拍卖

为简单起见，假设每条线路的电纳（特性常数）为 1，本例中网络约束单时段拍卖的形式为：

$$\max_{\substack{d_1,d_2,d_3 \\ p_1,p_2,p_3 \\ \theta_1,\theta_2}} \quad z = 6\cdot d_1 + 5\cdot d_2 + 4\cdot d_3 - 1\cdot p_1 - 2\cdot p_2 - 3\cdot p_3 \tag{3.5a}$$

$$\text{s.t.} \quad d_1 - p_1 = \left(0-\theta_1\right)+\left(\theta_2-\theta_1\right):\lambda_1 \tag{3.5b}$$

$$d_2 - p_2 = (\theta_1 - \theta_2) + (0 - \theta_2) : \lambda_2 \qquad (3.5c)$$

$$d_3 - p_3 = (\theta_1 - 0) + (\theta_2 - 0) : \lambda_3 \qquad (3.5d)$$

$$0 \leqslant p_1 \leqslant 10, 0 \leqslant p_2 \leqslant 10, 0 \leqslant p_3 \leqslant 10 \qquad (3.5e)$$

$$0 \leqslant d_1 \leqslant 8, 0 \leqslant d_2 \leqslant 14, 0 \leqslant d_3 \leqslant 5 \qquad (3.5f)$$

$$-10 \leqslant (\theta_1 - \theta_2) \leqslant 10 \qquad (3.5g)$$

$$-10 \leqslant (\theta_1 - 0) \leqslant 10 \qquad (3.5h)$$

$$-10 \leqslant (\theta_2 - 0) \leqslant 10 \qquad (3.5i)$$

其中，各优化变量的定义如下：

d_1、d_2、d_3 分别是消费者 1、2、3 的消费量；p_1、p_2、p_3 分别是生产者 1、2、3 的生产量；θ_1、θ_2 分别是节点 1 和节点 2 的相角（状态变量）[4]。

注意节点 3 作为参考节点，其相角固定为 0。此外：

z 是社会福利（目标函数）；λ_1、λ_2、λ_3 分别是节点 1、2、3 的市场出清价格（或节点边际电价）。

目标函数式（3.5a）是求社会福利的最大值，约束条件式（3.5b）、式（3.5c）和式（3.5d）分别为节点 1、2、3 的节点功率平衡方程[4]，约束条件式（3.5e）为生产量限值，约束条件式（3.5f）为消费量限值，约束条件式（3.5g）、式（3.5h）和式（3.5i）分别为线路 1-2、1-3、2-3 的输电容量限值。

利用第 3.7 节给出的 GAMS 代码[7]，可得出此问题的解，为：

$$\begin{cases} p_1^* = 10, p_2^* = 10, p_3^* = 7, \\ d_1^* = 8, d_2^* = 14, d_3^* = 5, \\ \theta_1^* = 0, \theta_2^* = -2, \\ \lambda_1^* = 3, \lambda_2^* = 3, \lambda_3^* = 3, \\ z^* = 87 \end{cases}$$

得到的解与第 3.2.1 节相同，这是因为当所有输电线路均不阻塞（每条输电线路的容量为 10 MW）时，求解过程与输电系统无关。事实上，电能的传输并未使用输电线路 1-3，只使用了输电线路 1-2 和 2-3。

如果报价最低生产者（生产者 1）的发电量从 10 MW 增加到 12 MW，则相应的解为：

$$
\begin{cases}
p_1^* = 12, p_2^* = 10, p_3^* = 5, \\
d_1^* = 8, d_2^* = 14, d_3^* = 5, \\
\theta_1^* = 1.333, \theta_2^* = -1.333, \\
\lambda_1^* = 3, \lambda_2^* = 3, \lambda_3^* = 3, \\
z^* = 91
\end{cases}
$$

在这种情况下，会使用所有输电线路。线路 1–2、1–3 和 3–2 的输电容量分别为 2.667 MW、1.333 MW 和 1.333 MW。由于没有线路阻塞，节点边际电价全部相等，得到 $\lambda_1^* = \lambda_2^* = \lambda_3^* = 3$。由于报价最低生产者的产能增加，社会福利也随之增加。

除了将报价最低生产者的产能从 10MW 提高到 12 MW 之外，若将输电线路 1–2 和 2–3 的输电容量从 10 MW 降低到 1 MW，则相应的解为：

$$
\begin{cases}
p_1^* = 11, p_2^* = 10, p_3^* = 2, \\
d_1^* = 8, d_2^* = 10, d_3^* = 5, \\
\theta_1^* = 2, \theta_2^* = 1, \\
\lambda_1^* = 1, \lambda_2^* = 5, \lambda_3^* = 3, \\
z^* = 81
\end{cases}
$$

在这种情况下，输电线路 1–2 和 2–3 出现阻塞。线路 1–2、1–3 和 2–3 的输电容量分别为 1 MW、2 MW 和 1 MW。由于部分线路阻塞，节点边际电价不同，得到 $\lambda_1^* = 1$、$\lambda_2^* = 5$、$\lambda_3^* = 3$。由于线路 1–2 和 1–3 的输电容量减少，社会福利也随之减少。

下文提供了网络约束拍卖的一般公式形式。为简单起见，节点、生产者和消费者采用了统一的角标，即每个节点最多有一个生产者和／或一个消费者。

$$
\max_{d_i, p_i, \theta_i, \forall i} \quad z = \sum_{i \in \Omega} b_i \cdot d_i - \sum_{i \in \Omega} o_i \cdot p_i \tag{3.6a}
$$

$$
\text{s.t.} \quad p_i - d_i = \sum_{j \in \Omega_i} B_{i,j} \cdot \left(\theta_i - \theta_j \right) : \lambda_i, \forall i \tag{3.6b}
$$

$$
0 \leqslant d_i \leqslant d_i^{\max}, \forall i \in \Omega \tag{3.6c}
$$

$$
0 \leqslant p_i \leqslant p_i^{\max}, \forall i \in \Omega \tag{3.6d}
$$

$$
B_{i,j} \left(\theta_i - \theta_j \right) \leqslant p_{i,j}^{\max}, \forall i, \forall j \in \Omega_i \tag{3.6e}
$$

其中，各优化变量的定义如下：

d_i 是消费者 i 的消费量，功率单位为 MW；p_i 是生产者 i 的生产量，功率单位为 MW；θ_i 是节点 i 的角度（状态变量），单位为弧度；z 是社会福利，单位为美元；λ_i 是节点 i 的出清（区位边际）价格，能量单位为美元 /MWh。

各常数的定义如下：

b_i 是消费者 i 的出价（边际效用），能量单位为美元 /MWh；o_i 是生产者 i 的报价（边际成本），能量单位为美元 /MWh；$B_{i,j}$ 是线路 ij 单位长度的电纳；d_i^{max} 是消费者 i 的最大需求量，功率单位为 MW；p_i^{max} 是生产者 i 的生产量，功率单位为 MW；$p_{i,j}^{max}$ 是线路 i–j 的输电容量，功率单位为 MW。

此外，Ω 是所有节点 / 生产者 / 消费者的角标集合，Ω_i 是与节点 i 直接相连的各节点的角标集合。

目标函数式（3.6a）是求社会福利的最大值，约束条件式（3.6b）是功率平衡方程，约束条件式（3.6c）、式（3.6d）和式（3.6e）分别是消费量、生产量和输电容量的限值。

3.2.4 网络约束多时段拍卖

本小节将第 3.2.3 节中的网络约束单时段拍卖扩展为双时段拍卖。这种网络约束双时段拍卖的形式是：

$$\max_{\substack{d_{1,1},d_{2,1},d_{3,1}\\ d_{1,2},d_{2,2},d_{3,2}\\ p_{1,1},p_{2,1},p_{3,1}\\ p_{1,2},p_{2,2},p_{3,2}\\ \theta_{1,1},\theta_{2,1},\theta_{1,2},\theta_{2,2}}} z = 6 \cdot d_{1,1} + 5 \cdot d_{2,1} + 4 \cdot d_{3,1} - 1 \cdot p_{1,1} - 2 \cdot p_{2,1} - 3 \cdot p_{3,1}$$

$$+ 6 \cdot d_{1,2} + 5 \cdot d_{2,2} + 2.5 \cdot d_{3,2} - 1 \cdot p_{1,2} - 2 \cdot p_{2,2} - 3 \cdot p_{3,2} \tag{3.7a}$$

$$\text{s.t.} \quad d_{1,1} - p_{1,1} = \left(0 - \theta_{1,1}\right) + \left(\theta_{2,1} - \theta_{1,1}\right) : \lambda_{1,1} \tag{3.7b}$$

$$d_{2,1} - p_{2,1} = \left(\theta_{1,1} - \theta_{2,1}\right) + \left(0 - \theta_{2,1}\right) : \lambda_{2,1} \tag{3.7c}$$

$$d_{3,1} - p_{3,1} = \left(\theta_{1,1} - 0\right) + \left(\theta_{2,1} - 0\right) : \lambda_{3,1} \tag{3.7d}$$

$$0 \leqslant p_{1,1} \leqslant 10, 0 \leqslant p_{2,1} \leqslant 10, 0 \leqslant p_{3,1} \leqslant 10 \tag{3.7e}$$

$$0 \leqslant d_{1,1} \leqslant 8, 0 \leqslant d_{2,1} \leqslant 12, 0 \leqslant d_{3,1} \leqslant 5 \tag{3.7f}$$

$$-10 \leqslant \left(\theta_{1,1} - \theta_{2,1}\right) \leqslant 10 \tag{3.7g}$$

$$-10 \leqslant \left(\theta_{1,1} - 0\right) \leqslant 10 \tag{3.7h}$$

$$-10 \leqslant \left(\theta_{2,1} - 0\right) \leqslant 10 \tag{3.7i}$$

$$d_{1,2} - p_{1,2} = \left(0 - \theta_{1,2}\right) + \left(\theta_{2,2} - \theta_{1,2}\right) : \lambda_{1,2} \qquad (3.7\mathrm{j})$$

$$d_{2,2} - p_{2,2} = \left(\theta_{1,2} - \theta_{2,2}\right) + \left(0 - \theta_{2,2}\right) : \lambda_{2,2} \qquad (3.7\mathrm{k})$$

$$d_{3,2} - p_{3,2} = \left(\theta_{1,2} - 0\right) + \left(\theta_{2,2} - 0\right) : \lambda_{3,2} \qquad (3.7\mathrm{l})$$

$$0 \leqslant p_{1,2} \leqslant 10, 0 \leqslant p_{2,2} \leqslant 10, 0 \leqslant p_{3,2} \leqslant 10 \qquad (3.7\mathrm{m})$$

$$0 \leqslant d_{1,2} \leqslant 8, 0 \leqslant d_{2,2} \leqslant 10, 0 \leqslant d_{3,2} \leqslant 4 \qquad (3.7\mathrm{n})$$

$$-10 \leqslant \left(\theta_{1,2} - \theta_{2,2}\right) \leqslant 10 \qquad (3.7\mathrm{o})$$

$$-10 \leqslant \left(\theta_{1,2} - 0\right) \leqslant 10 \qquad (3.7\mathrm{p})$$

$$-10 \leqslant \left(\theta_{2,2} - 0\right) \leqslant 10 \qquad (3.7\mathrm{q})$$

$$p_{1,1} - p_{1,0} \leqslant 2, p_{1,2} - p_{1,1} \leqslant 2 \qquad (3.7\mathrm{r})$$

$$p_{2,1} - p_{2,0} \leqslant 4, p_{2,2} - p_{2,1} \leqslant 4 \qquad (3.7\mathrm{s})$$

$$p_{3,1} - p_{3,0} \leqslant 10, p_{3,2} - p_{3,1} \leqslant 10 \qquad (3.7\mathrm{t})$$

$$p_{1,0} - p_{1,1} \leqslant 2, p_{1,1} - p_{1,2} \leqslant 2 \qquad (3.7\mathrm{u})$$

$$p_{2,0} - p_{2,1} \leqslant 4, p_{2,1} - p_{2,2} \leqslant 4 \qquad (3.7\mathrm{v})$$

$$p_{3,0} - p_{3,1} \leqslant 10, p_{3,1} - p_{3,2} \leqslant 10 \qquad (3.7\mathrm{w})$$

其中，各优化变量的定义如下：

$d_{1,1}$、$d_{2,1}$、$d_{3,1}$ 分别是消费者 1、2、3 在时段 1 的消费量；$d_{1,2}$、$d_{2,2}$、$d_{3,2}$ 分别是消费者 1、2、3 在时段 2 的消费量；$p_{1,1}$、$p_{2,1}$、$p_{3,1}$ 分别是生产者 1、2、3 在时段 1 的生产量；$p_{1,2}$、$p_{2,2}$、$p_{3,2}$ 分别是生产者 1、2、3 在时段 2 的生产量；$\theta_{1,1}$、$\theta_{2,1}$ 分别是节点 1 和节点 2 在时段 1 的角度（状态变量）；$\theta_{1,2}$、$\theta_{2,2}$ 分别是节点 1 和节点 2 在时段 2 的角度。

此外：

z 是社会福利（目标函数）；$\lambda_{1,1}$、$\lambda_{2,1}$、$\lambda_{3,1}$ 分别是节点 1、2、3 在时段 1 的市场出清价格（平衡方程的对偶变量）；$\lambda_{1,2}$、$\lambda_{2,2}$、$\lambda_{3,2}$ 分别是节点 1、2、3 在时段 2 的市场出清价格（平衡方程的对偶变量）。

目标函数式（3.7a）是求社会福利的最大值。

约束条件式（3.7b）、式（3.7c）和式（3.7d）分别是节点 1、2、3 在时段 1 的功率平衡方程；约束条件式（3.7e）是时段 1 的生产量限值；约束条件式（3.7f）是时段 1 的消费量限值；约束条件式（3.7g）、式（3.7h）和式（3.7i）分别是线路 1–2、1–3 和 2–3 在时段 1 的输电容量限值。

约束条件式（3.7j）、式（3.7k）和式（3.7l）分别是节点 1、2、3 在时段 2 的功率平衡方程；约束条件式（3.7m）是时段 2 的生产量限值；约束条件式（3.7n）是时段 2 的消费量限值；约束条件式（3.7o）、式（3.7p）和式（3.7q）分别是线路 1-2、1-3 和 2-3 在时段 2 的输电容量限值。

约束条件式（3.7r）、式（3.7s）和式（3.7t）分别是生产者 1、2、3 的上爬坡限值（从初始状态到时段 1 以及从时段 1 到时段 2）；约束条件式（3.7u）、式（3.7v）和式（3.7w）分别是生产者 1、2、3 的下爬坡限值（从初始状态到时段 1 以及从时段 1 到时段 2）。

利用 GAMS 代码[7]，可得出此问题的解，为：

$$\begin{cases} p_{1,1}^* = 2, p_{2,1}^* = 4, p_{3,1}^* = 10, \\ d_{1,1}^* = 8, d_{2,1}^* = 8, d_{3,1}^* = 0, \\ p_{1,2}^* = 4, p_{2,2}^* = 8, p_{3,2}^* = 6, \\ d_{1,2}^* = 8, d_{2,2}^* = 10, d_{3,2}^* = 0, \\ \lambda_{1,1}^* = 5, \lambda_{2,1}^* = 5, \lambda_{3,1}^* = 5, \\ \lambda_{1,2}^* = 3, \lambda_{2,2}^* = 3, \lambda_{3,2}^* = 3, \\ z^* = 108 \end{cases}$$

得到的解与第 3.2.2 节（单节点多时段拍卖）相同，因为没有线路阻塞（每条线路的输电容量为 10 MW）。

如果线路 1-2 和 2-3 的输电容量都设为 1 MW，那么相应的解为：

$$\begin{cases} p_{1,1}^* = 2, p_{2,1}^* = 4, p_{3,1}^* = 8, \\ d_{1,1}^* = 5, d_{2,1}^* = 5, d_{3,1}^* = 5, \\ p_{1,2}^* = 4, p_{2,2}^* = 8, p_{3,2}^* = 3, \\ d_{1,2}^* = 7, d_{2,2}^* = 8, d_{3,2}^* = 0, \\ \lambda_{1,1}^* = 6, \lambda_{2,1}^* = 5, \lambda_{3,1}^* = 3, \\ \lambda_{1,2}^* = 6, \lambda_{2,2}^* = 5, \lambda_{3,2}^* = 3, \\ z^* = 89 \end{cases}$$

在这种情况下，线路 1-2 和 2-3 在两个时段均会出现阻塞，每个节点的出清价格也不同。

下文提供了网络约束多时段拍卖的一般公式。为简单起见，节点、生产者和消费者均使用统一的角标 i，这意味着每个节点只考虑一个生产者和 / 或一个消费者。

$$\max_{d_{i,t}, p_{i,t}, \theta_{i,t}, \forall i, \forall t} z = \sum_{t \in T} \left(\sum_{i \in \Omega} b_{i,t} \cdot d_{i,t} - \sum_{i \in \Omega} o_{i,t} \cdot p_{i,t} \right) \tag{3.8a}$$

$$\text{s.t.} \quad p_{i,t} - d_{i,t} = \sum_{j \in \Omega_i} B_{i,j} \cdot (\theta_{i,t} - \theta_{j,t}) : \lambda_{i,t}, \forall i \forall t \tag{3.8b}$$

$$0 \leqslant d_{i,t} \leqslant d_{i,t}^{\max}, \forall i \forall t \tag{3.8c}$$

$$0 \leqslant p_{i,t} \leqslant p_i^{\max}, \forall i \forall t \tag{3.8d}$$

$$0 \leqslant p_{i,t} - p_{i,t-1} \leqslant p_i^{\mathrm{U,max}}, \forall i \forall t \tag{3.8e}$$

$$0 \leqslant p_{i,t-1} - p_{i,t} \leqslant p_i^{\mathrm{D,max}}, \forall i \forall t \tag{3.8f}$$

$$B_{i,j}(\theta_i - \theta_j) \leqslant p_{i,j}^{\max}, \forall i, \forall j \in \Omega_i \tag{3.8g}$$

其中，各优化变量的定义如下：

$d_{i,t}$ 是消费者 i 在时段 t 的消费量，功率单位为 MW；$p_{i,t}$ 是生产者 i 在时段 t 的生产量，功率单位为 MW；$\theta_{i,t}$ 是节点 i 在时段 t 的角度（状态变量），单位为弧度；z 是社会福利，单位为美元；$\lambda_{i,t}$ 是节点 i 和时间段 t 的出清（区位边际）价格，能量单位为美元 /MWh。

各常数的定义如下：

$b_{i,t}$ 是消费者 i 在时段 t 的出价（边际效用），能量单位为美元 /MWh；$o_{i,t}$ 是生产者 i 在时段 t 的报价（边际成本），能量单位为美元 /MWh；$d_{i,t}^{\max}$ 是消费者 i 在时段 t 的最大需求量，功率单位为 MW；$p_i^{\max}$ 是生产者 i 的生产量，功率单位为 MW；$p_i^{\mathrm{U,max}}$ 是生产者 i 的上爬坡限值，功率单位为 MW/ 小时；$p_i^{\mathrm{D,max}}$ 是生产者 i 的下爬坡限值，功率单位为 MW/ 小时；p_i^0 是生产者 i 在规划期开始时的实际生产量，功率单位为 MW；$B_{i,j}$ 是线路 ij 单位长度的电纳；$p_{i,j}^{\max}$ 是线路 $i-j$ 的输电容量，功率单位为 MW。

此外，Ω 是所有节点 / 生产者 / 消费者的角标集合，Ω_i 是与节点 i 相连的各节点的角标集合。

目标函数式（3.8a）是求社会福利的最大值；约束条件式（3.8b）为功率平衡方程；约束条件式（3.8c）和式（3.8d）分别为消费量限值和生产量限值；约束条件式（3.8e）和式（3.8f）分别为生产者的上爬坡限值和下爬坡限值；约束条件式（3.8g）为输电容量限值。

3.2.5　随机拍卖

随机拍卖 [2, 9, 10] 适用于供应和 / 或需求极为不确定的电力系统。例如，高比例风电、光伏电力系统，这些发电形式对天气依赖性较高的发电系统。

第 4 章是关于定价的章节，第 4.5 节中详细探讨了随机拍卖。

3.3   日内市场

日内市场与日前市场类似，但时间跨度较短。日内市场在"d"日和"$d+1$"日的日前市场出清之间完成清算。每个日内市场的时间尺度通常跨越自身清算日与"$d+1$"日的日前市场出清之间的几个小时。

日前市场的各种拍卖形式可直接用于日内市场。

3.4   期货市场

期货市场通过签订长期合约来管理风险[3, 5, 8, 12]。

期货市场产品包括远期合约、期权和其他产品。下文简要介绍远期合约和期权。

远期合约允许生产者在未来某一特定时期内，以给定价格出售电力。这种约定使生产者免受短期市场（如日前市场、日内市场和实时市场）价格波动的影响。如果远期合约有效期内的短期平均价格高于合约价格，那么生产者不签订合约的情况会更好。反之，如果该短期平均价格低于合约价格，那么生产者签订合约后的情况会更好。关于远期合约的类似推论，也适用于消费者。

期权赋予生产者自由裁量权，可利用跨越未来一段时间的远期合约。可以在签署期权和履行相应远期合约之间的某个时间点，决定是否履行远期合约。期权允许生产者推迟做出是否签署远期合约的决定，但需要支付一定的费用。延迟做出决定，可以减少生产者面临的不确定性，使其能够做出更好的决定。关于期权的类似推论，同样适用于消费者。

3.5   总结

本章通过引导法介绍了各种电力市场拍卖，即电力市场的出清算法。

本章重点介绍了注重交易量和货币兑换的日前市场，并介绍了：

（1）单节点单时段拍卖；

（2）单节点多时段拍卖；

（3）网络约束单时段拍卖；

（4）网络约束多时段拍卖。

第 4 章分析了随机拍卖和非凸性（如启动成本和最低生产量）对拍卖的影响，尤其是是价格。

3.6　章末练习

3.1　扩展第 3.2.1 节中的示例，思考 4 个生产者（和 3 个消费者）的情况。

3.2　扩展第 3.2.1 节中的示例，思考每个生产者有 2 个报价区且每个消费者有 2 个出价区的情况。

3.3　简化第 3.2.1 节中的示例，思考所有消费者都是无弹性消费者［即消费者的边际效用极大（无穷大）］的情况。

3.4　扩展第 3.2.2 节中的示例，思考 3 个时段的情况。

3.5　简化第 3.2.2 节中的示例，思考所有消费者都是无弹性消费者［即消费者的边际效用极大（无穷大）］的情况。

3.6　扩展第 3.2.3 节中的示例，思考 4 个节点的情况。分析线路阻塞情况。

3.7　扩展第 3.2.3 节中的示例，思考每个节点的未清算电量。

3.8　扩展第 3.2.4 节中的示例，思考 4 个节点和 3 个时段的情况。

3.7　GAMS 代码

用于求解第 3.2.1 节中单节点单时段拍卖问题的 GAMS[7] 输入代码为：

```
1 variable   z
2 positive   variables d1,d2,d3,p1,p2,p3;
3 equations  of,be,db1,db2,db3,pb1,pb2,pb3;
4 of..   z =e= 6*d1+5*d2+4*d3-1*p1-2*p2-3*p3;
5 be..   d1+d2+d3-p1-p2-p3 =e= 0;
```

```
 6 db1.. d1 =l=  8;
 7 db2.. d2 =l= 14;
 8 db3.. d3 =l=  5;
 9 pb1.. p1 =l= 10;
10 pb2.. p2 =l= 10;
11 pb3.. p3 =l= 10;
12 model snsp_auction /all/;
13 solve snsp_auction using lp maximizing z;
14 display z.l,d1.l,d2.l,d3.l,p1.l,p2.l,p3.l,be.m;
```

请注意，该 GAMS 代码[7]与式（3.1）的数学表达式一致。

相应的 GAMS[7]输出结果为：

```
1 ----     14 VARIABLE z.L        =         87.000
2            VARIABLE d1.L        =          8.000
3            VARIABLE d2.L        =         14.000
4            VARIABLE d3.L        =          5.000
5            VARIABLE p1.L        =         10.000
6            VARIABLE p2.L        =         10.000
7            VARIABLE p3.L        =          7.000
8            EQUATION be.M        =          3.000
```

用于求解第 3.2.3 节中网络约束单时段拍卖问题的 GAMS[7]输入代码为：

```
 1 variable z;
 2 positive variables d1,d2,d3;
 3 positive variables p1,p2,p3;
 4 free variables theta1,theta2;
 5 *
 6 parameters c1   /01/, c2   /02/, c3   /03/;
 7 parameters u1   /06/, u2   /05/, u3   /04/;
 8 parameters p1up /12/, p2up /10/, p3up /10/;
 9 parameters d1up /08/, d2up /14/, d3up /05/;
10 *
11 parameters t12up /1/, t13up /10/, t23up /1/;
12 *
13 p1.up = p1up; p2.up = p2up; p3.up = p3up;
14 d1.up = d1up; d2.up = d2up; d3.up = d3up;
15 *
16 equations of,ba1,ba2,ba3;
17 equations bt12,bt21,bt13,bt31,bt23,bt32;
18 *
```

```
19 of..   z=e=u1*d1+u2*d2+u3*d3-c1*p1-c2*p2-c3*p3;
20 ba1..   d1-p1=e=(0-theta1)+(theta2-theta1);
21 ba2..   d2-p2=e=(theta1-theta2)+(0-theta2);
22 ba3..   d3-p3=e=(theta1-0)+(theta2-0);
23 *
24 bt12..  (theta1-theta2)=l=t12up;
25 bt21..  (theta2-theta1)=l=t12up;
26 bt13..  (theta1-0)=l=t13up;
27 bt31..  (0-theta1)=l=t13up;
28 bt23..  (theta2-0)=l=t23up;
29 bt32..  (0-theta2)=l=t23up;
30 *
31 model ncspa /all/;
32 solve ncspa using lp maximizing z;
33 *
34 display z.l,theta1.l,theta2.l;
35 display p1.l,p2.l,p3.l;
36 display d1.l,d2.l,d3.l;
37 display ba1.m,ba2.m,ba3.m;
```

请注意，该 GAMS 代码[7]与式（3.5）的数学表达式一致。相应的 GAMS[7]输出结果为：

```
1  ----   34   VARIABLE z.L        =        81.000
2             VARIABLE theta1.L    =         2.000
3             VARIABLE theta2.L    =         1.000
4  ----   35   VARIABLE p1.L       =        11.000
5             VARIABLE p2.L        =        10.000
6             VARIABLE p3.L        =         2.000
7  ----   36   VARIABLE d1.L       =         8.000
8             VARIABLE d2.L        =        10.000
9             VARIABLE d3.L        =         5.000
10 ----   37   EQUATION ba1.M      =         1.000
11            EQUATION ba2.M       =         5.000
12            EQUATION ba3.M       =         3.000
```

参考文献

[1] Arroyo, J.M., Conejo, A.J.: Multiperiod auction for a pool-based electricity

market. IEEE Trans. Power Syst. 17, 1225–1231 (2002).

[2] Bouffard, F., Galiana, F.D., Conejo, A.J.: Market-clearing with stochastic security–part I: formulation. IEEE Trans. Power Syst. 20, 1818–1826 (2005).

[3] Carrion, M., Arroyo, J.M., Conejo, A.J.: A bilevel stochastic programming approach for retailer futures market trading. IEEE Trans. Power Syst. 24, 1446–1456 (2009).

[4] Conejo, A.J., Baringo, L.: Power System Operations. Springer, New York (2018).

[5] Conejo, A.J., Garcia-Bertrand, R., Carrion, M., Caballero, A., de Andres, A.: Optimal involvement in futures markets of a power producer. IEEE Trans. Power Syst. 23, 703–711 (2008).

[6] Conejo, A.J., Carrion, M., Morales, J.M.: Decision Making Under Uncertainty in Electricity Markets. Springer, New York (2010).

[7] GAMS Development Corporation: GAMS–a user's guide (2020). http://www.gams.com.

[8] Kazempour, S.J., Conejo, A.J., Ruiz, C.: Strategic generation investment considering futures and spot markets. IEEE Trans. Power Syst. 27, 1467–1476 (2012).

[9] Morales, J.M., Conejo, A.J., Perez-Ruiz, J.: Economic valuation of reserves in power systems with high penetration of wind power. IEEE Trans. Power Syst. 24, 900–910 (2009).

[10] Morales, J.M., Conejo, A.J., Madsen, H., Pinson, P., Zugno, M.: Integrating Renewables in Electricity Markets. Springer, New York (2014).

[11] Motto, A.L., Galiana, F.D., Conejo, A.J., Arroyo, J.M.: Network-constrained multiperiod auction for a pool-based electricity market. IEEE Trans. Power Syst. 17, 646–653 (2002).

[12] Pineda, S., Conejo, A.J., Carrion, M.: Impact of unit failure on forward contracting. IEEE Trans. Power Syst. 23, 1768–1775 (2008).

第 4 章

边际定价

4.1 概述

市场上至关重要的因素不仅有数量，还有价格，因为价格可以实现实际经济交易。本章主要讨论电力市场的定价问题，特别是能源边际定价，而非容量市场或容量支付。

首先，本章探讨完全竞争条件下边际定价的成本回收属性，这是证明这种定价机制合理的一个关键属性。

其次，我们从短期角度分析边际定价，并回顾生产者剩余、消费者剩余、网络剩余（也称为阻塞租金或阻塞剩余）和社会福利的概念。

最后，本章讨论了非凸、随机和多时段市场出清算法的价格。

人们认识到电力市场通常是不完美的，为了确保在产能方面有充足投资，部分市场采用容量支付方式（仅为向市场提供容量而付款）。另外，按照某些政策标准，容量市场可能被用于奖励发电能力建设。容量支付和容量市场不在本章的讨论范围内。

4.2 边际定价和投资成本回收

使用边际价格的最重要经济原因是，在完全竞争市场下，边际价格可确保实现投资成本回收[6]。下文将对此进行分析。

4.2.1 最优控制和完全信息

首先，本章考虑电力系统由最优控制者运营，最优控制者完全掌握所有生产者的技术和经济数据。另外还假设需求是无弹性的，也就是说一切消费者都愿意支付任何价格以能满足其电力需求。

为简便起见，本章采用三种发电技术，即峰值、中等和基本发电技术。最优控制者（和建设者）的峰值、中等和基本发电技术的最优容量（单位：MW）分别记为 p_p、p_m 和 p_b，其年化建设成本（单位：美元/MW）分别记为 b_p、b_m 和 b_b，其可变（边际）成本（单位：美元/MWh）分别记为 c_p、c_m 和 c_b。此外，不足容量（单位：MW）记为 p_u，缺电成本（即消费者因没有电力可用而产生的成本，单位：美元/MWh）记为 c_u。

本章还假设最优控制者采用优先顺序规则来调度各种发电技术。图 4.1 所示为控制者（掌握三种技术的经济和技术数据相关完全信息）做出的最优调度。具体来说，图 4.1 显示了电力系统的负荷 – 持续时间曲线。这种负荷 – 持续时间曲线的 x 轴表示每单位（$365 \times 24 = 8,760$ h 为基准）的小时数，y 轴表示高于某一电力水平的电力需求，以兆瓦为单位。根据图 4.1，每种发电技术每单位（$365 \times 24 = 8,760$ h 为基准）的发电小时数为：$h_b = 1$ 对应基本发电技术，h_m 对应中等发电技术，h_p 对应峰值发电技术，h_u 对应缺电量。基本、中等和峰值发电技术的对应发电量（负荷 – 持续时间曲线下方的面积部分）分别为 e_b、e_m 和 e_p。最后，e_u 是缺电量（见图 4.1）。

假设采用优先次序调度规则且掌握完全信息，最优控制者要解决的问题是确定每种发电技术对应的最优容量（p_p、p_m 和 p_b），该问题可以表示为：

$$\min_{p_n, p_m, p_b} C(\cdot) = \overbrace{b_b p_b + b_m p_m + b_p p_p}^{C_1(\cdot)} + \overbrace{c_b e_b + c_m e_m + c_p p_m + c_u e_u}^{C_O(\cdot)} \quad (4.1)$$

式中：$C(\cdot)$ 是总成本，$C_1(\cdot)$ 是年化投资成本，$C_O(\cdot)$ 是年运营成本。

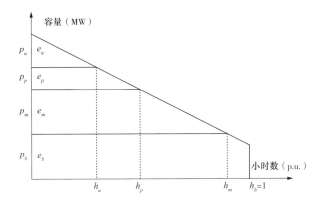

图 4.1　最优控制者对负荷－持续时间曲线的最优调度

式（4.1）的最优性条件由下式给出：

$$\nabla_{p_p, p_m, p_b} C\left(p_p, p_m, p_b\right) = 0 \qquad (4.2)$$

也就是说，式（4.1）的梯度必须为零。

以下将通过式（4.2）分析每种技术。从峰值发电技术开始，其相应的最优性条件是：

$$b_p + \frac{\partial}{\partial p_p}\left(\underbrace{c_b e_b + c_m e_m + c_p e_p + c_u e_u}_{C_O(\cdot)}\right) = 0 \qquad (4.3)$$

为了计算导数 $\dfrac{\partial}{\partial p_p} C_O(\cdot)$，用到了图 4.2。从该图中，观察到由峰值发电技术的容量边际增量 Δp_p 导致的运营成本边际增量是：

$$\Delta C_O\left(\cdot\right) = -\Delta p_p h_u \cdot \left(c_u - c_p\right) \qquad (4.4)$$

式中：$\Delta p_p h_u$ 是由峰值发电技术的容量增量 Δp_p 覆盖的缺电量（图 4.2 中带星号的面积部分），$\left(c_u - c_p\right)$ 是缺电可变成本与峰值发电技术可变成本之间的差额。

考虑到式（4.4）中的边际变化，得到：

$$\frac{\partial}{\partial p_p} C_O\left(\cdot\right) = -h_u \cdot \left(c_u - c_p\right) \qquad (4.5)$$

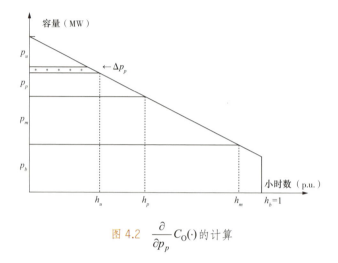

图 4.2 $\dfrac{\partial}{\partial p_p} C_{\mathrm{O}}(\cdot)$ 的计算

因此，式（4.3）变为：

$$b_p - h_u \cdot \left(c_u - c_p \right) = 0 \qquad (4.6)$$

接下来考虑中等发电技术，由式（4.2）得出的相应最优性条件是：

$$b_m + \frac{\partial}{\partial p_m} C_{\mathrm{O}} \left(\cdot \right) = 0 \qquad (4.7)$$

为了计算式（4.7）中的导数，用到了图 4.3。从该图中，观察到由中等发电技术（带星号的两个面积部分）边际增量 Δp_m 导致的运营成本边际增量为：

$$\Delta C_{\mathrm{O}}(\cdot) = -\Delta p_m h_p \cdot \left(c_p - c_m \right) - \Delta p_m h_u \cdot \left(c_u - c_p \right) \qquad (4.8)$$

因此，

$$\frac{\partial}{\partial p_m} C_{\mathrm{O}}(\cdot) = -h_p \cdot \left(c_p - c_m \right) - h_u \cdot \left(c_u - c_p \right) \qquad (4.9)$$

最优性条件式（4.7）变为：

$$b_m - h_p \cdot \left(c_p - c_m \right) - h_u \cdot \left(c_u - c_p \right) = 0 \qquad (4.10)$$

类似地，可以推导出基本发电技术的最优性条件，即：

$$b_b - h_m \cdot \left(c_m - c_b \right) - h_p \cdot \left(c_p - c_m \right) - h_u \cdot \left(c_u - c_p \right) = 0 \qquad (4.11)$$

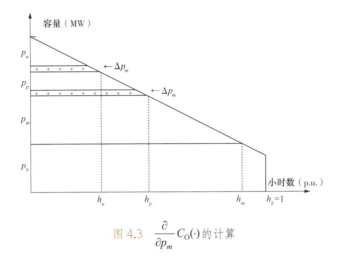

图 4.3　$\frac{\partial}{\partial p_m} C_O(\cdot)$ 的计算

分别考虑峰值、中等和基本发电技术的最优性条件式（4.6）、式（4.10）和式（4.11），可以得到：

$$b_p - h_u \cdot (c_u - c_p) = 0 \qquad (4.12a)$$

$$b_m - h_p \cdot (c_p - c_m) = b_p \qquad (4.12b)$$

$$b_b - h_m \cdot (c_m - c_b) = b_m \qquad (4.12c)$$

或

$$b_p + h_u c_p = h_u c_u \qquad (4.13a)$$

$$b_m + h_p c_m = b_p + h_p c_p \qquad (4.13b)$$

$$b_b + h_m c_b = b_m + h_m c_m \qquad (4.13c)$$

这等价于最优性条件式（4.2）。

式（4.13）的结果如图 4.4 所示。该图的下半部分对应于图 4.1 所示的最优控制者对三种电力技术做出的最优顺序调度。此外，该图的上半部分提供了总成本。基本、中等和峰值发电技术的年化建设（投资）成本则在 y 轴上表示。运营成本（可变成本乘以发电小时数）由三条截距不为零的直线表示。从原点引出的直线则为缺电成本。

具体来说，在图 4.4 中：

点 P_1 对应于式（4.13a）：$b_p + h_u c_p = h_u c_u$;

点 P_2 对应于式（4.13b）：$b_m + h_p c_m = b_p + h_p c_p$;

点 P_3 对应于式（4.13c）：$b_b + h_m c_b = b_m + h_m c_m$。

因此，图 4.4 充分体现了式（4.13），并完整描绘了最优控制者的最优投资和运营行为。

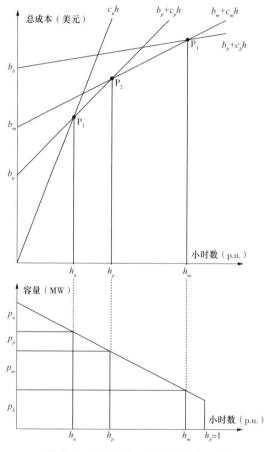

图 4.4 完全竞争：最优投资和运营

4.2.2 完全竞争

本小节不探讨最优控制者，而是探讨完全竞争市场[1]。完全竞争市场由许多小型生产者组成，每个生产者只考虑 4.2.1 节中三种发电技术中的一种，并且没有规模经济。

在这样的市场中，每种发电技术的长期利润应为零，否则生产者要么会进入市场，要么会离开市场，直到市场在零利润条件下稳定下来。

本小节每次只探讨这三种发电技术中的一种。对于峰值发电技术，其实现正利润的唯一时段是缺电时段，此时边际价格（缺电可变成本）高于峰值发电技术的可变成本。考虑到这一点，并结合图 4.4（或图 4.1）的下半部分，得到：

$$R_p = p_p h_u c_u \tag{4.14}$$

$$C_p = b_p p_p + p_p h_u c_p \tag{4.15}$$

$$\Pi_p = p_p h_u c_u - b_p p_p - p_p h_u c_p \tag{4.16}$$

式中：R_p、C_p 和 Π_p 分别是峰值发电技术的收入、成本和利润。

收入 R_p 通过以下方式计算：容量 P_p 乘以缺电条件下的发电小时数 h_u，再乘以缺电可变成本 c_u（缺电时段的边际成本）。

成本 C_p 包括年化投资成本和年运营成本。年化投资成本为已建成容量 P_p 乘以年化建设成本 b_p，而运营成本为已建成容量 P_p 乘以缺电条件下的发电小时数 h_u，再乘以可变成本 c_p。利润 Π_p 等于收入减去成本。

由于利润为零才能使市场在稳定状态下运行，可以得到：

$$p_p h_u c_u - b_p p_p - p_p h_u c_p = 0 \tag{4.17}$$

或

$$b_p + h_u c_p = h_u c_u \tag{4.18}$$

这正是在最优控制者框架下推导出的条件式（4.13a）。

接下来探讨中等发电技术。在缺电时段（边际成本为缺电成本）和高峰时段（边际成本为峰值发电技术的可变成本），利润将为正。因此，

$$R_m = p_m h_u c_u + p_m \left(h_p - h_u \right) c_p \tag{4.19}$$

$$C_m = b_m p_m + p_m h_p c_m \tag{4.20}$$

$$\Pi_m = p_m h_u c_u + p_m \left(h_p - h_u \right) c_p - b_m p_m - p_m h_p c_m \tag{4.21}$$

由此可知，上述收入、成本和利润的计算方法与峰值发电技术情形相同。

由于中等发电技术的利润需要为零（对于稳态市场条件），得到：

$$p_m h_u c_u + p_m \left(h_p - h_u \right) c_p - b_m p_m - p_m h_p c_m = 0 \qquad (4.22)$$

采用式（4.18），得到：

$$b_p + c_p h_p = b_m + c_m h_p \qquad (4.23)$$

这正是在最优控制者框架下推导出的式（4.13b）。

同样，对基本发电技术实行零利润，有：

$$p_b h_u c_u + p_b \left(h_p - h_u \right) c_p + p_b \left(h_m - h_p \right) c_m - p_b b_b - p_b h_m c_b = 0 \qquad (4.24)$$

可以得到：

$$b_b + c_b h_m = b_m + c_m h_m \qquad (4.25)$$

这正是在最优控制者框架下推导出的式（4.13c）。

从上述研究中，得出两个重要结论：

（1）在下述条件下，投资和运营结果是相同的。

1）电力系统由完全掌握生产者技术和经济数据的最优控制者运营。

2）实行完全竞争市场。

（2）在边际定价下，投资成本可得到回收。边际定价直接来源于从最优控制和完全竞争两个角度推导出的非盈利条件，这些条件由式（4.24）、式（4.22）和式（4.17）给出。

文献［6］中有类似结论。

4.3 边际定价与短期效率

本节首先探讨无阻塞市场出清价格，其次再探讨有阻塞市场出清价格，最后提供一个单时段市场出清算法及其相关边际定价的通用公式。

4.3.1 无阻塞出清

本小节考虑一个基于简单电力系统的市场，该系统涉及两个节点和一条线路，如图4.5所示。

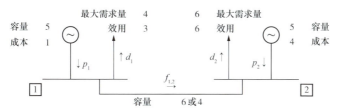

图 4.5　双节点单线路电力系统

生产者 1 位于节点 1，其发电容量为 5 MW，可变成本为 1 美元 /MWh。消费者 1 也位于节点 1，其最大需求量为 4 MW，可变效用为 3 美元 /MWh。同样，生产者 2 位于节点 2，其发电容量为 5 MW，可变成本为 4 美元 /MWh。消费者 2 也位于节点 2，其最大需求量为 6 MW，可变效用为 6 美元 /MWh。

连接节点 1 和节点 2 的输电线路的对应输电容量为 6 MW。

市场运营商需要解决的市场出清问题是：

$$\max_{d_1,d_2,p_1,p_2 \geqslant 0; f_{1,2}} \quad z = 3 \cdot d_1 + 6 \cdot d_2 - 1 \cdot p_1 - 4 \cdot p_2 \tag{4.26a}$$

$$\text{s.t.} \quad p_1 - d_1 = f_{1,2} : \lambda_1 \tag{4.26b}$$

$$p_2 - d_2 = -f_{1,2} : \lambda_2 \tag{4.26c}$$

$$p_1 \leqslant 5; p_2 \leqslant 5 \tag{4.26d}$$

$$d_1 \leqslant 4; d_2 \leqslant 6 \tag{4.26e}$$

$$-6 \leqslant f_{1,2} \leqslant 6 \tag{4.26f}$$

其中，各优化变量为：

d_1 是消费者 1 的消费量；d_2 是消费者 2 的消费量；p_1 是生产者 1 的生产量；p_2 是生产者 2 的生产量；λ_1（对偶变量）是节点 1 的出清价格；λ_2（对偶变量）是节点 2 的出清价格。

目标函数式（4.26a）是社会福利（将在本节末解释）。约束条件式（4.26b）和式（4.26c）分别是节点 1 和节点 2 的功率平衡方程。约束条件式（4.26d）和式（4.26e）分别是生产量和消费量的上限。最后，约束条件式（4.26d）是输电容量限值。

通过检验，很容易得出该问题的解，为：

$$p_1^* = 5, p_2^* = 1, d_1^* = 0, d_2^* = 6, f_{1,2}^* = 5$$

$$\lambda_1^* = 4, \lambda_2^* = 4$$

生产者的收入是市场价格和生产量的乘积。本例中，两个生产者的收入分别为：

$$R_1 = \lambda_1^* \cdot p_1^* = 4 \times 5 = 20$$
$$R_2 = \lambda_2^* \cdot p_2^* = 4 \times 1 = 4$$

总收入为 $R^{\text{total}} = R_1 + R_2 = 24$。

消费者的支出是市场价格和消费量的乘积。本例中，两个消费者的支出分别为：

$$P_1 = \lambda_1^* \cdot d_1^* = 4 \times 6 = 24$$
$$P_2 = \lambda_2^* \cdot d_1^* = 4 \times 0 = 0$$

总支出为 $P^{\text{total}} = P_1 + P_2 = 24$。

结果证明 $R^{\text{total}} = P^{\text{total}}$，这表明市场收入充足。也就是说，市场运营商从消费者那里收取了应支付给生产者的全部金额。

一方面，生产者的利润是生产量乘以生产者价格与可变成本之间的差额。另一方面，消费者的利润是消费量乘以消费者可变效用与价格之间的差额。本例中，生产者和消费者的利润分别为：

$$\Pi_1^P = \left(\lambda_1^* - c_1\right) \cdot p_1^* = (4-1) \times 5 = 15$$
$$\Pi_2^P = \left(\lambda_2^* - c_2\right) \cdot p_2^* = (4-4) \times 1 = 0$$
$$\Pi_1^C = \left(u_1 - \lambda_1^*\right) \cdot d_1^* = (3-4) \times 0 = 0$$
$$\Pi_2^C = \left(u_2 - \lambda_2^*\right) \cdot d_2^* = (6-4) \times 6 = 12$$

这说明两个生产者各自的利润都是非负值。在这种情况下，就可以说市场在运营方面符合成本回收属性。

忽略固定成本后，生产者剩余（即所有生产者的利润）为：

$$\text{PS} = \Pi_1^P + \Pi_2^P = 15 + 0 = 15$$

消费者剩余（即所有消费者的利润）为：

$$\text{CS} = \Pi_1^C + \Pi_2^C = 0 + 12 = 12$$

最终，社会福利（即本例中的生产者剩余加上消费者剩余）为：

$$\text{SW} = \text{PS} + \text{CS} = 15 + 12 = 27$$

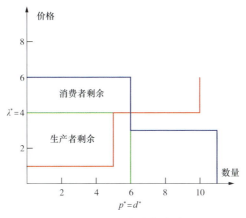

图 4.6　无阻塞市场出清

图 4.6 说明了所考虑实例的市场出清情况。红色单调递增分段曲线为供应曲线，蓝色单调递减分段曲线为需求曲线。出清价格、生产量和消费量由这两条曲线的交叉部分给出，在图中由两条细绿线标识。此外，图中上部方框对应消费者剩余，下部方框则对应生产者剩余。

因此，需求曲线下方面积与供应曲线下方面积之差就是社会福利。这实际上就是目标函数式（4.26）的确定方式。

4.3.2　有阻塞出清

接下来研究前一节中的相同例子，但假设输电线路的容量是 4，而不是 6，这样会产生阻塞运营条件。相应的市场出清算法为：

$$\max_{d_1,d_2,p_1,p_2\geq 0;f_{1,2}} \quad z = 3\cdot d_1 + 6\cdot d_2 - 1\cdot p_1 - 4\cdot p_2 \tag{4.27a}$$

$$\text{s.t.} \quad p_1 - d_1 = f_{1,2} : \lambda_1 \tag{4.27b}$$

$$p_2 - d_2 = -f_{1,2} : \lambda_2 \tag{4.27c}$$

$$p_1 \leq 5; p_2 \leq 5 \tag{4.27d}$$

$$d_1 \leq 4; d_2 \leq 6 \tag{4.27e}$$

$$-4 \leq f_{1,2} \leq 4 \tag{4.27f}$$

该市场出清算法的解是：

$$p_1^* = 5, p_2^* = 2, d_1^* = 1, d_2^* = 6, f_{1,2} = 4$$
$$\lambda_1^* = 3, \lambda_2^* = 4$$

两个生产者的收入（按前一节方法计算）分别为：

$$R_1 = \lambda_1^* \cdot p_1^* = 3 \times 5 = 15$$
$$R_2 = \lambda_2^* \cdot p_2^* = 4 \times 2 = 8$$

总收入为 $R^{\text{total}} = R_1 + R_2 = 23$。

两个消费者的支出（按前一节方法计算）分别为：

$$P_1 = \lambda_1^* \cdot d_1^* = 3 \times 1 = 3$$
$$P_2 = \lambda_2^* \cdot d_2^* = 4 \times 6 = 24$$

总支出为 $P^{\text{total}} = P_1 + P_2 = 27$。

结果证明 $P^{\text{total}} > R^{\text{total}}$，这表明市场收入充足。也就是说，从消费者那里收取的金额高于应支付给生产者的金额。

生产者和消费者的利润（如前一节所计算）分别为：

$$\Pi_1^{\text{P}} = \left(\lambda_1^* - c_1\right) \cdot p_1^* = (3-1) \times 5 = 10$$
$$\Pi_2^{\text{P}} = \left(\lambda_2^* - c_2\right) \cdot p_2^* = (4-4) \times 2 = 0$$
$$\Pi_1^{\text{C}} = \left(u_1 - \lambda_1^*\right) \cdot d_1^* = (3-3) \times 1 = 0$$
$$\Pi_2^{\text{C}} = \left(u_2 - \lambda_2^*\right) \cdot d_2^* = (6-4) \times 6 = 12$$

在无阻塞的情况下，观察到两个生产者的利润都是非负值，因此，市场在运营方面符合成本回收属性。

电网的剩余或利润（通常用于强化电网，因此会分配给输电系统运营商/所有者）是线路的差价乘以线路流量。因此，可得：

$$\Pi^{\text{N}} = \left(\lambda_2^* - \lambda_1^*\right) \cdot f_{1,2}^* = (4-3) \times 4 = 4$$

生产者、消费者和电网的剩余为：

$$\text{PS} = \Pi_1^{\text{P}} + \Pi_2^{\text{P}} = 10 + 0 = 10$$

这对应于图 4.7 左侧图底部绿红方框的面积。

$$\text{CS} = \Pi_1^{\text{C}} + \Pi_2^{\text{C}} = 0 + 12 = 12$$

这对应于图 4.7 右侧图顶部蓝绿红方框的面积。

$$\text{NS} = \Pi^{\text{N}} = 4$$

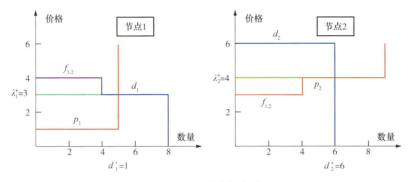

图 4.7　限制市场出清

这相当于图 4.7 左侧图顶部蓝绿方框的面积，或图 4.7 右侧图底部绿红方框的面积。

最后，在有阻塞的情况下，社会福利等于生产者剩余加消费者剩余加电网剩余，为：

$$SW = PS + CS = 10 + 12 + 4 = 26$$

由此得出，有阻塞情况下的社会福利（26）小于无阻塞情况下的社会福利（27）。

图 4.7 所示为这种有阻塞市场出清情况。对于节点 1，线路成为了一个消费者（即它在消耗电量）。因此，该节点的供需量如图 4.7 中左侧所示，其价格和清算数量分别为 3 美元 /MWh 和 5 MW。对于节点 2，线路成为一个生产者（即它在提供电量）。因此，该节点的供需量如图 4.7 中右侧所示，其价格和清算数量分别为 4 美元 /MWh 和 6 MW。

由此得出，节点 1 和节点 2 之间出现了"市场分裂"。也就是说，因线路阻塞产生了两个市场，其清算数量和出清价格各不相同。

在给定时段内，各节点的边际出清价格不同（或可能不同），因此，将其称为节点边际电价（Locational Marginal Price，LMP）。

4.3.3　通用公式

为简单起见，下述公式认为每个节点最多有 1 个生产者和 1 个消费者，因此使用单一下角标 i 来表示节点、生产者和消费者。

市场出清算法的一般公式如下：

$$\max_{\substack{d_i \geqslant 0, p_i \geqslant 0, \theta_i, \forall i; \\ f_{i,j} \forall i, \forall j \in \Omega_i}} z = \sum_i u_i d_i - \sum_i c_i p_i \tag{4.28a}$$

$$\text{s.t.} \quad p_i - d_i - \sum_{j \in \Omega_i} f_{i,j} = 0 : \lambda_i \forall i \tag{4.28b}$$

$$0 \leqslant d_i \leqslant d_i^{\max} \forall i \tag{4.28c}$$

$$0 \leqslant p_i \leqslant p_i^{\max} \forall i \tag{4.28d}$$

$$-f_{i,j}^{\max} \leqslant f_{i,j} \leqslant f_{i,j}^{\max} \forall i, \forall j \in \Omega_i \tag{4.28e}$$

$$f_{i,j} = -f_{j,i} \forall i, \forall j \in \Omega_i \tag{4.28f}$$

$$f_{i,j} = B_{i,j} \cdot (\theta_i - \theta_j) \forall i, \forall j \in \Omega_i \tag{4.28g}$$

$$\theta_k = 0, k\text{为任意节点} \tag{4.28h}$$

各优化变量说明如下：

d_i 是消费者 i 的消费量；p_i 是生产者 i 的生产量；$f_{i,j}$ 是从 i 到 j 流经线路 ij 的潮流；θ_i 是节点 i 的电压功角（电网状态变量）；λ_i（对偶变量）是节点 i 的市场出清价格（节点边际电价）。

各常数说明如下：

u_i 是消费者 i 的可变效用；c_i 是生产者 i 的可变成本；$d_i^{\max}$ 是消费者 i 的最大需求量；$p_i^{\max}$ 是生产者 i 的最大生产量；$f_{i,j}^{\max}$ 是线路 ij 的最大输电容量；$B_{i,j}$ 是线路 ij 的电纳。

最后，Ω_i 是与节点 i 直接相连的各节点的集合。

目标函数式（4.28a）是求社会福利。约束条件式（4.28b）是节点 i 的功率平衡方程。约束条件式（4.28c）和式（4.28d）分别是消费量限值和生产量限值。约束条件式（4.28e）是输电容量限值。由于假设电网无损耗，约束条件式（4.28f）表示沿方向 ij 的潮流与沿方向 ji 的潮流相反。约束条件式（4.28g）表示流经线路 ij 的潮流为该线路的电纳乘以电压功角（电网状态变量）的差值。最后，约束条件式（4.28h）将任意节点固定为参考节点。

生产者 i 的收入 R_i 为：

$$R_i = \lambda_i^* \cdot p_i^* \tag{4.29}$$

消费者 i 的支出 P_i 为：

$$P_i = \lambda_i^* \cdot d_i^*$$

（4.30）

生产者 i 的利润 Π_i^{P} 为：

$$\Pi_i^{\mathrm{P}} = \left(\lambda_i^* - c_i \right) \cdot p_i^*$$

（4.31）

生产者剩余 PS 为：

$$\mathrm{PS} = \sum_i \Pi_i^{\mathrm{P}}$$

（4.32）

消费者的利润 Π_i^{C} 为：

$$\Pi_i^{\mathrm{C}} = \left(u_i - \lambda_i^* \right) \cdot d_i^*$$

（4.33）

消费者剩余 CS 为：

$$\mathrm{CS} = \sum_i \Pi_i^{\mathrm{C}}$$

（4.34）

电网剩余 NS 为：

$$\mathrm{NS} = \sum_i \sum_{j \in \Omega_i} \left(\lambda_j^* - \lambda_i^* \right) \cdot \max \left\{ 0, f_{i,j}^* \right\}$$

（4.35）

最终，社会福利 SW 为：

$$\mathrm{SW} = \mathrm{CS} + \mathrm{PS} + \mathrm{NW}$$

（4.36）

4.4　非凸性和边际定价

本节将首先就非凸市场出清算法的一个简单示例分析出清价格，然后给出一个通用公式。

4.4.1　非凸性：示例

考虑到图 4.8 所示的简单系统存在一个电力市场，为简单起见，本节认为输电容量足够大，可以防止出现阻塞（如图 4.8 中 ∞ 所标识）。

此外，本节认为每种需求的可变效用足够大（10 美元 /MWh），每种需求都能得到充分供应（即 $d_1=4$ 且 $d_2=6$）。

生产者 1（图 4.8 左侧）的最小和最大生产量分别为 1 MW 和 6 MW，可变成本为 1 美元 /MWh，每次启动的启动成本为 6 美元。同样地，生产者 2（图 4.8 右侧）的最小和最大生产量分别为 1 MW 和 6 MW，可变成本为 4 美元 /MWh，每次启动的启动成本为 2 美元。

市场运营商需要解决的调度问题（确定生产设备的开关状态）为：

$$\max_{\substack{d_1, d_2, p_1, p_2 \geq 0 \\ x_1, x_2 \in \{0,1\}}} z = 10 \cdot d_1 + 10 \cdot d_2 - \left(1 \cdot p_1 + 6 \cdot x_1 + 4 \cdot p_2 + 2 \cdot x_2\right) \quad （4.37a）$$

$$\text{s.t.} \quad d_1 + d_2 - p_1 - p_2 = 0 \quad （4.37b）$$

$$d_1 \leq 4 \quad （4.37c）$$

$$d_2 \leq 6 \quad （4.37d）$$

$$1 \cdot x_1 \leq p_1 \leq 6 \cdot x_1 \quad （4.37e）$$

$$1 \cdot x_2 \leq p_2 \leq 6 \cdot x_2 \quad （4.37f）$$

其中，各优化变量说明如下：

d_1 是消费者 1 的消费量；d_2 是消费者 2 的消费量；p_1 是生产者 1 的生产量；p_2 是生产者 2 的生产量；x_1 是一个二元变量，表示生产者 1 在线（1）或不在线（0）；x_2 是一个二元变量，表示生产者 2 在线（1）或不在线（0）。

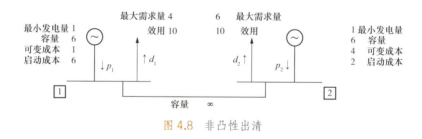

图 4.8 非凸性出清

目标函数式（4.37a）是在求社会福利（在这种情况下，包括启动成本）。约束条件式（4.37b）是单一功率平衡方程（无输电阻塞）。约束条件式（4.37c）和式（4.37d）分别是消费者 1 和消费者 2 的消费量限值。约束条件式（4.37e）和式（4.37f）分别是生产者 1 和生产者 2 的生产量限值。

这是一个调度问题，因为其用于决定生产设备的开 / 关状态。

一旦解出上述调度问题式（4.37），并找到各调度变量的最优值 x_1^* 和 x_2^*，市场运营商需要解决的生产和定价问题则是：

$$\max_{d_1, d_2, p_1, p_2 \geqslant 0} \quad z = 10 \cdot d_1 + 10 \cdot d_2 - \left(1 \cdot p_1 + 6 \cdot x_1^* + 4 \cdot p_2 + 2 \cdot x_2^*\right) \quad (4.38\text{a})$$

$$\text{s.t.} \quad d_1 + d_2 - p_1 - p_2 = 0 : \lambda \quad\quad\quad\quad\quad (4.38\text{b})$$

$$d_1 \leqslant 4 \quad\quad\quad\quad\quad\quad\quad\quad\quad\quad\quad\quad\quad (4.38\text{c})$$

$$d_2 \leqslant 6 \quad\quad\quad\quad\quad\quad\quad\quad\quad\quad\quad\quad\quad (4.38\text{d})$$

$$1 \cdot x_1^* \leqslant p_1 \leqslant 6 \cdot x_1^* \quad\quad\quad\quad\quad\quad\quad\quad (4.38\text{e})$$

$$1 \cdot x_2^* \leqslant p_2 \leqslant 6 \cdot x_2^* \quad\quad\quad\quad\quad\quad\quad\quad (4.38\text{f})$$

其中，λ（对偶变量）为出清价格。

通过检验，很容易得出问题式（4.37）和式（4.38）的解，是：

$$d_1^* = 4, d_2^* = 6, p_1^* = 6, p_2^* = 4, x_1^* = 1, x_2^* = 1$$

$$\lambda^* = 4$$

两个消费者的利润分别为：

$$\Pi_1^C = \left(u_1 - \lambda^*\right) \cdot 4 = (10 - 4) \times 4 = 24$$

$$\Pi_2^C = \left(u_2 - \lambda^*\right) \cdot 6 = (10 - 4) \times 6 = 36$$

其中，u_1 和 u_2 分别是消费者 1 和消费者 2 的边际效用。

消费者总利润为 $\Pi^C = \Pi_1^C + \Pi_1^C = 60$。

两个生产者的利润分别为：

$$\Pi_1^P = \left(\lambda^* - c_1\right) \cdot p_1^* - c_1^{SU} \cdot x_1^* = (4 - 1) \cdot 6 - 6 \cdot 1 = 12$$

$$\Pi_2^P = \left(\lambda^* - c_2\right) \cdot p_2^* - c_2^{SU} \cdot x_2^* = (4 - 4) \cdot 4 - 2 \cdot 1 = -2$$

其中：

c_1 和 c_2 分别是生产者 1 和生产者 2 的可变成本；c_1^{SU} 和 c_2^{SU} 分别是生产者 1 和 2 的启动成本。

生产者的总利润为 $\Pi^P = \Pi_1^P + \Pi_1^P = 10$，社会福利为 $SW = \Pi^C + \Pi^P = 60 + 10 = 70$。

由此可知，生产者 2 并未收回其成本。这是调度问题式（4.37）的非凸性结果。

补救措施可以是给生产者 2 收入提升 R_2^{UL}，以便其恰好收回成本，即：

$$R_2^{UL} = 2$$

因此，两个生产者的最终利润为：

$$\Pi_1^{PF} = \left(\lambda^* - c_1\right) p_1^* - c_1^{SU} x_1^* = (4-1) \times 6 - 6 \times 1 = 12 \text{（未变化）}$$

$$\Pi_2^{PF} = \left(\lambda^* - c_2\right) p_2^* - c_2^{SU} x_2^* + R_2^{UL} = (4-4) \times 4 - 2 \times 1 + 2 = 0$$

最终的生产者总利润为 $\Pi^{PF} = \Pi_1^{PF} + \Pi_1^{PF} = 12$。

这种收入提升需要由消费者分配和支付，例如，根据各自的消费量按比例进行分配和支付。在这种情况下，消费者的相应支出 P_1^{UL} 和 P_2^{UL} 分别为：

$$P_1^{UL} = R_2^{UL} \frac{d_1^*}{d_1^* + d_2^*} = 2 \frac{4}{4+6} = 0.8$$

$$P_2^{UL} = R_2^{UL} \frac{d_2^*}{d_1^* + d_2^*} = 2 \frac{6}{4+6} = 1.2$$

两个消费者的最终利润是：

$$\Pi_1^{CF} = \left(u_1 - \lambda\right) \cdot d_1^* - P_1^{UL} = (10-4) \times 4 - 0.8 = 23.2$$

$$\Pi_2^{CF} = \left(u_2 - \lambda\right) \cdot d_2^* - P_2^{UL} = (10-4) \times 6 - 1.2 = 34.8$$

最终的消费者总利润为 $\Pi^{CF} = \Pi_1^{CF} + \Pi_1^{CF} = 58$。因此，最终社会福利为：

$$SW^F = \Pi_1^{PF} + \Pi_2^{PF} + \Pi_1^{CF} + \Pi_2^{CF} = 12 + 0 + 23.2 + 34.8 = 70$$

由此可知，社会福利并没有因为补贴而改变，但是利润从消费者转移到生产者，具体而言，从两个消费者转向生产者 2。

4.4.2 非凸性：通用公式

单时段调度算法的通用公式如下：

$$\max_{\substack{d_i \geq 0, p_i \geq 0, \theta_i \forall i; \\ x_i, y_i, z_i \in \{0,1\} \forall i}} z = \sum_i u_i d_i - \sum_i c_i p_i - \sum_i c_i^{SU} y_i \tag{4.39a}$$

$$\text{s.t.} \quad p_i - d_i - \sum_{j \in \Omega_i} B_{i,j} \cdot \left(\theta_i - \theta_j\right) = 0 \forall i \tag{4.39b}$$

$$0 \leq d_i \leq d_i^{max} \forall i \tag{4.39c}$$

$$x_i p_i^{min} \leq p_i \leq x_i p_i^{max} \forall i \tag{4.39d}$$

$$y_i - z_i = x_i - x_i^0 \forall i \tag{4.39e}$$

$$y_i + z_i \leq 1 \forall i \tag{4.39f}$$

$$-f_{i,j}^{max} \leq B_{i,j} \cdot \left(\theta_i - \theta_j\right) \leq f_{i,j}^{max}, \forall i, \forall j \in \Omega_i \tag{4.39g}$$

$$\theta_k = 0, k \text{为任意节点} \tag{4.39h}$$

各优化变量的定义如下：

d_i 是消费者 i 的消费量；p_i 是生产者 i 的生产量；x_i 是一个二元变量，表示生产者 i 在线（1）或不在线（0）；y_i 是一个二元变量，表示生产者 i 在所考虑时段开始时启动（1）或不启动（0）；z_i 是一个二元变量，表示生产者 i 在所考虑时段开始时停机（1）或不停机（0）；θ_i 是节点 i 的电压功角（电网状态变量）。

各常数说明如下：

u_i 是消费者 i 的可变效用；$d_i^{\max}$ 是消费者 i 的最大需求量；c_i 是生产者 i 的可变成本；c_i^{SU} 是生产者 i 的启动成本；$p_i^{\max}$ 是生产者 i 的最大生产量；$p_i^{\min}$ 是生产者 i 的最小发电量；x_i^0 是一个二元常数，表示生产者 i 在所考虑时段之前的时段内在线（1）或不在线（0）；$f_{i,j}^{\max}$ 是线路 ij 的输电容量；$B_{i,j}$ 是线路 ij 的电纳（比例常数）。

最后，Ω_i 是与节点 i 直接相连的各节点的集合。

目标函数式（4.39a）是社会福利。约束条件式（4.39b）是节点 i 的功率平衡方程。约束条件式（4.39c）和式（4.39d）分别为消费量限值和生产量限值。约束条件式（4.39e）和式（4.39f）分别表示在所考虑时段内启动已关闭设备或关闭正在运行设备的可能性的逻辑约束条件[2]。约束条件式（4.39g）是输电容量限值。最后，约束条件式（4.39h）将任意节点固定为参考节点。

一旦解出上述问题式（4.39），并且针对所有的 i 将各调度变量固定为最优值 x_i^*、y_i^* 和 z_i^*，则相应生产和定价问题的形式如下：

$$\max_{d_i \geq 0, p_i \geq 0, \theta_i \forall i} \quad z = \sum_i u_i d_i - \sum_i c_i p_i - \sum_i c_i^{\mathrm{SU}} y_i^* \quad (4.40a)$$

$$\text{s.t.} \quad p_i - d_i - \sum_{j \in \Omega_i} B_{i,j} \cdot (\theta_i - \theta_j) = 0 : \lambda_i \forall i \quad (4.40b)$$

$$0 \leq d_i \leq d_i^{\max}, \forall i \quad (4.40c)$$

$$x_i^* p_i^{\min} \leq p_i \leq x_i^* p_i^{\max}, \forall i \quad (4.40d)$$

$$-f_{i,j}^{\max} \leq B_{i,j} \cdot (\theta_i - \theta_j) \leq f_{i,j}^{\max}, \forall i, \forall j \in \Omega_i \quad (4.40e)$$

$$\theta_k = 0, k \text{为任意节点} \quad (4.40f)$$

一旦解出上述问题式（4.40），并为所有的 i 确定 d_i^* 和 p_i^*，则生产者 i 的利润 Π_i^{P} 为：

$$\Pi_i^P = \left(\lambda_i^* - c_i \right) \cdot p_i^* + R_i^{\mathrm{UL}} \qquad (4.41)$$

其中，R_i^{UL} 是生产者 i 可能需要的收入提升，用于弥补其损失。由于调度问题式（4.39）为非凸问题，因此可能需要这样的提升。

生产者剩余 PS 为：

$$\mathrm{PS} = \sum_i \Pi_i^P \qquad (4.42)$$

消费者 i 的利润 Π_i^C 为：

$$\Pi_i^C = \left(u_i - \lambda_i^* \right) \cdot d_i^* - P_i^{\mathrm{UL}} \qquad (4.43)$$

其中，P_i^{UL} 是消费者 i 为弥补生产者损失而支付的提升费用。

这种提升量可用下式计算（按消费量的比例分配）：

$$P_i^{\mathrm{UL}} = \sum_i R_i^{\mathrm{UL}} \left(\frac{d_i^*}{\sum_i d_i^*} \right)$$

消费者剩余 CS 为：

$$\mathrm{CS} = \sum_i \Pi_i^C \qquad (4.44)$$

提升量平衡为：

$$\sum_i R_i^{\mathrm{UL}} = \sum_i P_i^{\mathrm{UL}}$$

电网剩余 NS 为：

$$\mathrm{NS} = \sum_i \sum_{j \in \Omega_i} \left(\lambda_j^* - \lambda_i^* \right) \cdot \max \left\{ 0, f_{i,j}^* \right\} \qquad (4.45)$$

最终，社会福利为：

$$\mathrm{SW} = \mathrm{CS} + \mathrm{PS} + \mathrm{NW} \qquad (4.46)$$

根据上述分析，很明显非凸性使边际价格相当无用，需要采取"探索式"补救措施。这种补救措施通常可以得到提升结果，但必然会有争议，因为它们存在歧视（不是分配给所有生产者，而是分配给选定生产者），而且在某种程度上是武断的。

4.5　不确定性：两阶段边际定价

本节将首先分析一个关于两阶段市场出清算法定价的简单示例。该算法的第一阶段允许确定最优调度决策（通常是实际运营前一天做出的决策）；第二阶段对各种不确定性现实（情景）的实际运营情况进行仿真，该阶段允许为所考虑的每个情景确定最优运营决策。其次，本节将提供关于两阶段市场出清算法的通用公式。

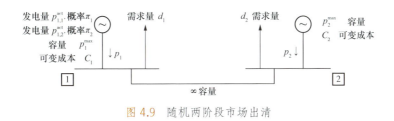

图 4.9　随机两阶段市场出清

4.5.1　不确定性：示例

本节考虑图 4.9 中的电力系统在一个随机的两阶段电力市场框架下运作。

生产者 1 是随机的（例如，风力发电或太阳能发电商），其输出功率为 $p_{1,1}^{act}$，相应概率为 π_1，或者 $p_{1,2}^{act}$，相应概率为 π_2。也就是说，本节只考虑两种情景，用于描述该生产者的随机发电量。假设其可变成本为 c_1（通常是一个较小值）。

此外，生产者 2 是确定的，其可变成本为 c_2。该生产者是电力系统的储备电量来源，其向市场提供所有可用上浮 / 下浮储备量。也就是说，对于上浮储备量，该生产者可将电力从实际出力增至装机容量；对于下浮储备量，该生产者可将电力从实际出力减为零。其调度上浮储备量的可变成本为 $c_2^U > c_2$，调度下浮储备量的可变成本为 $c_2^D < c_2$。

这两种需求都没有弹性（即其边际效用都大到足以接受任何出清价格），总需求为 $d_1 + d_2 = d$。

为简单起见，假设输电容量是无限制的，因此不强制执行网络约束条件。

该市场中，两阶段随机市场出清算法的形式如下：

$$\begin{aligned}
\min_{\substack{p_1,p_2 \geqslant 0 \\ s_{1,1},s_{1,2} \geqslant 0 \\ r_{2,1}^{\mathrm{U}},r_{2,1}^{\mathrm{D}},r_{2,2}^{\mathrm{U}},r_{2,2}^{\mathrm{D}} \geqslant 0}} \quad & c_1 p_1 + c_2 p_2 + \\
& \pi_1 \Big[\big(c_2^{\mathrm{U}} r_{2,1}^{\mathrm{U}} - c_2^{\mathrm{D}} r_{2,1}^{\mathrm{D}} \big) + c_1 \big(p_{1,1}^{\mathrm{act}} - p_1 - s_{1,1} \big) \Big] + \\
& \pi_2 \Big[\big(c_2^{\mathrm{U}} r_{2,1}^{\mathrm{U}} - c_2^{\mathrm{D}} r_{2,1}^{\mathrm{D}} \big) + c_1 \big(p_{1,2}^{\mathrm{act}} - p_1 - s_{1,2} \big) \Big]
\end{aligned} \tag{4.47a}$$

$$\text{s.t.} \quad p_1 + p_2 = d : \lambda \tag{4.47b}$$

$$p_1 \leqslant p_1^{\max} \tag{4.47c}$$

$$p_2 \leqslant p_2^{\max} \tag{4.47d}$$

$$\big(r_{2,1}^{\mathrm{U}} - r_{2,1}^{\mathrm{D}} \big) + \big(p_{1,1}^{\mathrm{act}} - p_1 - s_{1,1} \big) = 0 : \gamma_1 \tag{4.47e}$$

$$0 \leqslant p_2 + \big(r_{2,1}^{\mathrm{U}} - r_{2,1}^{\mathrm{D}} \big) \leqslant p_2^{\max} \tag{4.47f}$$

$$s_{1,1} \leqslant p_{1,1}^{\mathrm{act}} \tag{4.47g}$$

$$\big(r_{2,2}^{\mathrm{U}} - r_{2,2}^{\mathrm{D}} \big) + \big(p_{1,2}^{\mathrm{act}} - p_1 - s_{1,2} \big) = 0 : \gamma_2 \tag{4.47h}$$

$$0 \leqslant p_2 + \big(r_{2,2}^{\mathrm{U}} - r_{2,2}^{\mathrm{D}} \big) \leqslant p_2^{\max} \tag{4.47i}$$

$$s_{1,2} \leqslant p_{1,2}^{\mathrm{act}} \tag{4.47j}$$

其中，该问题的各优化变量定义如下：

p_1 是生产者 1 的计划出力；p_2 是生产者 2 的计划出力；$s_{1,1}$ 是情景 1 中生产者 1 的溢出功率（可以使用但由于系统限制而未使用的功率）；$s_{1,2}$ 是情景 2 中生产者 1 的溢出功率；$r_{2,1}^{\mathrm{U}}$ 是情景 1 中生产者 2 的部署上浮储备量；$r_{2,1}^{\mathrm{D}}$ 是情景 1 中生产者 2 的部署下浮储备量；$r_{2,2}^{\mathrm{U}}$ 是情景 2 中生产者 2 的部署上浮储备量；$r_{2,2}^{\mathrm{D}}$ 是情景 2 中生产者 2 的部署下浮储备量。

实时价格为：

$$\lambda_1 = \frac{\gamma_1}{\pi_1}, \quad \lambda_2 = \frac{\gamma_2}{\pi_2} \tag{4.48}$$

所以采用各自的概率分别调整基于情景的增量功率平衡方程（4.47e）和（4.47h）的对偶变量，可以得到边际价格 λ_1 和 λ_2。

目标函数式（4.47a）是求预期生产成本，包括与计划生产有关的生产成本 $c_1 p_1 + c_2 p_1$，以及情景 1 的成本调整值 $\Big[\big(c_2^{\mathrm{U}} r_{2,1}^{\mathrm{U}} - c_2^{\mathrm{D}} r_{2,1}^{\mathrm{D}} \big) + c_1 \big(p_{1,1}^{\mathrm{act}} - p_1 - s_{1,1} \big) \Big]$ 和情景 2 的成本调整值 $\Big[\big(c_2^{\mathrm{U}} r_{2,1}^{\mathrm{U}} - c_2^{\mathrm{D}} r_{2,1}^{\mathrm{D}} \big) + c_1 \big(p_{1,2}^{\mathrm{act}} - p_1 - s_{1,2} \big) \Big]$。

约束条件式（4.47b）是运营规划阶段的功率均衡约束条件，其对偶变量是调度市场出清价格。约束条件式（4.47c）和式（4.47d）分别是 1 号和 2 号机组在运营规划阶段的输出功率限值。

约束条件式（4.47e）是在情景 1 条件下实时运营时的增量功率均衡约束条件。该约束条件以增量形式写出，以免出现冗余，从而得出正确价格（对偶变量）。该约束条件的对偶变量是：情景 1 条件下实时阶段的市场出清价格乘以该情景的概率，见目标函数式（4.47a）。约束条件式（4.47f）限制生产者 2 在情景 1 条件下的运营（下浮和上浮）功率。约束条件式（4.47g）强制规定，在情景 1 条件下，生产者 1 的溢出功率应低于其装机容量。

表4.1　随机定价：数据（左表）和结果（右表）

情形	1	2	3
d	10	10	10
c_1	0	0	1
$p_{1,1}^{\mathrm{act}}$	2	2	2
π_1	0.4	0.4	0.4
$p_{1,2}^{\mathrm{act}}$	8	1.2	8
π_2	0.6	0.6	0.6
c_2	4	4	4
c_2^{U}	4.5	4.5	4.5
c_2^{D}	3	3	3

情形	1	2	3
p_1^*	8	10	8
p_2^*	2	0	2
λ^*	4	1.8	4
λ_1^*	4.5	4.5	4.5
λ_2^*	$3.\hat{6}^{\mathrm{a}}$	0	3.6
$r_{2,1}^{\mathrm{U}*}$	6	8	6
$r_{2,1}^{\mathrm{D}*}$	0	0	0
$r_{2,2}^{\mathrm{U}*}$	0	0	0
$r_{2,2}^{\mathrm{D}*}$	0	0	0
$s_{1,1}^*$	0	0	0
$s_{1,2}^*$	0	2	0

a $3.\hat{6}=11/3$。

类似地，约束条件式（4.47h）是在情景 2 条件下实时运营时的增量功率均衡约束条件。该约束条件的对偶变量是：情景 2 条件下实时阶段的市场出清价格乘以该情景的概率［见目标函数式（4.47a）］。约束条件式（4.47i）限制生产者 2 在情景 2 条件下的运营（下浮和上浮）功率。约束条件式（4.47j）强制规定，在情景 2 条件下，生产者 1 的溢出功率应低于其装机容量。

表 4.1 给出了以下 3 种情形的数据（左表）和结果（右表）。

情形 1（数据见表 4.1 中左表第 2 列）得出的调度价格为 $\lambda=4$，情景 1 和情景 2 的实时价格分别为 $\lambda_1=4.5$ 和 $\lambda_2=11/3$。生产者 1 和生产者 2 的最优计划出力分别为 $p_1=8$ 和 $p_2=2$。如果情景 1 实现了生产者 1 的实际出力 $p_{1,1}^{\text{act}}=2$，则生产者 2 需要部署 $r_{2,1}^{\text{U}}=6$ 的上浮储备量来满足需求 $d=10$。相反，如果情景 2 全部实现，则无需部署储备量。此外，两种情景中均无溢出功率。

情形 2（数据见表 4.1 中左表第 3 列）与情形 1 的区别在于，情景 2 中生产者 1 的实际出力从 8 增加到 12（表 4.1 左表第 3 列的框内值），大于总需求量。这种情形导致第一阶段价格 $\lambda=1.8$，情景 1 和情景 2 的实时价格分别为 $\lambda_1=4.5$ 和 $\lambda_2=0$。生产者 1 和生产者 2 的最优计划出力分别为 $p_1=10$ 和 $p_2=0$。如果情景 1 实现了生产者 1 的实际出力 $p_{1,1}^{\text{act}}=2$，则生产者 2 需要部署 $r_{2,1}^{\text{U}}=8$ 的上浮储备量来满足需求 $d=10$。相反，如果实现情景 2，则无需部署储备量。此外，如果实现情景 2，生产者 1 需要溢出的功率为 $s_{1,2}=2$。

情形 3（数据见表 4.1 左表第 4 列）与情形 1 的区别在于，生产者 1 的可变成本为 1，而不是 0（见表 4.1 左侧子表第 3 列的框内值）。然而，结果与情形 1 相同。

关于价格，需要注意的是，第一阶段价格就是实时价格的平均值，也就是说：

$$\lambda = \pi_1 \lambda_1 + \pi_2 \lambda_2, \text{if} c_1 = 0 \tag{4.49}$$

这在表 4.1、情形 1 和情形 2 中可以得到验证。具体来说，在情形 1 中：

$$4 = 0.4 \times 4.5 + 0.6 \times \frac{11}{3}$$

此处先计算收入，再计算利润。

生产者 1 在每个情景下的收入和平均收入为：

$$R_{1,1} = p_1^* \cdot \lambda^* + \left(p_{1,1}^{\text{act}} - p_1^* - s_{1,1}^* \right) \cdot \lambda_1^* \tag{4.50}$$

$$R_{1,2} = p_1^* \cdot \lambda^* + \left(p_{1,2}^{\text{act}} - p_1^* - s_{1,2}^* \right) \cdot \lambda_2^* \tag{4.51}$$

$$R_1^{\mathrm{E}} = \pi_1 \cdot R_{1,1} + \pi_2 \cdot R_{1,2} \qquad (4.52)$$

生产者 2 在每个情景下的收入和平均收入为：

$$R_{2,1} = p_2^* \cdot \lambda^* + \left(r_{2,1}^{\mathrm{U}*} - r_{2,1}^{\mathrm{D}*}\right) \cdot \lambda_1^* \qquad (4.53)$$

$$R_{2,2} = p_2^* \cdot \lambda^* + \left(r_{2,2}^{\mathrm{U}*} - r_{2,2}^{\mathrm{D}*}\right) \cdot \lambda_2^* \qquad (4.54)$$

$$R_2^{\mathrm{E}} = \pi_1 \cdot R_{2,1} + \pi_2 \cdot R_{2,2} \qquad (4.55)$$

生产者 1 在每个情景下的利润和平均利润为：

$$\Pi_{1,1} = p_1^* \cdot \lambda^* + \left(p_{1,1}^{\mathrm{act}} - p_1^* - s_{1,1}^*\right) \cdot \lambda_1^* - c_1 \cdot p_{1,1}^{\mathrm{act}} \qquad (4.56)$$

$$\Pi_{1,2} = p_1^* \cdot \lambda^* + \left(p_{1,2}^{\mathrm{act}} - p_1^* - s_{1,2}^*\right) \cdot \lambda_2^* - c_1 \cdot p_{1,2}^{\mathrm{act}} \qquad (4.57)$$

$$\Pi_1^{\mathrm{E}} = \pi_1 \cdot \Pi_{1,1} + \pi_2 \cdot \Pi_{1,2} \qquad (4.58)$$

生产者 2 在每个情景下的利润和平均利润为：

$$\Pi_{2,1} = p_2^* \cdot \lambda^* + \left(r_{2,1}^{\mathrm{U}*} - r_{2,1}^{\mathrm{D}*}\right) \cdot \lambda_1^* - \left(c_2 \cdot p_2^* + c_2^{\mathrm{U}} \cdot r_{2,1}^{\mathrm{U}*} - c_2^{\mathrm{D}} \cdot r_{2,1}^{\mathrm{D}*}\right) \qquad (4.59)$$

$$\Pi_{2,2} = p_2^* \cdot \lambda^* + \left(r_{2,2}^{\mathrm{U}*} - r_{2,2}^{\mathrm{D}*}\right) \cdot \lambda_2^* - \left(c_2 \cdot p_2^* + c_2^{\mathrm{U}} \cdot r_{2,2}^{\mathrm{U}*} - c_2^{\mathrm{D}} \cdot r_{2,2}^{\mathrm{D}*}\right) \qquad (4.60)$$

$$\Pi_2^{\mathrm{E}} = \pi_1 \cdot \Pi_{2,1} + \pi_2 \cdot \Pi_{2,2} \qquad (4.61)$$

两个生产者的平均利润为：

$$\Pi^{\mathrm{E}} = \Pi_1^{\mathrm{E}} + \Pi_2^{\mathrm{E}} \qquad (4.62)$$

两个生产者的平均收入为：

$$R^{\mathrm{E}} = R_1^{\mathrm{E}} + R_2^{\mathrm{E}} \qquad (4.63)$$

需求支出为：

$$P = d \cdot \lambda^* \qquad (4.64)$$

表 4.2 给出了三种情形的数据（左表）以及利润、收入和支出（右表）。

从表 4.2 中观察到，两个生产者通常都可以收回各自的成本，但并非在每个情景下都能收回。例如，生产者 1 在情形 2（两个表中的第三列）中的平均利润为 $\Pi_1^E=3.6$，但在情景 1 中的平均利润为 $\Pi_{1,1}=-18$。

正如文献［4］或文献［5］中所示，所有生产者的平均利润都是非负值，这是一个重要属性。这种属性称为成本回收预期。

从表 4.2 中还发现，各生产者获得的预期收入总额等于由需求产生的预期支出总额（右表的最后两行）。这意味着市场预期有足够的收入，如文献［4］或文献［5］所示。文献［5］探讨得出在多数情况下，每个情景也有足够的收入。这也是上述三种情形的结果。

第 4.9 节中提供了用于解决此示例问题的 GAMS 代码[3]。

表 4.2　随机定价：数据（左表）以及收入、利润和支出（右表）

情形	1	2	3
d	10	10	10
c_1	0	0	1
$p_{1,1}^{act}$	2	2	2
π_1	0.4	0.4	0.4
$p_{1,2}^{act}$	8	12	8
π_2	0.6	0.6	0.6
c_2	4	4	4
c_2^U	4.5	4.5	4.5
c_2^D	3	3	3

情形	1	2	3
$\Pi_{1,1}$	5	−18	3
$\Pi_{1,2}$	32	18	30
Π_1^E	21.2	3.6	19.2
$\Pi_{2,1}$	3	4	0
$\Pi_{2,2}$	0	0	0
Π_2^E	1.2	1.6	0
$R_{1,1}$	5	−18	5
$R_{1,2}$	32	18	32
R_1^E	21.2	3.6	21.2
$R_{2,1}$	35	36	35
$R_{2,2}$	8	0	8
R_2^E	18.8	14.4	18.8
R	40	18	40
P	40	18	40

4.5.2　不确定性：通用公式

下面给出了两阶段市场出清算法的通用公式及其相应的边际定价。为简单起见，仅考虑单个时段，并且不强制执行输电约束条件。

$$\min_{\substack{p_k \geqslant 0, k \in \Omega^S \cup \Omega^D \\ r_{j,s}^U, r_{j,s}^D \geqslant 0, j \in \Omega^D, \forall s \\ s_{i,s} \geqslant 0, i \in \Omega^S, \forall s}} \sum_{i \in \Omega^S} c_i p_i + \sum_{j \in \Omega^D} c_j p_j + \sum_s \sum_{j \in \Omega^D} \pi_s \left(c_j^U r_{j,s}^U - c_j^D r_{j,s}^D \right) \tag{4.65a}$$

$$\text{s.t.} \qquad \sum_{k \in \Omega^S \cup \Omega^D} p_k = d : \lambda \tag{4.65b}$$

$$0 \leqslant p_k \leqslant p_k^{\max}, \forall k \in \Omega^S \cup \Omega^D \tag{4.65c}$$

$$\sum_{j \in \Omega^D} \left(r_{j,s}^U - r_{j,s}^D \right) + \sum_{i \in \Omega^S} \left(p_{i,s}^{\text{act}} - p_i - s_{i,s} \right) = 0 : \gamma_s, \forall s \tag{4.65d}$$

$$0 \leqslant p_j + \left(r_{j,s}^U - r_{j,s}^D \right) \leqslant p_j^{\max}, \forall j \in \Omega^D, \forall s \tag{4.65e}$$

$$s_{i,s} \leqslant p_{i,s}^{\text{act}}, \forall i \in \Omega^S, \forall s \tag{4.65f}$$

情景 s 中的实时价格是：

$$\lambda_s = \frac{\gamma_s}{\pi_s} \tag{4.66}$$

式（4.65）的优化变量如下：

p_k 是生产者 k（随机性和确定性生产者）的计划出力；$r_{j,s}^U$ 是情景 s 中确定性生产者 j 的部署上浮储备量；$r_{j,s}^D$ 是情景 s 中确定性生产者 j 的部署下浮储备量；$s_{i,s}$ 是情景 s 中随机性生产者 i 的溢出功率；Ω^D 是确定性生产者的集合；Ω^S 是随机性生产者的集合。

目标函数式（4.65a）是求预期成本，包括运营规划阶段的成本（$\sum_{i \in \Omega^S} c_i p_i + \sum_{j \in \Omega^D} c_j p_j$）和预期的生产量调整成本 $\left[\sum_s \sum_{j \in \Omega^D} \pi_s \left(c_j^U r_{j,s}^U - c_j^D r_{j,s}^D \right) \right]$。

约束条件式（4.65b）是运营规划阶段的功率均衡约束条件，其对偶变量（λ）是第一阶段价格。

约束条件式（4.65c）是对所有生产者（包含确定性和随机性生产者）的

功率限制。

约束条件式（4.65d）是情景 s 下的增量功率均衡约束条件，其对偶变量（γ_s）是情景 s 下按概率调整的实时价格。

情景 s 下集合 Ω^{S} 中随机性生产者 i 的收入 $R_{i,s}$ 为：

$$R_{i,s} = p_i^* \lambda^* + \left(p_{i,s}^{\mathrm{act}} - p_i^* - s_{i,s}^* \right) \lambda_s^* \tag{4.67}$$

其利润 $\Pi_{i,s}$ 为：

$$\Pi_{i,s} = p_i^* \lambda^* + \left(p_{i,s}^{\mathrm{act}} - p_i^* - s_{i,s}^* \right) \lambda_s^* - c_i p_{i,s}^{\mathrm{act}} \tag{4.68}$$

集合 Ω^{S} 中随机性生产者 i 的平均收入 R_i^{E} 和利润 Π_i^{E} 为：

$$R_i^{\mathrm{E}} = \sum_{s \in S} \pi_s R_{i,s} \tag{4.69}$$

$$\Pi_i^{\mathrm{E}} = \sum_{s \in S} \pi_s \Pi_{i,s} \tag{4.70}$$

其中，S 是所考虑情景的集合。

情景 s 下集合 Ω^{D} 中确定性生产者 j 的收入 $R_{j,s}$ 为：

$$R_{j,s} = p_j^* \lambda^* + \left(r_{j,s}^{\mathrm{U}*} - r_{j,s}^{\mathrm{D}*} \right) \lambda_s^* \tag{4.71}$$

其利润 $\Pi_{j,s}$ 为

$$\Pi_{j,s} = p_j^* \lambda^* + \left(r_{j,s}^{\mathrm{U}*} - r_{j,s}^{\mathrm{D}*} \right) \lambda_s^* - c_j \left[p_j^* + \left(r_{j,s}^{\mathrm{U}*} - r_{j,s}^{\mathrm{D}*} \right) \right] \tag{4.72}$$

集合 Ω^{D} 中确定性生产者的平均收入 R_j^{E} 和利润 Π_j^{E} 分别是，

$$R_j^{\mathrm{E}} = \sum_{s \in S} \pi_s R_{j,s} \tag{4.73}$$

$$\Pi_j^{\mathrm{E}} = \sum_{s \in S} \pi_s \Pi_{j,s} \tag{4.74}$$

对于随机性和确定性生产者，平均成本回收属性可以分别确保：

$$\Pi_i^{\mathrm{E}} \geqslant 0, \forall i \in \Omega^{\mathrm{S}} \text{且} \Pi_j^{\mathrm{E}} \geqslant 0, \forall j \in \Omega^{\mathrm{D}} \tag{4.75}$$

平均收入充足性属性可以确保：

$$d\lambda^* \geq \sum_{i \in \Omega^S} R_i^E + \sum_{j \in \Omega^D} R_j^E \qquad (4.76)$$

也就是说,按需求支付的总支出大于或等于所有(随机性和确定性)生产者获得的平均总收入。

4.6 多时段边际定价

本节将分析多时段出清算法以及相应的边际价格,重点关注将两个连续时段结合在一起的爬坡约束对边际价格的影响。首先给出一个示例,然后给出通用公式。

4.6.1 多时段:示例

本节考虑的带有爬坡限值的两时段清算示例如图 4.10 所示。

消费者 1(图 4.10 左侧)在时段 1 和时段 2 的最大需求量分别为 2 MW 和 4 MW,其边际效用分别为 2 美元 /MWh 和 3 美元 /MWh。同样,消费者 2(图 4.10 右侧)在时段 1 和时段 2 的最大需求量分别为 4 MW 和 6 MW,其边际效用分别为 4 美元 /MWh 和 6 美元 /MWh。

生产者 1(图 4.10 左侧)的上爬坡限值和下爬坡限值分别为 r_1^U 和 r_1^D,生产者 2(图 4.10 右侧)的上爬坡限值和下爬坡限值分别为 r_2^U 和 r_2^D。在市场开始之前,生产者 1 和生产者 2 的发电量分别为 $p_{1,0}=4$ MW 和 $p_{2,0}=1$ MW。

本例的其他数据与第 4.3.2 节中的数据相同。

这种两时段出清算法的公式 [与式(4.27)密切相关] 如下:

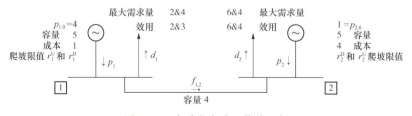

图 4.10 多时段出清:简单示例

$$\max_{\substack{d_{1,1},d_{2,1},p_{1,1},p_{2,1}\geq 0;f_{1,2,1}\\ d_{1,2},d_{2,2},p_{1,2},p_{2,2}\geq 0;f_{1,2,2}}} z = 2\cdot d_{1,1} + 4\cdot d_{2,1} - 1\cdot p_{1,1} - 4\cdot p_{2,1} \quad (4.77a)$$

$$+3\cdot d_{1,2} + 6\cdot d_{2,2} - 1\cdot p_{1,2} - 4\cdot p_{2,2}$$

$$\text{s.t.}\quad p_{1,1} - d_{1,1} = f_{1,2,1} : \lambda_{1,1} \quad (4.77b)$$

$$p_{2,1} - d_{2,1} = -f_{1,2,1} : \lambda_{2,1} \quad (4.77c)$$

$$p_{1,1}\leq 5; p_{2,1}\leq 5 \quad (4.77d)$$

$$d_{1,1}\leq 2; d_{2,1}\leq 4 \quad (4.77e)$$

$$-4\leq f_{1,2,1}\leq 4 \quad (4.77f)$$

$$p_{1,2} - d_{1,2} = f_{1,2,2} : \lambda_{1,2} \quad (4.77g)$$

$$p_{2,2} - d_{2,2} = -f_{1,2,2} : \lambda_{2,2} \quad (4.77h)$$

$$p_{1,2}\leq 5; p_{2,2}\leq 5 \quad (4.77i)$$

$$d_{1,2}\leq 4; d_{2,2}\leq 6 \quad (4.77j)$$

$$-4\leq f_{1,2,2}\leq 4 \quad (4.77k)$$

$$p_{1,1} - 4\leq r_1^U \quad (4.77l)$$

$$4 - p_{1,1}\leq r_1^D \quad (4.77m)$$

$$p_{1,2} - p_{1,1}\leq r_1^U \quad (4.77n)$$

$$p_{1,1} - p_{1,2}\leq r_1^D \quad (4.77o)$$

$$p_{2,1} - 1\leq r_2^U \quad (4.77p)$$

$$1 - p_{2,1}\leq r_2^D \quad (4.77q)$$

$$p_{2,2} - p_{2,1}\leq r_2^U \quad (4.77r)$$

$$p_{2,1} - p_{2,2}\leq r_2^D \quad (4.77s)$$

其中：

$d_{1,1}$ 和 $d_{2,1}$ 分别是消费者 1 和消费者 2 在时段 1 的消费量；$d_{1,2}$ 和 $d_{2,2}$ 分别是消费者 1 和消费者 2 在时段 2 的消费量；$p_{1,1}$ 和 $p_{2,1}$ 分别是生产者 1 和生产者 2 在时段 1 的生产量；$p_{1,2}$ 和 $p_{2,2}$ 分别是生产者 1 和生产者 2 在时段 2 的生产量；$f_{1,2,1}$ 和 $f_{1,2,2}$ 分别是时段 1 和时段 2 流经线路 12 的潮流。

目标函数式（4.77a）是求包含两个时段的社会福利；$2\cdot d_{1,1}+4\cdot d_{2,1}-1\cdot p_{1,1}-4\cdot p_{2,1}$ 对应于时段 1，$3\cdot d_{1,2}+6\cdot d_{2,2}-1\cdot p_{1,2}-4\cdot p_{2,2}$ 对应于时段 2。

约束条件式（4.77b）和式（4.77c）分别是时段 1 内节点 1 和节点 2 的功率平衡方程，分别产生区位边际价格 $\lambda_{1,1}$ 和 $\lambda_{2,1}$。约束条件式（4.77d）和式（4.77e）

分别是时段 1 的生产量限值和需求量限值。约束条件式（4.77f）表示在时段 1 对两个方向施加输电容量限值。

约束条件式（4.77g）和式（4.77h）分别是时段 2 内节点 1 和节点 2 的功率平衡方程，分别产生区位边际价格 $\lambda_{1,2}$ 和 $\lambda_{2,2}$。约束条件式（4.77i）和式（4.77j）分别是时段 2 的生产量限值和需求量限值。约束条件式（4.77k）表示在时段 2 对两个方向施加输电容量限值。

约束条件式（4.77l）～式（4.77m）和式（4.77n）～式（4.77o）分别是生产者 1 在时段 0 到 1 和时段 1 到 2 的生产量上爬坡限值和下爬坡限值。同样，约束条件式（4.77p）～式（4.77q）和约束条件式（4.77r）～式（4.77s）分别是生产者 2 在时段 0 到 1 和时段 1 到 2 的生产量上爬坡限值和下爬坡限值。

表 4.3 给出了在收紧和放宽爬坡限值两种情形下的出清算法结果。对于收紧爬坡限值 $\left(r_1^U = r_1^D = r_2^U = r_2^D = 1\right)$ 的情形，由表 4.3 左侧可知，在时段 2，市场在有阻塞条件下进行清算。生产者 1 从时段 1 到时段 2 的上爬坡约束条件具有约束力，限制了生产者增加发电量的能力。在这种情况下，出清价格 $\left(\lambda_{1,1}^* = 2, \lambda_{2,1}^* = 2, \lambda_{1,2}^* = 3, \lambda_{2,2}^* = 6\right)$ 由平衡约束条件决定，并受到输电限值和爬坡限值的影响。输电约束条件在时段 2 具有约束力，但在时段 1 的极限处不具有约束力（其他约束条件产生约束力）。因此，时段 2 内各节点的边际价格不同，但在时段 1 却不是这样。

表4.3　两时段定价：结果

情形	$r_1^U = r_1^D = r_2^U = r_2^D = 1$		$r_1^U = r_1^D = r_2^U = r_2^D = 5$	
	时段 1	时段 2	时段 1	时段 2
z^*	37		39	
$p_{1,1}^*, p_{1,2}^*$	5	5	5	5
$p_{2,1}^*, p_{2,2}^*$	0	1	0	2
$d_{1,1}^*, d_{1,2}^*$	1	1	1	1
$d_{2,1}^*, d_{2,2}^*$	4	5	4	6
$f_{1,2,1}^*, f_{1,2,1}^*$	4	4	4	4
$\lambda_{1,1}^*, \lambda_{1,2}^*$	2	3	2	3
$\lambda_{2,1}^*, \lambda_{2,2}^*$	2	6	4	4

对于放宽爬坡限值的情形 $\left(r_1^{\mathrm{U}}=r_1^{\mathrm{D}}=r_2^{\mathrm{U}}=r_2^{\mathrm{D}}=5\right)$，由表 4.3 右侧可知，在两个时段内，市场都在有阻塞条件下进行清算。在这种情况下，没有具有约束力的爬坡限值。出清价格 $\left(\lambda_{1,1}^{*}=2, \lambda_{2,1}^{*}=4, \lambda_{1,2}^{*}=3, \lambda_{2,2}^{*}=4\right)$ 由平衡约束条件决定，并受到输电限值的影响。输电约束条件在两个时段内均具有约束力。因此，两个时段内各节点的边际价格不同。

生产者收入（R_1 和 R_2）、消费者支出（P_1 和 P_2）、生产者利润（Π_1^{P} 和 Π_2^{P}）、消费者利润（Π_1^{C} 和 Π_2^{C}）、各种剩余和社会福利均如表 4.4 中所示。

4.6.2 多时段：通用公式

多时段市场出清算法的通用形式为：

表 4.4 两时段定价：收入、支出、利润、剩余和社会福利

情形	$r_1^{\mathrm{U}}=r_1^{\mathrm{D}}=r_2^{\mathrm{U}}=r_2^{\mathrm{D}}=1$	$r_1^{\mathrm{U}}=r_1^{\mathrm{D}}=r_2^{\mathrm{U}}=r_2^{\mathrm{D}}=5$
R_1	25	25
R_2	6	8
总收入	31	33
P_1	5	5
P_2	38	40
总支出	43	45
Π_1^{P}	15	15
Π_2^{P}	2	0
生产者总利润	17	15
Π_1^{C}	0	0
Π_2^{C}	8	12
消费者总利润	8	12
电网剩余	12	12
社会福利	37	39

$$\max_{\substack{d_{i,t} \geqslant 0, p_{i,t} \geqslant 0, \theta_{i,t}, \forall i, \forall t; \\ f_{i,j,t}, \forall i, \forall j \in \Omega_i, \forall t}} z = \sum_t \left(\sum_i u_{i,t} d_{i,t} - \sum_i c_i p_{i,t} \right) \qquad (4.78a)$$

$$\text{s.t.} \qquad p_{i,t} - d_{i,t} - \sum_{j \in \Omega_i} f_{i,j,t} = 0 : \lambda_{i,t} \forall i, \forall t \qquad (4.78b)$$

$$0 \leqslant d_{i,t} \leqslant d_{i,t}^{\max} \forall i, \forall t \qquad (4.78c)$$

$$0 \leqslant p_{i,t} \leqslant p_i^{\max} \forall i, \forall t \qquad (4.78d)$$

$$0 \leqslant p_{i,t} - p_{i,t-1} \leqslant p_i^{U,\max}, \forall i \forall t \qquad (4.78e)$$

$$0 \leqslant p_{i,t-1} - p_{i,t} \leqslant p_i^{D,\max}, \forall i \forall t \qquad (4.78f)$$

$$-f_{i,j}^{\max} \leqslant f_{i,j,t} \leqslant f_{i,j}^{\max}, \forall i, \forall j \in \Omega_i, \forall t \qquad (4.78g)$$

$$f_{i,j,t} = -f_{jit}, \forall i, \forall j \in \Omega_i, \forall t \qquad (4.78h)$$

$$f_{i,j,t} = B_{i,j} \cdot \left(\theta_{i,t} - \theta_{jt} \right), \forall i, \forall j \in \Omega_i, \forall t \qquad (4.78i)$$

$$\theta_{kt} = 0, \forall t, k \text{ 为任意节点} \qquad (4.78j)$$

各优化变量说明如下：

$d_{i,t}$ 是时段 t 内消费者 i 的消费量；$p_{i,t}$ 是时段 t 内生产者 i 的生产量；$f_{i,j,t}$ 是时段 t 内从 i 到 j 流经线路 ij 的潮流；$\theta_{i,t}$ 是时段 t 内节点 i 的电压功角（电网状态变量）；$\lambda_{i,t}$（对偶变量）是时段 t 内节点 i 的市场出清价格。

各常数说明如下：

$u_{i,t}$ 是时段 t 内消费者 i 的可变效用；c_i 是消费者 i 的可变成本；$d_{i,t}^{\max}$ 是时段 t 内消费者 i 的最大需求量；$p_i^{\max}$ 是生产者 i 的容量；$p_i^{U,\max}$ 是生产者 i 的上爬坡限值；$p_i^{D,\max}$ 是生产者 i 的下爬坡限值；p_i^0 是生产者 i 在规划初期的实际产量；$f_{i,j}^{\max}$ 是线路 ij 的输电容量；$B_{i,j}$ 是线路 ij 的电纳。

最后，Ω_i 是与节点 i 直接相连的各节点的集合。

目标函数式（4.78a）是求整个研究期（所有时间段之和）的社会福利。约束条件式（4.78b）是时段 t 内节点 i 的功率平衡方程，可以产生节点边际电价 $\lambda_{i,t}$。约束条件式（4.78c）和式（4.78d）分别是时段 t 内的消费量限值和生产量限值。约束条件式（4.78e）和式（4.78f）分别是生产者的上爬坡限值和下爬坡限值。约束条件式（4.78g）表示时段 t 内的输电容量限值。由于假设电网无损耗，约束条件式（4.78h）表示时段 t 内沿方向 ij 的潮流与沿方向 ji 的潮流相反。约束条件式（4.78i）表示时段 t 内流经线路 ij 的潮流，即该线路的电纳乘以时段 t 内发送端和接收端的电压功角差值。最后，约束条件式（4.78j）将时段 t 内的任意节点固定为参考节点。

4.7　总结

（1）边际定价（几乎）是电力市场采用的普遍范式，其主要原因有两个。在完全竞争条件下：

1）边际定价可确保投资成本回收（最理想的长期属性）。

2）边际定价可确保短期效率，即最大社会福利。

此外，在完全竞争条件下，收入充足性（对运营商而言）和成本回收（对生产者而言）均能得到保证。

（2）在市场出清算法中考虑非凸性（启动成本和最小发电量等）会破坏上述最理想属性，而且成本回收通常无法得到保证。

（3）采用具有约束力的网络约束条件，会产生节点（空间）边际电价和市场分裂。

（4）跨时期约束条件，如发电机组的爬坡限值，可能会对边际出清价格产生重大影响。

（5）通过随机规划，可以定制市场出清算法，用于反映依赖天气的生产者所面临的固有不确定性。在完全竞争条件下，预期收入充足性和成本回收将得到保证。

4.8　章末练习

4.1　对于第 4.2.1 节中的模型，计算

$$\frac{\partial}{\partial p_b} C_o(\cdot)$$

其中：

$$C_0(\cdot) = c_b e_b + c_m e_m + c_p p_m + c_u e_u$$

也就是说，计算关于基本发电技术小容量变化的运营成本导数。

4.2　考虑第 4.3 节（图 4.5）、第 4.3.1 节和第 4.3.2 节中的市场出清示例。将它们从 2 个节点扩展到 3 个节点，即生产者在节点 1 和节点 2，需求在节点 3。求解有阻塞和无阻塞实例，并讨论得到的价格。

4.3　将第 4.4.1 节（图 4.8）中的非凸市场出清示例扩展到包括网络约束条件。具体来说，考虑含有 3 个节点的例子。求解有阻塞和无阻塞实例，并讨论得到的价格。

4.4　将第 4.5.1 节（图 4.9）中的随机市场出清示例扩展到包括网络约束条件。具体来说，考虑含有 3 个节点的例子。求解有阻塞和无阻塞实例，并讨论得到的价格。

4.5　将第 4.5.1 节（图 4.9）中的随机市场出清示例扩展到包括非凸性。具体来说，包括启动成本和最小发电量约束条件。讨论得到的价格。

4.6　将第 4.5.1 节（图 4.9）中的随机市场出清示例扩展到三个时段。分析爬坡约束条件对价格的影响。讨论得到的价格。

4.9　GAMS 代码

以下是用于求解随机市场出清示例的 GAMS[3] 输入文件：

```
1 variable z;
2 positive variables p1, p2;
3 positive variables s11, s12;
4 positive variables r21u, r21d, r22u, r22d;
5 *
6 variables prices1, prices2;
7 variables profit11, profit12, profit1E;
8 variables profit21, profit22, profit2E;
9 *
10 variables rev11, rev12, rev1E;
11 variables rev21, rev22, rev2E;
12 *
13 variable dpay, revtotal;
14 *
15 parameters c1/1/, c2/4/, d/10/;
16 parameters cap1/20/, cap2/20/;
17 *
```

```
18  parameters p1r1 / 02/, p1r2 / 08/;
19  parameters ps1 /0.4/, ps2 /0.6/;
20  parameter epsu /0.5/, epsd /1.0/;
21  *
22  equations of, ba, bd1a, bd2a;
23  equations bs1, bds1u, bds1d, bs2, bds2u, bds2d;
24  equations spl1, spl2;
25  *
26  of.. z =e= c1*p1+c2*p2 +
27  ps1*((c2+epsu)*r21u - (c2-epsd)*r21d +c1*(p1r1-p1-s11))+
28  ps2*((c2+epsu)*r22u - (c2-epsd)*r22d +c1*(p1r2-p1-s12));
29  *
30  ba.. p1+p2 =e= d;
31  bd1a.. p1 =l= cap1;
32  bd2a.. p2 =l= cap2;
33  *
34  bs1.. (r21u-r21d)+(p1r1-p1-s11) =e= 0;
35  bds1u.. p2+(r21u-r21d) =l= cap2;
36  bds1d.. p2+(r21u-r21d) =g= 0;
37  spl1.. s11 =l= p1r1;
38  *
39  bs2.. (r22u-r22d)+(p1r2-p1-s12) =e= 0;
40  bds2u.. p2+(r22u-r22d) =l= cap2;
41  bds2d.. p2+(r22u-r22d) =g= 0;
42  spl2.. s12 =l= p1r2;
43  *
44  model stoclear /all/;
45  solve stoclear using lp minimizing z;
46  *
47  prices1.l= bs1.m/ps1;
48  prices2.l= bs2.m/ps2;
49  *
50  profit11.l= p1.l*ba.m+(p1r1-p1.l-s11.l)*prices1.l - c1*p1r1;
51  profit12.l= p1.l*ba.m+(p1r2-p1.l-s12.l)*prices2.l - c1*p1r1;
52  profit1E.l= ps1*profit11.l + ps2*profit12.l;
53  *
54  profit21.l= p2.l*ba.m+(r21u.l-r21d.l)*prices1.l - (c2*p2.l+(
        c2+epsu)*r21u.l -(c2+ epsd)* r21d.l);
55  profit22.l= p2.l*ba.m+(r22u.l-r22d.l)*prices2.l - (c2*p2.l+(
        c2+epsu)*r22u.l -(c2+epsd)*r22d.l);
56  profit2E.l= ps1*profit21.l + ps2*profit22.l;
57  *
58  rev11.l= p1.l*ba.m+(p1r1-p1.l-s11.l)*prices1.l;
59  rev12.l= p1.l*ba.m+(p1r2-p1.l-s12.l)*prices2.l;
```

```
60  rev1E.l= ps1*rev11.l + ps2*rev12.l;
61  *
62  rev21.l= p2.l*ba.m+(r21u.l-r21d.l)*prices1.l;
63  rev22.l= p2.l*ba.m+(r22u.l-r22d.l)*prices2.l;
64  rev2E.l= ps1*rev21.l + ps2*rev22.l;
65  *
66  dpay.l= d*ba.m;
67  revtotal.l= rev1E.l+rev2E.l;
68  *
69  display p1.l, p2.l;
70  display ba.m, prices1.l, prices2.l;
71  display r21u.l, r21d.l, r22u.l, r22d.l;
72  display s11.l, s12.l;
73  *
74  display profit11.l, profit12.l, profit1E.l;
75  display profit21.l, profit22.l, profit2E.l;
76  *
77  display rev11.l, rev12.l, rev1E.l;
78  display rev21.l, rev22.l, rev2E.l;
79  *
80  display dpay.l, revtotal.l;
```

请注意，该 GAMS 代码与式（4.47）的数学表达式一致。

参考文献

［1］Chang, H.J.: Economics. The User's Guide. Bloomsbury Press, New York (2014).

［2］Conejo, A.J., Baringo, L.: Power System Operations. Springer, New York (2018).

［3］GAMS Development Corporation: GAMS-A User's Guide. http://www.gams.com (2020).

［4］Morales, J.M., Conejo, A.J., Liu, K., Zhong, J.: Pricing electricity in pools with wind producers. IEEE Trans. Power Syst. 27, 1366-1376 (2012).

［5］Pritchard, G., Zakeri, G., Philpott, A.: A single-settlement, energy-only electric power market for unpredictable and intermittent participants. Oper. Res. 58, 1210-1219 (2010).

［6］Ventosa, M., Linares, P., Perez-Arriaga, I.J.: Power system economics. In: Perez-Arriaga, I.J. (ed.) Regulation of the Power Sector. Springer, New York (2014).

第 5 章

市场支配力

5.1　概述

　　许多国家和地区的放松管制电力市场通常表现出寡头垄断所有制特征。例如，文献［15］发现，英国电力现货市场的边际成本存在相当大的偏差，而文献［2］则证明了战略性发电商在重组加州批发电力市场中具备的市场支配力。文献［13］中，Tangerås 和 Mauritzen 调查了北欧电力交易所（Nord Pool）水电批发电力市场中的市场支配力。战略性发电商对价格进行操纵，会导致社会福利产生重大损失。电力需求相对缺乏弹性，而且难以经济有效地储存电力，这加剧了市场支配力对福利的扭曲效应[2]。

　　本章首先研究市场支配力的特征❶。为了理解市场支配力的概念，本章考虑了两种极端情况：单一生产者的卖方垄断和单一消费者的买方垄断。其次，本章研究寡头垄断市场，其中有若干战略性发电商可以发挥市场支配力。回顾博弈论中的纳什均衡（Nash Equilibrium）概念之后，本章分析了各发电商可以同时决定自身发电量的古诺寡头垄断模型（Cournot Oligopoly Model）框

---

❶　文献［1, 14］详细介绍了卖方垄断和寡头垄断中市场支配力的一般模式，有关不完全竞争电力市场模式参见文献［4, 8］。

架，还分析了具有序贯决策者的斯塔克尔伯格寡头垄断模式（Stackelberg Oligopoly Model）框架。最后，将基本斯塔克尔伯格模型扩展到一个更加普遍的领导者 – 追随者寡头垄断框架，在这个框架中，生产者和消费者都可以作为主导实体，向拍卖商战略性地提交报价 / 出价。

5.2　市场支配力的概念

本节聚焦由单一生产者操纵市场的卖方垄断，讨论市场支配力的概念，引入了一个衡量市场支配力程度的有用指标。同时，本节还讨论了由单一消费者行使市场支配力的买方垄断极端情况。

5.2.1　垄断

在完全竞争市场中，假定生产者为价格接受者，并接受给定的市场价格。$\hat{p}$ 和 $C(q)$ 分别表示现行市场价格和成本函数，则求生产者利润最大化的公式写为：

$$\underset{q \geq 0}{\text{Maximize}}\ \hat{p}q - C(q) \tag{5.1}$$

假设有内部解，即 $q > 0$，可以得出以下一阶条件：

$$\hat{p} = C'(q) \tag{5.2}$$

因此，完全具有竞争力的生产者仅让给定市场价格与其边际成本相等，就可实现利润最大化，如第 2 章所述。

与价格接受者相比，拥有市场支配力的生产者可以视为价格制定者或价格设定者。如果一个生产者能操纵市场，那么它就拥有市场支配力。为了理解这一点，本节考虑单一生产者的卖方垄断，即一个生产者面对市场的全部需求并能自由选择其商品的价格和产量。在式（5.1）中，设 $P(q)$ 表示市场的反需求函数，用 $P(q)$ 替换常数价格 $\hat{p}$。垄断生产者的利润最大化公式可写为：

$$\underset{q \geq 0}{\text{Maximize}}\ P(q)q - C(q) \tag{5.3}$$

对于垄断者而言，内部解会产生以下一阶条件：

$$P(q) + P'(q)q = C'(q) \tag{5.4}$$

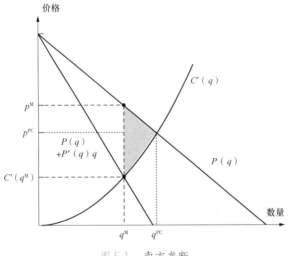

图 5.1　卖方垄断

垄断者让式（5.4）左侧的边际收入等于其边际成本 ❶。式（5.4）意味着垄断价格大于边际成本，因为市场需求曲线（反需求函数）通常是向下倾斜的，即 $P'(q) < 0$，因此可得 $P'(q)q < 0$。

图 5.1 所示为结果，其中点 $(q^{PC},\ p^{PC})$ 和点 $(q^M,\ p^M)$ 分别表示完全竞争结果和卖方垄断结果。在卖方垄断情况下，价格上涨，$p^M > p^{PC}$，与此同时产量减少，$q^M < q^{PC}$。垄断价格与边际成本存在偏差，即 $p^M > C'(q^M)$，这意味着会得到社会剩余损失（无谓损失）的低效结果，如图 5.1 中的阴影区域所示。

示例 5.1　卖方垄断

此处考虑一个简单的卖方垄断例子，其中成本函数和反需求函数分别为 $C(q) = 10q$ 和 $P(q) = 30 - 0.2q$。那么，垄断生产者的利润最大化公式可写为：

$$\underset{q \geq 0}{\text{Maximize}}(30 - 0.2q)q - 10q \tag{5.5}$$

---

❶ 当垄断者无限小地减少其产量时，由于销售量减少，收入会降低 $P(q)$，而价格上涨时，收入会增加 $|P'(q)q|$。

这个问题可以找到一个内部解（即 $q>0$）。事实上，通过等化边际收入和边际成本，如 $30-0.4q=10$，可以得到垄断产量 $q^{\mathrm{M}}=50$。垄断价格是 $p^{\mathrm{M}}=P(q^{\mathrm{M}})=20$，大于边际成本 $C'(q^{\mathrm{M}})=10$。

5.2.2　勒纳指数

生产者的市场支配力可以定义为生产者将商品价格提高到边际成本之上的能力。市场支配力程度可以通过价格－成本加成来衡量，即勒纳指数（Lerner Index），勒纳指数是指价格和边际成本之间差价除以价格，即 $\left(\dfrac{P(q)-C'(q)}{P(q)}\right)$。将一阶式（5.4）进行简单重排，可得到勒纳指数 LI 的表达式：

$$\mathrm{LI}=\frac{P(q)-C'(q)}{P(q)}=-\frac{P'(q)q}{P(q)}=-\frac{1}{e} \tag{5.6}$$

其中，e 为第 1 章中定义的需求价格弹性。还需注意，$\left(\dfrac{P'(q)q}{P(q)}\right)$ 是价格弹性 e 的倒数。

勒纳指数的表达式（5.6）表明，生产者的市场支配力程度取决于需求价格弹性。如果某种商品的弹性相对较高（即弹性的绝对值 |e| 较大），那么价格与成本的差额相对较低，这意味着市场支配力较小。相反，如果某种商品的弹性相对较低（即弹性的绝对值 |e| 很小），那么价格与成本的差额较高，这意味着市场支配力较大。因此，对某些商品的需求无弹性时，即 $e>-1$（|e|<1），市场支配力可能是巨大的。事实上，正如第 1 章提到的那样，人们凭经验认为电力需求是无弹性的，这引起了对电力供应商行使市场支配力的重大关注。

5.2.3　买方垄断

作为某些商品的主要购买者，消费者也可行使市场支配力。特别是，这类情况经常在劳动力市场等投入市场的背景下进行讨论[10]，例如劳动力市场。在这里视为消费者在产出市场中的市场支配力与 5.2.1 节相符。

如第 1 章所示，商品的市场价格 $\hat{p}$ 给定时，作为价格接受者的消费者的最大化消费者剩余可表示为毛利润与支出之间的差值，即 $CS(q)=B(q)-\hat{p}q$：

$$\underset{q\geq 0}{\text{Maximize}}\, B(q)-\hat{p}q \qquad (5.7)$$

假设有内部解，可以得出以下一阶条件：

$$B'(q)=\hat{p} \qquad (5.8)$$

因此，具有完全竞争力的消费者可让其消费商品的边际收益与给定市场价格相等。在式（5.2）中的定价生产者条件下，即 $\hat{p}=C'(q)$，边际消费收益等同于在完全竞争下通过市场价格产生的边际生产成本：

$$B'(q)=C'(q)=\hat{p} \qquad (5.9)$$

相比之下，有单一消费者和单一买家的极端情况称为买方垄断，其类似于卖方垄断。在这种情况下，消费者可在面对受价生产者的全部供应时操纵市场价格，表示为 $\hat{p}=C'(q)$。将 $\hat{p}=C'(q)$ 替换为式（5.7）中的常数价格 $\hat{p}$，垄断消费者的剩余最大化问题表达式如下：

$$\underset{q\geq 0}{\text{Maximize}}\, B(q)-C'(q)q \qquad (5.10)$$

内部解可为买方垄断消费者给出以下一阶条件：

$$B'(q)=C'(q)+C''(q)q \qquad (5.11)$$

当假设 $C''(q)>0$，式（5.11）意味着边际消费收益大于边际生产成本，因而高于买方垄断情况下的价格[1]。

图 5.2 中，点 $(q^{\text{PC}}, p^{\text{PC}})$ 和点 $(q^{\text{MS}}, p^{\text{MS}})$ 分别表示完全竞争结果和买方垄断结果。在买方垄断情况下，价格和产量都下降，即 $p^{\text{MS}}<p^{\text{PC}}$ 且 $q^{\text{MS}}<q^{\text{PC}}$。买方垄断价格与边际消费收益存在偏差，即 $p^{\text{MS}}<B'(q^{\text{MS}})$，这意味着会得到社会剩余损失（无谓损失）的低效结果，如图 5.2 中的阴影区域所示。

---

[1] 式（5.11）的右侧表示买方垄断消费者的边际开支。当买方垄断消费者无限小地减少其消费量时，由于商品的消费量减少，开支减少 $C'(q)$，同时由于价格下降，开支减少 $C''(q)q$。

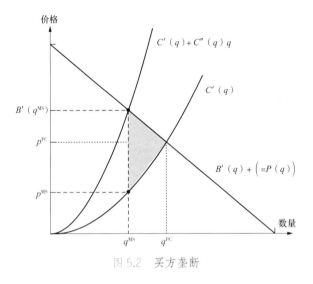

图 5.2　买方垄断

5.3　寡头垄断

本节讨论寡头垄断的基本框架，其中有若干生产者可以操纵市场。为了理解各生产者之间的战略交互作用，本节将首先回顾博弈论中的纳什均衡概念。其次，研究古诺寡头垄断模型，其中各生产者同时决定各自的产量，引入了一个可用于衡量市场集中度的有用指标。最后，本节还研究了另一种斯塔克尔伯格寡头垄断模型框架，其中考虑了序贯决策者。

5.3.1　博弈论

本小节总结了基本博弈论中的战略决策和均衡概念，以便更好地理解寡头垄断市场。基本博弈由三个要素组成：参与者、策略和收益。在这里考虑一个简单的博弈模型，其中包括两个生产者（参与者）、两个行动（策略）和相应利润（收益），如表 5.1 所示。每个生产者决定对其产品适量投放广告，标记为行动 M，或者大量投放广告，标记为行动 H。矩阵表中的单元格表示每个生产者获得的利润，其中左右两个值分别对应于生产者 1 和生产者 2。当两个生产者都选择适量投放广告 M 时，每个生产者可获得 1.2 亿美元的利润。相比之下，当两个生产者都决定大量投放广告 H，并且大力批评对手的产品时，由于可能损害声誉，他们最终各获得 1 亿美元的利润。另一种可能性是，在对手适量投放广告时，激进的生产者通过大量投放广告赚取 1.6 亿美元的利润，导致适量投放广告的生产者处于最坏情况，赚取的利润仅为 6,000 万美元。

表 5.1　两个参与者的博弈

		生产者 2			
		M		H	
生产者 1	M	120	120	60	160
	H	160	60	100	100

　　博弈的重要特征是，每个参与者的收益不仅取决于自身策略，还取决于另一个参与者的策略。这里研究生产者 1 的战略决策过程。如果生产者 1 认为生产者 2 会适量投放广告 M，那么要想赚取 1.6 亿美元，生产者 1 做出的最佳反应就是选择大量投放广告 H。通过进行类似推理，生产者 2 大量投放广告 H 时，生产者 1 做出的最优反应是选择采取同样的行动 H，以赚取 1 亿美元的利润。因此，在任何一种情况下，生产者 1 都会选择大量投放广告 H。此外，在这个简单的对称博弈中，生产者 2 也会选择大量投放广告 H。

　　更正式地说，这里可以使用最优反应函数来描述战略决策者之间的交互作用。设 $BR_i(\cdot)$ 表示生产者 $i=1$，2 的最优反应函数，其中函数的自变量是对手生产者采取的行动。生产者 1 的最优反应函数分别表示为 $H=BR_1(M)$ 和 $H=BR_1(H)$。相应地，生产者 2 的最优反应函数分别表示为 $H=BR_2(M)$ 和 $H=BR_2(H)$。行动对 (H, H) 称为纳什均衡，因为行动 H 是对彼此的最优反应，即 $H=BR_1(H)$ 和 $H=BR_2(H)$ 同时成立。这意味着，没有参与者有动机偏离这种状态。换句话说，如果没有参与者能够以一种提高其收益的方式单方面改变其行为，那么行动对就会构成纳什均衡。

5.3.2　古诺寡头垄断

　　与卖方垄断相比，多个生产者拥有市场支配力的市场结构称为寡头垄断。特别地，各生产者战略性地设定其产量的情况称为古诺寡头垄断。假设市场

中有 n 个寡头垄断生产者，$i=1,\cdots,n$，成本函数为 $C_i(x_i)$，供应总数量为 $q=\sum_i^n x_i$。每个决定其产量的古诺寡头生产者 i 的利润最大化问题可以表示为：

$$\underset{x_i \geqslant 0}{\text{Maximize}}\, P(q)x_i - C_i(x_i) \tag{5.12}$$

假设存在内部解，可以得到寡头垄断生产者 i 的一阶条件为：

$$P(q)+P'(q)x_i = C_i'(x_i) \tag{5.13}$$

与卖方垄断类似，式（5.13）意味着在 $P'(q)<0$ 时，寡头垄断价格大于边际成本，从而导致资源分配效率低下。

我们现在研究在古诺寡头垄断背景下，战略生产者的行为和由此产生的纳什均衡。考虑由两家企业 $i=1,2$ 组成的双头垄断，其产量为 x_i。为简单起见，我们假设各生产者是对称的，它们具有相同的成本函数 $C_i(x_i)=cx_i$，以及恒定不变的边际成本 $C_i'(x_i)=c$。市场的线性反需求函数为 $P(q)=a-bq$，其中 $q=x_1+x_2$。同时假设 $a>c$，因此边际成本 c 低于需求曲线的垂直截距 a。

我们关注古诺生产者 1。该生产者根据对竞争对手产量 x_2 的判断结果，战略性决定自身产量 x_1，从而实现利润最大化：

$$\underset{x_1 \geqslant 0}{\text{Maximize}}\,(a-bq)x_1 - cx_1 \tag{5.14}$$

需要注意的是，古诺寡头生产者不是价格接受者，因为它面临市场需求 $a-b(x_1+x_2)$。即考虑到对手的产量，这种市场需求通常称为剩余需求。式（5.14）展示了博弈的特点，即生产者 1 的利润不仅取决于自身决策，还取决于对手的产量，类似于上一小节中包含两个参与者的简单博弈。实际上，根据内部解的一阶条件，即 $a-2bx_1-bx_2=c$，可以得到生产者 1 的最优反应函数，如下：

$$x_1 = BR_1(x_2)=\frac{a-c-bx_2}{2b} \tag{5.15}$$

生产者 1 的最优反应函数式（5.15）表示利润最大化，因此，这是对竞争对手生产者 2 的每种可能决策的最优反应。同样，由于该问题具有对称结构，可以很容易地推导出生产者 2 的最优反应函数：

$$x_2 = BR_2(x_1)=\frac{a-c-bx_1}{2b} \tag{5.16}$$

然后，通过同时求解两个最优反应方程 $x_1=BR_1(x_2)$ 和 $x_2=BR_2(x_1)$，可

得到一对产量 $\left(x_1^{\mathrm{CO}}, x_2^{\mathrm{CO}}\right)$:

$$x_1^{\mathrm{CO}} = x_2^{\mathrm{CO}} = \frac{a-c}{3b} \tag{5.17}$$

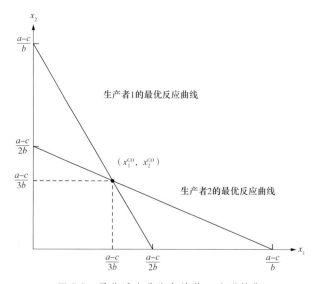

图 5.3　最佳反应曲线和纳什 - 古诺均衡

这对产量 $\left(x_1^{\mathrm{CO}}, x_2^{\mathrm{CO}}\right)$ 是一种纳什均衡，通常称为纳什 - 古诺均衡，因为两个产量是对彼此的最优反应，即 $x_1^{\mathrm{CO}} = BR_1\left(x_2^{\mathrm{CO}}\right)$ 和 $x_2^{\mathrm{CO}} = BR_2\left(x_1^{\mathrm{CO}}\right)$ 同时成立。图 5.3 显示了两条最佳反应曲线相交处的纳什 - 古诺均衡。此外，通过简单计算，可得到纳什 - 古诺均衡的总产量，q^{CO} 以及市场价格 p^{CO}：

$$q^{\mathrm{CO}} = \frac{2(a-c)}{3b}, p^{\mathrm{CO}} = P\left(q^{\mathrm{CO}}\right) = \frac{a+2c}{3} \tag{5.18}$$

由于行使市场支配力，相较于完全竞争下的均衡结果，古诺寡头垄断下的均衡结果更低效。通过比较两种不同市场结构的均衡情况，可以很容易地验证这一事实。设 q^{PC} 表示完全竞争市场中的总均衡产量。完全竞争市场的价格 p^{PC} 等于边际成本，即 $p^{\mathrm{PC}} = P\left(q^{\mathrm{PC}}\right) = c$，低于 $p^{\mathrm{CO}} = (a+2c)/3$。通过求解 $P\left(q^{\mathrm{PC}}\right) = c$，可得出完全竞争下的总产量，即 $q^{\mathrm{PC}} = \dfrac{a-c}{b}$，高于 $q^{\mathrm{CO}} = 2(a-c)/3b$。

此外，相较于卖方垄断的均衡结果，古诺寡头垄断下的均衡结果更有效。通过等化边际收入与边际成本，即 $a-2bq=c$，可得到卖方垄断产量 $q^M=(a-c)/2b$，低于 $q^{CO}=2(a-c)/3b$。卖方垄断的价格是 $p^M=P(q^M)=\dfrac{a+c}{2}$，高于 $p^{CO}=(a+2c)/3$。

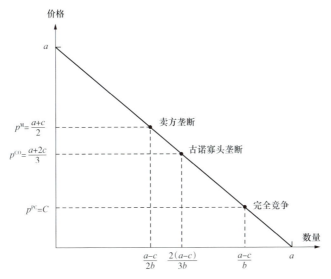

图 5.4   不同市场结构的结果比较

图 5.4 比较了卖方垄断、古诺寡头垄断和完全竞争的均衡结果。由此确认，$p^M>p^{CO}>p^{PC}=c$。这意味着古诺寡头市场中的均衡价格往上偏离边际成本，表明市场支配力会产生扭曲效应，但优于卖方垄断的情况。

对古诺双头垄断的分析可以扩展到 n 个战略生产者。为便于分析，为生产者 $i=1,\cdots,n$ 保留了相同的对称寡头垄断设置和相同的成本函数 $C_i(x_i)=cx_i$ **❶**。市场的线性反需求函数由 $P(q)=a-bq$ 以及 $q=\sum_i^n x_i$ 和 $a>c$ 给出。除 i 外，各生产者的总产量表示为 $x_{-i}=q-x_i$。

作为双头垄断情况的延伸，假设有内部解，生产者 i 利润最大化问题的一阶条件可以表示为 $a-2bx_i-bx_{-i}=c$。因此，可以得到类似于双头垄断情况的生产者 i 的最优反应函数，如下：

$$x_i=BR_i(x_{-i})=\frac{a-c-bx_{-i}}{2b} \tag{5.19}$$

---

❶   参考文献［1］，其中讨论了具有 n 个不对称和异质性生产者的古诺寡头垄断情况。

假设 x_i^{CO} 为一个对称生产者的均衡结果。由于生产者具有对称性，则可以得到相同的均衡解，$x_1^{CO}=x_2^{CO}=\cdots=x_n^{CO}$，如同在式（5.17）对称双头垄断均衡中观察到的那样。达到均衡时的总产量可以表示为 $q^{CO}=nx_i^{CO}$，因此 $x_{-i}^{CO}=q^{CO}-x_i^{CO}=(n-1)x_i^{CO}$ 成立。利用式（5.19），可以推导出以下均衡条件：

$$x_i^{CO}=\frac{a-c-bx_{-i}^{CO}}{2b}=\frac{a-c-b(n-1)x_i^{CO}}{2b} \qquad (5.20)$$

通过求解式（5.20），可得到 n 个对称生产者的纳什–古诺均衡如下：

$$x_i^{CO}=\frac{a-c}{b(n+1)} \qquad (5.21)$$

此外，通过简单计算，可得出达到均衡时的总产量和市场价格：

$$q^{CO}=\frac{n(a-c)}{b(n+1)}, p^{CO}=P(q^{CO})=\frac{a+nc}{n+1} \qquad (5.22)$$

式（5.22）的均衡结果可视为具有足够通用性，便于理解不同市场结构的结果。假设市场中只有一个生产者，并将 $n=1$ 代入式（5.22），则可得到卖方垄断结果 $q^M=(a-c)/2b$ 以及 $p^M=(a+c)/2$，如图 5.4 所示。相反，假设市场中有大量生产者，并让这个数字接近无穷大，则式（5.22）的结果收敛为完全竞争结果，即 $q^{PC}=(a-c)/b$ 和 $p^{PC}=c$，如图 5.4 所示。直观地说，生产者的数量增加时，他们对市场价格的影响及其市场支配力程度往往会消失。

示例 5.2　对称古诺双头垄断

此处研究对称古诺双头垄断的一个简单例子，对于生产者 $i=1$，2，成本函数和反需求函数分别是 $C_i(x_i)=10x_i$ 和 $P(q)=100-q$，其中 $q=x_1+x_2$，古诺生产者 1 的利润最大化公式为：

$$\underset{x_1\geq 0}{\text{Maximize}}(100-x_1-x_2)x_1-10x_1 \qquad (5.23)$$

其卡鲁什–库恩–塔克（KKT）条件可以简单地推导为：

$$0\leq x_1 \perp 90-2x_1-x_2\leq 0 \qquad (5.24)$$

其中，⊥ 表示互补性，即 $0\leq a\perp b\geq 0$ 等价于 $a\geq 0$、$b\geq 0$ 和 $ab=0$。同样，古诺生产者 2 的利润最大化公式为：

$$\underset{x_2 \geqslant 0}{\text{Maximize}} (100 - x_1 - x_2) x_2 - 10 x_2 \qquad (5.25)$$

同样，也有一个类似的 KKT 条件：

$$0 \leqslant x_2 \perp 90 - x_1 - 2 x_2 \leqslant 0 \qquad (5.26)$$

在本例中，使两个生产者实现利润最大化的内部解（即 $x_1 > 0$ 和 $x_2 > 0$）构成纳什－古诺均衡 (x_1^{CO}, x_2^{CO})。考虑式（5.24）和式（5.26）右侧不等式的等式约束条件，可以很容易地验证这一点：

$$x_1 = BR_1(x_2) = \frac{90 - x_2}{2} \qquad (5.27a)$$

$$x_2 = BR_2(x_1) = \frac{90 - x_1}{2} \qquad (5.27b)$$

同时求解这些最优反应方程，可以得到 $(x_1^{CO}, x_2^{CO}) = (30, 30)$，这个结果确实严格正确。图 5.5 所示为这种对称古诺双头垄断的纳什－古诺均衡情况。此外还得到了 $q^{CO} = 60$ 和 $p^{CO} = 40$。请注意，均衡价格比边际成本高 10，意味着可在古诺双头垄断下行使市场支配力。因此，每个对称古诺生产者可赚取 900 的利润，而在完全竞争下，价格等于恒定不变的边际成本，利润为 0。

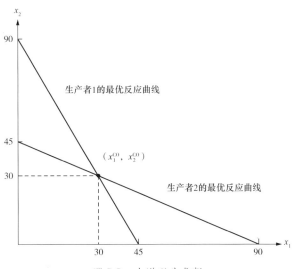

图 5.5　古诺双头垄断

示例 5.3　不对称古诺双头垄断

接下来研究一个不对称古诺双头垄断的例子，对于生产者 1 和生产者 2 而言，成本函数不相同，分别为 $C_1(x_1)=6x_1$ 和 $C_2(x_2)=12x_2$，反需求函数为 $P(q)=60-q$，其中 $q=x_1+x_2$。假设生产者 1 和生产者 2 的发电容量限值分别为 28 和 24，具有相应的对偶变量 β_1 和 β_2。那么，古诺生产者 1 的利润最大化公式为：

$$\underset{x_1 \geqslant 0}{\text{Maximize}} \left(60-x_1-x_2\right)x_1 - 6x_1 \tag{5.28a}$$

$$\text{s.t. } x_1 \leqslant 28 : \beta_1 \tag{5.28b}$$

KKT 条件为：

$$0 \leqslant x_1 \perp 54 - 2x_1 - x_2 - \beta_1 \leqslant 0 \tag{5.29a}$$

$$0 \leqslant \beta_1 \perp x_1 - 28 \leqslant 0 \tag{5.29b}$$

此外，古诺生产者 2 的利润最大化公式为：

$$\underset{x_2 \geqslant 0}{\text{Maximize}} \left(60-x_1-x_2\right)x_2 - 12x_2 \tag{5.30a}$$

$$\text{s.t. } x_2 \leqslant 24 : \beta_2 \tag{5.30b}$$

KKT 条件为：

$$0 \leqslant x_2 \perp 48 - x_1 - 2x_2 - \beta_2 \leqslant 0 \tag{5.31a}$$

$$0 \leqslant \beta_2 \perp x_2 - 24 \leqslant 0 \tag{5.31b}$$

在本例中，使两个生产者实现利润最大化的内部解（即 $0 < x_1 < 28$ 和 $0 < x_2 < 24$）构成纳什 - 古诺均衡 $\left(x_1^{\text{CO}}, x_2^{\text{CO}}\right)$。考虑式（5.29a）和式（5.31a）右侧不等式的等式约束条件，并设 $\beta_1 = \beta_2 = 0$，可以很容易地验证这一点：

$$x_1 = BR_1(x_2) = \frac{54 - x_2}{2} \tag{5.32a}$$

$$x_2 = BR_2(x_1) = \frac{48 - x_1}{2} \tag{5.32b}$$

同时求解最优反应方程，可以得到内部解 $\left(x_1^{\text{CO}}, x_2^{\text{CO}}\right) = (20, 14)$。此外，还可得出 $q^{\text{CO}} = 34$ 和 $p^{\text{CO}} = 26$。

图 5.6 比较了古诺双头垄断和完全竞争的结果。如表示完全竞争的虚线所示，生产者 1 的边际成本较低，为 $C_1'(x_1) = 6$，最多可按其发电量 28 供电；

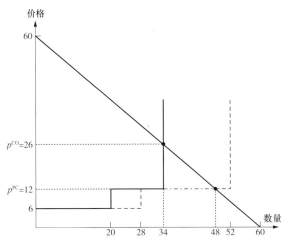

图 5.6　古诺双头垄断和完全竞争

生产者 2 的边际成本较高，为 $C_2'(x_2)=12$，其发电量为 20，低于其生产能力。这是基于发电机组的最优顺序进行常规高效经济调度的结果。完全竞争的市场价格 p^{PC} 等于生产者 2 的边际成本 $C_2'(x_2)=12$，总数量为 48。相比之下，在实线阶梯函数所示的古诺双头垄断下，两个生产者都发挥市场支配力，战略性地将其产量减少量产到 $(x_1^{\text{CO}}, x_2^{\text{CO}})=(20,14)$ 和 $q^{\text{CO}}=34$，从而将市场价格提高到 $p^{\text{CO}}=26$。最终，古诺生产者 1 和 2 的利润分别为 400 和 196，均高于完全竞争下的利润 168 和 0。

5.3.3　赫芬达尔－赫希曼指数

与卖方垄断中的单一生产者相比，多个生产者可能有能力在寡头垄断中操纵市场。因此，可以根据某些指数评估市场集中度。一种常用的衡量方法是采用赫芬达尔－赫希曼指数（Herfindahl-Hirschman Index，HHI 指数），该指数定义为市场中 n 个生产者市场份额的平方和。设 $s_i = \dfrac{x_i}{q}$ 表示生产者 i 的市场份额，其中 $q = \sum_i^n x_i$，HHI 指数的表达式如下：

$$\text{HHI} = \sum_i^n s_i^2 \tag{5.33}$$

HHI 指数的范围为 0 到 1。在具有单一生产者的卖方垄断中，HHI 指数显然为 1；在完全竞争市场中，有大量生产者仅占很小的市场份额时，HHI 指数则接近 0。

有时，考虑到市场份额的百分比值，会将 HHI 指数乘以 10,000，那么 HHI 指数的值从 0 到 10,000 不等。例如，在美国司法部和联邦贸易委员会的并购指南中，HHI 指数的值超过 1,800 时，市场高度集中，这引起了人们对竞争的担忧[3]。

HHI 指数不仅在实践中有用，也是古诺寡头垄断模型的基础。首先，重新编排古诺生产者 i 的一阶条件（5.13），可以得到每个生产者的寡头垄断勒纳指数 LI_i：

$$\mathrm{LI}_i = \frac{P(q) - C_i'(x_i)}{P(q)} = -\frac{P'(q)q}{P(q)}\frac{x_i}{q} = -\frac{s_i}{e} \tag{5.34}$$

式中，$\dfrac{P'(q)q}{P(q)}$ 为需求价格弹性的倒数，记为 e。因此，古诺生产者 i 的价格成本差异不仅取决于需求弹性，还取决于其市场份额。具体来说，市场需求的弹性越小，市场份额越大，价格成本差异越大。

接下来，利用每个生产者的个体勒纳指数可以进一步确定整个市场中 n 个生产者的一些平均指数。根据式（5.34），按每个生产者的市场份额 s_i，取 LI_i 的加权平均值：

$$\sum_i^n s_i \mathrm{LI}_i = \frac{P(q) - \sum_i^n s_i C_i'(x_i)}{P(q)} = -\frac{\sum_i^n s_i^2}{e} = -\frac{\mathrm{HHI}}{e} \tag{5.35}$$

平均勒纳指数（份额加权）$\sum_i^n s_i \mathrm{LI}_i$ 代表市场利润平均值，即价格和作为价格的一部分的平均边际成本之间的差额。式（5.35）表明，市场利润平均值与 HHI 指数成正比。换句话说，古诺寡头垄断中市场支配力的程度体现为市场集中度。因此，HHI 指数越高，古诺寡头垄断下的市场支配力就越大。

5.3.4　斯塔克尔伯格寡头垄断

在古诺寡头垄断模型中，所有生产者同时决定其产量。相比之下，市场中可能有一个领导生产者，在其他生产者决定各自的产量之前，领导生产者选定自身产量。这种类型的市场称为斯塔克尔伯格寡头垄断，即有序贯决策的一个领导者和若干追随者。具体而言，了解竞争对手的领导生产者首先决定其产量，并预测追随生产者的后续反应。随后，追随生产者根据领导生产者的决定选择自身产量 ❶。

利用前一小节中的对称古诺双头垄断设置考虑斯塔克尔伯格双头垄断情况，可知各生产者具有相同的成本函数，$C_i(x_i)=cx_i$，$i=1$，2，市场的线性反需求函数由 $P(q)=a-bq$ 给出，其中 $q=x_1+x_2$ 且 $a>c$。假设生产者 1 是领导者，生产者 2 是追随者。

根据生产者 1 的产量 x_1 决策，追随生产者 2 选择实现其利润最大化的产量 x_2。如上一小节中式（5.16）的推导结果，生产者 2 的决策可以描述为假设有内部解的最优反应函数：

$$x_2 = BR_2(x_1) = \frac{a-c-bx_1}{2b} \tag{5.36}$$

按照逆向归纳法（即在决策顺序中逆向求解），可以用公式表示领导生产者 1 的利润最大化问题。领导生产者 1 试图实现自身利润最大化，预测生产者 2 的后续反应［即最优反应函数（5.36）］，如下：

$$\underset{x_1\geq 0}{\text{Maximize}}(a-bx_1-bx_2)x_1-cx_1 \tag{5.37a}$$

$$\text{s.t.}\ \ x_2=\frac{a-c-bx_1}{2b} \tag{5.37b}$$

将式（5.37b）代入目标函数式（5.37a），构成一个无约束的最大化问题：

$$\underset{x_1\geq 0}{\text{Maximize}}\frac{1}{2}(a-c-bx_1)x_1 \tag{5.38}$$

根据一阶条件 $\frac{1}{2}(a-c-2bx_1)=0$，假设有内部解，可以得到斯塔克尔伯格双头垄断的均衡产量 (x_1^{SO}, x_2^{SO})，如下：

❶ 古诺寡头模型可以看作是单周期静态博弈，其中所有生产者同时选定其产量。斯塔克尔伯格寡头垄断模型可以看作是多周期动态博弈，其中各生产者按顺序（而不是同时）决定其产量。

$$x_1^{SO} = \frac{a-c}{2b} > x_2^{SO} = BR_2\left(x_1^{SO}\right) = \frac{a-c}{4b} \tag{5.39}$$

值得注意的是，相较于跟随生产者 2，领导生产者 1 的产量更高，因此，即使两个生产者具有相同的成本函数，领导生产者 1 也能赚取更多利润。这是因为领导生产者 1 具有先发优势。此外，均衡状态下的总产量为 $q^{SO} = \frac{3(a-c)}{4b}$，大于上一节中推导出的古诺寡头垄断下的产量 $q^{CO} = \frac{2(a-c)}{3b}$。因此，斯塔克尔伯格垄断下的均衡价格 $p^{SO} = P\left(q^{SO}\right) = \frac{a+3c}{4}$，低于古诺寡头垄断下的均衡价格。在基本的斯塔克尔伯格双头垄断模型中，这些都是典型结果。

示例 5.4 *斯塔克尔伯格双头垄断*

考虑斯塔克尔伯格双头垄断，其中生产者 1 是领导者，其成本函数为 $C_1(x_1) = 10x_1$，而生产者 2 是追随者，其成本函数为 $C_2(x_2) = 20x_2$。反需求函数是 $P(q) = 60 - 2q$，其中 $q = x_1 + x_2$。追随生产者 2 实现利润最大化，即 $(60 - 2x_1 - 2x_2)x_2 - 20x_2$，并且一阶条件给出了其最优反应函数 $x_2 = BR_2(x_1) = (20 - x_1)/2$，假设有内部解。领导生产者 1 试图实现自身利润最大化，预测生产者 2 的反应为：

$$\underset{x_1 \geq 0}{\text{Maximize}}\, (60 - 2x_1 - 2x_2)x_1 - 10x_1 \tag{5.40a}$$

$$\text{s.t.}\ \ x_2 = \frac{20 - x_1}{2} \tag{5.40b}$$

将式（5.40b）代入目标函数式（5.40a），可以得到一个无约束的最大化问题，如下：

$$\underset{x_1 \geq 0}{\text{Maximize}}\, (30 - x_1)x_1 \tag{5.41}$$

然后，可以直接推导出斯塔克尔伯格双头垄断的均衡产量 $\left(x_1^{SO}, x_2^{SO}\right)$：

$$x_1^{SO} = 15 > x_2^{SO} = BR_2\left(x_1^{SO}\right) = 2.5 \tag{5.42}$$

总产量和均衡价格分别为 $q^{SO} = 17.5$ 和 $p^{SO} = P\left(q^{SO}\right) = 25$。

各生产者之间的斯塔克尔伯格寡头垄断，可以扩展到基于各种设置的更普遍领导者 - 追随者寡头垄断框架。例如，追随者可以是一个负责出清市场的拍卖商。具体来说，它可以是电力市场中的独立系统运营商（Independent System Operator，ISO）或类似实体。可以成为领导者的市场参与者不仅包括生产者，还包括消费者。市场中甚至可以有多个领导者。这些领导者可以战略性地向拍卖商提交报价或出价。在下一节中，我们将研究这类情况。

5.4　多个领导者

本节回顾了一种市场出清算法，该算法收集生产者的报价和消费者的出价，用于确定生产者的生产量和消费者的消费量以及市场出清价格。所考虑的定价方案是最低限度的。也就是说，出清价格是能源均衡约束条件下的对偶变量（影子价格）。更多详情参考第 4 章。

一般来说，追求自身利润最大化的战略生产者 / 消费者可以操纵市场出清算法。战略生产者 / 消费者会通过修改其报价 / 出价来实现这一点。为方便起见，通过最优条件，本节将市场出清算法表述为原始优化问题、对偶优化问题。然后，本节考虑由生产者 / 消费者解决问题，以行使其市场支配力（如果可以的话），其中生产者 / 消费者采用最优条件的形式的市场出清算法。

最后，本节总结了一些观察结果和用于所选模型的 GAMS 代码[9]。

5.4.1　市场出清：原始问题、对偶问题和最优条件

本节考虑一个包含两个生产者和两个消费者的电力市场，其中两个生产者的边际成本分别 2 美元 /MWh 和 3 美元 /MWh，容量均为 10MW，两个消费者的边际效用分别 5 美元 /MWh 和 4 美元 /MWh，最大需求量均为 6MW。为简单起见，不考虑网络约束。这个电力市场如图 5.7 所示。

图 5.7　包含两个生产者和两个消费者的电力市场

对于表示市场出清[5]的原始优化问题[12]，其公式如下：

$$\min_{d_1,d_2,g_1,g_2 \geq 0} z_p = -5d_1 - 4d_2 + 2g_1 + 3g_2 \tag{5.43a}$$

$$\text{s.t.} \quad g_1 + g_2 - d_1 - d_2 = 0 : p \tag{5.43b}$$

$$d_1 \leq 6 : \alpha_1 \tag{5.43c}$$

$$d_2 \leq 6 : \alpha_2 \tag{5.43d}$$

$$g_1 \leq 10 : \beta_1 \tag{5.43e}$$

$$g_2 \leq 10 : \beta_2 \tag{5.43f}$$

这是一个易于解出的线性规划问题。其中，各优化变量的定义如下：

d_1 和 d_2 分别是消费者 1 和消费者 2 的消费量；g_1 和 g_2 分别是生产者 1 和生产者 2 的生产量；z_p 是负社会福利（目标函数的最小值）；p 是市场出清价格，为能量均衡约束条件的对偶变量；α_1，α_2，β_1 和 β_2 是其他对偶变量。

此处需要得到"负社会福利"的最小值，而不是将社会福利最大化，从而用最常见形式（对应于最小化问题的），推导出最优条件。

目标函数式（5.43a）是求负社会福利的最小值，约束条件式（5.43b）是功率平衡方程，约束条件式（5.43c）和式（5.43d）是消费量限值，约束条件式（5.43e）和式（5.43f）是生产量限值。

本章第 5.7 节中提供了此问题的 GAMS 代码[9]以及易于通过检验得出的解。此问题的解是：

$$\begin{cases} d_1^* = 6, d_2^* = 6 \\ g_1^* = 10, g_2^* = 2 \\ p^* = 3 \\ \alpha_1^* = -2, \alpha_2^* = -1 \\ \beta_1^* = -1, \beta_2^* = 0 \\ z_p^* = -28 \end{cases}$$

消费者 1 和消费者 2 的供应充足，因为其边际效用分别为 5 美元 /MWh 和 4 美元 /MWh，高于最昂贵的生产者边际成本（3 美元 /MWh），因此，可得 d_1^*=6 且 d_2^*=6。最便宜的生产者按其最大产能生产，即 g_1^*=10，并由其他生产者供应剩余的需求量（12-10=2），因此 g_2^*=2。因此，生产者 2 处于边际状态，并将出清价格（均衡约束条件的对偶变量）设定为其边际成本，因此 p^*=3。

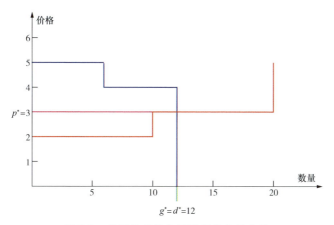

图 5.8　利用原始优化问题实现市场出清

消费者 1 和消费者 2 的最大消费量对应的对偶变量分别为 $\alpha_1^*=-2$ 和 $\alpha_2^*=-1$。这与两个消费者都按其最大需求量（约束条件）消费时的情况是一致的。与生产者 1 和生产者 2 的发电量对应的对偶变量分别为 $\beta_1^*=-1$ 和 $\beta_2^*=0$。这与生产者 1 按照其最大产能（约束条件）生产，但生产者 2 未按照其最大产能（无约束条件）生产情况是一致的。这个解如图 5.8 所示。

此外，每个生产者的利润（收入减去成本）和每个消费者的利润（效用减去支出）分别为：

$$\begin{cases} \Pi_1^C = (5-3)\times 6 = 12 \\ \Pi_2^C = (4-3)\times 6 = 6 \\ \Pi_1^P = (3-2)\times 10 = 10 \\ \Pi_2^P = (3-3)\times 2 = 0 \end{cases}$$

其中，Π_1^C 和 Π_2^C 分别为消费者 1 和消费者 2 的利润，Π_1^P 和 Π_2^P 分别为生产者 1 和生产者 2 的利润。

描述市场出清的对偶优化问题 [且对应于原始问题式（5.43）] 表达式如下：

$$\max_{\substack{p\in R \\ \alpha_1,\alpha_2,\beta_1,\beta_2\le 0}} z_d = 6\alpha_1 + 6\alpha_2 + 10\beta_1 + 10\beta_2 \tag{5.44a}$$

$$\text{s.t.} \quad -p+\alpha_1 \le -5 : d_1 \tag{5.44b}$$

$$-p+\alpha_2 \le -4 : d_2 \tag{5.44c}$$

$$p+\beta_1 \le 2 : g_1 \tag{5.44d}$$

$$p+\beta_2 \le 3 : g_2 \tag{5.44e}$$

关于如何从线性原始问题中推导出对偶问题，参见文献 [12]。

本章第 5.7 节中提供了此线性问题的 GAMS 代码[9]（线性原始问题的对偶问题也是线性问题）及其输出结果。此问题的解是：

$$
\begin{cases}
p^* = 3 \\
\alpha_1^* = -2, \alpha_2^* = -1 \\
\beta_1^* = -1, \beta_2^* = 0 \\
d_1^* = 6, d_2^* = 6 \\
g_1^* = 10, g_2^* = 2 \\
z_d^* = -28
\end{cases}
$$

由此可知，原始问题和对偶问题的解是相同的。考虑到原始问题式（5.43）和对偶问题式（5.44），与市场出清对应的最优条件优化问题可表达为：

$$
\max_{\substack{d_1,d_2,g_1,g_2 \geqslant 0 \\ p \in R \\ \alpha_1,\alpha_2,\beta_1,\beta_2 \leqslant 0}} z_o = 1 \tag{5.45a}
$$

$$
\text{s.t.} \quad g_1 + g_2 - d_1 - d_2 = 0 \tag{5.45b}
$$

$$
d_1 \leqslant 6 \tag{5.45c}
$$

$$
d_2 \leqslant 6 \tag{5.45d}
$$

$$
g_1 \leqslant 10 \tag{5.45e}
$$

$$
g_2 \leqslant 10 \tag{5.45f}
$$

$$
-p + \alpha_1 \leqslant -5 \tag{5.45g}
$$

$$
-p + \alpha_2 \leqslant -4 \tag{5.45h}
$$

$$
p + \beta_1 \leqslant 2 \tag{5.45i}
$$

$$
p + \beta_2 \leqslant 3 \tag{5.45j}
$$

$$
\begin{aligned}
-5d_1 - 4d_2 + 2g_1 + 3g_2 \\
= 6\alpha_1 + 6\alpha_2 + 10\beta_1 + 10\beta_2
\end{aligned} \tag{5.45k}
$$

目标函数式（5.45a）任意设定为 1（这个值无关紧要，因为在试图找出符合最优条件的解）。约束条件式（5.45b）~ 式（5.45f）是原始约束条件 [见式（5.43）]，约束条件式（5.45g）~ 式（5.45j）是对偶约束条件 [见式（5.44）]，约束条件式（5.45k）是强对偶等式。强对偶性等式表明，对于原始问题和对偶问题的最优解，这两个问题的目标函数值相等[12]。

本章第 5.7 节提供了针对此问题的 GAMS 代码[9]及其输出结果。此问题的解是：

$$\begin{cases} d_1^* = 6, d_2^* = 6 \\ g_1^* = 10, g_2^* = 2 \\ p^* = 3 \\ \alpha_1^* = -2, \alpha_2^* = -1 \\ \beta_1^* = -1, \beta_2^* = 0 \end{cases}$$

由此可知，原始解、对偶解和最优条件解是相同的。如下文所述，战略生产者 / 消费者可通过求解式（5.45）来行使市场支配力。

5.4.2　生产者 1 行使市场支配力

为实现自身利润最大化，生产者 1 最优地改变其报价 o_1（变更到等于或高于其边际成本 2 美元 /MWh）[6-8, 11]。生产者 1 希望通过更改市场出清（变更 o_1），特别是提高市场出清价格 p 和改变自己的出清产量 g_1，实现此目的。为此，生产者 1 需求解下面的非线性优化问题：

$$\max_{\substack{o_1 \geqslant 2 \\ d_1, d_2, g_1, g_2 \geqslant 0 \\ p \in R \\ \alpha_1, \alpha_2, \beta_1, \beta_2 \leqslant 0}} z = (p - 2) \cdot g_1 \tag{5.46a}$$

$$\text{s.t.} \quad g_1 + g_2 - d_1 - d_2 = 0 \tag{5.46b}$$

$$d_1 \leqslant 6 \tag{5.46c}$$

$$d_2 \leqslant 6 \tag{5.46d}$$

$$g_1 \leqslant 10 \tag{5.46e}$$

$$g_2 \leqslant 10 \tag{5.46f}$$

$$-p + \alpha_1 \leqslant -5 \tag{5.46g}$$

$$-p + \alpha_2 \leqslant -4 \tag{5.46h}$$

$$p + \beta_1 \leqslant o_1 \tag{5.46i}$$

$$p + \beta_2 \leqslant 3 \tag{5.46j}$$

$$-5d_1 - 4d_2 + o_1 \cdot g_1 + 3g_2$$
$$= 6\alpha_1 + 6\alpha_2 + 10\beta_1 + 10\beta_2 \tag{5.46k}$$

表5.2 市场支配力：市场结果（一）

	有竞争力	生产者1领导
		$o_1=2.45$
d_1	6	6
d_2	6	6
g_1	10	10
g_2	2	2
p	3	3
Π_1^C	12	12
Π_2^C	6	6
Π_1^P	10	10
Π_2^P	0	0
SW	28	28

其中，o_1 是生产者1用于行使市场支配力的决策变量。目标函数式（5.46a）是生产者1的利润，约束条件式（5.46b）~式（5.46k）是市场出清的最优条件［见式（5.45）］。

式（5.46）是一个均衡约束数学规划问题（Mathematical Program with Equilibrium Constraint，MPEC）[8]，因为它是一个优化问题，所以受制于代表市场出清的最优性条件，即"均衡"约束。

本章第5.7节提供了该非线性优化问题的 GAMS 代码[9] 及其输出结果。式（5.46）的解见表5.2的"生产者1领导"列。该表中还给出了市场出清的解，如果生产者或消费者以边际成本 / 效用报价或出价，如式（5.43）所示，即他们采取有竞争力的行动，相应的解见"有竞争力"列。

从表5.2中可知，生产者1没有动机提供高于3美元 /MWh 的报价（具有竞争力的市场出清价格）。由于出清价格是由生产者2的竞争性报价（3美元 /MWh）确定的，生产者1可以提供2美元 /MWh 至略低于3美元 /MWh 之间的任何报价（优化求解器随机选择 $o_1=2.45$）。相反，如果生产者1提供超过3美元 /MWh 的报价，那么其利润就会下降（相对于报价在2美元 /MWh 至略低于3美元 /MWh 之间的情况），因此其不愿意这样做。由此得出的结论是，生产者1没有市场支配力，如图 5.9 所示。

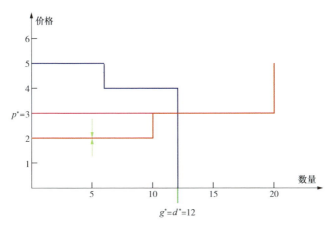

图 5.9　生产者 1 行使市场支配力

5.4.3　生产者 2 行使市场支配力

为增加自己的利润，生产者 2 最优地改变其报价 o_2（变更到等于或高于其边际成本 3 美元 /MWh）。为此，生产者 2 需求解下面的非线性优化问题：

$$\max_{\substack{o_2 \geq 3 \\ d_1,d_2,g_1,g_2 \geq 0 \\ p \in R \\ \alpha_1,\alpha_2,\beta_1,\beta_2 \leq 0}} z = (p-3) \cdot g_2 \tag{5.47a}$$

$$\text{s.t.} \quad g_1 + g_2 - d_1 - d_2 = 0 \tag{5.47b}$$

$$d_1 \leq 6 \tag{5.47c}$$

$$d_2 \leq 6 \tag{5.47d}$$

$$g_1 \leq 10 \tag{5.47e}$$

$$g_2 \leq 10 \tag{5.47f}$$

$$-p + \alpha_1 \leq -5 \tag{5.47g}$$

$$-p + \alpha_2 \leq -4 \tag{5.47h}$$

$$p + \beta_1 \leq 2 \tag{5.47i}$$

$$p + \beta_2 \leq o_2 \tag{5.47j}$$

$$-5d_1 - 4d_2 + 2g_1 + o_2 \cdot g_2$$
$$= 6\alpha_1 + 6\alpha_2 + 10\beta_1 + 10\beta_2 \tag{5.47k}$$

表5.3　市场支配力：市场结果（二）

	有竞争力	生产者1领导	生产者2领导
		$o_1 = 2.45$	$o_2 = 4$
d_1	6	6	6
d_2	6	6	6
g_1	10	10	10
g_2	2	2	2
p	3	3	4
Π_1^C	12	12	6
Π_2^C	6	6	0
Π_1^P	10	10	20
Π_2^P	0	0	2
SW	28	28	28

其中，o_2 是生产者 2 用于行使市场支配力的决策变量。目标函数式（5.47a）是生产者 2 的利润，约束条件式（5.47b）~式（5.47k）是市场出清的最优条件［见式（5.45）］。

式（5.46）的解见表 5.3 的"生产者 2 领导"列。该表中还给出了市场出清的解：如果生产者或消费者以边际成本 / 效用报价或出价，如式（5.43）所示，相应的解见"有竞争力"列；如果只有生产者 1 行使市场支配力，相应的解见"生产者 1 领导"列。

从表 5.3 中可知，生产者 2 可以行使其市场支配力，并能将其利润从 0 美元提高到 2 美元。生产者 1 即使什么也不做，也能从生产者 2 的行动中显著受益，其利润从 10 美元增加到 20 美元。也就是说，通过行使市场支配力，相较于让自身受益（从 0 美元增加到 2 美元），生产者 2 能让生产者 1 获得更高的收益（从 10 美元增加到 20 美元）。这在实践中并不罕见，而且可能导致生产者 1 和生产者 2 串通。由此得出的结论是，生产者 2 拥有并行使市场支配力，如图 5.10 所示。

5.4.4　消费者 1 行使市场支配力

为增加自己的利润，消费者 1 最优地改变其出价 u_1（变更到低于其边际效用 5 美元 /MWh 的非负值）。为此，消费者 1 需求解下面的非线性优化问题：

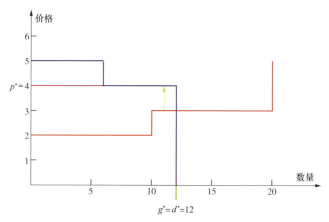

图 5.10　生产者 2 行使市场支配力

$$\max_{\substack{0 \leqslant u_1 \leqslant 5 \\ d_1,d_2,g_1,g_2 \geqslant 0 \\ p \in R \\ \alpha_1,\alpha_2,\beta_1,\beta_2 \leqslant 0}} \quad z = (5 - p) \cdot d_1 \tag{5.48a}$$

$$\text{s.t.} \quad g_1 + g_2 - d_1 - d_2 = 0 \tag{5.48b}$$

$$d_1 \leqslant 6 \tag{5.48c}$$

$$d_2 \leqslant 6 \tag{5.48d}$$

$$g_1 \leqslant 10 \tag{5.48e}$$

$$g_2 \leqslant 10 \tag{5.48f}$$

$$-p + \alpha_1 \leqslant -u_1 \tag{5.48g}$$

$$-p + \alpha_2 \leqslant -4 \tag{5.48h}$$

$$p + \beta_1 \leqslant 2 \tag{5.48i}$$

$$p + \beta_2 \leqslant 3 \tag{5.48j}$$

$$-u_1 \cdot d_1 - 4d_2 + 2g_1 + 3g_2$$
$$= 6\alpha_1 + 6\alpha_2 + 10\beta_1 + 10\beta_2 \tag{5.48k}$$

其中，u_1 是消费者 1 用于行使市场支配力的决策变量。目标函数式（5.48a）是求消费者 1 的利润，约束条件式（5.48b）~式（5.48k）是市场出清的最优条件，见式（5.45）。

式（5.48）的解见表 5.4 的"消费者 1 领导"列。该表中还给出了市场出清的解：如果生产者/消费者以边际成本或效用报价/出价，见式（5.43），相应的解见"有竞争力"列；如果只有生产者 1 行使市场支配力，相应的解见"生产者 1 领导"列；如果只有生产者 2 行使市场支配力，相应的解见"生产者 2 领导"列。

本章第 5.7 节提供了式（5.48）的 GAMS 代码[9] 及其输出结果。

表 5.4　市场支配力：市场结果（三）

	有竞争力	生产者 1 领导	生产者 2 领导	消费者 1 领导
		$o_1=2.45$	$o_2=4$	$u_1=2$
d_1	6	6	6	4
d_2	6	6	6	6
g_1	10	10	10	10
g_2	2	2	2	0
p	3	3	4	2
Π_1^C	12	12	6	12
Π_2^C	6	6	0	12
Π_1^P	10	10	20	0
Π_2^P	0	0	2	0
SW	28	28	28	24

从表 5.4 中可知，消费者 1 可以行使其市场支配力，并能将市场出清价格从 3 美元/MWh 降低到 2 美元/MWh。这并不会改变消费者 1 的利润（相对于其竞争收益），但会使消费者 2 的利润从 6 美元增加到 12 美元。这是因为（消费者 1 的）消费量减少补偿了价格下降。也就是说，通过行使市场支配力，消费者 1 自身并不受益，而是让消费者 2 极大地受益。由此得出的结论是，消费者 1 拥有并行使市场支配力，不会使自身受益，但会让其竞争对手（消费者 2）受益，如图 5.11 所示。

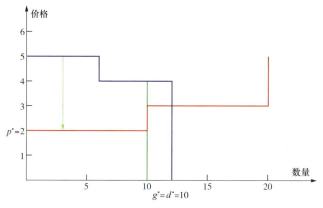

图 5.11　消费者 1 行使市场支配力

5.4.5　消费者 2 行使市场支配力

为增加自己的利润，消费者 2 最优地改变其出价 u_2（变更到低于其边际效用 4 美元 /MWh 的非负值）。为此，消费者 2 需求解下面的非线性优化问题：

$$\max_{\substack{0 \leqslant u_2 \leqslant 4 \\ d_1,d_2,g_1,g_2 \geqslant 0 \\ p \in \mathbb{R} \\ \alpha_1,\alpha_2,\beta_1,\beta_2 \leqslant 0}} z = (4-p) \cdot d_2 \tag{5.49a}$$

$$\text{s.t.} \quad g_1 + g_2 - d_1 - d_2 = 0 \tag{5.49b}$$

$$d_1 \leqslant 6 \tag{5.49c}$$

$$d_2 \leqslant 6 \tag{5.49d}$$

$$g_1 \leqslant 10 \tag{5.49e}$$

$$g_2 \leqslant 10 \tag{5.49f}$$

$$-p + \alpha_1 \leqslant -5 \tag{5.49g}$$

$$-p + \alpha_2 \leqslant -u_2 \tag{5.49h}$$

$$p + \beta_1 \leqslant 2 \tag{5.49i}$$

$$p + \beta_2 \leqslant 3 \tag{5.49j}$$

$$-5d_1 - u_2 \cdot d_2 + 2g_1 + 3g_2 = 6\alpha_1 + 6\alpha_2 + 10\beta_1 + 10\beta_2 \tag{5.49k}$$

其中，u_2 是消费者 2 用于行使市场支配力的决策变量。目标函数式（5.49a）是求消费者 2 的利润，约束条件式（5.49b）~ 式（5.49k）是市场出清的最优条件，见式（5.45）。

式（5.49）的解见表 5.5 的"消费者 2 领导"列。该表中还给出了市场出清的解：如果生产者 / 消费者以边际成本或效用报价 / 出价 [见式（5.43）]，相应的解见"有竞争力"列；如果只有生产者 1 行使市场支配力，相应的解见"生产者 1 领导"列；如果只有生产者 2 行使市场支配力，相应的解见"生产者 2 领导"列；如果只有消费者 1 行使市场支配力，相应的解见"消费者 1 领导"列。

从表 5.5 中可知，消费者 2 可以行使其市场支配力，并能将市场出清价格从 3 美元 /MWh 降低到 2 美元 /MWh。随着消费者 1 的利润从 12 美元增至 18 美元，消费者 2 的利润（相对于其竞争收益）可从 6 美元增加到 8 美元。也就是说，通过行使市场支配力，消费者 2 自身受益，但消费者 1 的受益程度更大。由此得出的结论是，消费者 2 拥有并行使市场支配力，可以让自己和竞争对手（以更大程度）受益，如图 5.12 所示。

表 5.5 市场支配力：市场结果（四）

	有竞争力	生产者 1 领导	生产者 2 领导	消费者 1 领导	消费者 2 领导
		$o_1=2.45$	$o_2=4$	$u_1=2$	$u_1=2$
d_1	6	6	6	4	6
d_2	6	6	6	6	4
g_1	10	10	10	10	10
g_2	2	2	2	0	0
p	3	3	4	2	2
Π_1^c	12	12	6	12	18
Π_2^c	6	6	0	12	8
Π_1^p	10	10	20	0	0
Π_2^p	0	0	2	0	0
SW	28	28	28	24	26

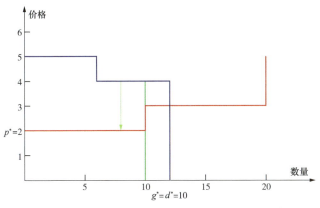

图 5.12   消费者 2 行使市场支配力

5.4.6   多个行为主体行使市场支配力

为简单起见，只考虑生产者 2 和消费者 1 具有战略意义，也就是说，他们愿意行使市场支配力。因此，他们都会为了自身利益而试图改变市场出清方式。生产者 2 愿意将其报价提高到 3 美元 /MWh 的边际成本以上，不愿意减少。同样，消费者 1 也愿意将其非负出价降低至 5 美元 /MWh 的边际效用以下。

另外，生产者 1 和消费者 2 不具有战略性。生产者 1 在所有情况下都按 2 美元 /MWh 的边际成本报价，同样，消费者 2 在所有情况下都按 4 美元 /MWh 的边际效用出价。

考虑以上所有假设情况，本小节需要同时求解生产者 2 和消费者 1 的利润最大化问题。

此处注意到，战略生产者 2 的利润最大化问题依赖于战略消费者 1 的战略出价 u_1，且相对应地，战略消费者 1 的利润最大化问题依赖于战略生产者 2 的战略报价 o_2。因此，这些问题是相互关联的，必须同时求解，并构成一个均衡问题[8]。这个均衡问题实际上是一个均衡约束均衡规划问题（Equilibruim Program with Equilibruim Constraint，EPEC）[8]。这是因为战略生产者 2 和战略消费者 1 的问题都是均衡约束数学规划问题。

这两个相互关联的均衡约束数学规划问题的表达式如下。战略生产者 2

为（生产者 2 的报价 o_2 为红色，消费者 1 的出价 u_1 为蓝色）：

$$\max_{\substack{o_2 \geqslant 3 \\ d_1, d_2, g_1, g_2 \geqslant 0 \\ p \in R \\ \alpha_1, \alpha_2, \beta_1, \beta_2 \leqslant 0}} z = (p - 3) \cdot g_2 \tag{5.50a}$$

$$\text{s.t.} \quad g_1 + g_2 - d_1 - d_2 = 0 \tag{5.50b}$$

$$d_1 \leqslant 6 \tag{5.50c}$$

$$d_2 \leqslant 6 \tag{5.50d}$$

$$g_1 \leqslant 10 \tag{5.50e}$$

$$g_2 \leqslant 10 \tag{5.50f}$$

$$-p + \alpha_1 \leqslant -u_1 \tag{5.50g}$$

$$-p + \alpha_2 \leqslant -4 \tag{5.50h}$$

$$p + \beta_1 \leqslant 2 \tag{5.50i}$$

$$p + \beta_2 \leqslant o_2 \tag{5.50j}$$

$$-u_1 \cdot d_1 - 4d_2 + 2g_1 + o_2 \cdot g_2$$
$$= 6\alpha_1 + 6\alpha_2 + 10\beta_1 + 10\beta_2 \tag{5.50k}$$

战略消费者 1 为（消费者 1 的出价 u_1 为红色，生产者 2 的报价 o_2 为蓝色）：

$$\max_{\substack{0 \leqslant u_1 \leqslant 5 \\ d_1, d_2, g_1, g_2 \geqslant 0 \\ p \in R \\ \alpha_1, \alpha_2, \beta_1, \beta_2 \leqslant 0}} z = (5 - p) \cdot d_1 \tag{5.51a}$$

$$\text{s.t.} \quad g_1 + g_2 - d_1 - d_2 = 0 \tag{5.51b}$$

$$d_1 \leqslant 6 \tag{5.51c}$$

$$d_2 \leqslant 6 \tag{5.51d}$$

$$g_1 \leqslant 10 \tag{5.51e}$$

$$g_2 \leqslant 10 \tag{5.51f}$$

$$-p + \alpha_1 \leqslant -u_1 \tag{5.51g}$$

$$-p + \alpha_2 \leqslant -4 \tag{5.51h}$$

$$p + \beta_1 \leqslant 2 \tag{5.51i}$$

$$p + \beta_2 \leqslant o_2 \tag{5.51j}$$

$$-u_1 \cdot d_1 - 4d_2 + 2g_1 + o_2 \cdot g_2$$
$$= 6\alpha_1 + 6\alpha_2 + 10\beta_1 + 10\beta_2 \tag{5.51k}$$

采用下文描述的对角化算法[8]同时解决式（5.50）和式（5.51）：

步骤 0　初始化：将生产者 2 的战略报价 o_2 变为初始值，并求解战略消费者 1 的均衡约束数学规划问题，即式（5.51），得到其战略出价 u_1（表 5.6 的第 0 行）。

表 5.6　均衡：对角化

迭代运算编号	战略问题	消费者1利润（美元）	消费者2利润（美元）	生产者1利润（美元）	生产者2利润（美元）	最优出价或报价
0	消费者 1，$o_2=4$［求解均衡约束数学规划问题式（5.51）］	12	12	0	0	$u_1=2$
1	生产者 2，$u_1=2$［求解均衡约束数学规划问题式（5.50）］	12	12	0	0	$o_2=3$
2	消费者 1，$o_2=3$［求解均衡约束数学规划问题式（5.51）］	12	12	0	0	$u_1=2$
3	生产者 2，$u_1=2$［求解均衡约束数学规划问题式（5.50）］	12	12	0	0	$o_2=3$

步骤 1　战略生产者问题：将消费者 1 的战略出价 u_1 固定为之前得到的值，求解战略生产者 2 的均衡约束数学规划问题，即式（5.50），以获得其战略报价 o_2。

步骤 2　战略消费者问题：将生产者 2 的战略报价 o_2 固定为之前得到的值，求解战略消费者 1 的均衡约束数学规划问题，即式（5.51），以获得其战略出价 u_1。

步骤 3　收敛：重复步骤 1 和步骤 2，直到 u_1 和 o_2 的值稳定下来，即直到实现收敛（表 5.6 中的第 2 行和第 3 行）。

上述对角化算法也可以从消费者 1 的初始战略出价 u_1 开始，随后求解生产者 2 的均衡约束数学规划问题，即式（5.50）。

采用对角化算法得到的解见表 5.6。经过 3 次迭代运算后，消费者 1 的固定出价为 $u_1=2$，生产者 2 的固定报价为 $o_2=3$。

对于数值模拟，为了确保战略消费者 1 的出价（$u_1=2$）被接受，我们可能希望干扰有竞争力生产者 1 的边际报价至 $2-\epsilon$，略低于其边际成本 2，如图 5.12 所示。

由此可知，可以采用不同于上述对角化算法的其他算法来求解均衡约束均衡规划问题。详情参见文献 [8] 和 [11]。

接下来，通过扰动分析进一步验证，找到的平稳点（$u_1=2$ 和 $o_2=3$）确实达到了纳什均衡。下文的扰动检验只是一个局部启发式算法，只在局部验证纳什均衡。

对于消费者 1 的出价，增减方向都可能出现扰动。对于生产者 2 的报价，唯一可能出现的扰动是在增加方向，因为生产者 2 不会提供低于其边际生产成本的报价。此外，由于消费者 2 不是战略性的，并且总是按其边际效用（4 美元/MWh）出价，因此没有扰动。同样地，由于生产者 1 不是战略性的，并且总是按其边际成本（2 美元/MWh）报价，因此也没有扰动。假设扰动 $\epsilon=0.001$。

为进行这一验证，扰动生产者 2 的固定报价 $o_2=3$（一个方向），并求解市场出清，式（5.43）。接下来，扰动消费者 1 的固定出价 $u_1=2$（两个方向），并求解两次市场出清，式（5.43）。

表 5.7 表明，摄动分析验证了所发现的平衡点确实达到了纳什均衡。第 1、2、3、4 行分别对应于消费者 1、消费者 2、生产者 1 和生产者 2。各列给出了四种情况下（消费者 1、消费者 2、生产者 1 和生产者 2）的利润：①无扰动；②生产者 2 的出价有正扰动；③消费者 1 的出价有正扰动；④消费者 1 的出价有负扰动。

此时发现相对于"无扰动"（第一数值列）的情况，消费者 1 无法通过在单个方向做出可行正/负扰动（表 5.7 中的"消费者 1"行）来提高其利润。同样，相对于"无扰动"（第一数值列）的情况，生产者 2 无法通过在单个方向做出可行正扰动（表 5.7 中的"生产者 2"行）来提高其利润。由此验证了 $u_1=2$ 和 $o_2=3$ 构成纳什均衡。

表 5.7　均衡：验证

	利润（美元）			
	无扰动	$o_2+\epsilon$	$u_1+\epsilon$	$u_1-\epsilon$
	–	**3.001**	**2.001**	**1.999**
消费者 1	12	12	11.996	0
消费者 2	12	12	11.994	12
生产者 1	0	0	0.010	0
生产者 2	0	0	0	0

表 5.8　扰动：市场结果

	扰动			
	无扰动	$o_2+\epsilon$	$u_1+\epsilon$	$u_1-\epsilon$
	–	**3.001**	**2.001**	**1.999**
价格（美元/MWh）	2	2	2.001	2
消费量 1（MW）	4	4	4	0
消费量 2（MW）	6	6	6	6
生产量 1（MW）	10	10	10	6
生产量 2（MW）	0	0	0	0
消费者 1 利润（美元）	12	12	11.994	0
消费者 2 利润（美元）	12	12	11.994	12
生产者 1 利润（美元）	0	0	0.010	0
生产者 2 利润（美元）	0	0	0	0

由表 5.7 注意到，只要有足够的供应能力，消费者出价与生产者报价相同时，会完全得到供应。无论消费出价是完全供给还是完全不供给，所宣称的社会福利（从市场经营者的角度来看）都不会发生变化。

表 5.8 是表 5.7 的补充，提供了更多的市场结果 [市场出清，式（5.43）的结果]。

5.5　总结

本章讨论了市场支配力问题：

（1）卖方垄断者将其价格提高到边际生产成本以上，会导致社会剩余损失。

（2）勒纳指数衡量市场支配力的程度。市场需求的弹性越小，勒纳指数越大，因此市场支配力也就越大。

（3）买方垄断者会将其价格降低到边际消费收益以下，会导致社会剩余损失。

（4）在有同时决策者的古诺寡头垄断模型中，各生产者可以发挥市场支配力，战略性地减少其产量并提高市场价格。

（5）赫芬达尔–赫希曼指数（HHI指数）衡量市场集中程度。古诺寡头垄断的市场支配力程度由HHI指数体现。HHI指数越高，在古诺寡头垄断下的市场支配力越大。

（6）在具有序贯决策者的斯塔克尔伯格寡头垄断模型中，领导生产者具有先发优势，获得的利润高于跟随生产者。

根据对多个领导者情况的分析，按顺序得出了以下观察结果：

（1）各生产者/消费者通常会通过修改各自的报价/出价来行使市场支配力。

（2）通过行使市场支配力，相较于使自身受益，生产者/消费者可能使其竞争对手（其他生产者/消费者）受益更多。

（3）如果有若干生产者/消费者行使市场支配力，那么得到的均衡解（只要存在）可能会使所有人/部分人受益，或导致无人受益。

（4）建议运营商/监管机构实施市场监督程序，防止各生产者/消费者行使其潜在市场支配力。各种市场监督工具允许运营商/监管机构每小时监控市场的运作情况，并对可能表明生产者/消费者缺乏竞争力行为的可疑市场结果进行检查。

5.6 章末练习

5.1 考虑具有成本函数 $C(q)=5q$ 和反需求函数 $P(q)=53-q$ 的卖方垄断,计算卖方垄断的产量、价格和利润。计算无谓损失。推导出勒纳指数和需求价格弹性。然后,验证表达式(5.6)成立。

5.2 根据图 5.4 的分析,推导出卖方垄断、古诺寡头垄断和完全竞争下的生产者利润和无谓损失。然后,比较在三种不同市场结构下得到的结果。

5.3 考虑包含两个不对称生产者(即生产者 1 和生产者 2)的古诺双头垄断情况。生产者 1 和生产者 2 有不同的成本函数,分别为 $C_1(x_1)=4x_1$ 和 $C_2(x_2)=20x_2$,反需求函数为 $P(q)=60-q$,其中 $q=x_1+x_2$。计算纳什 – 古诺均衡的产量和价格。计算赫芬达尔 – 赫希曼指数(HHI 指数)。然后,验证表达式(5.35)成立。

5.4 计算你所在国家电力部门的 HHI 值。

5.5 采用章末练习 5.3 中的相同成本函数和反需求函数,考虑包含领导生产者 1 和追随生产者 2 的斯塔克尔伯格双头垄断情况。计算均衡产量和价格,并将其与章末练习 5.3 中古诺双头垄断的结果进行比较。此外,比较斯塔克尔伯格双头垄断和古诺双头垄断下的生产者利润。

5.6 扩展第 5.4.1 节的示例,使其包含两个节点和一条电力线路。生产者 1 和消费者 1 位于节点 1,生产者 2 和消费者 2 则位于节点 2。利用原始优化问题、对偶优化问题和最优条件优化问题,列出市场出清表达式。

5.7 考虑上述章末练习 5.6 中的市场出清和第 5.4.3 节中生产者 2 的利润最大化问题,分析不同的输电限值会如何改变生产者 2 的市场支配力。

5.8 考虑上述章末练习 5.6 中的市场出清和第 5.4.4 节中消费者 1 的利润最大化问题,分析不同的输电限值会如何改变消费者 1 的市场支配力。

5.9 扩展第 5.4.6 节中的均衡约束均衡规划问题,使其包含两个生产者和两个消费者,作为战略行为主体。

5.7 GAMS 代码

以下是所选示例的 GAMS 代码[9]。

用于求解第 5.4.3 节中市场出清问题的 GAMS[9] 输入代码为：

```
1  variable zp;
2  positive variables d1,d2,p1,p2;
3  positive variables pp1,pp2,pd1,pd2;
4  parameters o1 /2/, o2 /3/, u1 /5/, u2 /4/;
5  parameters lp1 /10/, lp2 /10/, ld1 /6/, ld2 /6/;
6  equations of,be,bp1,bp2,bd1,bd2;
7  of..   zp =e= -u1*d1-u2*d2+o1*p1+o2*p2;
8  be..   p1+p2-d1-d2 =e= 0;
9  bp1..  p1 =l= lp1;
10 bp2..  p2 =l= lp2;
11 bd1..  d1 =l= ld1;
12 bd2..  d2 =l= ld2;
13 model mca1primal /all/;
14 solve mca1primal using lp minimizing zp;
15 pp1.l=(be.m-o1)*p1.l;
16 pp2.l=(be.m-o2)*p2.l;
17 pd1.l=(u1-be.m)*d1.l;
18 pd2.l=(u2-be.m)*d2.l;
19 display zp.l;
20 display d1.l,d2.l,p1.l,p2.l;
21 display be.m;
22 display bd1.m,bd2.m,bp1.m,bp2.m;
23 display pd1.l,pd2.l,pp1.l,pp2.l;
```

请注意，该 GAMS 代码与式（5.43）的数学表达式一致。

相应的 GAMS 输出结果为：

```
1  ----      19  VARIABLE  zp.L     =    -28.000

3  ----      20  VARIABLE  d1.L     =      6.000
4            VARIABLE  d2.L     =      6.000
5            VARIABLE  p1.L     =     10.000
6            VARIABLE  p2.L     =      2.000

8  ----      21  EQUATION  be.M     =      3.000

10 ----      22  EQUATION  bd1.M    =     -2.000
```

```
11          EQUATION   bd2.M    =    -1.000
12          EQUATION   bp1.M    =    -1.000
13          EQUATION   bp2.M    =     0.000

15  ----  23  VARIABLE   pd1.L    =    12.000
16          VARIABLE   pd2.L    =     6.000
17          VARIABLE   pp1.L    =    10.000
18          VARIABLE   pp2.L    =     0.000
```

用于求解第 5.4.4 节中市场出清问题的 GAMS[9] 输入代码为:

```
 1 variable zd;
 2 variable lambda;
 3 negative variables alpha1,alpha2,beta1,beta2;
 4 parameters o1 /2/, o2 /3/, u1 /5/, u2 /4/;
 5 parameters lp1 /10/, lp2 /10/, ld1 /6/, ld2 /6/;
 6 equations ofd,c1,c2,c3,c4;
 7 ofd.. zd =e= ld1*alpha1+ld2*alpha2+lp1*beta1+lp2*beta2;
 8 c1.. -lambda+alpha1 =l= -u1;
 9 c2.. -lambda+alpha2 =l= -u2;
10 c3.. lambda+beta1 =l= o1;
11 c4.. lambda+beta2 =l= o2;
12 model mca1dual /all/;
13 solve mca1dual usin lp maximizing zd;
14 display zd.l;
15 display lambda.l,alpha1.l,alpha2.l,beta1.l,beta2.l;
16 display c1.m,c2.m,c3.m,c4.m;
```

相应的 GAMS 输出结果为:

```
 1  ----  14  VARIABLE   zd.L      =    -28.000

 3  ----  15  VARIABLE   lambda.L  =      3.000
 4          VARIABLE   alpha1.L  =     -2.000
 5          VARIABLE   alpha2.L  =     -1.000
 6          VARIABLE   beta1.L   =     -1.000
 7          VARIABLE   beta2.L   =      0.000

 9  ----  16  EQUATION   c1.M      =      6.000
10          EQUATION   c2.M      =      6.000
11          EQUATION   c3.M      =     10.000
12          EQUATION   c4.M      =      2.000
```

用于求解第 5.4.5 节中市场出清问题的 GAMS[9] 输入代码为：

```
1  parameters o1 /2/, o2 /3/, u1 /5/, u2 /4/;
2  parameters lp1 /10/, lp2 /10/, ld1 /6/, ld2 /6/;
3  variable zo;
4  positive variables d1,d2,p1,p2;
5  variable lambda;
6  negative variables alpha1,alpha2,beta1,beta2;
7  equations ofo,c1,c2,c3,c4;
8  ofo..   zo =e= 1;
9  c1..    -lambda+alpha1 =l= -u1;
10 c2..    -lambda+alpha2 =l= -u2;
11 c3..     lambda+beta1  =l= o1;
12 c4..     lambda+beta2  =l= o2;
13 equations be,bp1,bp2,bd1,bd2;
14 be..    p1+p2-d1-d2 =e= 0;
15 bp1..   p1 =l= lp1;
16 bp2..   p2 =l= lp2;
17 bd1..   d1 =l= ld1;
18 bd2..   d2 =l= ld2;
19 equation sde;
20 sde..   ld1*alpha1+ld2*alpha2+lp1*beta1+lp2*beta2
21 =e=
22 -u1*d1-u2*d2+o1*p1+o2*p2;
23 model mca1oc /all/;
24 solve mca1oc usin lp maximizing zo;
25 display d1.l,d2.l,p1.l,p2.l;
26 display lambda.l,alpha1.l,alpha2.l,beta1.l,beta2.l;
```

相应的 GAMS 输出结果为：

```
1  ----      25  VARIABLE  d1.L       =       6.000
2                VARIABLE  d2.L       =       6.000
3                VARIABLE  p1.L       =      10.000
4                VARIABLE  p2.L       =       2.000

6  ----      26  VARIABLE  lambda.L   =       3.000
7                VARIABLE  alpha1.L   =      -2.000
8                VARIABLE  alpha2.L   =      -1.000
9                VARIABLE  beta1.L    =      -1.000
10               VARIABLE  beta2.L    =       0.000
```

用于求解第 5.4.2 节中生产者 1 利润最大化问题的 GAMS[9] 输入代码为：

```
1  option NLP = BARON;
2  parameters o2 /3/, u1 /5/, u2 /4/;
3  parameters lp1 /10/, lp2 /10/, ld1 /6/, ld2 /6/;
4  positive variable o1;
5  * 实际上，o1 等于 2
6  o1.l=3;
7  variable zp1;
8  positive variables d1,d2,p1,p2;
9  p1.l=10;
10 p2.l=2;
11 d1.l=6;
12 d2.l=6;
13 variable lambda;
14 negative variables alpha1,alpha2,beta1,beta2;
15 variables pp1,pp2,pd1,pd2;
16 equations ofo,c1,c2,c3,c4;
17 ofo.. zp1 =e= (lambda-2)*p1;
18 c1.. -lambda+alpha1 =l= -u1;
19 c2.. -lambda+alpha2 =l= -u2;
20 c3.. lambda+beta1 =l= o1;
21 c4.. lambda+beta2 =l= o2;
22 equations be,bp1,bp2,bd1,bd2;
23 be.. p1+p2-d1-d2 =e= 0;
24 bp1.. p1 =l= lp1;
25 bp2.. p2 =l= lp2;
26 bd1.. d1 =l= ld1;
27 bd2.. d2 =l= ld2;
28 equation sde;
29 sde.. ld1*alpha1+ld2*alpha2+lp1*beta1+lp2*beta2
30 =e=
31 -u1*d1-u2*d2+o1*p1+o2*p2;
32 model p1leads /all/;
33 solve p1leads using nlp maximizing zp1;
34 pp1.l=(lambda.l- 2)*p1.l;
35 pp2.l=(lambda.l-o2)*p2.l;
36 pd1.l=(u1-lambda.l)*d1.l;
37 pd2.l=(u2-lambda.l)*d2.l;
38 display zp1.l;
39 display o1.l;
40 display d1.l,d2.l,p1.l,p2.l;
41 display lambda.l,alpha1.l,alpha2.l,beta1.l,beta2.l;
42 display pd1.l,pd2.l,pp1.l,pp2.l;
```

相应的 GAMS 输出结果为：

```
1 ----        38   VARIABLE   zp1.L      =        10.000

3 ----        39   VARIABLE   o1.L       =         2.455

5 ----        40   VARIABLE   d1.L       =         6.000
6                  VARIABLE   d2.L       =         6.000
7                  VARIABLE   p1.L       =        10.000
8                  VARIABLE   p2.L       =         2.000

10 ----       41   VARIABLE   lambda.L   =         3.000
11                 VARIABLE   alpha1.L   =        -2.000
12                 VARIABLE   alpha2.L   =        -1.000
13                 VARIABLE   beta1.L    =        -0.545
14                 VARIABLE   beta2.L    =         0.000

16 ----       42   VARIABLE   pd1.L      =        12.000
17                 VARIABLE   pd2.L      =         6.000
18                 VARIABLE   pp1.L      =        10.000
19                 VARIABLE   pp2.L      =    1.33227E-14
```

用于求解第 5.4.5 节中消费者 1 利润最大化问题的 GAMS[9] 输入代码为：

```
1  option NLP = BARON;
2  parameters o1 /2/, o2 /3/, u2 /4/;
3  parameters lp1 /10/, lp2 /10/, ld1 /6/, ld2 /6/;
4  positive variable u1;
5  * 实际上，u1 等于 5
6  u1.up=5;
7  u1.l=5;
8  variable zd1;
9  positive variables d1,d2,p1,p2;
10 p1.l=10;
11 p2.l=2;
12 d1.l=6;
13 d2.l=6;
14 variable lambda;
15 negative variables alpha1,alpha2,beta1,beta2;
16 variables pp1,pp2,pd1,pd2;
17 equations ofo,c1,c2,c3,c4;
18 ofo..  zd1 =e= (5-lambda)*d1;
19 c1..   -lambda+alpha1 =l= -u1;
20 c2..   -lambda+alpha2 =l= -u2;
21 c3..    lambda+beta1  =l= o1;
22 c4..    lambda+beta2  =l= o2;
23 equations be,bp1,bp2,bd1,bd2;
24 be..  p1+p2-d1-d2 =e= 0;
25 bp1.. p1 =l= lp1;
```

```
26 bp2..  p2 =l= lp2;
27 bd1..  d1 =l= ld1;
28 bd2..  d2 =l= ld2;
29 equation sde;
30 sde.. ld1*alpha1+ld2*alpha2+lp1*beta1+lp2*beta2
31 =e=
32 -u1*d1-u2*d2+o1*p1+o2*p2;
33 model p1leads /all/;
34 solve p1leads using nlp maximizing zd1;
35 pp1.l=(lambda.l-o1)*p1.l;
36 pp2.l=(lambda.l-o2)*p2.l;
37 pd1.l=( 5-lambda.l)*d1.l;
38 pd2.l=(u2-lambda.l)*d2.l;
39 display zd1.l;
40 display u1.l;
41 display d1.l,d2.l,p1.l,p2.l;
42 display lambda.l,alpha1.l,alpha2.l,beta1.l,beta2.l;
43 display pd1.l,pd2.l,pp1.l,pp2.l;
```

相应的 GAMS 输出结果为：

```
1 ----      39  VARIABLE  zd1.L      =      12.000

3 ----      40  VARIABLE  u1.L       =       2.000

5 ----      41  VARIABLE  d1.L       =       4.000
6              VARIABLE  d2.L       =       6.000
7              VARIABLE  p1.L       =      10.000
8              VARIABLE  p2.L       =       0.000

10 ----     42  VARIABLE  lambda.L   =       2.000
11             VARIABLE  alpha1.L   =       0.000
12             VARIABLE  alpha2.L   =      -2.000
13             VARIABLE  beta1.L    =       0.000
14             VARIABLE  beta2.L    =       0.000

16 ----     43  VARIABLE  pd1.L      =      12.000
17             VARIABLE  pd2.L      =      12.000
18             VARIABLE  pp1.L      =       0.000
19             VARIABLE  pp2.L      =       0.000
```

参考文献

[1] Belleflamme, P., Peitz, M.: Industrial Organization: Markets and Strategies. Cambridge University Press, Cambridge (2010).

［2］ Borenstein, S., Bushnell, J.B., Wolak, F.A.: Measuring market inefficiencies in California's restructured wholesale electricity market. Amer. Econ. Rev. 92, 1376-1405 (2002).

［3］ Carlton, D.W., Perloff, J.M.: Modern Industrial Organization. Addison Wesley, New York (2000).

［4］ Chen, Y., Siddiqui, A.S., Tanaka, M.: Analysis of Environmental Policy in the Power Sector. Springer International Publishing, Switzerland (2020).

［5］ Conejo, A.J., Baringo, L.: Power System Operations. Springer, New York (2018).

［6］ Conejo, A.J., Chen, S., Constante, G.E,: Operations and long-term expansion planning of natural-gas and power systems: A market perspective. Proc. IEEE 108, 1541-1557 (2020).

［7］ Conejo, A.J., Ruiz, C.: Complementarity, not optimization, is the language of markets. IEEE Open Access J. Power Energy. 7, 344353 (2020).

［8］ Gabriel, S.A., Conejo, A.J., Fuller, J.D., Hobbs, B.F., Ruiz, C.: Complementarity Modeling in Energy Markets. Springer, New York (2013).

［9］ GAMS Development Corporation: GAMS-A User's Guide. http://www.gams.com (2021).

［10］ Nicholson, W., Snyder, C.: Microeconomic Theory: Basic Principles and Extensions. Cengage Learning, Boston (2016).

［11］ Ruiz, C., Conejo, A.J., Fuller, J.D., Gabriel, S.A., Hobbs, B.F.,: A tutorial review of complementarity models for decision-making in energy markets. EURO J. Decision Processes. 2, 91-120 (2014).

［12］ Sioshansi, R., Conejo, A.J.: Optimization in Engineering. Models and Algorithms. Springer, New York (2017).

［13］ Tangerås, T.P., Mauritzen, J.: Real-time versus day-ahead market power in a hydro-based electricity market. J. Ind. Econ. 66, 904–941 (2018).

［14］ Tirole, J.: The Theory of Industrial Organization. MIT Press, Boston (1988).

［15］ Wolfram, C.D.: Measuring duopoly power in the british electricity spot market. Amer. Econ. Rev. 89, 805–826 (1999).

第 6 章

环境外部性

6.1　概述

负外部性是一种市场失灵现象，当一个主体的行为对其他主体的活动产生不利影响，而这种影响没有反映在市场交易中时，就会出现这种情况[13,18]。发电厂造成的环境污染就是一个典型的负外部性例子。如果不进行监管，电力公司在作出生产决策时就不会考虑对他人造成的损害。换句话说，电力公司在做出生产决策时，会只考虑自身成本，不考虑与污染相关的社会成本。

2019年，美国电力行业的温室气体（Greenhouse Gas,GHG）❶排放量占全国总排放量的25%，尤其是二氧化碳（CO_2）排放量占全国总排放量的31%[6]。化石燃料发电是二氧化硫（SO_2）和氮氧化物（NO_x）等其他地方性空气污染物的主要来源。

本章首先介绍负外部性的基本概念，并以二氧化碳排放的影响为例，展示负外部性的福利扭曲效应。接下来，本章介绍用于克服这类外部性的两种主要经济手段，即环境税和排放许可制度。同时还研究了另一种制度，即可再生能源配额制（Renewable Portfolio Standard，RPS），这种制

---

❶　温室气体包括二氧化碳（CO_2）、甲烷（CH_4）、二氧化氮（N_2O）和氟化气体。

度不是直接抑制二氧化碳排放，而是设定可再生能源发电目标来间接减少二氧化碳排放。随后，将这些简化模型扩展到具有外部性的具体网络约束模型，将电力系统中的空间、技术和时间等现实因素考虑进来，同时还考虑了生产者的市场支配力。第 6.7 节提供了用于求解本章所选数值示例的 GAMS 代码。

6.2 负外部性

为了更好地理解负外部性的基本概念，本节研究一个简单案例，其中企业 $i \in \mathcal{I}$（如发电厂）在进行生产时会排放二氧化碳，其产量为 y_i。为便于分析，在此假设一单位的产量会产生一单位的二氧化碳，即二氧化碳排放率 E_i 等于 1。设 $c_i(y_i)$、$b(y)$ 和 $p(y)$ 分别表示企业 i 的成本函数、消费者总效用函数和逆需求函数，其中 $y = \sum_{i \in \mathcal{I}} y_i$。需注意的是，边际效用函数等于逆需求函数，即 $b'(y) = p(y)$，如第 1 章所述。为简单起见，除非另有说明，否则在本章中忽略产能限值。

首先，考虑一个不包含二氧化碳排放产生损害成本的福利最大化问题：

$$\underset{y \geq 0}{\text{Maximize}} \; b(y) - \sum_{i \in \mathcal{I}} c_i(y_i) \qquad (6.1)$$

这种情况被称为常规情况，即只考虑企业的"私人成本"。对于企业 i，相应的内部解（即既非零生产，也非最大生产）y_i^{BAU} 和 y^{BAU} 满足以下一阶条件：

$$b'(y) = p(y) = c_i'(y_i) \qquad (6.2)$$

这种情况是相当于不考虑二氧化碳排放的完全竞争，价格等同于各自的私人边际成本 $c_i'(y_i)$。

接下来，引入由于二氧化碳排放而产生的损害成本函数 $d(e)$，有时也称为外部成本函数，其中 e 表示二氧化碳的总排放总量，即 $e = \sum_{i \in \mathcal{I}} E_i y_i$。由于假设 $E_i = 1$，在这种情况下 $e = y$。假设一个简单的线性损害成本函数，$d(e) = Ze = Zy$，其中 Z 是损害成本参数。引入该损害成本函数后，福利最大化问题可表示如下：

$$\operatorname*{Maximize}_{y \geq 0} b(y) - \sum_{i \in \mathcal{I}} c_i(y_i) - Zy \qquad （6.3）$$

社会福利考虑了包括二氧化碳排放产生的损害成本的"社会成本"。假设有内部解（即既非零生产，也非最大生产），对于企业 i，最优产量 y_i^* 和 y^* 满足以下一阶条件：

$$b'(y) = p(y) = c_i'(y_i) + Z \qquad （6.4）$$

考虑到社会边际成本为 $c_i'(y_i) + Z$，这就是社会最优条件。

从式（6.2）和式（6.4）中可以看出，私人边际成本比社会边际成本少 Z，这会导致产能过剩以及与相对于社会最优成本的过量二氧化碳排放。图 6.1 中在需求曲线和全行业社会边际成本曲线的交点处得到的社会最优产量 y^*。相比之下，缺乏环境监管时，可在需求曲线和全行业私人边际成本曲线的相交处实现市场均衡，这会造成产能过剩，$y^{\mathrm{BAU}} > y^*$。在 y^{BAU} 处，社会边际成本超过了边际收益。因此，如果不实施环境监管，市场均衡 y^{BAU} 会造成社会福利损失（无谓损失），如图 6.1 中的阴影部分所示，这是负外部性造成的结果。

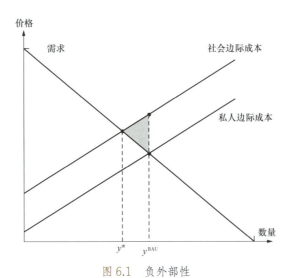

图 6.1　负外部性

示例 6.1　具有外部性的中央计划结果

作为基准，此处考虑有一个中央计划者在外部性条件下控制发电量和用电量的典型例子。在下述内容中，成本和收益的单位以美元表示。两个企业

$i = 1,2$ 分别以二次成本函数发电：$c_1(y_1) = 0.25\, y_1^2$ 和 $c_2(y_2) = y_2^2$。总发电量为 $y = \sum_{i \in \mathcal{I}} E_i y_i$（单位：MWh）。二氧化碳排放总量表示为 $e = \sum_{i \in \mathcal{I}} E_i y_i$（单位：吨，以 t 表示），排放速率分别为 $E_1 = 4$ 和 $E_2 = 2$（单位：t/MWh）。假设有一个二次损害成本函数 $d(e) = 0.5 Z e^2$，其中损害成本参数 $Z = 0.1$（单位：美元/吨^2，以美元 /t^2 表示）。各消费者的总效用函数和逆需求函数分别表示为 $b(y) = 100y - 0.5 y^2$ 和 $p(y) = 100 - y$。

在中央计划下，对于包括损害成本在内的社会福利，即 $b(y) - \sum_{i \in \mathcal{I}} c_i y_i - d(e)$，其最大化表达式如下：

$$\underset{y_1, y_2 \geqslant 0}{\text{Maximize}}\ 100y - 0.5y^2 - 0.25 y_1^2 - y_2^2 - 0.05\left(4y_1 + 2y_2\right)^2 \tag{6.5}$$

通过求解这个简单的二次规划（QP）问题，可以得到社会最优产量 $y_1^* = 21.9\text{MWh}$、$y_2^* = 17.8\text{MWh}$，总产量 $y^* = 39.7\text{MWh}$。二氧化碳排放总量和损害成本分别为 $e^* = 123.3\text{t}$ 和 $d(e^*) = 760.0$ 美元。包括损害成本在内的社会福利是 1986.3 美元。

如果在式（6.5）的目标函数中排除损害成本，则可以得到不考虑社会成本的常规情况结果。在总产量为 $y^{\text{BAU}} = 71.4\text{MWh}$ 时，二氧化碳排放总量和损害成本分别为 $e^{\text{BAU}} = 257.1\text{t}$ 和 $d(e^{\text{BAU}}) = 3,306.1$ 美元。因此，与社会最优水平相比，在缺乏监管的常规情况下，会导致产能过剩以及二氧化碳排放量过多。事实上，包括损害成本在内的社会福利是 265.3 美元，低于中央计划下的社会福利。

6.3　基于市场的污染控制机制

正如上一节提到的，在外部性条件的影响下，如果没有任何监管干预，市场将会失灵。本节讨论基于市场的外部性管理手段。第 6.3.1 节着重于介绍两种主要经济手段，即税收和许可制度，在均衡状态下，这两种手段可以产生相同的效果。第 6.3.2 节探讨可再生能源配额制政策，该政策设定了可再生能源发电的目标，以减轻负外部性的影响。

6.3.1　税收和许可证制度

采用与上一节相同的设置，本节再次从企业的角度推导条件式（6.2）。在一个没有环境监管的完全竞争市场中，假定市场价格为 $\hat{p}$，受价企业 i 追求自身利润最大化的表达式为：

$$\underset{y_i \geqslant 0}{\text{Maximize}} \quad \hat{p}y_i - c_i(y_i) \tag{6.6}$$

假设存在内部解，企业 i 的一阶条件表示如下：

$$\hat{p} = c_i'(y_i) \tag{6.7}$$

如第 1 章所述，在均衡状态下，$\hat{p} = b'(y) = p(y)$ 成立，由此得到式（6.2）。同样，这意味着，如果没有监管，每个企业只需承担各自的私人边际成本，这会导致产能过剩 y_i^{BAU} 和 y^{BAU}。

环境税，也称为庇古税（Pigouvian Tax），可以迫使各企业将外部性成本内在化。设 R^{tax} 为对二氧化碳排放量征收的单位税。那么，根据上一节所述的假设排放速率 $E_i = 1$，企业 i 需支付的税费为 $R^{\text{tax}} E_i y_i = R^{\text{tax}} y_i$。假定的市场价格为 $\hat{p}$，以及庇古税为 R^{ta}，企业 i 追求自身利润最大化的表达式为：

$$\underset{y_i \geqslant 0}{\text{Maximize}} \quad \hat{p}y_i - c_i(y_i) - R^{\text{tax}} y_i \tag{6.8}$$

通过求内部解，得出企业 i 的一阶条件如下：

$$\hat{p} = c_i'(y_i) + R^{\text{tax}} \tag{6.9}$$

庇古税的水平由边际损害成本或边际外部成本 $d(e^*)$ 决定，此成本在二氧化碳排放量的社会最优水平 $e^* = \sum_{i \in \mathcal{I}} E_i y_i = y^*$ 下进行评估。由于假设损害成本函数为线性函数 $d(e) = Ze = Zy$，庇古税的最优水平可以简化为 $R^{\text{tax}} = d(e^*) = Z$。因此，在式（6.4）规定的庇古税下，企业 i 的社会边际成本为 $c_i'(y_i) + Z$，最优产量为 y_i^* 和 y^*。

另外，采用排放许可证制度，也称为限额交易计划，也可得到社会最优结果。设 ρ^{CT} 表示每单位二氧化碳排放许可证的价格。企业 i 必须为二氧化碳排放购买排放许可证。因此，按照 $E_i = 1$ 的假设条件，每个企业需支付的费用为 $\rho^{\text{CT}} E_i y_i = \rho^{\text{CT}} y_i$。假定商品市场价格为 $\hat{p}$，以及许可证价格为 ρ^{CT}，企业 i

追求自身利润最大化的表达式为：

$$\underset{y_i \geqslant 0}{\text{Maximize}} \quad \hat{p}y_i - c_i(y_i) - \rho^{\text{CT}}y_i \tag{6.10}$$

假设有内部解，则企业 i 的一阶条件写为：

$$\hat{p} = c_i'(y_i) + \rho^{\text{CT}} \tag{6.11}$$

环境管理局控制许可证的总供应量 S。如果环境管理局减少市场上的许可证供应量，许可证价格就会因稀缺性增加而上涨。一般来说，排放许可证的市场出清条件可以用以下互补条件表示[3]：

$$0 \leqslant \rho^{\text{CT}} \perp S - \sum_{i \in \mathcal{I}} y_i \geqslant 0 \tag{6.12}$$

其中，$\perp$ 表示互补性，即 $0 \leqslant a \perp b \geqslant 0$ 等价于 $a \geqslant 0$、$b \geqslant 0$ 且 $ab = 0$。如果许可证供应过剩，即 $S > \sum_{i \in \mathcal{I}} y_i$，那么许可证价格 ρ^{CT} 将变为零。否则，排放许可证的价格将为正值。当环境管理局将许可证的总供应量设定在二氧化碳排放量的社会最优水平（即 $S = e^*$）时，在均衡状态下，许可证价格 $\rho^{\text{CT}} = d'(e^*) = Z$。因此，在排放许可证制度下，企业 i 的社会边际成本为 $c_i'(y_i) + Z$，最优产量为 y_i^* 和 y^*。

政策制定者可以利用庇古税或排放许可证，在外部性条件下得出社会最优结果。本小节将通过典型例子来说明这一事实。

示例 6.2　庇古税

此例采用与示例 6.1 相同的设置，并引入庇古税。调用二次损害成本函数 $d(e) = 0.5Ze^2$。庇古税的水平由边际损害成本 $d'(e^*) = Ze^*$ 确定，该成本按二氧化碳排放量的社会最优水平 e^* 进行评估。根据示例 6.1，$e^* = 123.3\text{t}$，因此环境管理局将庇古税 R^{tax} 定为 $d'(e^*) = 12.3$ 美元 /t。

在放松管制的电力行业中，受价企业 i 接受给定的电力市场价格 $\hat{p}$ 和庇古税 R^{tax}，实现自身利润最大化，即 $\hat{p}y_i - c_i(y_i) - R^{\text{tax}}E_iy_i$。企业 1 和企业 2 的利润最大化问题分别表示如下：

$$\underset{y_1 \geqslant 0}{\text{Maximize}} \quad \hat{p}y_1 - 0.25y_1^2 - 4R^{\text{tax}}y_1 \tag{6.13a}$$

$$\underset{y_2 \geqslant 0}{\text{Maximize}} \quad \hat{p}y_2 - y_2^2 - 2R^{\text{tax}}y_2 \tag{6.13b}$$

其中，为便于计算，保留小数点后四位，即采用 $R^{\text{tax}} = 12.3288$ 美元 /t。则在均衡状态下，$\hat{p} = b'(y) = p(y)$ 成立，则 KKT 条件可写为：

$$0 \leqslant y_1 \perp 100 - (y_1 + y_2) - 0.5y_1 - 4R^{\text{tax}} \leqslant 0 \tag{6.14a}$$

$$0 \leqslant y_2 \perp 100 - (y_1 + y_2) - 2y_2 - 2R^{\text{tax}} \leqslant 0 \tag{6.14b}$$

这些条件构成了一个互补问题（Complementarity Problem，CP），可用现成求解器求解。求解该互补问题，可得出社会最优产量 $y_1^* = 21.9$MWh、$y_2^* = 17.8$MWh 和 $y^* = 39.7$MWh。二氧化碳排放总量和损害成本分别为 $e^* = 123.3$t 和 $d(e^*) = 760.0$ 美元。与示例 6.1 相同，得到包括损害成本在内的社会福利 1986.3 美元。这个例子说明，在放松管制的电力行业中，庇古税可以在外部性条件下得出社会最优结果。

示例 6.3 排放许可证

本例采用与示例 6.1 相同的设置，研究排放许可证制度。环境管理局按照二氧化碳排放量的社会最优水平 $e^* = 123.3$t，确定许可证的总供应量 S。排放许可证的市场出清条件可写为：

$$0 \leqslant \rho^{\text{CT}} \perp S - (4y_1 + 2y_2) \geqslant 0 \tag{6.15}$$

其中，$S = 123.2877$t，小数点后保留四位。

受价企业 i 接受给定的市场电价 $\hat{p}$ 和许可证价格 ρ^{CT}，实现自身利润最大化，即 $\hat{p}y_i - c_i(y_i) - \rho^{\text{CT}}E_iy_i$。企业 1 和企业 2 的利润最大化问题分别表示如下：

$$\underset{y_1 \geqslant 0}{\text{Maximize}} \quad \hat{p}y_1 - 0.25y_1^2 - 4\rho^{\text{CT}}y_1 \tag{6.16a}$$

$$\underset{y_2 \geqslant 0}{\text{Maximize}} \quad \hat{p}y_2 - y_2^2 - 2\rho^{\text{CT}}y_2 \tag{6.16b}$$

由此可知，在均衡状态下，$\hat{p} = b'(y) = p(y)$ 成立，则 KKT 条件推导如下：

$$0 \leqslant y_1 \perp 100 - (y_1 + y_2) - 0.5y_1 - 4\rho^{\text{CT}} \leqslant 0 \tag{6.17a}$$

$$0 \leqslant y_2 \perp 100 - (y_1 + y_2) - 2y_2 - 2\rho^{\text{CT}} \leqslant 0 \tag{6.17b}$$

式（6.15）、式（6.17a）和式（6.17b）构成一个互补问题。对其求解，可

得出许可证价格为 $\rho^{CT} = 12.3$ 美元 /t，按二氧化碳排放量的社会最优水平进行评估，此价格正好等于边际损害成本 $d'(e^*) = Ze^*$。与示例 6.2 一样，可得出社会最优产量，即 $y_1^* = 21.9$MWh、$y_2^* = 17.8$MWh、$y^* = 39.7$MWh，包括损害成本在内的社会福利为 1986.3 美元。这说明在均衡状态下，庇古税和排放许可证具有相同的效果。

表 6.1 中汇总了示例 6.1~6.3 的结果。表中用 SW 表示包括损害成本在内的社会福利。

表 6.1　示例 6.1~6.3 的结果

	BAU	社会规划	庇古税	排放许可证
y	71.4	39.7	39.7	39.7
e	257.1	123.3	123.3	123.3
$d(e)$	3306.1	760.0	760.0	760.0
$d'(e)$	25.7	12.3	12.3	12.3
R^{tax}	—	—	12.3	—
ρ^{CT}	—	—	—	12.3
S	—	—	—	123.3
SW	265.3	1986.3	1986.3	1986.3

6.3.2　可再生能源配额制

可再生能源配额制（RPS）政策设定可再生能源发电的目标，而不是明确控制二氧化碳排放量。通常，RPS 规定可再生能源发电量需占总发电量的一定比例。生产者一般可以通过可再生能源自发电和 / 或购买可再生能源证书（Renewable Energy Certificate，REC）来满足可再生能源配额制的要求。

在此考虑一个简单情况，将各企业分为两组，即拥有可再生能源发电厂的 $i \in I^{RE}$ 组，以及拥有非可再生能源发电厂的 $i \in I^{NRE}$ 组。需注意，$I^{RE} \cup I^{NRE} = I$ 且 $I^{RE} \cap I^{NRE} = \varnothing$。设 $Q \in [0,1]$ 和 ρ^{REC} 分别表示可再生能源配额制要求和可再生能源证书价格（例如，能量单位为美元 /MWh）。

拥有非可再生能源发电厂的企业需要按价格 $\rho^{\text{REC}}Qy_i$ 支付相关费用，购买可再生能源证书，以此补偿可再生能源配额制要求的未满足部分。受价企业 $i \in I^{\text{NRE}}$ 接受给定的 $\hat{p}$ 和 ρ^{REC}，实现自身利润最大化：

$$\underset{y_i \geq 0}{\text{Maximize}} \ \hat{p}\,y_i - c_i\left(y_i\right) - \rho^{\text{REC}}Qy_i \tag{6.18a}$$

$$\text{s.t.} \, y_i \leq K_i : \beta_i \tag{6.18b}$$

其中，K_i 和 β_i 分别表示非可再生能源的发电装机容量和容量约束条件的对偶变量。由此可知，在均衡状态下，$\hat{p} = b'\left(y\right) = p\left(y\right)$ 成立，则 KKT 条件可写为：

$$0 \leq y_i \perp p\left(y\right) - c_i'\left(y_i\right) - \rho^{\text{REC}}Q - \beta_i \leq 0 \tag{6.19a}$$

$$0 \leq \beta_i \perp y_i - K_i \leq 0 \tag{6.19b}$$

与此相反，拥有可再生能源发电厂的企业则通过出售多余的可再生能源证书来赚取收入 $\rho^{\text{REC}}\left(1-Q\right)y_i$❶。受价企业 $i \in I^{\text{RE}}$ 接受给定的 $\hat{p}$ 和 ρ^{REC}，实现自身利润最大化：

$$\underset{y_i \geq 0}{\text{Maximize}} \ \ \hat{p}y_i - c_i\left(y_i\right) + \rho^{\text{REC}}\left(1-Q\right)y_i \tag{6.20a}$$

$$\text{s.t.} \, y_i \leq K_i : \beta_i \tag{6.20b}$$

其中，K_i 和 β_i 分别表示可再生能源发电装机容量和容量约束条件的对偶变量。由于 $\hat{p} = b'\left(y\right) = p\left(y\right)$，KKT 条件推导如下：

$$0 \leq y_i \perp p\left(y\right) - c_i'\left(y_i\right) + \rho^{\text{REC}}\left(1-Q\right) - \beta_i \leq 0 \tag{6.21a}$$

$$0 \leq \beta_i \perp y_i - K_i \leq 0 \tag{6.21b}$$

可再生能源证书价格由证书的市场出清条件决定，如下[16,17]：

$$0 \leq \rho^{\text{REC}} \perp \sum_{i \in I^{\text{RE}}} y_i - Q\sum_{i \in I} y_i \geq 0 \tag{6.22}$$

当可再生能源发电量目标 Q 增加时，可再生能源证书的价格会上涨。

---

❶　如果企业同时拥有可再生能源发电厂和不可再生能源发电厂，则与可再生能源证书相关的收入可表示为 ρ^{REC}[可再生能源发电量 $-Q$（可再生能源发电量 + 不可再生能源发电量）]。

在可再生能源配额制下，实际上会向采用非可再生能源发电的企业征收税费，而采用可再生能源发电的企业则获得补贴。因此，财富从非可再生能源向可再生能源转移。值得注意的是，可再生能源配额制政策与庇古税之间存在重大差异。征收庇古税时，二氧化碳排放量为零的可再生能源发电厂不用缴税，但也得不到补贴。相比之下，可再生能源组合配额政策利用从非可再生能源发电厂征收的税费，进一步补贴可再生能源发电厂。这意味着在可再生能源组合配额制度下，短期内会出现部分效率损失。

示例 6.4 可再生能源配额制

此处以两个企业为例，即拥有可再生能源发电厂的企业 1 和拥有非可再生能源发电厂的企业 2，以此说明可再生能源配额制政策的机制。在下文中，成本和收益的单位均为美元。假设对于拥有可再生能源发电厂的企业 1，其短期运营成本为零，即 $c_1(y_1) = 0$；对于拥有非可再生能源发电厂的企业 2，其成本的二次函数为 $c_2(y_2) = y_2^2$。总发电量是 $y = \sum_{i \in \mathcal{I}} y_i$（单位：MWh）；发电装机容量分别是 $K_1 = 15$ 和 $K_2 = 50$（单位：MW）；排放速率分别是 $E_1 = 0$ 和 $E_2 = 2$（单位：t/MWh）。因此，二氧化碳总排放量为 $e = 2y_2$（单位：t）。假设二次损害成本函数为 $d(e) = 0.5Ze^2$，其中损害成本参数为 $Z = 0.1$（单位：美元 /t²）。消费者的总收益函数和逆需求函数分别表示为 $b(y) = 100y - 0.5y^2$ 和 $p(y) = 100 - y$。

环境管理局将可再生能源配额制目标设定为 $Q = 0.4$。在均衡状态下，$\hat{p} = b'(y) = p(y)$ 成立，各企业的 KKT 条件和证书的市场出清条件构成一个互补问题，如下：

$$0 \leq y_1 \perp 100 - (y_1 + y_2) + (1 - 0.4)\rho^{\text{REC}} - \beta_1 \leq 0 \tag{6.23a}$$

$$0 \leq \beta_1 \perp y_1 - 15 \leq 0 \tag{6.23b}$$

$$0 \leq y_2 \perp 100 - (y_1 + y_2) - 2y_2 - 0.4\rho^{\text{REC}} - \beta_2 \leq 0 \tag{6.23c}$$

$$0 \leq \beta_2 \perp y_2 - 50 \leq 0 \tag{6.23d}$$

$$0 \leq \rho^{\text{REC}} \perp y_1 - 0.4(y_1 + y_2) \geq 0 \tag{6.23e}$$

求解此互补问题，可利用平均值符号表示均衡结果。可再生能源证书的

价格为 $\bar{\rho}^{REC} = 43.8$ 美元 /MWh。可再生能源发电厂的发电量为 $\bar{y}_1 = 15.0$ MWh，达到容量上限，而非可再生能源发电厂的发电量为 $\bar{y}_2 = 22.5$ MWh，低于装机容量上限。因此，总发电量为 $\bar{y} = 37.5$ MWh。二氧化碳排放总量和损害成本分别为 $\bar{e} = 45.0$ t 和 $d(\bar{e}) = 101.3$ 美元。推导出包括损害成本在内的社会福利为 $b(\bar{y}) - \sum_{i \in \mathcal{I}} c_i(\bar{y}_i) - d(\bar{e}) = 2439.4$ 美元。

为便于比较，计算了示例 6.1 中有中央计划者的结果。在中央计划下，因受到发电装机容量约束，包括损害成本在内的社会福利可实现最大化。对于可再生能源发电厂，其社会最优发电量为 $y_1^* = 15.0$ MWh，达到容量上限；对于非可再生能源发电厂，其社会最优发电量为 $y_2^* = 25.0$ MWh。因此，总发电量为 $y^* = 40.0$ MWh。二氧化碳排放总量和损害成本分别为 $e^* = 50.0$ t 和 $d(e^*) = 125.0$ 美元，包括损害成本在内的社会福利的计算结果为 $b(y^*) - \sum_{i \in \mathcal{I}} c_i(y_i^*) - d(e^*) = 2450.0$ 美元。

由于可再生能源配额制政策具有固有扭曲效应，与中央计划情况相比，可再生能源配额制下的社会福利较低。尤其是与社会最优水平相比，可再生能源配额制政策过度抑制了不可再生能源发电量（即 $\bar{y}_2 = 22.5 < 25.0 = y_2^*$）。即使改变可再生能源配额制的目标值 Q，可再生能源配额制也不能达到社会最优状态（见章末练习 6.3）。

表 6.2 中汇总了示例 6.4 的结果。表中的 SW 表示包括损害成本在内的社会福利。

6.4　具有外部性的网络约束模型

为了对第 6.3 节中的典型模型进行补充说明，本节详细介绍外部性如何影响电力系统中的激励措施。因此，本节的结构与前一节相同，阐述了最优政策、税收政策，以及减少二氧化碳排放外部性的可再生能源配额制政策。

表 6.2　示例 6.4 的结果

	社会规划	可再生能源配额制
y_1	15.0	15.0

续表

	社会规划	可再生能源配额制
y_2	25.0	22.5
y	40.0	37.5
e	50.0	45.0
$d(e)$	125.0	101.3
$d'(e)$	5.0	4.5
ρ^{REC}	—	43.8
SW	2450.0	2439.4

本节提出的框架适用于更加现实的空间、技术和时间背景。虽然这些特性有助于对政策和行业反应之间的相互作用进行更为细致的评估，但采用这些特性需要对双层模型问题实例进行数值求解。本节使用标准重构法将这些双层问题实例转化为混合整数二次规划问题（Mixed-Integer Quadratic Program，MIQP）或混合整数二次约束二次规划问题（Mixed-Integer Quadratically Constrained Quadratic Program，MIQCQP）。此类问题可以利用现成求解器轻松解出。

6.4.1　二氧化碳排放的最优政策

如第 6.3 节所述，解决外部性问题的最佳方法是通过所谓的损害函数，将外部性问题内化为政策制定者的计算结果。当然，这种并不实际的假设需要有理智的中央计划者，其控制电力系统的发电、用电和潮流等各个方面。尽管如此，它还可以通过对二氧化碳排放征收庇古税的形式，规定一个理想基准，并以此为基础进行比较。更重要的是，这种假设允许研究电力系统如何直接响应损害成本参数。实际上，这是环境经济学中采用的标准方法，也适用于分散型行业，如资产所有权不同和存在市场支配力的行业[2]。

尽管本节的框架包含需求响应（第 1 章）、时间变化（第 2 章）、空间变化（第 4 章）和市场支配力（第 5 章），但其仍基于一些简化假设。首先，只考虑了假设有固定发电量和输电容量的运营决策。虽然环境政策始终会影响投资决策，但文献[3]的第7章和第8章对这种相互作用进行了分析。同时，本书第7章研究了市场支配力下的发电和输电投资，因此，本章宜重点讨论环境政策如何推动行业运营。其次，负荷需求波动和可再生能源间歇性发电是按典型日[14]采集的，并非不确定参数（这是因为我们对环境政策如何影响特定年份的决策进行了中期运营评估）。如果重点关注短期风险管理，那么可以通过多阶段随机规划框架中的时间序列分析，生成需求量和 VRES 发电量的相应情景[4]。再次，由于交流潮流分析是高度非线性问题[12]，所以可以通过直流近似对潮流进行建模。最后，排放造成的损害成本是总排放量的二次函数，即 $\frac{1}{2} Z \left(\sum_{s \in \mathcal{S}} W_s \sum_{t \in \mathcal{T}} \sum_{n \in \mathcal{N}} \sum_{i \in \mathcal{I}} \sum_{u \in \mathcal{U}_{i,n}} E_u y_{i,n,s,t,u} \right)^2$。其中，$Z \geqslant 0$（单位：美元 $/t^2$）是损害成本参数，$E_u y_{i,n,s,t,u}$ 是在季节 s 的时段 t 期间企业 i 在节点所拥有技术 u 的二氧化碳排放量（单位：t）。损害函数的凸性是环境经济学文献[15]中采用的标准，反映了二氧化碳排放产生的增量边际损害成本。

后续问题表达式中的符号与第2章和第7章中使用的符号类似。

指数和集合

$i \in \mathcal{I}$	企业
$\ell \in \mathcal{L}$	输电线路
$\mathcal{L}_n^+, \mathcal{L}_n^-$	节点 n 的发送 / 接收输电线路
$n \in \mathcal{N}$	节点
n_ℓ^+, n_ℓ^-	线路 ℓ 的发送 / 接收节点
$s \in \mathcal{S}$	季节
$t \in \mathcal{T}$	时段
$u \in \mathcal{U}_{i,n}$	企业 i 在节点 n 处的发电机组

参数

$A_{n,s,t,u}$	季节 s 和时段 t 内节点 n 的技术 u 的最大可用系数（无量纲）
B_ℓ	输电线路 ℓ 的电纳（S）
$C_{i,n,u}^{\text{opr}}$	企业 i 的发电机组 $u \in \mathcal{U}_{i,n}$ 在节点 n 的运营成本（美元 /MWh）
$D_{n,s,t}^{\text{int}}$	季节 s 和时段 t 内节点 n 的逆需求截距（美元 /MWh）

$D_{n,s,t}^{\mathrm{slp}}$	季节 s 和时段 t 内节点 n 的逆需求斜率（美元 /MWh^2）
E_u	发电机组 u 的二氧化碳排放速率（t/MWh）
$K_{i,n,u}^{\mathrm{gen}}$	企业 i 的发电机组 $u \in \mathcal{U}_{i,n}$ 在节点 n 的发电装机容量（MW）
R_u^{up}	发电机组 u 的最大上爬坡速率（无量纲）
R_u^{down}	发电机组 u 的最大下爬坡速率（无量纲）
T_t	时段 t 的时长（h）
W_s	季节 s 的权重（无量纲）
Z	二氧化碳排放产生的损害成本参数（美元 /t^2）。

连续变量

$c_{n,s,t}$	季节 s 和时段 t 内节点 n 的用电量（MWh）
$\hat{f}_{\ell,s,t}$	季节 s 和时段 t 内线路 ℓ 的实际潮流（MW）
$\upsilon_{n,s,t}$	季节 s 和时段 t 内节点 n 的电压相角（弧度，以 rad 表示）
$y_{i,n,s,t,u}$	在季节 s 和时段 t 内，企业 i 的发电机组 $u \in \mathcal{U}_{i,n}$ 在节点 n 的发电量（MWh）

在中央计划下，考虑受到运营约束与二氧化碳排放产生的损害成本，以社会福利实现最大化为目标：

$$\underset{\Omega^{\mathrm{CP}}}{\mathrm{Maximize}} \sum_{s\in\mathcal{S}} W_s \sum_{t\in T}\sum_{n\in\mathcal{N}} \left[\left(D_{n,s,t}^{\mathrm{int}} c_{n,s,t} - \frac{1}{2} D_{n,s,t}^{\mathrm{slp}} c_{n,s,t}^2 \right) - \sum_{i\in\mathcal{I}}\sum_{u\in\mathcal{U}_{i,n}} C_{i,n,u}^{\mathrm{opr}} y_{i,n,s,t,u} \right] \tag{6.24a}$$

$$- \frac{1}{2} Z \left(\sum_{s\in\mathcal{S}} W_s \sum_{t\in T}\sum_{n\in\mathcal{N}}\sum_{i\in\mathcal{I}}\sum_{u\in\mathcal{U}_{i,n}} E_u y_{i,n,s,t,u} \right)^2$$

$$\mathrm{s.t.}\ \hat{f}_{\ell,s,t} = B_\ell \left(\upsilon_{n_\ell^+,s,t} - \upsilon_{n_\ell^-,s,t} \right), \forall \ell, s, t \tag{6.24b}$$

$$-K_\ell^{\mathrm{tm}} \leqslant \hat{f}_{\ell,s,t} \leqslant K_\ell^{\mathrm{tm}}, \forall \ell, s, t \tag{6.24c}$$

$$-\pi \leqslant \upsilon_{n,s,t} \leqslant \pi, \forall n, s, t \tag{6.24d}$$

$$c_{n,s,t} - \sum_{i\in\mathcal{I}}\sum_{u\in\mathcal{U}_{i,n}} y_{i,n,s,t,u} + T_t \sum_{\ell\in\mathcal{L}_n^+} \hat{f}_{\ell,s,t} - T_t \sum_{\ell\in\mathcal{L}_n^-} \hat{f}_{\ell,s,t} = 0, \forall n, s, t \tag{6.24e}$$

$$y_{i,n,s,t,u} \leqslant T_t A_{n,s,t,u} K_{i,n,u}^{\mathrm{gen}}, \forall i, n, s, t, u \in \mathcal{U}_{i,n} \tag{6.24f}$$

$$y_{i,n,s,t,u} - y_{i,n,s,t-1,u} \leqslant T_t R_u^{\mathrm{up}} K_{i,n,u}^{\mathrm{gen}}, \forall i, n, s, t, u \in \mathcal{U}_{i,n} \tag{6.24g}$$

$$-y_{i,n,s,t,u} + y_{i,n,s,t-1,u} \leq T_t R_u^{\text{down}} K_{i,n,u}^{\text{gen}}, \forall i,n,s,t,u \in \mathcal{U}_{i,n} \quad （6.24\text{h}）$$

$$c_{n,s,t} \geq 0, \forall n,s,t \quad （6.24\text{i}）$$

$$y_{i,n,s,t,u} \geq 0, \forall i,n,s,t,u \in \mathcal{U}_{i,n} \quad （6.24\text{j}）$$

$$\hat{f}_{\ell,s,t} \text{u.r.s.}, \forall \ell,s,t \quad （6.24\text{k}）$$

$$\upsilon_{n,s,t} \text{ u.r.s.}, \forall n,s,t \quad （6.24\text{l}）$$

其中，$\Omega^{\text{CP}} \equiv \left\{ c_{n,s,t}, \hat{f}_{\ell,s,t}, \upsilon_{n,s,t}, y_{i,n,s,t,u} \right\}$是优化变量的集合，u.r.s. 代表不受限制符号。需要强调的是，不必采取抑制二氧化碳排放的市场手段，因为中央计划者已经将二氧化碳排放成本内部化并直接调整运营。事实上，式（6.24a）中的社会福利包含二氧化碳排放产生的损害成本，即社会福利的组成部分是费者剩余（Consumer Surplus，CS）、生产者剩余（Producer Surplus，PS）、交易盈余（Merchandising Surplus，MS）和损害成本（Damage Cost，DC）。各组成部分明确定义如下：

（1）消费者剩余是消费者收益$\sum_{s\in\mathcal{S}} \sum_{t\in\mathcal{T}} \sum_{n\in\mathcal{N}} W_s \left(D_{n,s,t}^{\text{int}} c_{n,s,t} - \frac{1}{2} D_{n,s,t}^{\text{slp}} c_{n,s,t}^2 \right)$减去其成本$\sum_{s\in\mathcal{S}} \sum_{t\in\mathcal{T}} \sum_{n\in\mathcal{N}} W_s p_{n,s,t} c_{n,s,t}$，其中$p_{n,s,t}$是均衡价格。

（2）生产者剩余是销售收入$\sum_{s\in\mathcal{S}} \sum_{t\in\mathcal{T}} \sum_{n\in\mathcal{N}} \sum_{i\in\mathcal{I}} \sum_{u\in\mathcal{U}_{i,n}} W_s p_{n,s,t} y_{i,n,s,t,u}$减去运营成本$\sum_{s\in\mathcal{S}} \sum_{t\in\mathcal{T}} \sum_{n\in\mathcal{N}} \sum_{i\in\mathcal{I}} \sum_{u\in\mathcal{U}_{i,n}} W_s C_{i,n,u}^{\text{opr}} y_{i,n,s,t,u}$，忽略发电投资的沉没成本。

（3）交易盈余是独立系统运营商从注入节点向提取节点输送电力所赚取的收入$\sum_{s\in\mathcal{S}} \sum_{t\in\mathcal{T}} \sum_{n\in\mathcal{N}} W_s T_t p_{n,s,t} \left(\sum_{\ell\in\mathcal{L}_n^-} \hat{f}_{\ell,s,t} - \sum_{\ell\in\mathcal{L}_n^+} \hat{f}_{\ell,s,t} \right)$。

（4）二氧化碳排放产生的损害成本是二氧化碳排放总量的凸函数，即

$$\frac{1}{2} Z \left(\sum_{s\in\mathcal{S}} W_s \sum_{t\in\mathcal{T}} \sum_{n\in\mathcal{N}} \sum_{i\in\mathcal{I}} \sum_{u\in\mathcal{U}_{i,n}} E_u y_{i,n,s,t,u} \right)^2 。$$

根据能量平衡约束条件式（6.24e），可得到$c_{n,s,t} = \sum_{i\in\mathcal{I}} \sum_{u\in\mathcal{U}_{i,n}} y_{i,n,s,t,u} - T_t \sum_{\ell\in\mathcal{L}_n^-} \hat{f}_{\ell,s,t} + T_t \sum_{\ell\in\mathcal{L}_n^+} \hat{f}_{\ell,s,t}, \forall n,s,t$。需将消费者剩余中的消费者成本$\sum_{s\in\mathcal{S}} \sum_{t\in\mathcal{T}} \sum_{n\in\mathcal{N}} W_s p_{n,s,t} c_{n,s,t}$减去生产者剩余中的企业收入$\sum_{s\in\mathcal{S}} \sum_{t\in\mathcal{T}} \sum_{n\in\mathcal{N}} \sum_{i\in\mathcal{I}} \sum_{u\in\mathcal{U}_{i,n}} W_s p_{n,s,t} y_{i,n,s,t,u}$，再加上交易盈余中的所有收入$\sum_{s\in\mathcal{S}} \sum_{t\in\mathcal{T}} \sum_{n\in\mathcal{N}} W_s T_t p_{n,s,t} \left(\sum_{\ell\in\mathcal{L}_n^-} \hat{f}_{\ell,s,t} - \sum_{\ell\in\mathcal{L}_n^+} \hat{f}_{\ell,s,t} \right)$。因此，将消费者剩余、生产者剩余、交易

盈余和损害成本相加，可精确地得到式（6.24a）中的社会福利。

中央计划下的运营约束条件涉及基尔霍夫定律，这些定律决定潮流和输电限值［见式（6.24b）~式（6.24d）］、节点能量平衡［见式（6.24e）］、发电容量和爬坡能力［见式（6.24f）~式（6.24h）］，以及变量限制［见式（6.24i）~式（6.24l）］。其中，式（6.24b）规定线路上的潮流与该线路上发送节点和接收节点的电压相角之差成正比。正向或负向潮流均受输电容量的限制，具体如式（6.24c）所示，而式（6.24d）则对电压相角产生影响。对于每个季节每个时段内的每个节点而言，式（6.24e）规定，用电量必须等于本地发电量加上净输入电量。约束条件式（6.24f）通过可用装机容量限制发电量，约束条件式（6.24g）~式（6.24h）则限定发电厂的上爬坡或下爬坡速率。由于没有整数变量或二次项，优化问题如式（6.24a）~式（6.24l）是一个二次规划（QP）问题。

对于事后分析，跟踪以下两个性能指标也很有用：排放产生的边际损害成本（Marginal Cost of Damage，MCD）和可再生能源的发电量比例。边际损害成本反映了二氧化碳排放量的微小增加 $\sum_{s \in S} W_s \sum_{t \in T} \sum_{n \in N} \sum_{i \in I} \sum_{u \in U_{i,n}} E_u y_{i,n,s,t,u}$，对损害成本的影响。实际上，它只是损害函数相对于二氧化碳排放量的导数：

$$Z \left(\sum_{s \in S} W_s \sum_{t \in T} \sum_{n \in N} \sum_{i \in I} \sum_{u \in U_{i,n}} E_u y_{i,n,s,t,u} \right) \tag{6.25}$$

在中央计划下，边际损害成本等同于庇古税，因为二氧化碳排放产生的损害成本已被内化。如果 $u_{i,n}^C$ 和 $u_{i,n}^R$ 分别表示企业 i 在节点 n 拥有的常规发电技术和可再生能源发电技术的集合，则可再生能源发电的比例为：

$$\frac{\sum_{s \in S} W_s \sum_{t \in T} \sum_{n \in N} \sum_{i \in I} \sum_{u \in U_{i,n}^R} y_{i,n,s,t,u}}{\sum_{s \in S} W_s \sum_{t \in T} \sum_{n \in N} \sum_{i \in I} \sum_{u \in U_{i,n}} y_{i,n,s,t,u}} \tag{6.26}$$

在式（6.26）中，有 $U_{i,n}^C \cup U_{i,n}^R = U_{i,n}$ 且 $U_{i,n}^C \cap U_{i,n}^R = \phi$。

示例 6.5　*具有外部性的中央计划电力系统运营的福利最大化二次规划*

为了证明可减轻二氧化碳排放产生的损害成本的最优政策，本例对图6.2中的三节点网络进行了基于中央计划的二次规划，见式（6.24a）~式

（6.24l），需求数据见表 6.3。请注意，节点 $n = 1$ 是负荷中心，节点 $n = 3$ 的耗电量最低。本例采用两个季节，即 $W_s = 183$，每个季节中有三个时长为 8 小时的时段，即 $T_t = 8$。各需求参数在不同季节和时段保持不变，企业 $i = 2$ 在低需求节点 $n = 2$ 和 $n = 3$ 所拥有的间歇性可再生能源的可用性参数为 $A_{n,s,t,u}$（见表 6.4 和表 6.5）。同时，企业 $i = 1$（见表 6.6）在节点 $n = 1$ 拥有化石燃料发电技术 $u = 3$（煤）和 $u = 4$（燃气），且其运营成本来自示例 2.1，另外还提供了二氧化碳排放速率 E_u。最后，每条输电线路的容量为 $K_\ell^{\text{tm}} = 48.8$，电纳为 $B_\ell = 5100\text{S}$。

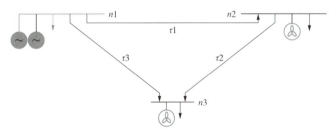

图 6.2　三节点测试网络

表 6.3　所有 (s, t) 的需求参数

参数	节点		
	$n = 1$	$n = 2$	$n = 3$
$D_{n,s,t}^{\text{int}}$（美元 /MWh）	220	140	120
$D_{n,s,t}^{\text{slp}}$（美元 /MWh^2）	1	1	1

表 6.4　节点 $n = 2$ 处 VRES 技术 $u = 1$ 的可用性参数 $A_{n,s,t,u}$（无量纲）

季节	时段		
	$t = 1$	$t = 2$	$t = 3$
$s = 1$	0.20	0.10	0.05
$s = 2$	0.25	0.50	0.75

表 6.5　节点 $n = 3$ 处 VRES 技术 $u = 2$ 的可用性参数 $A_{n,s,t,u}$（无量纲）

季节	时段		
	$t = 1$	$t = 2$	$t = 3$
$s = 1$	0.20	0.40	0.50
$s = 2$	1.00	0.75	0.10

表 6.6　发电成本、二氧化碳排放速率、装机容量和爬坡率

参数	$i = 1$ $n = 1$ $u = 3$	$i = 1$ $n = 1$ $u = 4$	$i = 2$ $n = 2$ $u = 1$	$i = 2$ $n = 3$ $u = 2$
$C_{i,n,u}^{\text{opr}}$ (\$/MWh)	20	50	0	0
E_u (t/MWh)	0.9	0.5	0	0
$K_{i,n,u}^{\text{gen}}$ (MW)	35	40	50	50
$R_u^{\text{up}} = R_u^{\text{down}}$（无量纲）	0.30	0.60	1	1

　　本例通过让二氧化碳排放产生的损害成本参数 Z 在区间 [0,0.02] 内变化来研究二氧化碳排放产生的外部性影响。该区间的下限对应于没有二氧化碳排放产生损害成本的情况，而在该区间的上限，用电量和发电量几乎没有变化。图 6.3 中绘制了社会福利（SW）及其组成部分，即消费者剩余（CS）、生产者剩余（PS）和二氧化碳排放产生的损害成本（DC）；其中不包括交易盈余（MS），因为在本例和后续例子中都没有输电线路阻塞。由此发现，消费者剩余随 Z 单调递减，这是因为二氧化碳排放产生的损害成本较高，迫使中央计划者抑制消费，以便将外部性成本内部化。市场出清价格随之上涨，体现为生产者拥有更高的生产者剩余。在企业层面，受益的是拥有可再生能源配额的企业 $i = 2$，因为该企业的间歇性可再生能源发电量是按可用容量进行调度的，能够在不增加任何运营成本的情况下获得更高的价格。相比之下，企业 $i = 1$ 的生产者剩余会下降，因为其化石燃料发电技术的运营成本（包括二氧化碳排放产生的边际损害成本）会增加。当 Z 从 0 变为 0.001 时，虽然刚开始时损害成本会增加，但是由于用电量减少和发电组合发生变化，损害成本随后会单调减少。

图 6.4 显示了外部性对发电组合的影响。节点 $n=2$ 和 $n=3$ 的发电量（GO）几乎不受影响，而节点 $n=1$ 的化石燃料发电量却有所下降。事实上，当 $0 \leqslant Z \leqslant 0.006$ 时，燃气发电厂（$u=4$）受外部性的影响更大。这是因为它的运营成本（50 美元 /MWh）高于燃煤发电厂（$u=3$）的运营成本（20 美元 /MWh）。然而，当 $Z=0.007$ 时，二氧化碳排放产生的边际损害成本（MCD）达到 75 美元 /t（见图 6.7），这使得两种化石燃料发电技术的有效运营成本持平，即 20 美元 /MWh+0.9t/MWh × 75 美元 /t = 50 美元 /MWh+0.5t/MWh × 75 美元 /t = 87.50 美元 /MWh。当 $Z=0.012$ 时，在这个临界点上，燃气发电技术大量使用，几乎取代了燃煤发电技术。这也标志着燃气发电技术短暂复苏的转折点。因此，节点 $n=1$ 的净输入电量（Net Import, NI）会单调递增，而节点 $n=2$ 和 $n=3$ 的净输入电量则单调递减。这也体现为线路 $\ell=1$ 和 $\ell=3$ 上（朝向节点 $n=1$）的反方向具有更高的输电潮流（Transmission Flow, TF），如图 6.5 所示。最后，二氧化碳排放量随着 Z 的增加而单调递减（见图 6.6），体现为图 6.7 中的边际损害成本较高。

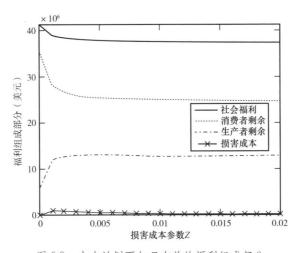

图 6.3　中央计划下与 Z 有关的福利组成部分

6.4.2　放松管制的电力行业中的二氧化碳税

与第 6.4.1 节中的中央计划模式不同，在放松管制的电力行业中，政策制定者无法对公共和私有激励措施实行运营控制。然而，政策制定者可以通过主动制定二氧化碳税和可再生能源配额制等市场手段预测各方决策，从而间接影响行业结果。本小节首先通过一个双层框架来解决二氧化碳征税的优化问题，在这个框架中，上层是追求福利最大化的政策制定者，政策制定者预测由企业或独立系统运营商做出的下层利润或剩余最大化运营决策。此外，政策制定者不仅需要使二氧化碳税适应损害成本参数 Z，还需要适应电力公司行使市场支配力。此框架也可被描述为一个斯塔克尔伯格博弈[16,18]。本章的其余部分分别用 CP、PC 和 CO 来表示中央计划、完全竞争和古诺寡头垄断。

符号沿用第 6.4.1 节中的符号，并增加以下内容：

二元变量

$x_{i,n,s,t,u}^{y}$ 二元变量，在季节 s 和时段 t 内，如果企业 i 的发电机组 $u \in \mathcal{U}_{i,n}$ 在节点 n 的发电量为正值，则该变量等于 1，否则等于 0

$x_{i,n,s,t,u}^{\beta}$ 二元变量，在季节 s 和时段 t 内，如果企业 i 的发电机组 $u \in \mathcal{U}_{i,n}$ 在节点 n 的发电容量存在冗余时，则该变量等于 1，否则等于 0

$x_{i,n,s,t,u}^{\beta^{up}}$ 二元变量，在季节 s 和时段 t 内，如果企业 i 的发电机组 $u \in \mathcal{U}_{i,n}$ 在节点 n 的上爬坡发电量存在冗余时，则该变量等于 1，否则等于 0

$x_{i,n,s,t,u}^{\beta^{down}}$ 二元变量，在季节 s 和时段 t 内，如果企业 i 的发电机组 $u \in \mathcal{U}_{i,n}$ 在节点 n 的下爬坡发电量存在冗余时，则该变量等于 1，否则等于 0

$x_{\ell,s,t}^{\underline{\mu}}$ 二元变量，在季节 s 和时段 t 内，如果线路 ℓ 上的负向输电约束存在冗余时，则该变量等于 1，否则等于 0

$x_{\ell,s,t}^{\bar{\mu}}$ 二元变量，在季节 s 和时段 t 内，如果线路 ℓ 上的正向输电约束存在冗余时，则该变量等于 1，否则等于 0

$x_{n,s,t}^{\underline{k}}$ 二元变量，在季节 s 和时段 t 内，如果节点 n 的下限电压角约束存在冗余时，则该变量等于 1，否则等于 0

$x_{n,s,t}^{\bar{k}}$ 二元变量，在季节 s 和时段 t 内，如果节点 n 的上限电压角约束存在冗余时，则该变量等于 1，否则等于 0

$x_{n,s,t}^{c}$ 二元变量，在季节 s 和时段 t 内，如果节点 n 的用电量为正值，则该变量等于 1，否则等于 0

对偶变量

$\beta_{i,n,s,t,u}$ 在季节 s 和时段 t 内，企业 i 的发电机组 $u \in \mathcal{U}_{i,n}$ 在节点 n 的最大发电量边际值（美元 /MWh）

$\beta_{i,n,s,t,u}^{\mathrm{up}} / \beta_{i,n,s,t,u}^{\mathrm{down}}$ 在季节 s 和时段 t 内，企业 i 的发电机组 $u \in \mathcal{U}_{i,n}$ 在节点 n 的上爬坡 / 下爬坡发电量边际值（美元 /MWh）

$\mu_{\ell,s,t}$ 在季节 s 和时段 t 内，线路 ℓ 上的潮流边际值（美元 /MW）

$\underline{\mu}_{\ell,s,t} / \overline{\mu}_{\ell,s,t}$ 在季节 s 和时段 t 内，线路 ℓ 上的最小 / 最大输电容量边际值（美元 /MW）

$\underline{\kappa}_{n,s,t} / \overline{\kappa}_{n,s,t}$ 在季节 s 和时段 t 内，节点 n 的最小 / 最大电压相角限值的边际值（美元 / 弧度）

$\lambda_{n,s,t}$ 在季节 s 和时段 t 内，节点 n 的用电量边际值（美元 /MWh）

$\phi_{n,s,t}^{c}$ 在季节 s 和时段 t 内，节点 n 的非负用电量边际值（美元 /MWh）

$\phi_{i,n,s,t,u}^{y}$ 在季节 s 和时段 t 内，企业 i 的发电机组 $u \in \mathcal{U}_{i,n}$ 在节点 n 的非负发电量边际值（美元 /MWh）

原始变量

r^{tax} 最优二氧化碳排放税收（美元 /t）

从上层开始分析该问题。政策制定者根据预测到的下层电力部门运营情况，制定最优二氧化碳税 r^{tax}，同时将排放产生的损害成本内部化：

$$\underset{r^{\mathrm{tax}}}{\text{Maximize}}\ (6.24\mathrm{a})$$
$$\text{s.t.}\ r^{\mathrm{tax}} \geq 0$$

(6.27a)

请注意，虽然政策制定者的目标函数与第 6.4.1 节所述中央计划下的目标函数相同，但其唯一的决策变量是二氧化碳税。换句话说，政策制定者无法控制发电量、用电量和输电量。然而，其选定的二氧化碳税可以迫使电力行业将排放产生的损害成本内部化。

在下层，有两类决策者，即企业和独立系统运营商。首先，每个企业

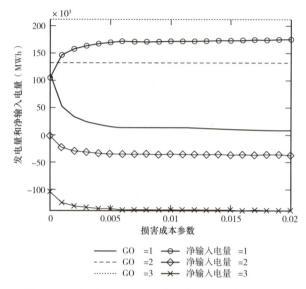

图 6.4 中央计划下与 Z 有关的发电量和净输入电量

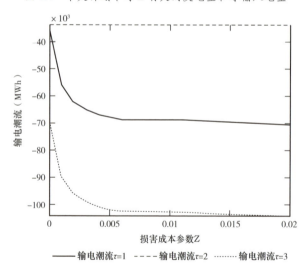

图 6.5 中央计划下与 Z 有关的输电潮流

$i \in \mathcal{I}$ 决定其发电厂的发电量,以实现经营利润最大化:

$$\underset{y_{i,n,s,t,u}}{\text{Maximize}} \sum_{s \in \mathcal{S}} W_s \sum_{n \in \mathcal{N}} \sum_{t \in \mathcal{T}} \sum_{u \in \mathcal{U}_{i,n}} \left(D_{n,s,t}^{\text{int}} - D_{n,s,t}^{\text{slp}} \left(\sum_{i' \in \mathcal{I}} \sum_{u' \in \mathcal{U}_{i',n}} y_{i',n,s,t,u'} \right. \right.$$
$$\left. \left. -T_t \left(\sum_{\ell \in f_n^+} \hat{f}_{\ell,s,t} - \sum_{\ell \in f_n^-} \hat{f}_{\ell,s,t} \right) \right) - C_{i,n,u}^{\text{opr}} - r^{\text{tax}} E_u \right) y_{i,n,s,t,u}$$

$$(6.28\text{a})$$

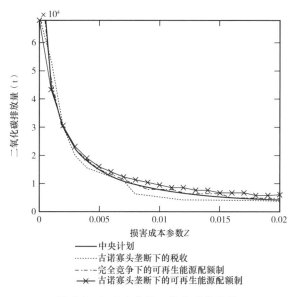

图 6.6　与 Z 有关的二氧化碳排放量

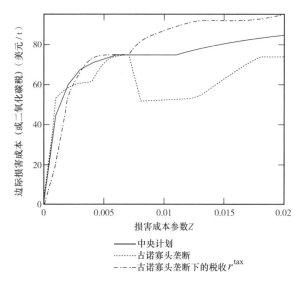

图 6.7　与 Z 有关的二氧化碳排放产生的边际损害成本
（或二氧化碳税）

$$\text{s.t.} y_{i,n,s,t,u} \leqslant T_t A_{n,s,t,u} K_{i,n,u}^{\text{gen}} : \beta_{i,n,s,t,u}, \ \forall n,s,t,u \in \mathcal{U}_{i,n} \qquad (6.28\text{b})$$

$$y_{i,n,s,t,u} - y_{i,n,s,t-1,u} \leqslant T_t R_u^{\text{up}} K_{i,n,u}^{\text{gen}} : \beta_{i,n,s,t,u}^{\text{up}}, \ \forall n,s,t,u \in \mathcal{U}_{i,n} \qquad (6.28\text{c})$$

$$-y_{i,n,s,t,u} + y_{i,n,s,t-1,u} \leqslant T_t R_u^{\text{down}} K_{i,n,u}^{\text{gen}} : \beta_{i,n,s,t,u}^{\text{down}},$$
$$\forall n,s,t,u \in \mathcal{U}_{i,n} \tag{6.28d}$$

$$y_{i,n,s,t,u} \geqslant 0 : \phi_{i,n,s,t,u}^{y}, \ \forall n,s,t,u \in \mathcal{U}_{i,n} \tag{6.28e}$$

在此过程中，每个企业都是数量博弈中的纳什博弈者，将二氧化碳税 r^{tax} 与所有其他企业的发电量以及独立系统运营商关于用电量和潮流的决策一起视为给定值。在式（6.28a）中，企业 $i \in \mathcal{I}$ 的目标函数是销售收入减去运营成本和二氧化碳税。为了考虑古诺模型下的市场支配力，此处加入了企业 $i \in \mathcal{I}$ 的完整逆需求函数 $D_{n,s,t}^{\text{int}} - D_{n,s,t}^{\text{slp}} c_{n,s,t}$。此外，用所有企业的本地发电量和净流入量 $\sum_{i' \in \mathcal{I}} \sum_{u' \in \mathcal{U}_{i,n}} y_{i',n,s,t,u'} - T_t \left(\sum_{\ell \in \mathcal{L}_n^+} \hat{f}_{\ell,s,t} - \sum_{\ell \in \mathcal{L}_n^-} \hat{f}_{\ell,s,t} \right)$ 替代用电量 $c_{n,s,t}$。因为能够达到节点能量平衡，所以这种替代是可行的，参见式（6.24e）。如果是完全竞争企业，其会接受给定价格。企业会受到可用发电容量约束式（6.28b）、发电量上爬坡和下爬坡限制式（6.28c）~式（6.28d），以及发电量非负值限制式（6.28e）。因此，式（6.28a）~式（6.28e）是一个二次规划问题。与每个约束条件相邻的小写希腊字母是相关的对偶变量。

其次，独立系统运营商的剩余最大化问题是：

$$\underset{c_{n,s,t},\hat{f}_{\ell,s,t},\upsilon_{n,s,t}}{\text{Maximize}} \sum_{s \in \mathcal{S}} W_s \sum_{t \in T} \sum_{n \in \mathcal{N}} \left(D_{n,s,t}^{\text{int}} c_{n,s,t} - \frac{1}{2} D_{n,s,t}^{\text{slp}} c_{n,s,t}^2 \right) \tag{6.29a}$$

$$\text{s.t.} \hat{f}_{\ell,s,t} - B_\ell \left(\upsilon_{n_\ell^+,s,t} - \upsilon_{n_\ell^-,s,t} \right) = 0 : \mu_{\ell,s,t}, \forall \ell,s,t \tag{6.29b}$$

$$\underline{\mu}_{\ell,s,t} : -K_\ell^{\text{tm}} \leqslant \hat{f}_{\ell,s,t} \leqslant K_\ell^{\text{tm}} : \overline{\mu}_{\ell,s,t}, \forall \ell,s,t \tag{6.29c}$$

$$\underline{\kappa}_{n,s,t} : -\pi \leqslant \upsilon_{n,s,t} \leqslant \pi : \overline{\kappa}_{n,s,t}, \forall n,s,t \tag{6.29d}$$

$$c_{n,s,t} - \sum_{i \in \mathcal{I}} \sum_{u \in \mathcal{U}_{i,n}} y_{i,n,s,t,u} + T_t \sum_{\ell \in \mathcal{L}_n^+} \hat{f}_{\ell,s,t} - T_t \sum_{\ell \in \mathcal{L}_n^-} \hat{f}_{\ell,s,t}$$
$$= 0 : \lambda_{n,s,t}, \forall n,s,t \tag{6.29e}$$

$$c_{n,s,t} \geqslant 0 : \phi_{n,s,t}^c, \forall n,s,t \tag{6.29f}$$

$$\hat{f}_{\ell,s,t} \text{u.r.s.}, \forall \ell,s,t \tag{6.29g}$$

$$\upsilon_{n,s,t} \text{ u.r.s.}, \forall n,s,t \tag{6.29h}$$

独立系统运营商将所有企业的发电量视为给定值，即依旧采用纳什假设。在其目标函数式（6.29a）中，独立系统运营商需实现消费带来的社会剩余最大化。请注意，无论是独立系统运营商还是任何企业，都不会直接承担二氧化碳排放产生的损害成本。独立系统运营商控制用电量、潮流和电压相角。因此，其问题受到基尔霍夫定律的直流负荷流表示法［式（6.29b）］、输电容量［式（6.29c）］、电压相角限值［式（6.29d）］、节点能量平衡［式（6.29e）］和决策变量限制［式（6.29f）~ 式（6.29h）］的约束。独立系统运营商的问题［式（6.29a）~ 式（6.29h）］也是一个二次规划问题。

总体而言，位于下层的企业和独立系统运营商的各个问题构成一个均衡问题，可以通过每个问题的一阶必要条件或卡罗需 – 库恩 – 塔克条件（KKT条件）来求解。由于每个问题都是二次规划问题，都属于凸问题，这些 KKT条件足以确保最优性，并且构成一个混合互补问题（Mixed–Complementarity Problem，MCP）。这种混合互补问题的解构成纳什 – 古诺均衡，即任何一方都不会出现单方面偏离的解[8]。因此，此处用对应的 KKT 条件来替换每个下层问题。

与企业 i 的下层优化问题［式（6.28a）~ 式（6.28e）］对应的 KKT 条件是：

$$W_s C_{i,n,u}^{\text{opr}} + W_s E_u r^{\text{tax}} + W_s D_{n,s,t}^{\text{slp}} \sum_{\hat{u} \in \mathcal{U}_{i,n}} y_{i,n,s,t,\hat{u}} + \beta_{i,n,s,t,u} + \beta_{i,n,s,t,u}^{\text{up}}$$

$$-W_s \left(D_{n,s,t}^{\text{int}} - D_{n,s,t}^{\text{slp}} \left(\sum_{i' \in \mathcal{I}} \sum_{u' \in \mathcal{U}_{i',n}} y_{i',n,s,t,u'} - T_t \left(\sum_{\ell \in \mathcal{L}_n^+} \hat{f}_{\ell,s,t} - \sum_{\ell \in \mathcal{L}_n^-} \hat{f}_{\ell,s,t} \right) \right) \right)$$

$$-\beta_{i,n,s,t,u}^{\text{down}} - \beta_{i,n,s,t+1,u}^{\text{up}} + \beta_{i,n,s,t+1,u}^{\text{down}} - \phi_{i,n,s,t,u}^{\text{y}} = 0, \ \forall n,s,t,u \in \mathcal{U}_{i,n} \quad (6.30a)$$

$$0 \leqslant \phi_{i,n,s,t,u}^{\text{y}} \perp y_{i,n,s,t,u} \geqslant 0, \ \forall n,s,t,u \in \mathcal{U}_{i,n} \quad (6.30b)$$

$$0 \leqslant \beta_{i,n,s,t,u} \perp T_t A_{n,s,t,u} K_{i,n,u}^{\text{gen}} - y_{i,n,s,t,u} \geqslant 0, \ \forall n,s,t,u \in \mathcal{U}_{i,n} \quad (6.30c)$$

$$0 \leqslant \beta_{i,n,s,t,u}^{\text{up}} \perp T_t R_u^{\text{up}} K_{i,n,u}^{\text{gen}} - y_{i,n,s,t,u} + y_{i,n,s,t-1,u} \geqslant 0, \ \forall n,s,t,u \in \mathcal{U}_{i,n} \quad (6.30d)$$

$$0 \leqslant \beta_{i,n,s,t,u}^{\text{down}} \perp T_t R_u^{\text{down}} K_{i,n,u}^{\text{gen}} + y_{i,n,s,t,u} - y_{i,n,s,t-1,u} \geqslant 0, \ \forall n,s,t,u \in \mathcal{U}_{i,n} \quad (6.30e)$$

符号 $\perp$ 表示互补性，即 $0 \leqslant a \perp b \geqslant 0$ 等价于 $a \geqslant 0$、$b \geqslant 0$、$ab = 0$。例如，式（6.30b）表示，若 $y_{i,n,s,t,u} > 0.$，则 $\phi_{i,n,s,t,u}^{\text{y}} = 0$。相应地，KKT 条件式（6.30a）规定，边际发电收入 $W_s \left(D_{n,s,t}^{\text{int}} - D_{n,s,t}^{\text{slp}} c_{n,s,t} \right) - W_s D_{n,s,t}^{\text{slp}} \sum_{\hat{u} \in \mathcal{U}_{i,n}} y_{i,n,s,t,u}$ 等于运

营成本 $W_s C_{i,n,u}^{\text{opr}}$、二氧化碳税支出 $W_s E_u r^{\text{tax}}$ 以及发电和爬坡能力的影子价格。请注意，如果企业是价格接受者，则需从边际收入中删除 $-W_s D_{n,s,t}^{\text{slp}} \sum_{\hat{u}\in\mathcal{U}_{i,n}} y_{i,n,s,t,\hat{u}}$ 这一项。利用利润最大化问题中的约束条件式（6.28b）~式（6.28d），其他 KKT 条件式（6.30c）~式（6.30e）与对偶变量匹配。

同样，独立系统运营商优化问题［式（6.29a）~式（6.29h）］的 KKT 条件是：

$$-W_s\left(D_{n,s,t}^{\text{int}} - D_{n,s,t}^{\text{slp}} c_{n,s,t}\right) + \lambda_{n,s,t} - \phi_{n,s,t}^c = 0, \forall n,s,t \tag{6.31a}$$

$$\mu_{\ell,s,t} + \overline{\mu}_{\ell,s,t} + \underline{\mu}_{\ell,s,t} - T_t\lambda_{n_\ell^+,s,t} - T_t\lambda_{n_\ell^-,s,t} = 0, \forall \ell,s,t \tag{6.31b}$$

$$-\sum_{\ell\in\mathcal{L}_n^+} B_\ell\mu_{\ell,s,t} + \sum_{\ell\in\mathcal{L}_n^-} B_\ell\mu_{\ell,s,t} + \overline{\kappa}_{n,s,t} - \underline{\kappa}_{n,s,t} = 0, \forall n,s,t \tag{6.31c}$$

$$\mu_{\ell,s,t} \text{ u.r.s.}, \hat{f}_{\ell,s,t} - B_\ell\left(\upsilon_{n_\ell^+,s,t} - \upsilon_{n_\ell^-,s,t}\right) = 0, \forall \ell,s,t \tag{6.31d}$$

$$0 \leqslant \underline{\mu}_{\ell,s,t} \perp \hat{f}_{\ell,s,t} + K_\ell^{\text{tm}} \geqslant 0, \forall \ell,s,t \tag{6.31e}$$

$$0 \leqslant \overline{\mu}_{\ell,s,t} \perp -\hat{f}_{\ell,s,t} + K_\ell^{\text{tm}} \geqslant 0, \forall \ell,s,t \tag{6.31f}$$

$$0 \leqslant \underline{\kappa}_{n,s,t} \perp \upsilon_{n,s,t} + \pi \geqslant 0, \forall n,s,t \tag{6.31g}$$

$$0 \leqslant \overline{\kappa}_{n,s,t} \perp -\upsilon_{n,s,t} + \pi \geqslant 0, \forall n,s,t \tag{6.31h}$$

$$\lambda_{n,s,t} \text{ u.r.s.}, c_{n,s,t} - \sum_{i\in\mathcal{I}}\sum_{u\in\mathcal{U}_{i,n}} y_{i,n,s,t,u} + T_t\sum_{\ell\in\mathcal{L}_n^+} \hat{f}_{\ell,s,t}$$
$$-T_t\sum_{\ell\in\mathcal{L}_n^-} \hat{f}_{\ell,s,t} = 0, \forall n,s,t \tag{6.31i}$$

$$0 \leqslant \phi_{n,s,t}^c \perp c_{n,s,t} \geqslant 0, \forall n,s,t \tag{6.31j}$$

这里，式（6.31d）~式（6.31j）重述了独立系统运营商优化问题中的约束条件式（6.29b）~式（6.29f），而式（6.31a）~式（6.31c）则分别对应于决策变量 $c_{n,s,t}$、$\hat{f}_{\ell,s,t}$ 和 $\upsilon_{n,s,t}$ 的 KKT 条件。特别地，式（6.31j）指出，若 $c_{n,s,t}>0$，则 $\phi_{n,s,t}^c = 0$。因此，在式（6.31a）中，得到 $\lambda_{n,s,t} = W_s\left(D_{n,s,t}^{\text{int}} - D_{n,s,t}^{\text{slp}} c_{n,s,t}\right)$。

利用这些 KKT 条件来替换下层问题，用于在放松管制的电力行业中设定最优二氧化碳税的双层模型，可重新表述为以下均衡约束数学规划问题：

$$\underset{r^{\text{tax}} \cup \Omega^{\text{LL}} \cup \Omega^{\text{DV}}}{\text{Maximize}} \quad (6.24\text{a})$$

$$\text{s.t.} \quad (6.27\text{a})$$
$$(6.30\text{a}) - (6.30\text{e}), \forall i \in \mathcal{I}$$
$$(6.31\text{a}) - (6.31\text{j})$$

其中，$\Omega^{\text{LL}} \equiv \left\{ c_{n,s,t}, \hat{f}_{\ell,s,t}, \upsilon_{n,s,t}, y_{i,n,s,t,u} \right\}$且$\Omega^{\text{DV}} \equiv \left\{ \beta_{i,n,s,t,u}, \beta_{i,n,s,t,u}^{\text{up}}, \beta_{i,n,s,t,u}^{\text{down}}, \phi_{i,n,s,t,u}^{\text{y}}, \right.$ $\left. \underline{\mu}_{\ell,s,t}, \overline{\mu}_{\ell,s,t}, \underline{\kappa}_{n,s,t}, \overline{\kappa}_{n,s,t}, \phi_{n,s,t}^{\text{c}}, \lambda_{n,s,t}, \mu_{\ell,s,t} \right\}$。

然而，根据由式（6.30b）~ 式（6.30e）、$\forall i \in \mathcal{I}$、式（6.31e）~ 式（6.31h）以及式（6.31j）得出的互补条件，此均衡约束数学规划问题是非线性问题。按照文献［7］所述的方法，析取约束条件可将各企业的上述非线性表达式解析为以下形式：

$$0 \leqslant y_{i,n,s,t,u} \leqslant M^{\text{y}} x_{i,n,s,t,u}^{\text{y}}, \ \forall i,n,s,t,u \in \mathcal{U}_{i,r} \quad (6.32\text{a})$$

$$0 \leqslant \phi_{i,n,s,t,u}^{\text{y}} \leqslant M^{\text{y}} \left(1 - x_{i,n,s,t,u}^{\text{y}} \right), \ \forall i,n,s,t,u \in \mathcal{U}_{i,n} \quad (6.32\text{b})$$

$$\begin{aligned} 0 &\leqslant T_t A_{n,s,t,u} K_{i,n,u}^{\text{gen}} - y_{i,n,s,t,u} \leqslant M^{\beta} x_{i,n,s,t,u}^{\beta}: \\ &\forall i,n,s,t,u \in \mathcal{U}_{i,n} \end{aligned} \quad (6.32\text{c})$$

$$0 \leqslant \beta_{i,n,s,t,u} \leqslant M^{\beta} \left(1 - x_{i,n,s,t,u}^{\beta} \right), \ \forall i,n,s,t,u \in \mathcal{U}_{i,r} \quad (6.32\text{d})$$

$$\begin{aligned} 0 &\leqslant T_t R_u^{\text{up}} K_{i,n,u}^{\text{gen}} - y_{i,n,s,t,u} + y_{i,n,s,t-1,u} \\ &\leqslant M^{\beta^{\text{up}}} x_{i,n,s,t,u}^{\beta^{\text{up}}}, \ \forall i,n,s,t,u \in \mathcal{U}_{i,n} \end{aligned} \quad (6.32\text{e})$$

$$0 \leqslant \beta_{i,n,s,t,u}^{\text{up}} \leqslant M^{\beta^{\text{up}}} \left(1 - x_{i,n,s,t,u}^{\beta^{\text{up}}} \right), \ \forall i,n,s,t,u \in \mathcal{U}_{i,r} \quad (6.32\text{f})$$

$$\begin{aligned} 0 &\leqslant T_t R_u^{\text{down}} K_{i,n,u}^{\text{gen}} + y_{i,n,s,t,u} - y_{i,n,s,t-1,u} \\ &\leqslant M^{\beta^{\text{down}}} x_{i,n,s,t,u}^{\beta^{\text{down}}}, \ \forall i,n,s,t,u \in \mathcal{U}_{i,n} \end{aligned} \quad (6.32\text{g})$$

$$0 \leqslant \beta_{i,n,s,t,u}^{\text{down}} \leqslant M^{\beta^{\text{down}}} \left(1 - x_{i,n,s,t,u}^{\beta^{\text{down}}} \right), \ \forall i,n,s,t,u \in \mathcal{U}_{i,r} \quad (6.32\text{h})$$

$$\begin{aligned} &x_{i,n,s,t,u}^{\text{y}} \in \{0,1\}, x_{i,n,s,t,u}^{\beta} \in \{0,1\}, x_{i,n,s,t,u}^{\beta^{\text{up}}} \in \{0,1\}, \\ &x_{i,n,s,t,u}^{\beta^{\text{down}}} \in \{0,1\}, \ \forall i,n,s,t,u \in \mathcal{U}_{i,n} \end{aligned} \quad (6.32\text{i})$$

同样地，独立系统运营商的互补条件也可以线性化为：

$$0 \leqslant \hat{f}_{\ell,s,t} + K_\ell^{\text{trn}} \leqslant M^{\mu} x_{\ell,s,t}^{\mu}, \forall \ell,s,t \quad (6.33\text{a})$$

$$0 \leqslant \underline{\mu}_{\ell,s,t} \leqslant M^{\mu} \left(1 - x_{\ell,s,t}^{\mu} \right), \forall \ell,s,t \quad (6.33\text{b})$$

$$0 \leqslant -\hat{f}_{\ell,s,t} + K_{\ell}^{\text{trn}} \leqslant M^{\bar{\mu}} x_{\ell,s,t}^{\bar{\mu}}, \forall \ell, s, t \tag{6.33c}$$

$$0 \leqslant \bar{\mu}_{\ell,s,t} \leqslant M^{\bar{\mu}} \left(1 - x_{\ell,s,t}^{\bar{\mu}}\right), \forall \ell, s, t \tag{6.33d}$$

$$0 \leqslant \upsilon_{n,s,t} + \pi \leqslant M^{\underline{\kappa}} x_{n,s,t}^{\underline{\kappa}}, \forall n, s, t \tag{6.33e}$$

$$0 \leqslant \underline{\kappa}_{n,s,t} \leqslant M^{\underline{\kappa}} \left(1 - x_{n,s,t}^{\underline{\kappa}}\right), \forall n, s, t \tag{6.33f}$$

$$0 \leqslant -\upsilon_{n,s,t} + \pi \leqslant M^{\bar{\kappa}} x_{n,s,t}^{\bar{\kappa}}, \forall n, s, t \tag{6.33g}$$

$$0 \leqslant \bar{\kappa}_{n,s,t} \leqslant M^{\bar{\kappa}} \left(1 - x_{n,s,t}^{\bar{\kappa}}\right), \forall n, s, t \tag{6.33h}$$

$$0 \leqslant c_{n,s,t} \leqslant M^{c} x_{n,s,t}^{c}, \forall n, s, t \tag{6.33i}$$

$$0 \leqslant \phi_{n,s,t}^{c} \leqslant M^{c} \left(1 - x_{n,s,t}^{c}\right), \forall n, s, t \tag{6.33j}$$

$$x_{\ell,s,t}^{\mu} \in \{0,1\}, x_{\ell,s,t}^{\bar{\mu}} \in \{0,1\}, \forall \ell, s, t \tag{6.33k}$$

$$x_{n,s,t}^{\underline{\kappa}} \in \{0,1\}, x_{n,s,t}^{\bar{\kappa}} \in \{0,1\}, x_{n,s,t}^{c} \in \{0,1\}, \forall n, s, t \tag{6.33l}$$

因此，在放松管制的电力行业中，最优二氧化碳税的均衡约束数学规划问题变为以下混合整数二次规划问题：

$$\underset{r^{\text{tax}} \cup \Omega^{\text{LL}} \cup \Omega^{\text{DV}} \cup \Omega^{\text{BV}}}{\text{Maximize}} \tag{6.24a}$$

$$\text{s.t.} \ (6.27a)$$

$$(6.30a), \ \forall i \in \mathcal{I}$$

$$(6.31a) \sim (6.31d), \ (6.31i)$$

$$(6.32a) \sim (6.32i)$$

$$(6.33a) \sim (6.33l)$$

其中，$\Omega^{\text{BV}} \equiv \left\{ x_{i,n,s,t,u}^{y}, x_{i,n,s,t,u}^{\beta}, x_{i,n,s,t,u}^{\beta^{\text{up}}}, x_{i,n,s,t,u}^{\beta^{\text{down}}}, x_{\ell,s,t}^{\mu}, x_{\ell,s,t}^{\bar{\mu}}, x_{n,s,t}^{\underline{\kappa}}, x_{n,s,t}^{\bar{\kappa}} x_{n,s,t}^{c} \right\}$ 是指析取约束中采用的二元变量。

示例6.6 古诺寡头垄断下最优二氧化碳税的福利最大化混合整数二次规划

本例使用示例 6.5 中的相同数据，并让 Z 在区间 [0,0.02] 内变化。在完全竞争下，本例从企业 i 的 KKT 条件式（6.30a）中删除 $W_s D_{n,s,t}^{\text{slp}} \sum_{\hat{u} \in u_{i,n}} y_{i,n,s,t,\hat{u}}$ 这一项。

由于在福利最大化政策制定者设定的二氧化碳税的完全竞争环境下，外部性成本完全内部化，因此该模型与示例 6.5 中的最优中央计划模型没有区别。如图 6.7 所示，行业实行完全竞争时，最优二氧化碳税就是中央计划下的边际损害成本。由于对企业征收二氧化碳税，但以政府收入（Government Revenue，GR）的形式征收，因此生产者剩余的计算方法可能存在差异。但是，所有其他福利组成部分和运营指标，如用电量、发电量和二氧化碳排放量，是完全相同的。

相比之下，如果下层电力公司的行为类似于古诺寡头垄断情况，那么最优二氧化碳税就会显著不同。从图 6.7 可以看出，当损害成本参数 Z 相对较低时，寡头垄断下的税收 r^{tax} 低于中央计划下的边际损害成本，但随后会增加。此外，寡头垄断下的税收 r^{tax} 最初也低于其自身的边际损害成本。这种结果与政策制定者在这种双层设置中必须应对以下两类扭曲有关：二氧化碳排放和企业行使市场支配力。如果将税收 r^{tax} 设为边际损害成本，则有可能增大企业在提高市场出清价格方面的杠杆作用。从图 6.8 中可以看出，市场支配力对图 6.3 中各福利组成部分的影响是显而易见的，它会降低消费者剩余，增加生产者剩余。事实上，在古诺寡头垄断下，会扣留所有发电量，参见图 6.4 和图 6.9。实际上，燃气发电最初根本不会被调度，其二氧化碳排放量甚至会短暂超过中央计划下的二氧化碳排放量（见图 6.6）。当 Z 从 0 开始增加时，二氧化碳税正值会抑制燃煤发电量，由此导致的市场出清价格上涨会吸引可再生能源发电量。当 $Z = 0.005$ 时，二氧化碳税等于 75 美元 /t，会导致两种化石燃料发电技术之间的成本持平，从而激励首次采用燃气发电技术。当 $Z = 0.007$ 时，将从发电组合中排除燃煤发电，而燃气发电量会增加，直到 $Z = 0.008$。此后，燃气发电量单调递减，而可再生能源发电量单调递增。因此，对于古诺寡头垄断下的二氧化碳税最初为何相对较低，一个合理的解释是，政策制定者希望减轻市场支配力的影响，尽管燃煤发电的二氧化碳排放量较高，但仍会依赖低成本的燃煤发电技术。一旦能够吸引燃气发电来取代燃煤发电，政策制定者就会通过征收相对较高的二氧化碳税来降低二氧化碳排放量。虽然这样的政策可能进一步降低消费者剩余，但因为可同时诱导更多的可再生能源发电，其影响会减弱。最后，图 6.9 和图 6.10 中的净输入电量和输电潮流模式与图 6.4 和图 6.5 中的类似。

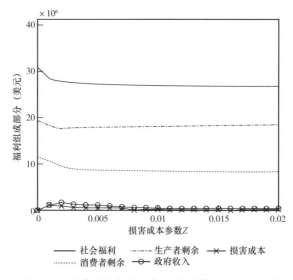

图 6.8　古诺寡头垄断和二氧化碳税情况下与 Z 有关
的各福利组成部分

6.4.3　放松管制的电力行业中的可再生能源配额制

可再生能源配额制并非通过征税直接抑制二氧化碳排放量，而是为可

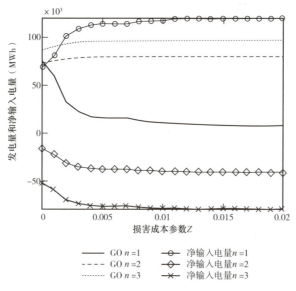

图 6.9　古诺寡头垄断和二氧化碳税情况下与 Z 有关的
发电量和净输入电量

再生能源发电量设定一个目标。该目标通常规定为占总发电量的百分比（如50%），并作为对电力行业的平衡约束条件来实施。

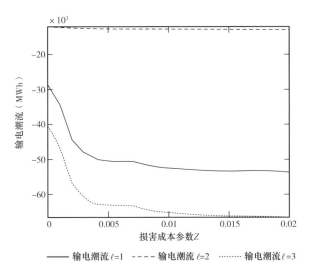

图 6.10　古诺寡头垄断和征收二氧化碳税情况下与 Z 有关的输电潮流

该约束条件的影子价格（即可再生能源证书的价格）由企业给定，并成为可再生能源的额外收入项或非可再生能源的额外成本项。从长远来看，可再生能源配额制的目的是，在不严重影响消费的情况下，鼓励更多地采用可再生能源发电和抑制非可再生能源发电。此外，与二氧化碳税不同的是，可再生能源配额制不会产生任何政府收入，因为可再生能源发电的可再生能源证书收入是由非可再生能源发电承担的可再生能源证书成本支付的。除此之外，分析框架类似于第 6.4.2 节中的双层模型，即追求福利最大化的上层政策制定者设定可再生能源配额制目标，而下层电力行业内部化可再生能源价格，同时做出发电量和用电量决策。

本小节符号沿用第 6.4.1 节和第 6.4.2 节中的符号，并增加以下内容：

指数和集合

$j \in \mathcal{J}$　可再生能源配额制的离散级别

$\mathcal{U}_{i,n}^{C}$　企业 i 在节点 n 的常规（即非可再生能源）发电厂

$\mathcal{U}_{i,n}^{R}$　企业 i 在节点 n 的可再生能源发电厂

需注意，$\mathcal{U}_{i,n}^C \cup \mathcal{U}_{i,n}^R = \mathcal{U}_{i,n}$ 且 $\mathcal{U}_{i,n}^C \cap \mathcal{U}_{i,n}^R = \phi$。

参数

$\bar{M}^y$　　用于对可再生能源配额制约束条件进行线性化的大的正数（无量纲）

$\underline{M}^y$　　用于对可再生能源配额制约束条件进行线性化的大的正数（无量纲）

$\bar{M}^\rho$　　用于对可再生能源证书收入进行线性化的大的正数（无量纲）

$\underline{M}^\rho$　　用于对可再生能源证书收入进行线性化的大的正数（无量纲）

Q_j　　第 j 级中的可再生能源配额制百分比（无量纲）

二元变量

x_j　　二元变量，如果选择可再生能源配额制的离散级别 $j \in \mathcal{J}$，则该变量等于 1，否则等于 0

连续变量

e_j　　用于线性化级别 j 的可再生能源证书收入的辅助变量（美元 /MWh）

g_j　　用于线性化级别 j 的可再生能源目标的辅助变量（MWh）

r_j　　级别 j 的可再生能源证书收入（美元 /MWh）

w_j　　级别 j 的可再生能源目标（MWh）

对偶变量

ρ　可再生能源证书价格（美元 /MWh）

虽然可再生能源配额制目标是 [0,1] 中的连续变量，但为了使双层问题线性化，本小节将其离散，具体而言，使用了可再生能源配额制级别 $Q_j \in [0,1], \forall j \in \mathcal{J}$ 与相应的二进制变量 $x_j \in \{0,1\}$。因此，如果选择可再生能源配额制级别 j^*，则 $x_{j^*} = 1$ 且 $x_{j'} = 0$，$\forall j' \neq j^*$。此外，行业的可再生能源配额制目标为 Q_{j^*}。鉴于这种离散化，在预测下层电力部门运营情况的基础上，政策制定者在上层设定最优可再生能源配额制目标 x_j，同时将排放产生的损害成本内部化：

$$\underset{x_j}{\text{Maximize}} \qquad \text{6.24a}$$

$$s.t. x_j \in \{0,1\}, \ \forall j \in \mathcal{J}$$

$$\sum_{j \in \mathcal{J}} x_j = 1 \qquad (6.34\mathrm{b})$$

目标函数式（6.24a）同样是求包括二氧化碳排放产生的损害在内的社会福利最大值。由于政策制定者无法直接控制行业运营情况，因此其唯一的决策变量就是通过 x_j 选择可再生能源配额制目标。为此，约束条件式（6.34a）和式（6.34b）规定了对 x_j 的二元限制，并限定只能选择一个可再生能源配额制级别，即目标值为零。

在下层，每个企业 $i \in \mathcal{I}$ 通过决定其发电量来实现自身利润最大化，而独立系统运营商则通过选择节点用电量和必要潮流来实现社会剩余最大化。因此，它们的问题类似于式（6.28a）~ 式（6.28e），$\forall i \in \mathcal{I}$ 和式（6.29a）~ 式（6.29h），从而构成了一个均衡问题。但是，与第 6.4.2 节中的下层相比，这里有两个关键区别。

（1）行业面临外生的可再生能源配额制均衡约束：

$$\sum_{s \in \mathcal{S}} W_s \sum_{i \in \mathcal{I}} \sum_{t \in \mathcal{T}} \sum_{n \in \mathcal{N}} \sum_{u \in \mathcal{U}_{i,n}^R} y_{i,n,s,t,u} \geqslant \sum_{j \in \mathcal{J}} Q_j x_j \sum_{s \in \mathcal{S}} W_s \sum_{i \in \mathcal{I}} \sum_{t \in \mathcal{T}} \sum_{n \in \mathcal{N}} \sum_{u \in \mathcal{U}_{i,n}} y_{i,n,s,t,u}$$ 其对应的对偶变量 ρ 是可再生能源价格。

（2）每个企业 $i \in \mathcal{I}$ 都将可再生能源证书的收入或成本视为外生因素，而不是将二氧化碳税视为给定因素。因此，在调整式（6.28a）时，首先删除与二氧化碳税相关的项 $-\sum_{s \in \mathcal{S}} W_s \sum_{t \in \mathcal{T}} \sum_{n \in \mathcal{N}} \sum_{u \in \mathcal{U}_{i,n}} r^{\mathrm{tax}} E_u y_{i,n,s,t,u}$。接下来将可再生能源证书的净收入加入式（6.28a），即：

$$\rho \sum_{s \in \mathcal{S}} W_s \sum_{t \in \mathcal{T}} \sum_{n \in \mathcal{N}} \left(\sum_{u \in \mathcal{U}_{i,n}^R} y_{i,n,s,t,u} - \sum_{j \in \mathcal{J}} Q_j x_j \sum_{u \in \mathcal{U}_{i,n}} y_{i,n,s,t,u} \right)$$

这个阶段可以通过每个行为主体问题的 KKT 条件加上均衡约束条件，将此下层均衡问题解析为一个混合互补问题。这样一来，就可以将双层问题重新表述为第 6.4.2 节所述的均衡约束数学规划问题。然而，我们选择将双层问题重塑为原始约束和对偶约束数学规划问题（Mathematical Program with Primal and Dual Constrain，MPPDC）。原始约束和对偶约束数学规划法的优势在于，它不需要使用二元变量来线性化下层互补条件。相反，它用原始约束条件、对偶约束条件和强对偶等式来替换下层问题[8]。不过，在此之前，首先需要将下层均衡问题转换为单一行为主体优化问题。根据文献［9］和［10］，供应和需求函数的线性关系以及输电成本与输电距离成正比，我们能够做到这一点。由此，企业行使市场支配力可以通过扩展成本项 $-\frac{1}{2}\sum_{s\in\mathcal{S}}W_s\sum_{t\in\mathcal{T}}\sum_{n\in\mathcal{N}}D_{n,s,t}^{\mathrm{slp}}\sum_{i\in\mathcal{I}}\left(\sum_{u\in\mathcal{U}_{i,n}}y_{i,n,s,t,u}\right)^2$ 体现，这就确保了与 $y_{i,n,s,t,u}$ 对应的 KKT 条件（和对偶约束条件）会影响发电厂的边际收入。因此，由企业的利润最大化和独立系统运营商的剩余最大化问题构成的下层二次规划问题是：

$$
\underset{\overline{\Omega}^{\mathrm{LL}}}{\text{Maximize}}\sum_{s\in\mathcal{S}}W_s\sum_{t\in\mathcal{T}}\sum_{n\in\mathcal{N}}\Bigg[D_{n,s,t}^{\mathrm{int}}c_{n,s,t}-\frac{1}{2}D_{n,s,t}^{\mathrm{slp}}c_{n,s,t}^2-\sum_{i\in\mathcal{I}}\sum_{u\in\mathcal{U}_{i,n}}C_{i,n,u}^{\mathrm{opr}}y_{i,n,s,t,u}
$$

$$
-\frac{1}{2}D_{n,s,t}^{\mathrm{slp}}\sum_{i\in\mathcal{I}}\left(\sum_{u\in\mathcal{U}_{i,n}}y_{i,n,s,t,u}\right)^2\Bigg] \tag{6.35a}
$$

$$
\text{s.t.}(6.28b)\sim(6.28e),\forall i\in\mathcal{I}
$$
$$
(6.29b)\sim(6.29h)
$$
$$
\sum_{s\in\mathcal{S}}W_s\sum_{i\in\mathcal{I}}\sum_{t\in\mathcal{T}}\sum_{n\in\mathcal{N}}\sum_{u\in\mathcal{U}_{i,n}^R}y_{i,n,s,t,u}
$$
$$
-\sum_{j\in\mathcal{J}}Q_jx_j\sum_{s\in\mathcal{S}}W_s\sum_{i\in\mathcal{I}}\sum_{t\in\mathcal{T}}\sum_{n\in\mathcal{N}}\sum_{u\in\mathcal{U}_{i,n}}y_{i,n,s,t,u}\geq 0:\rho \tag{6.35b}
$$

其中，$\overline{\Omega}^{\mathrm{LL}}\equiv\left\{c_{n,s,t},\hat{f}_{\ell,s,t},\upsilon_{n,s,t},y_{i,n,s,t,u}\right\}$。

x_j 给定时，由式（6.35a）、式（6.28b）～式（6.28e）、$\forall i\in\mathcal{I}$、式（6.29b）～式（6.29h）和式（6.35b）构成的低级问题是一个二次规划问题，因此也是凸问题。因而该问题可以替换为其原始约束条件、对偶约束条件和强对偶等式。原始约束条件只是式（6.28b）～式（6.28e）、$\forall i\in\mathcal{I}$、式（6.29b）～式（6.29h）和式（6.35b），而对偶约束条件则与二次规划问题的 KKT 条件有关：

$$
W_sC_{i,n,u}^{\mathrm{opr}}+\beta_{i,n,s,t,u}+\beta_{i,n,s,t,u}^{\mathrm{up}}-\beta_{i,n,s,t,u}^{\mathrm{down}}-\beta_{i,n,s,t+1,u}^{\mathrm{up}}+\beta_{i,n,s,t+1,u}^{\mathrm{down}}
$$
$$
-\lambda_{n,s,t}+W_sD_{n,s,t}^{\mathrm{slp}}\sum_{u'\in\mathcal{U}_{i,n}}y_{i,n,s,t,u'}-\phi_{i,n,s,t,u}^{\mathrm{y}}+W_s\left(\sum_{j\in\mathcal{J}}Q_jx_j-1\right)\rho=0, \tag{6.36a}
$$
$$
\forall i,n,s,t,u\in\mathcal{U}_{i,n}^{\mathrm{R}}
$$

$$
W_sC_{i,n,u}^{\mathrm{opr}}+\beta_{i,n,s,t,u}+\beta_{i,n,s,t,u}^{\mathrm{up}}-\beta_{i,n,s,t,u}^{\mathrm{down}}-\beta_{i,n,s,t+1,u}^{\mathrm{up}}+\beta_{i,n,s,t+1,u}^{\mathrm{down}}
$$

$$-\lambda_{n,s,t} + W_s D_{n,s,t}^{\mathrm{slp}} \sum_{u' \in \mathcal{U}_{i,n}} y_{i,n,s,t,u'} - \phi_{i,n,s,t,u}^{\mathrm{y}} + W_s \sum_{j \in \mathcal{J}} Q_j x_j \rho = 0,$$

$$\forall i,n,s,t,u \in \mathcal{U}_{i,n}^{\mathrm{C}} \qquad (6.36\mathrm{b})$$

$$-W_s \left(D_{n,s,t}^{\mathrm{int}} - D_{n,s,t}^{\mathrm{slp}} c_{n,s,t} \right) + \lambda_{n,s,t} - \phi_{n,s,t}^{\mathrm{c}} = 0, \forall n,s,t \qquad (6.36\mathrm{c})$$

$$\mu_{\ell,s,t} + \overline{\mu}_{\ell,s,t} - \underline{\mu}_{\ell,s,t} + T_t \lambda_{n_t^+,s,t} - T_t \lambda_{n_\ell^-,s,t} = 0, \forall \ell,s,t \qquad (6.36\mathrm{d})$$

$$-\sum_{\ell \in \mathcal{L}_n^+} B_\ell \mu_{\ell,s,t} + \sum_{\ell \in \mathcal{L}_n^-} B_\ell \mu_{\ell,s,t} + \overline{\kappa}_{n,s,t} - \underline{\kappa}_{n,s,t} = 0, \forall n,s,t \qquad (6.36\mathrm{e})$$

$$\beta_{i,n,s,t,u} \geqslant 0, \beta_{i,n,s,t,u}^{\mathrm{up}} \geqslant 0, \beta_{i,n,s,t,u}^{\mathrm{down}} \geqslant 0, \phi_{i,n,s,t,u}^{\mathrm{y}} \geqslant 0, \forall i,n,s,t,u \in \mathcal{U}_{i,n} \qquad (6.36\mathrm{f})$$

$$\underline{\mu}_{\ell,s,t} \geqslant 0, \overline{\mu}_{\ell,s,t} \geqslant 0, \forall \ell,s,t \qquad (6.36\mathrm{g})$$

$$\underline{\kappa}_{n,s,t} \geqslant 0, \overline{\kappa}_{n,s,t} \geqslant 0, \phi_{n,s,t}^{\mathrm{c}} \geqslant 0, \forall n,s,t \qquad (6.36\mathrm{h})$$

$$\rho \geqslant 0 \qquad (6.36\mathrm{i})$$

$$\lambda_{n,s,t} \,\mathrm{u.r.s.}, \forall n,s,t \qquad (6.36\mathrm{j})$$

$$\mu_{\ell,s,t} \,\mathrm{u.r.s.}, \forall \ell,s,t \qquad (6.36\mathrm{k})$$

其中，$\Omega^{\mathrm{DV}} \equiv \left\{ \beta_{i,n,s,t,u}, \beta_{i,n,s,t,u}^{\mathrm{up}}, \beta_{i,n,s,t,u}^{\mathrm{down}}, \phi_{i,n,s,t,u}^{\mathrm{y}}, \underline{\mu}_{\ell,s,t}, \overline{\mu}_{\ell,s,t}, \underline{\kappa}_{n,s,t}, \overline{\kappa}_{n,s,t}, \phi_{n,s,t}^{\mathrm{c}}, \lambda_{n,s,t}, \right.$
$\left. \mu_{\ell,s,t}, \rho \right\}$ 是下层对偶变量。例如，式（6.36a）为与可再生能源发电有关的对偶约束条件，即边际收入 $\lambda_{n,s,t} - W_s D_{n,s,t}^{\mathrm{slp}} \sum_{u' \in \mathcal{U}_{i,n}} y_{i,n,s,t,u'} + W_s$
$\left(1 - \sum_{j \in \mathcal{J}} Q_j x_j \right) \rho$ 等于运营成本 $W_s C_{i,n,u}^{\mathrm{opr}}$ 加上任何"影子价格"$\beta_{i,n,s,t,u} + \beta_{i,n,s,t,u}^{\mathrm{up}} -$
$\beta_{i,n,s,t,u}^{\mathrm{down}} - \beta_{i,n,s,t+1,u}^{\mathrm{up}} + \beta_{i,n,s,t+1,u}^{\mathrm{down}} - \phi_{i,n,s,t,u}^{\mathrm{y}}$。$-W_s D_{n,s,t}^{\mathrm{slp}} \sum_{u' \in \mathcal{U}_{i,n}} y_{i,n,s,t,u'}$ 这一项反映了增加的
发电量将如何降低古诺企业的价格，以及在存在价格接受者的情况下，如何
从边际收入中减去增加的发电量成本。同样，式（6.36b）等于不可再生能
源发电的边际收入和成本，其中将边际收入中的 $W_s \left(1 - \sum_{j \in \mathcal{J}} Q_j x_j \right) \rho$ 替换为
$-W_s \sum_{j \in \mathcal{J}} Q_j x_j \rho$，以反映可再生能源证书价格是对不可再生能源的隐性征税这
一事实。

为了得到强对偶等式，首先推导出对偶目标函数。由二次规划的对偶性[5]
可知，对偶目标函数包括式（6.35a）中的二次项，以及对偶变量与约束条件
式（6.28b）~式（6.28e）、$\forall i \in \mathcal{I}$、式（6.29b）~式（6.29h）和式（6.35b）

中各常数项的乘积。根据文献［11］保留凸性，此处将强对偶表达式表述为不等式，使得原始目标大于或等于对偶目标：

$$\sum_{s \in \mathcal{S}} W_s \sum_{n \in \mathcal{N}} \sum_{t \in T} \left[D_{n,s,t}^{\text{int}} c_{n,s,t} - \frac{1}{2} D_{n,s,t}^{\text{slp}} c_{n,s,t}^2 - \sum_{i \in \mathcal{I}} \sum_{u \in \mathcal{U}_{i,n}} C_{i,n,u}^{\text{opr}} y_{i,n,s,t,u} - \frac{1}{2} D_{n,s,t}^{\text{slp}} \sum_{i \in \mathcal{I}} \left(\sum_{u \in \mathcal{U}_{i,n}} y_{i,n,s,t,u} \right)^2 \right]$$

$$\geqslant \frac{1}{2} \sum_{s \in \mathcal{S}} W_s \sum_{n \in \mathcal{N}} \sum_{t \in T} D_{n,s,t}^{\text{slp}} c_{n,s,t}^2 + \frac{1}{2} \sum_{s \in \mathcal{S}} W_s \sum_{n \in \mathcal{N}} \sum_{t \in T} D_{n,s,t}^{\text{slp}} \sum_{i \in \mathcal{I}} \left(\sum_{u \in \mathcal{U}_{i,n}} y_{i,n,s,t,u} \right)^2$$

$$+ \sum_{i \in \mathcal{I}} \sum_{n \in \mathcal{N}} \sum_{s \in \mathcal{S}} \sum_{t \in T} \sum_{u \in \mathcal{U}_{i,n}} K_{i,n,u}^{\text{gen}} T_t \left(A_{n,s,t,u} \beta_{i,n,s,t,u} + R_u^{\text{up}} \beta_{i,n,s,t,u}^{\text{up}} + R_u^{\text{down}} \beta_{i,n,s,t,u}^{\text{down}} \right)$$

$$+ \sum_{\ell \in \mathcal{L}} \sum_{s \in \mathcal{S}} \sum_{t \in T} K_\ell^{\text{trn}} \left(\underline{\mu}_{\ell,s,t} + \overline{\mu}_{\ell,s,t} \right) + \sum_{n \in \mathcal{N}} \sum_{s \in \mathcal{S}} \sum_{t \in T} \pi \left(\underline{\kappa}_{n,s,t} + \overline{\kappa}_{n,s,t} \right) \tag{6.37}$$

由此产生的原始约束和对偶约束数学规划问题包括目标函数式（6.24a）、上层约束条件式（6.34a）~式（6.34b）、下层原始约束条件式（6.28b）~式（6.28e）、$\forall i \in \mathcal{I}$、式（6.29b）~式（6.29h）和式（6.35b）、下层对偶约束条件式（6.36a）~式（6.36k）以及强对偶表达式（6.37）。需注意，式（6.37）中存在扩展成本项 $\frac{1}{2} \sum_{s \in \mathcal{S}} W_s \sum_{n \in \mathcal{N}} \sum_{t \in T} D_{n,s,t}^{\text{slp}} \sum_{i \in \mathcal{I}} \left(\sum_{u \in \mathcal{U}_{i,n}} y_{i,n,s,t,u} \right)^2$，该项准确地描述了古诺垄断行为。然而，由于原始约束条件式（6.35b）和对偶约束条件式（6.36a）~式（6.36b）具有非线性，现成求解器无法直接地解出这个原始约束和对偶约束数学规划问题。具体而言，式（6.35b）包含 x_j 和 $y_{i,n,s,t,u}$ 的双线性项，而式（6.36a）~式（6.36b）则包含 x_j 和 ρ 的双线性项。

此处采用文献［1］中的方法，通过辅助变量 g_j 和 w_j 将式（6.35b）中的双线性项线性化，可得到：

$$\sum_{s \in \mathcal{S}} W_s \sum_{i \in \mathcal{I}} \sum_{n \in \mathcal{N}} \sum_{t \in T} \sum_{u \in \mathcal{U}_{i,n}^R} y_{i,n,s,t,u} - \sum_{j \in \mathcal{I}} w_j \geqslant 0 \tag{6.38a}$$

$$w_j - Q_j \sum_{s \in \mathcal{S}} W_s \sum_{i \in \mathcal{I}} \sum_{n \in \mathcal{N}} \sum_{t \in T} \sum_{u \in \mathcal{U}_{i,n}} y_{i,n,s,t,u} + g_j = 0, \ \forall j \tag{6.38b}$$

$$x_j \underline{M}^y Q_j \leqslant w_j \leqslant x_j \overline{M}^y Q_j, \ \forall j \tag{6.38c}$$

$$\left(1 - x_j \right) \underline{M}^y Q_j \leqslant g_j \leqslant \left(1 - x_j \right) \overline{M}^y Q_j, \ \forall j \tag{6.38d}$$

$$g_j \ u.r.s., \forall j \tag{6.38e}$$

$$w_j \text{u.r.s.}, \forall j \qquad (6.38\text{f})$$

同样，可以利用辅助变量 e_j 和 r_j 将式（6.36a）~ 式（6.36b）线性化如下：

$$W_s C_{i,n,u}^{\text{opr}} + \beta_{i,n,s,t,u} + \beta_{i,n,s,t,u}^{\text{up}} - \beta_{i,n,s,t,u}^{\text{down}} - \beta_{i,n,s,t+1,u}^{\text{up}} + \beta_{i,n,s,t+1,u}^{\text{down}}$$

$$-\lambda_{n,s,t} + W_s D_{n,s,t}^{\text{slp}} \sum_{u' \in \mathcal{U}_{i,n}} y_{i,n,s,t,u'} - \phi_{i,n,s,t,u}^{\text{y}} + W_s \left(\sum_{j \in \mathcal{J}} r_j - \rho \right) = 0$$

$$\forall i,n,s,t, u \in \mathcal{U}_{i,n}^{\text{R}} \qquad (6.39\text{a})$$

$$W_s C_{i,n,u}^{\text{opr}} + \beta_{i,n,s,t,u} + \beta_{i,n,s,t,u}^{\text{up}} - \beta_{i,n,s,t,u}^{\text{down}} - \beta_{i,n,s,t+1,u}^{\text{up}} + \beta_{i,n,s,t+1,u}^{\text{down}}$$

$$-\lambda_{n,s,t} + W_s D_{n,s,t}^{\text{slp}} \sum_{u' \in \mathcal{U}_{i,n}} y_{i,n,s,t,u'} - \phi_{i,n,s,t,u}^{\text{y}} + W_s \sum_{j \in \mathcal{J}} r_j = 0$$

$$\forall i,n,s,t, u \in \mathcal{U}_{i,n}^{\text{C}} \qquad (6.39\text{b})$$

$$r_j - Q_j \rho + e_j = 0, \forall j \qquad (6.39\text{c})$$

$$x_j \underline{M}^\rho Q_j \leqslant r_j \leqslant x_j \bar{M}^\rho Q_j, \forall j \qquad (6.39\text{d})$$

$$\left(1 - x_j\right) \underline{M}^\rho Q_j \leqslant e_j \leqslant \left(1 - x_j\right) \bar{M}^\rho Q_j, \forall j \qquad (6.39\text{e})$$

$$e_j \text{u.r.s.}, \forall j \qquad (6.39\text{f})$$

$$r_j \text{u.r.s.}, \forall j \qquad (6.39\text{g})$$

采用这些线性化方法，在放松管制的电力行业中，代表政策制定者设定可再生能源配额制目标这个双层问题的原始约束和对偶约束数学规划问题，可表达为以下混合整数二次约束二次规划问题：

$$\underset{\{x_j\} \cup \Omega^{\text{LL}} \cup \Omega^{\text{DV}}}{\text{Maximize}} (6.24\text{a})$$

$$\text{s.t.} \ (6.34\text{a}) \sim (6.34\text{b})$$

$$(6.28\text{b}) \sim (6.28\text{e}), \forall i \in \mathcal{I}$$

$$(6.29\text{b}) \sim (6.29\text{h})$$

$$(6.36\text{c}) \sim (6.36\text{k})$$

$$(6.38\text{a}) \sim (6.38\text{f})$$

$$(6.39\text{a}) \sim (6.39\text{g})$$

$$(6.37)$$

其中，$\Omega^{\mathrm{LL}} \equiv \overline{\Omega}^{\mathrm{LL}} \cup \{e_j, g_j, r_j, w_j\}$ 是所有下层决策变量的集合。

示例 6.7 在放松管制的电力行业中，实现最优可再生能源配额制目标的福利最大化混合整数二次约束二次规划

本例仍然使用示例 6.5 中的数据，并让 Z 在区间 [0,0.02] 内变化。通过从下层目标函数式（6.35a）中删除扩展成本项 $\frac{1}{2} \sum_{s \in \mathcal{S}} W_s \sum_{n \in \mathcal{N}}$ $\sum_{t \in \mathcal{T}} D_{n,s,t}^{\mathrm{slp}} \sum_{i \in \mathcal{I}} \left(\sum_{u \in \mathcal{U}_{i,n}} y_{i,n,s,t,u} \right)^2$，可求解完全竞争下的问题实例。这意味着，原始约束和对偶约束数学规划问题应从强对偶表达式（6.37）两边删除式（6.36a）~式（6.36b）中的 $W_s D_{n,s,t}^{\mathrm{slp}} \sum_{u' \in \mathcal{U}_{i,n}} y_{i,n,s,t,u'}$ 项，参见式（6.39a）~式（6.39b），以及 $\frac{1}{2} \sum_{s \in \mathcal{S}} W_s \sum_{n \in \mathcal{N}} \sum_{t \in \mathcal{T}} D_{n,s,t}^{\mathrm{slp}} \sum_{i \in \mathcal{I}} \left(\sum_{u \in \mathcal{U}_{i,n}} y_{i,n,s,t,u} \right)^2$ 项。图 6.11 显示了完全竞争和古诺寡头垄断下的最优可再生能源配额制目标。同时还给出了中央计划下的隐含可再生能源配额制目标。在放松管制的情况下，政策制定者面对完全竞争的电力行业，无法抑制消费量，反而会提高可再生能源发电量的比例。相比之下，政策制定者在面对寡头垄断的电力行业时，为了避免增强其市场支配力，会设定一个较低的可再生能源配额制目标。然而，抑制发电量的动机不仅会影响电价，还会影响可再生能源证书的价格。事实上，在图 6.12 中，当 $Z = 0.005$ 时，古诺寡头垄断下的可再生能源证书价格会上涨到完全竞争下的可再生能源证书价格之上。

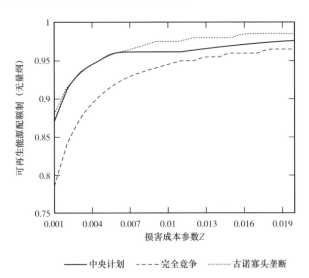

图 6.11 与 Z 有关的可再生能源配额制目标

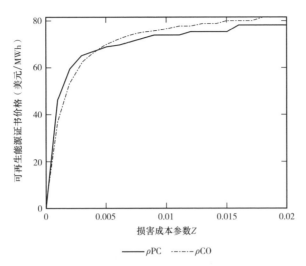

图 6.12　与 Z 有关的可再生能源证书价格

在电力系统运营方面，有可再生能源配额制的完全竞争下的结果与中央计划下的结果总体类似（见图 6.13、图 6.15 和图 6.17）。如图 6.3、图 6.4 和图 6.5 所示，随着 Z 的增加，电力生产向可再生能源发电转变，净输入电量和输电潮流也有相应调整。虽然各福利组成部分的表现相似，但由于没有像中央计划那样充分抑制消费量，会造成整体福利损失。因此，与中央计划相比，在有可再生能源配额制的完全竞争下，企业 $i = 2$ 的消费者剩余和生产者剩余都更高，但其代价是企业 $i = 1$ 的生产者剩余更低。另一个不同之处在于，可再生能源证书的价格永远不会高到足以诱导发生最优顺序转换，这意味着除了 $Z = 0$ 时，永远不会采用燃气发电。

有可再生能源配额制的古诺寡头垄断下的电力系统运营情况，也与征收二氧化碳税的情况相同，参见图 6.14、图 6.16 和图 6.18，以及图 6.8、图 6.9 和图 6.10。关键区别还是化石燃料发电量完全来自燃煤发电厂。与示例 6.6 中的二氧化碳税相比，古诺寡头垄断下的可再生能源配额制似乎更适合平衡经济和环境问题。事实上，总体社会福利会更高，因为虽然生产者剩余会增加，但由于没有限制消费量，消费者剩余也会增加。不过，代价是征收二氧化碳税情况下的二氧化碳排放量更高（见图 6.6）。最后，可以对完全竞争和古诺寡头垄断下的可再生能源配额制进行直接比较：

（1）在完全竞争下，社会福利更高，参见图 6.13 和图 6.14；在古诺寡头垄断下，福利从消费者转向生产者。

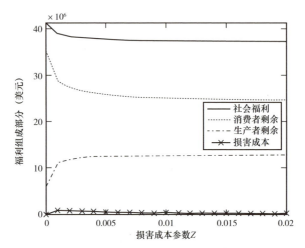

图 6.13　完全竞争和可再生能源配额制情况下与 Z 有关的福利组成部分

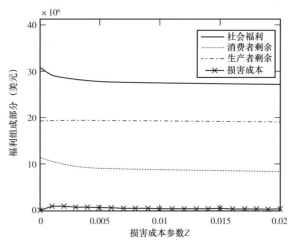

图 6.14　古诺寡头垄断和可再生能源配额制情况下与 Z 有关的福利组成部分

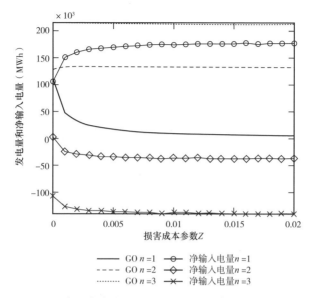

图 6.15　完全竞争和可再生能源配额制情况下与 Z 有关
的发电量和净输入电量

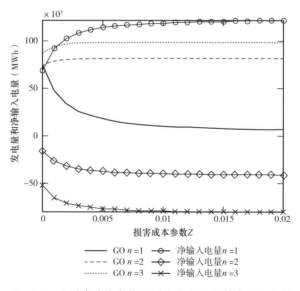

图 6.16　古诺寡头垄断和可再生能源配额制情况下与 Z
有关的发电量和净输入电量

（2）在完全竞争下，发电量通常较高，参见图 6.15 和图 6.16，但在古诺寡头垄断下，即使 $Z = 0$，节点 $n = 2$ 也已成为净输出方，这是因为市场支配力发挥作用。

（3）在完全竞争下，输电潮流通常较高，参见图 6.17 和图 6.18。这反映了古诺寡头垄断下的消费抑制。

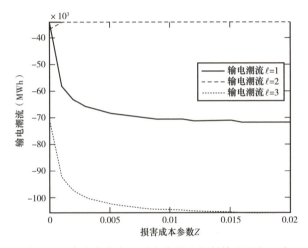

图 6.17　完全竞争和可再生能源配额制情况下与 Z 有
关的输电潮流

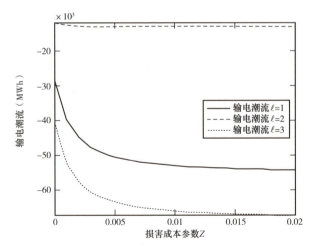

图 6.18　古诺寡头垄断和可再生能源配额制情况下与 Z
有关的输电潮流

6.5　总结

本章以二氧化碳排放为例，探讨了负外部性问题。当企业只需承担其私人生产成本，无需承担包括二氧化碳排放产生的损害成本在内的社会成本时，就会产生负外部性。如果不实施环境监管，就会出现市场失灵，最终导致社会福利损失。庇古税和排放许可证等经济手段，可用于迫使企业将排放产生的损害成本内部化。本章已经证明，在均衡状态下，庇古税和排放许可证可以产生相同的效果，得到社会最优结果。另一种计划（即可再生能源配额制）设定了可再生能源发电的目标。可再生能源配额制政策利用从非可再生能源发电厂征收的税款来补贴可再生能源发电厂，这在短期内会造成一定的效率损失。

本章通过更现实的网络约束问题实例来说明这些概念。在这些实例中，也包含了可再生能源的间歇性。首先，如果是完全竞争行业，那么与排放产生的边际损害成本相等的二氧化碳税就是最优解，但如果是古诺垄断行业，结果可能就会不一样。实际上，这种情况不仅表现出环境外部性，还会产生经济扭曲。因此，政策制定者必须通过预测电力公司的决策来调整二氧化碳税。其次，如果要实施可再生能源配额制计划，那么可再生能源发电厂提供能源的最佳比例就会背离中央计划下的隐含可再生能源配额制目标。即使是在完全竞争下，结果也是如此，因为消费者无法直接将环境外部性成本内部化，从而减少需求量。因此，作为一种反制措施，政策制定者设定的可再生能源配额目标高于中央计划下的隐含目标。相反，在寡头垄断式电力行业中，政策制定者会降低可再生能源配额目标，避免加剧企业的市场支配力。因此，在放松管制的电力行业中，应积极制定环境政策，考虑其将如何影响决策者的激励措施。

6.6　章末练习

6.1　在示例 6.1 中，计算常规情况下的无谓损失。得到的无谓损失相对较大。讨论为什么会这样。

6.2　在示例 6.4 中，假设采用庇古税代替可再生能源配额标准政策。推导得出庇古税情况下的结果，并将其与可再生能源配额标准计划下的结果进行比较。

6.3　在示例 6.4 中，让可再生能源配额标准的目标值 Q 在 0 到 1 之间变化。计算包括不同目标的损害成本在内的社会福利。确认可再生能源配额标准计划不能得到社会最优解。

6.4　修改第 6.4.2 节中的双层模型，使上层决策成为二氧化碳排放量上限 r^{cap}（单位：t）。然后将此上限作为下层的一个参数，该参数需要有一个均衡约束条件，其形式为 $\sum_{s \in S} W_s \sum_{t \in T} \sum_{n \in N} \sum_{i \in I} \sum_{u \in U_{i,n}} E_u y_{i,n,s,t,u} \leqslant r^{cap}$，并相应的引入对偶变量 ρ^{cap}（单位：美元 /t）。因此，每个企业 i 在其目标函数式（6.28a）中将 ρ^{cap} 作为二氧化碳排放许可证的外生价格，即有效替换第 6.4.2 节中的二氧化碳税 r^{tax}。使用示例 6.6 中的数据，解决修改后公式的问题实例。结果有何影响？

6.5　修改第 6.4.3 节中的双层模型，使上层决策成为可再生能源的溢价补贴 r^{fip}（单位：美元 /MWh）。该溢价补贴是可再生能源发电技术在市场出清电价之外赚取的收入，在下层视为一个参数。此参数需要在下层目标函数式（6.35a）中增加一项，其形式为 $\sum_{s \in S} W_s \sum_{t \in T} \sum_{n \in N} \sum_{i \in I} \sum_{u \in U_{i,n}^R} r^{fip} y_{i,n,s,t,u}$。此外，应从下层优化问题中删除可再生能源配额制约束条件式（6.35b）。使用示例 6.7 中的数据，解决修改后公式的问题实例。结果有何影响？请记住，在计算总体社会福利时，需要考虑政府收入，即向可再生能源发电技术支付的溢价补贴负值。

6.7　GAMS 代码

本节提供了用于数值求解所选示例的 GAMS 代码。以下代码用于求解示例 6.1：

1　* 包含二次损害函数的福利最大化二次规划

```
 3  Sets
 4  I generators /I1*I2/;

 6  * 反需求截距

 8  Scalar A /100/;

10  * 反需求斜率参数

12  Scalar B /1/;

14  * 损害参数

16  Scalar Z /0.1/;

18  Parameters
19  C(I)      Cost coefficients
20  / I1      0.25
21  I2        1/

23  E(I)      Emission rates
24  / I1      4
25  I2        2/;

27  Variables
28  OF        Objective function value
29  ;

31  Positive variables
32  y(I)      Output
33  ;

35  Equations
36  Objective
37  ;

39  Objective.. OF =E= (A-0.5*B*SUM(I, y(I)))*SUM(I, y(I))-SUM(I, C(I
        )*y(I)**2)-0.5*Z*SUM(I, E(I)*y(I))**2;

41  MODEL SPD /ALL/;

43  SOLVE SPD USING NLP MAXIMIZING OF;
```

以下代码用于求解示例 6.2：

```
 1  * 排放税收的混合互补问题
```

```
3 Sets
4 I generators /I1*I2/;

6 Alias(I,II);

8 * 反需求截距

10 Scalar A /100/;

12 * 反需求斜率参数

14 Scalar B /1/;

16 * 排放税收

18 Scalar T /12.3288/;

20 Parameters
21 C(I)      Cost coefficients
22 / I1      0.25
23 I2        1/

25 E(I)      Emission rates
26 / I1      4
27 I2        2/;

29 Positive variables
30 y(I)      Output
31 ;

33 Equations
34 KKT(I)
35 ;

37 KKT(I).. -(A-B*SUM(II, y(II)))+2*C(I)*y(I)+E(I)*T =G= 0;

39 MODEL ET
40        /
41        KKT.y
42        /;

44 SOLVE ET USING mcp;
```

以下代码用于求解示例 6.3 :

1 * 排放许可证的混合互补问题

```
3  Sets
4  I generators /I1*I2/;

6  Alias(I,II);

8  * 反需求截距

10 Scalar A /100/;

12 * 反需求斜率参数

14 Scalar B /1/;

16 * 排放量上限值

18 Scalar G /123.2877/;

20 Parameters
21 C(I)        Cost coefficients
22 / I1        0.25
23 I2          1/

25 E(I)        Emission rates
26 / I1        4
27 I2          2/;

29 Positive variables
30 y(I)        Output
31 rho         Permit price
32 ;

34 Equations
35 KKT(I)
36 ECap
37 ;

39 KKT(I).. -(A-B*SUM(II, y(II)))+2*C(I)*y(I)+E(I)*rho =G= 0;
40 ECap.. G-SUM(I, E(I)*y(I)) =G= 0;

42 MODEL EP
43        /
44        KKT.y
45        ECap.rho
46        /;

48 SOLVE EP USING mcp;
```

以下代码用于求解示例 6.4：

```
1  * 可再生能源配额制的混合互补问题

3  Sets
4  I generators /I1*I2/
5  R(I)  RE generator /I1/
6  N(I)  NRE generator /I2/
7  ;

9  Alias(I,II);

11 * 反需求截距

13 Scalar A /100/;

15 * 反需求斜率参数

17 Scalar B /1/;

19 * 可再生能源配额制等级

21 Scalar Q /0.4/;

23 Parameters
24 C(I)      Cost coefficients
25 / I1      0
26 I2        1/

28 K(I)      Generation capacity
29 / I1      15
30 I2        50/

32 E(I)      Emission rates
33 / I1      0
34 I2        2/
35 ;

37 Positive variables
38 y(I)      Output
39 beta(I)   Dual for generation capacity
40 rho       REC price
41 ;

43 Equations
44 KKT(I)
45 Limit(I)
```

```
46 REC
47 ;

49 KKT(I).. -(A-B*SUM(II, y(II)))+2*C(I)*y(I)+Q*rho-rho$R(I)+beta(I)
       =G= 0;
50 Limit(I).. K(I)-y(I) =G= 0;
51 REC.. SUM(I, y(I)$R(I))-Q*SUM(I, y(I)) =G= 0;

53 MODEL RPS
54     /
55      KKT.y
56      Limit.beta
57      REC.rho
58     /;

60 SOLVE RPS USING mcp;
```

　　为便于进行数值缩放，特别是对于双层规划问题实例，建模以单日为基础。之后，将各结果（比如发电量）相加，再乘以每个季节的天数（即 183 天），就可以得到每年的结果。以下文件包含示例 6.5~ 示例 6.7 问题实例中使用的常用数据：

```
1 * EX_data.gms: 外部性问题实例的运行数据

3 * 集合定义

5 Sets
6 i Firms                          /i1*i2/
7 j RPS levels                     /j1*j201/
8 l Transmission lines             /l1*l3/
9 n Nodes                          /n1*n3/
10 s Seasons                       /s1*s2/
11 t Periods                       /t1*t3/
12 u Generation units              /u1*u4/
13 c_u(u) Conventional generation units /u3*u4/
14 r_u(u) Renewable generation units /u1*u2/
15 itontou(I,N,U) Firm-to-node-to-unit relation /i1.n1.u3, i1.n1.u4
      , i2.n2.u1, i2.n3.u2/
16 ;

18 Alias(N,NN);
19 Alias(I,II);
```

```
20 Alias(U,UU);

22 * 可再生能源配额制等级
23 Parameters Q(j);
24 Q('j1')=0;
25 loop ((j) $ (ord( j ) le card(j)) ,
26 Q(j+1) = Q(j)+0.005;);

28 Set TL Transmission line characteristics
29 /Susceptance, Capacity/
30 ;

32 * 时间参数

34 Parameters
35 TT(T)        Length of each period in hours
36 / t1         8
37 t2           8
38 t3           8/

40 W(S)         Weight of each season
41 / s1         1
42 s2           1/
43 ;

45 * 每个季节的天数

47 Scalar Days /183/
48 ;

50 * 电力线路参数

52 Table  Incidence(L,N) Matches power lines with nodes
53         n1      n2      n3
54 l1      1       -1      0
55 l2      0       1       -1
56 l3      1       0       -1
57 ;

59 TABLE LineOpt (L, TL) Transmission line information
60     Susceptance Capacity
61 l1 5100         48.8
62 l2 5100         48.8
63 l3 5100         48.8
64 ;

66 Parameter K_trn(l) Maximum thermal capacity of power line;
```

```
67  K_trn(l) = LineOpt(L, 'Capacity');

69  Parameter B(l) Transmission line susceptance;
70  B(l) = LineOpt(L, 'Susceptance');

72  Parameter
73  LPlus(L,N)
74  /
75  l1.n1 1
76  l2.n2 1
77  l3.n1 1
78  /

80  LMinus(L,N)
81  /
82  l1.n2 1
83  l2.n3 1
84  l3.n3 1
85  /
86  ;

88  Parameter
89  NPlus(L,N)
90  /
91  l1.n1 1
92  l3.n1 1
93  l2.n2 1
94  /

96  NMinus(L,N)
97  /
98  l1.n2 1
99  l2.n3 1
100  l3.n3 1
101  /
102  ;

104  * 需求参数

106  Table DemandData(N,*) Demand data by node
107        INT   SLP
108  n1    220   1
109  n2    140   1
110  n3    120   1
111  ;
```

```
113  Parameter
114  D_int(N,S,T)     Demand intercept,
115  D_slp(N,S,T)     Demand slope
116  ;

118  D_int(N,S,T)= DemandData(N, 'INT');
119  D_slp(N,S,T)= DemandData(N, 'SLP');

121  * 发电参数

123  Parameters

125  R(U)        Ramping limit of each technology
126  / u1        1
127    u2        1
128    u3        0.3
129    u4        0.6
130  /

133  E(U)        Emission rate of each technology
134  / u1        0
135    u2        0
136    u3        0.9
137    u4        0.5
138  /
139  ;

141  Table

143  A(N,S,T,U)   Maximum availability factor for each technology at
                  each node by season and by period
144              u1      u2      u3      u4
145  n1.s1.t1    0       0       1       1
146  n1.s1.t2    0       0       1       1
147  n1.s1.t3    0       0       1       1
148  n1.s2.t1    0       0       1       1
149  n1.s2.t2    0       0       1       1
150  n1.s2.t3    0       0       1       1
151  n2.s1.t1    0.20    0       1       1
152  n2.s1.t2    0.10    0       1       1
153  n2.s1.t3    0.05    0       1       1
154  n2.s2.t1    0.25    0       1       1
155  n2.s2.t2    0.50    0       1       1
156  n2.s2.t3    0.75    0       1       1
157  n3.s1.t1    0       0.20    1       1
158  n3.s1.t2    0       0.40    1       1
```

```
159  n3.s1.t3     0      0.50      1       1
160  n3.s2.t1     0      1.00      1       1
161  n3.s2.t2     0      0.75      1       1
162  n3.s2.t3     0      0.10      1       1
163  ;

165  Table C_opr(I,N,U) Operating cost of generation unit type u at
         node n owned by firm i
166            u1    u2    u3    u4
167  i1.n1     0     0     20    50
168  i2.n2     0     0     20    50
169  i2.n3     0     0     20    50
170  ;

172  Table K_gen(I,N,U) Installed generation capacity of generation
         type u at node n owned by firm i
173            u1       u2      u3     u4
174  i1.n1     0        0       35     40
175  i2.n2     50       0       0      0
176  i2.n3     0        50      0      0
177  ;

179  Display B;

181  Scalar Pi /3.14159/;

183  Scalar Z /0/;

185  Scalar M_trn /14500/;

187  Scalar M_y /3000/;

189  Scalar M_beta /3000/;

191  Scalar M_beta_down /3000/;

193  Scalar M_beta_up /3000/;

195  Scalar M_c /3000/;

197  Scalar M_gamma_d /14500/;

199  Scalar M_gamma_u /14500/;

201  Scalar M_mu_down /14500/;

203  Scalar M_mu_up /14500/;

205  Scalar M_kappa_down /3000/;
```

```
207  Scalar M_kappa_up /3000/;

209  Scalar M_v /14500/;

211  Scalar M_mu /14500/;

213  Scalar M_rho /521.80/;

215  Scalar Mrhod lowest possible REC value /0/;

217  Scalar Mrhou highest possible REC value /800/;

219  Scalar Myd lowest possible output /0/;

221  Scalar Myu highest possible output /3000/;
```

以下代码用于求解示例 6.5，以确定存在外部性时中央计划下的最优福利最大化电力系统运营方案：

```
1   * CP_EX.gms: 实行外部性二次规划的三节点中央计划运营调度

3   $INCLUDE PSE/EX_data.gms

5   Scalar starttime;
6   starttime = jnow;

8   * 变量定义

10  Variables
11  f_hat(L,S,T) Realized power flow on line l in season s and period
        t
12  v(N,S,T) Voltage angle at node n in season s and period t
13  OF Objective function;

15  Positive variables
16  c(N,S,T) Consumption at node n in season s and period t
17  y(I,N,S,T,U) Generation output from unit u at node n owned by
        firm i in season s and period t

18  ;

20  Equations OF_SW, CP_EQ2, CP_EQ3a, CP_EQ3b, CP_EQ4a, CP_EQ4b,
        CP_EQ5, CP_EQ6, CP_EQ7, CP_EQ8;
21  * 最大化社会福利，包含外部性成本
22  OF_SW.. SUM(S, W(S)*(SUM((N,T), D_int(N,S,T)*c(N,S,T) - 0.5*D_slp
        (N,S,T)*c(N,S,T)*c(N,S,T) - SUM(I, SUM(U, C_opr(I,N,U)*y(I,N,
```

```
              S,T,U)) ) ) ) ) -0.5*Days*Z*(SUM(S, W(S)*(SUM((N,T), SUM(I,
              SUM(U, E(U)*y(I,N,S,T,U)) ))))*(SUM(S, W(S)*(SUM((N,T), SUM(
              I, SUM(U, E(U)*y(I,N,S,T,U)) ))) ) ) -OF =E= 0;
23  * 在季节 S 和时段 T 内，线路 L 的潮流
24  CP_EQ2(L,S,T).. f_hat(L,S,T) - B(L)*(SUM(N$LPlus(L,N),v(N,S,T)) -
              SUM(N$LMinus(L,N),v(N,S,T))) =E= 0;
25  * 在季节 S 和时段 T 内，线路 L 的输电容量约束条件
26  CP_EQ3a(L,S,T).. K_trn(L)-f_hat(L,S,T) =G= 0;
27  * 在季节 S 和时段 T 内，线路 L 的输电容量约束条件
28  CP_EQ3b(L,S,T).. K_trn(L)+f_hat(L,S,T) =G= 0;
29  * 在季节 S 和时段 T 内，节点 N 的电压角限值
30  CP_EQ4a(N,S,T).. -v(N,S,T) + Pi =G= 0;
31  * 在季节 S 和时段 T 内，节点 N 的电压角限值
32  CP_EQ4b(N,S,T).. v(N,S,T) + Pi =G= 0;
33  * 在季节 S 和时段 T 内，节点 N 的功率平衡
34  CP_EQ5(N,S,T).. c(N,S,T)- SUM(I, SUM(U, y(I,N,S,T,U))) + TT(T)*
              SUM(L$NPlus(L,N), f_hat(L,S,T)) - TT(T)*SUM(L$NMinus(L,N),
              f_hat(L,S,T)) =E= 0;
35  * 在季节 S 和时段 T 内，企业 I 的机组 U 在节点 N 的发电量约束条件
36  CP_EQ6(I,N,S,T,U).. -y(I,N,S,T,U) + TT(T)*A(N,S,T,U)*K_gen(I,N,U)
              =G= 0;
37  * 在季节 S 和时段 T 内，企业 I 的机组 U 在节点 N 的发电上爬坡约束条件
38  CP_EQ7(I,N,S,T,U).. R(U)*TT(T)*K_gen(I,N,U) - y(I,N,S,T,U) + y(I,
              N,S,T-1,U) =G= 0;
39  * 在季节 S 和时段 T 内，企业 I 的机组 U 在节点 N 的发电下爬坡约束条件
40  CP_EQ8(I,N,S,T,U).. R(U)*TT(T)*K_gen(I,N,U) + y(I,N,S,T,U)- y(I,N
              ,S,T-1,U) =G= 0;

42  **** 生产者 ****
43  y.fx(I,N,S,T,U)$(NOT itontou(I,N,U))=0;

45  Model CP_QP_EX
46          /
47  ALL
48          /
49  ;
50  option optcr=0;
51  option reslim = 3000000;
52  Option Iterlim=100000;
53  Option QCP = Cplex;

55  Solve CP_QP_EX maximizing OF using qcp ;
```

以下代码用于求解示例 6.6，以确定双层规划二氧化碳税：

```
1  * BL_tax.gms: 实行税收混合整数二次规划的三节点双层运营调度

3  $INCLUDE PSE/EX_data.gms

5  Scalar starttime;
6  starttime = jnow;

8  * 将 "CO" 设为 "1"，允许存在市场支配力

10 Scalar CO /1/;

12 * 变量定义

14 Variables
15 f_hat(L,S,T) Realized power flow on line l in season s and period
        t
16 v(N,S,T) Voltage angle at node n in season s and period t
17 c(N,S,T) Consumption at node n in season s and period t
18 y(I,N,S,T,U) Generation output from unit u at node n owned by
        firm i in season s and period t
19 mu(L,S,T) Dual for voltage law on line l in season s and period t
20 lambda(N,S,T) Dual for energy balance at node n in season s and
        period t
21 r_tax Carbon tax set by the policymaker
22 OF Objective function
23 ;

25 Positive variables
26 phi_c(N,S,T) Dual for non-negativity of consumption at node n in
        season s and period t
27 phi_y(I,N,S,T,U) Dual for non-negativity of generation from unit
        u at node n owned by firm i in season s and period t
28 beta(I,N,S,T,U) Dual for generation capacity from unit u at node
        n owned by firm i in season s and period t
29 beta_up(I,N,S,T,U) Dual for generation up-ramping capacity from
        unit u at node n owned by firm i in season s and period t
30 beta_down(I,N,S,T,U) Dual for generation down-ramping capacity
        from unit u at node n owned by firm i in season s and period
        t
31 mu_up(L,S,T) Dual for positive transmission capacity on line l in
        season s and period t
32 mu_down(L,S,T) Dual for negative transmission capacity on line l
        in season s and period t
33 kappa_up(N,S,T) Dual for positive voltage angle limit at node n
```

```
      in season s and period t
34 kappa_down(N,S,T) Dual for negative voltage angle limit at node n
      in season s and period t
35 ;

37 Binary variables
38 x_c(N,S,T) BV for KKT condition for c at node n in season s and
      period t
39 x_y(I,N,S,T,U) BV for KKT condition for y from unit u at node n
      owned by firm i in season s and period t
40 x_beta(I,N,S,T,U) BV for KKT condition for beta from unit u at
      node n owned by firm i in season s and period t
41 x_beta_up(I,N,S,T,U) BV for KKT condition for beta_up from unit u
      at node n owned by firm i in season s and period t
42 x_beta_down(I,N,S,T,U) BV for KKT condition for beta_udown from
      unit u at node n owned by firm i in season s and period t
43 x_kappa_up(N,S,T) BV for KKT condition for kappa_up at node n in
      season s and period t
44 x_kappa_down(N,S,T) BV for KKT condition for kappa_down at node n
      in season s and period t
45 x_mu_up(L,S,T) BV for KKT condition for mu_up on line l in season
      s and period t
46 x_mu_down(L,S,T) BV for KKT condition for mu_down on line l in
      season s and period t
47 ;

49 Equations OF_SW, UL_EQ, YD_EQ, CD_EQ, FD_EQ, VD_EQ, CP_EQ2,
      CP_EQ5, Phi_Y_EQa, Phi_Y_EQb, Phi_Y_EQc, Beta_EQa, Beta_EQb,
      Beta_EQc, Beta_Up_EQa, Beta_Up_EQb, Beta_Up_EQc,
      Beta_Down_EQa, Beta_Down_EQb, Beta_Down_EQc, Mu_Down_EQa,
      Mu_Down_EQb, Mu_Down_EQc, Mu_Up_EQa, Mu_Up_EQb, Mu_Up_EQc,
      Kappa_Down_EQa, Kappa_Down_EQb, Kappa_Down_EQc, Kappa_Up_EQa,
      Kappa_Up_EQb, Kappa_Up_EQc, Phi_C_EQa, Phi_C_EQb, Phi_C_EQc;
50 * 最大化社会福利，包含外部性成本
51 OF_SW.. SUM(S, W(S)*(SUM((N,T), D_int(N,S,T)*c(N,S,T) - 0.5*D_slp
      (N,S,T)*c(N,S,T)*c(N,S,T) - SUM(I, SUM(U, C_opr(I,N,
      S,T,U)*y(I,N,
      S,T,U)) ) ) ) ) -0.5*Days*Z*(SUM(S, W(S)*(SUM((N,T), SUM(I,
      SUM(U, E(U)*y(I,N,S,T,U))) )))))*(SUM(S, W(S)*(SUM((N,T), SUM(
      I, SUM(U, E(U)*y(I,N,S,T,U))) ))) ) -OF =E= 0;
52 * 欧盟排放交易体系上限值为非负值
53 UL_EQ.. -r_tax =L= 0;
54 * y 的 KKT 条件
55 YD_EQ(I,N,S,T,U)$(itontou(i,n,u)).. W(S)*C_opr(I,N,U) + W(S)*E(U)
      *r_tax + beta(I,N,S,T,U) + beta_up(I,N,S,T,U) - beta_down(I,N
      ,S,T,U) - beta_up(I,N,S,T+1,U) + beta_down(I,N,S,T+1,U) - W(S
```

```
      )*(D_int(N,S,T) - D_slp(N,S,T)*(SUM(II, SUM(UU, y(II,N,S,T,UU
      )))) -TT(T)*SUM(L$NPlus(L,N), f_hat(L,S,T)) + TT(T)*SUM(
      L$NMinus(L,N), f_hat(L,S,T))) ) - phi_y(I,N,S,T,U) + W(S)*
      D_slp(N,S,T)*(SUM(UU , y(I,N,S,T,UU)))$(CO) =E= 0;
56 * c 的 KKT 条件
57 CD_EQ(N,S,T).. -W(S)*(D_int(N,S,T) - D_slp(N,S,T)*c(N,S,T)) +
      lambda(N,S,T) - phi_c(N,S,T) =E= 0;
58 * f_hat 的 KKT 条件
59 FD_EQ(L,S,T).. mu(L,S,T) + mu_up(L,S,T) - mu_down(L,S,T) + TT(T)
      *SUM(N$LPlus(L,N), lambda(N,S,T)) - TT(T)*SUM(N$LMinus(L,N),
      lambda(N,S,T)) =E= 0;
60 * v 的 KKT 条件
61 VD_EQ(N,S,T).. -SUM(L$NPlus(L,N), B(L)*mu(L,S,T) ) + SUM(L$NMinus
      (L,N), B(L)*mu(L,S,T) ) + kappa_up(N,S,T) - kappa_down(N,S,T)
      =E= 0;
62 * 在季节 S 和时段 T 内，线路 L 的潮流
63 CP_EQ2(L,S,T).. f_hat(L,S,T) - B(L)*(SUM(N$LPlus(L,N),v(N,S,T)) -
      SUM(N$LMinus(L,N),v(N,S,T))) =E= 0;
64 * 在季节 S 和时段 T 内，节点 N 的功率平衡
65 CP_EQ5(N,S,T).. c(N,S,T)- SUM(I, SUM(U, y(I,N,S,T,U))) + TT(T)*
      SUM(L$NPlus(L,N), f_hat(L,S,T)) - TT(T)*SUM(L$NMinus(L,N),
      f_hat(L,S,T)) =E= 0;
66 * phi_y 的析取约束条件
67 Phi_Y_EQa(I,N,S,T,U).. -y(I,N,S,T,U) =L= 0;
68 Phi_Y_EQb(I,N,S,T,U).. y(I,N,S,T,U) - M_y*x_y(I,N,S,T,U) =L= 0;
69 Phi_Y_EQc(I,N,S,T,U).. phi_y(I,N,S,T,U) - M_y*(1-x_y(I,N,S,T,U))
      =L= 0;
70 * beta 的析取约束条件
71 Beta_EQa(I,N,S,T,U).. y(I,N,S,T,U) - TT(T)*A(N,S,T,U)*K_gen(I,N,U
      ) =L= 0;
72 Beta_EQb(I,N,S,T,U).. -y(I,N,S,T,U) + TT(T)*A(N,S,T,U)*K_gen(I,N,
      U) - M_beta*x_beta(I,N,S,T,U) =L= 0;
73 Beta_EQc(I,N,S,T,U).. beta(I,N,S,T,U) - M_beta*(1-x_beta(I,N,S,T
      ,U)) =L= 0;
74 * beta_up 的析取约束条件
75 Beta_Up_EQa(I,N,S,T,U).. y(I,N,S,T,U) - y(I,N,S,T-1,U) - TT(T)*R(
      U)*K_gen(I,N,U) =L= 0;
76 Beta_Up_EQb(I,N,S,T,U).. -y(I,N,S,T,U) + y(I,N,S,T-1,U) + TT(T)*R
      (U)*K_gen(I,N,U) - M_beta_up*x_beta_up(I,N,S,T,U) =L= 0;
77 Beta_Up_EQc(I,N,S,T,U).. beta_up(I,N,S,T,U) - M_beta_up*(1-
      x_beta_up(I,N,S,T,U)) =L= 0;
78 * beta_down 的析取约束条件
79 Beta_Down_EQa(I,N,S,T,U).. -y(I,N,S,T,U) + y(I,N,S,T-1,U) - TT(T)
      *R(U)*K_gen(I,N,U) =L= 0;
```

```
80  Beta_Down_EQb(I,N,S,T,U).. y(I,N,S,T,U) - y(I,N,S,T-1,U) + TT(T)*
        R(U)*K_gen(I,N,U) - M_beta_down*x_beta_down(I,N,S,T,U) =L= 0;
81  Beta_Down_EQc(I,N,S,T,U).. beta_down(I,N,S,T,U) - M_beta_down
        *(1-x_beta_down(I,N,S,T,U)) =L= 0;
82  * mu_down 的析取约束条件
83  Mu_Down_EQa(L,S,T).. -K_trn(L) - f_hat(L,S,T) =L= 0;
84  Mu_Down_EQb(L,S,T).. K_trn(L) + f_hat(L,S,T) - M_mu_down*
        x_mu_down(L,S,T) =L= 0;
85  Mu_Down_EQc(L,S,T).. mu_down(L,S,T) - M_mu_down*(1-x_mu_down(L,S
        ,T)) =L= 0;
86  * mu_up 的析取约束条件
87  Mu_Up_EQa(L,S,T).. -K_trn(L) + f_hat(L,S,T) =L= 0;
88  Mu_Up_EQb(L,S,T).. K_trn(L) - f_hat(L,S,T) - M_mu_up*x_mu_up(L,S,
        T) =L= 0;
89  Mu_Up_EQc(L,S,T).. mu_up(L,S,T) - M_mu_up*(1-x_mu_up(L,S,T)) =L=
        0;
90  * kappa_down 的析取约束条件
91  Kappa_Down_EQa(N,S,T).. -Pi - v(N,S,T) =L= 0;
92  Kappa_Down_EQb(N,S,T).. Pi + v(N,S,T) - M_kappa_down*x_kappa_down
        (N,S,T) =L= 0;
93  Kappa_Down_EQc(N,S,T).. kappa_down(N,S,T) - M_kappa_down*(1-
        x_kappa_down(N,S,T)) =L= 0;
94  * kappa_up 的隔离约束
95  Kappa_Up_EQa(N,S,T).. -Pi + v(N,S,T) =L= 0;
96  Kappa_Up_EQb(N,S,T).. Pi - v(N,S,T) - M_kappa_up*x_kappa_up(N,S,T
        ) =L= 0;
97  Kappa_Up_EQc(N,S,T).. kappa_up(N,S,T) - M_kappa_up*(1-x_kappa_up
        (N,S,T)) =L= 0;
98  * phi_c 的析取约束条件
99  Phi_C_EQa(N,S,T).. -c(N,S,T) =L= 0;
100 Phi_C_EQb(N,S,T).. c(N,S,T) - M_c*x_c(N,S,T) =L= 0;
101 Phi_C_EQc(N,S,T).. phi_c(N,S,T) - M_c*(1-x_c(N,S,T)) =L= 0;

103 **** 生产者 ****
104 y.fx(I,N,S,T,U)$(NOT itontou(I,N,U))=0;

106 Model BL_tax
107         /
108 ALL
109         /
110 ;
111 option optcr=0;
112 option reslim = 3000000;
113 Option Iterlim=100000;
114 Option MIQCP = Cplex;
```

```
116 Solve BL_tax maximizing OF using miqcp ;
```

以下代码用于求解示例 6.7，以确定双层规划可再生能源配额制目标：

```
1  * BL_RPS.gms: 实行可再生能源配额制混合整数二次约束二次规划的三节点双层运营
     调度

3  $INCLUDE PSE/EX_data.gms

5  Scalar starttime;
6  starttime = jnow;

8  * 将 "CO" 设为 "1"，允许存在市场支配力

10 Scalar CO /1/;

12 * 变量定义

14 Variables
15 f_hat(L,S,T) Realized power flow on line l in season s and period
     t
16 v(N,S,T) Voltage angle at node n in season s and period t
17 c(N,S,T) Consumption at node n in season s and period t
18 y(I,N,S,T,U) Generation output from unit u at node n owned by
     firm i in season s and period t
19 mu(L,S,T) Dual for voltage law on line l in season s and period t
20 lambda(N,S,T) Dual for energy balance at node n in season s and
     period t
21 rr(j) RPS revenue at level j
22 ww(j) RE production requirement at level j
23 ee(j) Auxiliary variable to calculate RPS revenue at level j
24 gg(j) Auxiliary variable to calculate RE production requirement
     at level j
25 OF Objective function
26 ;

28 Positive variables
29 rho REC price
30 phi_c(N,S,T) Dual for non-negativity of consumption at node n in
     season s and period t
31 phi_y(I,N,S,T,U) Dual for non-negativity of generation from unit
     u at node n owned by firm i in season s and period t
32 beta(I,N,S,T,U) Dual for generation capacity from unit u at node
     n owned by firm i in season s and period t
```

```
33 beta_up(I,N,S,T,U) Dual for generation up-ramping capacity from
      unit u at node n owned by firm i in season s and period t
34 beta_down(I,N,S,T,U) Dual for generation down-ramping capacity
      from unit u at node n owned by firm i in season s and period
      t
35 mu_up(L,S,T) Dual for positive transmission capacity on line l in
      season s and period t
36 mu_down(L,S,T) Dual for negative transmission capacity on line l
      in season s and period t
37 kappa_up(N,S,T) Dual for positive voltage angle limit at node n
      in season s and period t
38 kappa_down(N,S,T) Dual for negative voltage angle limit at node n
      in season s and period t
39 ;

41 Binary variables
42 x(J) RPS selection at level j;

44 Equations OF_SW, UL_EQ, CP_EQ2, CP_EQ3a, CP_EQ3b, CP_EQ4a,
      CP_EQ4b, CP_EQ5, CP_EQ6, CP_EQ7, CP_EQ8, CP_EQ9, CP_EQ10a,
      CP_EQ10b, CP_EQ10c, CP_EQ10d, CP_EQ10e, CP_EQ11, CP_EQ12,
      SD_EQ, YD_EQ, YD_EQa, YD_EQb, YD_EQc, YD_EQd, YD_EQe, CD_EQ,
      FD_EQ, VD_EQ;
45 * 最大化社会福利，包含外部性成本
46 OF_SW.. SUM(S, W(S)*(SUM((N,T), D_int(N,S,T)*c(N,S,T) - 0.5*D_slp
      (N,S,T)*c(N,S,T)*c(N,S,T) - SUM(I, SUM(U, C_opr(I,N,U)*y(I,N,
      S,T,U)) ) ) ) ) -0.5*Days*Z*(SUM(S, W(S)*(SUM((N,T), SUM(I,
      SUM(U, E(U)*y(I,N,S,T,U))) ))))*(SUM(S, W(S)*(SUM((N,T), SUM(
      I, SUM(U, E(U)*y(I,N,S,T,U))) ))) ) -OF =E= 0;
47 * 只能选择一种可再生能源配额制等级
48 UL_EQ.. SUM(J, x(J)) =E= 1;
49 * 在季节 S 和时段 T 内，线路 L 的潮流
50 CP_EQ2(L,S,T).. f_hat(L,S,T) - B(L)*(SUM(N$LPlus(L,N),v(N,S,T)) -
      SUM(N$LMinus(L,N),v(N,S,T))) =E= 0;
51 * 在季节 S 和时段 T 内，线路 L 的输电容量约束条件
52 CP_EQ3a(L,S,T).. -K_trn(L) + f_hat(L,S,T) =L= 0;
53 * 在季节 S 和时段 T 内，线路 L 的输电容量约束条件
54 CP_EQ3b(L,S,T).. -K_trn(L) - f_hat(L,S,T) =L= 0;
55 * 在季节 S 和时段 T 内，节点 N 的电压角限值
56 CP_EQ4a(N,S,T).. -v(N,S,T) - Pi =L= 0;
57 * 在季节 S 和时段 T 内，节点 N 的电压角限值
58 CP_EQ4b(N,S,T).. v(N,S,T) - Pi =L= 0;
59 * 在季节 S 和时段 T 内，节点 N 的功率平衡
60 CP_EQ5(N,S,T).. c(N,S,T)- SUM(I, SUM(U, y(I,N,S,T,U))) + TT(T)*
      SUM(L$NPlus(L,N), f_hat(L,S,T)) - TT(T)*SUM(L$NMinus(L,N),
```

```
      f_hat(L,S,T)) =E= 0;
61 * 在季节 S 和时段 T 内，企业 I 的机组 U 在节点 N 的发电量约束条件
62 CP_EQ6(I,N,S,T,U).. y(I,N,S,T,U) - TT(T)*A(N,S,T,U)*K_gen(I,N,U)
      =L= 0;
63 * 在季节 S 和时段 T 内，企业 I 的机组 U 在节点 N 的发电上爬坡约束条件
64 CP_EQ7(I,N,S,T,U).. -R(U)*TT(T)*K_gen(I,N,U) + y(I,N,S,T,U) - y(I
      ,N,S,T-1,U) =L= 0;
65 * 在季节 S 和时段 T 内，企业 I 的机组 U 在节点 N 的发电下爬坡约束条件
66 CP_EQ8(I,N,S,T,U).. -R(U)*TT(T)*K_gen(I,N,U) - y(I,N,S,T,U) + y(I
      ,N,S,T-1,U) =L= 0;
67 * 可再生能源配额制约束条件
68 CP_EQ9.. SUM(s, W(s)*(SUM(i, SUM(n, SUM(t, SUM(u$r_u(u), y(i,n,s,
      t,u)))))))- SUM(j, ww(j)) =G= 0;
69 * j 级可再生能源配额制线性化
70 CP_EQ10a(j).. ww(j) - Q(j)*SUM(s, W(s)*(SUM(i, SUM(n, SUM(t, SUM(
      u, y(i,n,s,t,u)))))))) + gg(j) =E= 0;
71 CP_EQ10b(j,s).. ww(j) - Q(j)*Myd*x(j) =G= 0;
72 CP_EQ10c(j,s).. -ww(j) + Q(j)*Myu*x(j) =G= 0;
73 CP_EQ10d(j,s).. gg(j) - Q(j)*Myd*(1-x(j)) =G= 0;
74 CP_EQ10e(j,s).. -gg(j) + Q(j)*Myu*(1-x(j)) =G= 0;
75 * 消费量为非负值
76 CP_EQ11(N,S,T).. -c(N,S,T) =L= 0;
77 * 发电量为非负值
78 CP_EQ12(I,N,S,T,U).. -y(I,N,S,T,U) =L= 0;
79 * 强对偶表达式
80 SD_EQ.. SUM(S, W(S)*(SUM((N,T), D_int(N,S,T)*c(N,S,T) - D_slp(N,S
      ,T)*c(N,S,T)*c(N,S,T) - SUM(I, SUM(U, C_opr(I,N,U)*y(I,N,S,T,
      U)) ) ) ) ) - SUM(S, W(S)*(SUM((N,T), D_slp(N,S,T)*(SUM(I,
      SUM(U, y(I,N,S,T,U))*SUM(U, y(I,N,S,T,U))$(CO) ) ) ) ) )
      - (SUM(I, SUM(N, SUM(S, SUM(T, SUM(U, TT(T)*K_gen(I,N,U)*(A(N
      ,S,T,U)*beta(I,N,S,T,U) + R(U)*beta_up(I,N,S,T,U) + R(U)*
      beta_down(I,N,S,T,U) ) ) ) ) ) ) + SUM(L, SUM(S, SUM(T,
      K_trn(L)*(mu_up(L,S,T)+ mu_down(L,S,T))) ) ) +SUM(N, SUM(S,
      SUM(T, Pi*(kappa_up(N,S,T)+kappa_down(N,S,T))) ) ) ) =G= 0;
81 * 与 y 相关的对偶约束条件
82 YD_EQ(I,N,S,T,U)$(itontou(i,n,u)).. W(S)*C_opr(I,N,U) + beta(I,N,
      S,T,U) + beta_up(I,N,S,T,U) - beta_down(I,N,S,T,U) - beta_up(
      I,N,S,T+1,U) + beta_down(I,N,S,T+1,U) - lambda(N,S,T) - phi_y
      (I,N,S,T,U) + W(S)*D_slp(N,S,T)*SUM(UU, y(I,N,S,T,UU))$(CO) +
      W(S)*SUM(j, rr(j))-rho$(r_u(u)) =E= 0;
83 * j 级可再生能源配额制收入线性化
84 YD_EQa(j).. rr(j) - Q(j)*rho + ee(j) =E= 0;
85 YD_EQb(j).. rr(j) - Q(j)*Mrhod*x(j) =G= 0;
86 YD_EQc(j).. -rr(j) + Q(j)*Mrhou*x(j) =G= 0;
```

```
87  YD_EQd(j).. ee(j) - Q(j)*Mrhod *(1-x(j)) =G= 0;
88  YD_EQe(j).. -ee(j) + Q(j)*Mrhou *(1-x(j)) =G= 0;
89  * 与 c 相关的对偶约束条件
90  CD_EQ(N,S,T).. -W(S)*(D_int(N,S,T) - D_slp(N,S,T)*c(N,S,T)) +
        lambda(N,S,T) - phi_c(N,S,T) =E= 0;
91  * 与 f_hat 相关的对偶约束条件
92  FD_EQ(L,S,T).. mu(L,S,T) + mu_up(L,S,T) - mu_down(L,S,T) + TT(T)
        *SUM(N$LPlus(L,N), lambda(N,S,T)) - TT(T)*SUM(N$LMinus(L,N),
        lambda(N,S,T)) =E= 0;
93  * 与 v 相关的对偶约束条件
94  VD_EQ(N,S,T).. -SUM(L$NPlus(L,N), B(L)*mu(L,S,T) ) + SUM(L$NMinus
        (L,N), B(L)*mu(L,S,T) ) + kappa_up(N,S,T) - kappa_down(N,S,T)
        =E= 0;

96  **** 生产者 ****
97  y.fx(I,N,S,T,U)$(NOT itontou(I,N,U))=0;

99  Model BL_RPS
100        /
101 ALL
102        /
103 ;
104 option optcr=0;
105 option reslim = 3000000;
106 Option Iterlim=100000;
107 Option MIQCP = Cplex;

109 Solve BL_RPS maximizing OF using miqcp ;
```

参考文献

[1] Baringo, L., Conejo, A.J.: Transmission and wind power investment. IEEE Trans. Power Syst. 27, 885–893 (2012).

[2] Barnett, A.H.: The Pigouvian tax rule under monopoly. Am. Econ. Rev. 70, 1037–1041 (1980).

[3] Chen, Y., Siddiqui, A.S., Tanaka, M.: Analysis of Environmental Policy in the Power Sector. Springer, Cham (2020).

[4] Conejo, A.J., Carrión, M., Morales, J.M.: Decision Making Under Uncertainty in Electricity Markets. Springer, New York (2010).

［5］Dorn, W.S.: Duality in quadratic programming. Q. Appl. Math. 18, 155–162 (1960).

［6］Energy Information Administration: Sources of Greenhouse Gas Emissions (2019). https:// www.epa.gov/ghgemissions/sources-greenhouse-gas-emissions.

［7］Fortuny-Amat, J., McCarl, B.: A representation and economic interpretation of a two-level programming problem. J. Oper. Res. Soc. 9, 783–792 (1981).

［8］Gabriel, S.A., Conejo, A.J., Fuller, J.D., Hobbs, B.F., Ruiz, C.: Complementarity Modeling in Energy Markets. Springer, New York (2013).

［9］Hashimoto, H.: A spatial Nash equilibrium model. In: Harker, P.T. (ed.) Spatial Price Equilibria: Advances in Theory, Computation, and Application. Springer, New York (1985).

［10］Hobbs, B.F.: Linear complementarity models of Nash-Cournot competition in bilateral and POOLCO power markets. IEEE Trans. Power Syst. 16, 194–202 (2001).

［11］Huppmann, D., Egerer, J.: National-strategic investment in European power transmission capacity. Eur. J. Oper. Res. 247, 191–203 (2015).

［12］Kile, H., Uhlen, K., Warland, L., Kjølle, G.: A comparison of AC and DC power flow models for contingency and reliability analysis. In: 2014 Power Systems Computation Conference, Wroclaw (2014).

［13］Nicholson, W., Snyder, C.: Microeconomic Theory: Basic Principles and Extensions. Cengage Learning, Boston (2016).

［14］Reichenberg, L., Siddiqui, A.S., Wogrin, S.: Policy implications of downscaling the time dimension in power system planning models to represent variability in renewable output. Energy 159, 870–877 (2018).

［15］Requate, T.: Environmental policy under imperfect competition. In: Tietenberg, T., Folmer, H. (eds.) The International Yearbook of Environmental and Resource Economics 20 06/20 07: A Survey of Current Issues. Edward Elgar Publishing, Cheltenham (2006).

［16］Siddiqui, A.S., Tanaka, M., Chen, Y.: Are targets for renewable portfolio standards too low? The impact of market structure on energy policy. Eur. J. Oper. Res. 250, 328–341 (2016).

[17] Tanaka, M., Chen, Y.: Market power in renewable portfolio standards. Energy Econ. 39, 187– 196 (2013).

[18] Varian, H.R.: Microeconomic Analysis. W.W. Norton & Company, New York (1992).

第 7 章

投　资

7.1　概述

鉴于电力部门有去碳化的宏伟目标，需要增加对间歇性可再生能源（VRES）的投资。

虽然 VERS 的平准化成本已经降低到与化石能源发电持平的程度，但其出力具有间歇性且位置远离负荷中心，因此，将其纳入电力系统的过程非常复杂❶。因此可以通过增加配置包括快速爬坡电厂、储能、需求响应和输电互联等灵活资产来降低这些缺点的影响。为此，可以采用传统的发电扩容优化方法[10]。然而，直接应用这类方法并不适合当前供给侧波动加剧和去中心化发展的模式。对前者，需要采用更加复杂的方法应对负荷需求随时间的变化，而不像传统的负荷划分方法，即聚类过程[20]。对后者，不同行为主体之间的目标冲突可能会降低集中投资决策的有效性，因此有必要使用双层模型[28]。

本章将探讨 VRES 渗透率较高的去中心化电力系统的投资决策。首先，

---

❶　VRES 通常指太阳能和风能，这些发电技术的可用性无法控制，但热电厂的发电量也可能受天气条件影响[29]。

考虑到具有发展前景的 VRES 站址在偏远位置的接入和对出力波动性管理的需求，将在 7.2 节中研究输电规划。作为基准，将使用单一行为主体模型来增加输电容量，以适应 VRES 发电容量的扩展。其次，将使用一个双层模型来反映放松管制电力系统的所有权分离情况，即由受管制的输电系统运营商（Transmission System Operator，TSO）负责增加输电线路，而发电则由追求利润最大化的发电企业负责。在斯塔克尔伯格博弈框架中，输电系统运营商可视为领导者，而电力公司则是跟随者。此外，如果发电公司是价格接受者，那么双层模型通常会转化为单层模型，因为行使市场支配力（即操纵发电功率）不会产生导致市场价格偏离边际成本的失真现象。然而，即使在北欧电力交易所（Nord Pool）等竞争性较强的电力市场中，也有文献证明至少在某些价格区域的特定时段会出现市场支配力[31]。更高的 VRES 渗透率会引发对发电灵活性的进一步需求，这实际上可能会增强灵活性资源（如燃气发电厂或储能）所有者的杠杆作用。为此，本章提出一个双层模型。在该模型中，上层输电系统运营商可以预测下层发电公司（即作为古诺寡头垄断者）的策略行为，并以提高福利的输电投资形式做出反制决策。

接下来，第 7.3 节将讨论发电容量投资。与第 7.2 节的结构相同，首先采用一个作为基准的集中规划方法，即由追求福利最大化的单一实体负责做出所有发电扩容和出力决策。为了关注发电容量投资及其对运营的影响，让输电容量固定不变。由于发电公司在放松管制的电力行业中可能拥有足够的市场份额来做出策略行为，因此我们开发了一个双层模型，即斯塔克尔伯格模型[33]。此模型中，在预测下层独立系统运营商做出的市场出清决策和接受价格的市场运作情况下，上层的战略型发电公司做出发电扩容决策。下层的跟随企业也可能增加容量，但无法预测自身决策对价格的影响。通过将战略性发电投资决策集中在一家占主导地位的企业手中，该节单独考虑行使市场支配力造成的经济扭曲❶。最后，第 7.4 节总结了本章内容，第 7.5 节和第 7.6 节分别提供了章末练习和所选示例的 GAMS 代码。

❶　多个斯塔克尔伯格领导者之间的竞争也是可能存在的，并按均衡约束均衡规划问题（Equilibrium Problem with Equilibrium Constraint，EPEC）建模[15,35]。

7.2   输电扩容

尽管经济合作与发展组织（简称经合组织）[17]的许多成员国已经放松了对电力行业的管制，但输电规划仍由国家监管实体负责。由于输电部门属于自然垄断，且发电和售电部门已经引入了竞争，因此有理由将其运营与发电和售电部门的运营分开❶。同样，配电网通常也由国家监管。在这种模式下，本节将从对输电线路进行投资以追求福利最大化的输电系统运营商角度进行分析❷。同时，追求利润最大化的发电公司在下层做出发电容量和出力决策，追求消费者盈余最大化的独立系统运营商则控制潮流，以保持每个节点的功率平衡。这样的设置自然适用于双层决策分析框架。不过，建立一个单层集中规划模型也很有用，可以作为比较所有去中心化决策结果的基准。第 7.2.1 节将对此进行比较，然后在第 7.2.2 节中继续讨论输电规划的双层模型。

7.2.1   集中规划下的输电扩容

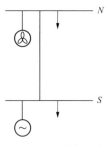

图 7.1   两节点网络

首先本节通过一个典型的双节点、单时段模型来直观感受经济性。在该模型中，集中规划者做出所有输电和发电决策。尽管该模型抽象化了现实世界中的细节，即 VRES 的间歇性，但它还是为输电规划中的内在权衡提供了启示。根据文献 [28]，该模型有一个北方节点和一个南方节点，$j = N,S$。两个节点都具有与需求负相关的线性函数 $A_j - B_j x_j$，其中 A_j（单位：美元 /MW）和 B_j

---

❶   追求利润最大化的商业投资者也负责部分直流互联工作。

❷   在美国，输电规划者通常称为区域输电组织（Regional Transmission Organization，RTO）。

（单位：美元 /MW²）分别是与节点 j 的最大电力支付意愿和需求价格弹性相关的正参数；x_j（单位：MW）是节点 j 的用电量；节点 S 是负荷中心，只有火力发电，而节点 N 的用电需求相对较少，但有充足的 VRES 容量，即 $A_S > A_N$（图 7.1）。假设各种技术的长期边际成本不变，即 $C_j > 0$（单位：美元 /MW），固定输电容量为 K（单位：MW），则可实现福利最大化的最优调度为：

$$\underset{y_N \geqslant 0, y_S \geqslant 0, f}{\text{Maximize}} A_N \left(y_N + f\right) - \frac{1}{2} B_N \left(y_N + f\right)^2 + A_S \left(y_S - f\right) - \frac{1}{2} B_S \left(y_S - f\right)^2$$

$$- C_N y_N - C_S y_S \tag{7.1a}$$

$$\text{s.t.} \lambda^- : -K \leqslant f \leqslant K : \lambda^+ \tag{7.1b}$$

$$y_N + f \geqslant 0 : \beta_N \tag{7.1c}$$

$$y_S - f \geqslant 0 : \beta_S \tag{7.1d}$$

其中，y_j（单位：MW）是节点 j 的发电量，f 是节点 S 至 N 的输电潮流。此处限制发电量为非负数，并假设容量不受约束。目标函数式（7.1a）是求由消费者剩余、生产者剩余和销售盈余组成的社会福利的最大值 ❶。约束条件式（7.1b）限制任一方向的输电潮流，而约束条件式（7.1c）和式（7.1d）则要求每个节点的用电量为非负值。由于式（7.1a）~式（7.1d）是一个具有凹目标函数和线性约束条件的二次规划问题（QP），因此以下 KKT 条件也是实现最优化的充分必要条件：

$$0 \leqslant y_N \perp - \left[A_N - B_N \left(y_N + f\right)\right] + C_N - \beta_N \geqslant 0 \tag{7.2a}$$

$$0 \leqslant y_S \perp - \left[A_S - B_S \left(y_S - f\right)\right] + C_S - \beta_S \geqslant 0 \tag{7.2b}$$

$$f \text{u.r.s.,} -A_S + B_S \left(y_S - f\right) + A_N - B_N \left(y_N + f\right)$$
$$- \lambda^+ + \lambda^- + \beta_N - \beta_S = 0 \tag{7.2c}$$

$$0 \leqslant \lambda^+ \perp K - f \geqslant 0 \tag{7.2d}$$

$$0 \leqslant \lambda^- \perp K + f \geqslant 0 \tag{7.2e}$$

$$0 \leqslant \beta_N \perp y_N + f \geqslant 0 \tag{7.2f}$$

$$0 \leqslant \beta_S \perp y_S - f \geqslant 0 \tag{7.2g}$$

---

❶　消费者剩余是消费者总剩余 $\int_0^{y_N+f} \left(A_N - B_N x_N\right) dx_N + \int_0^{y_S-f} \left(A_S - B_S x_S\right) dx_S$ 减去消费成本 $P_N \left(y_N + f\right) + P_S \left(y_S - f\right)$。生产者剩余是销售收入 $p_N y_N + p_S y_S$ 减去发电成本 $C_N y_N + C_S y_S$。销售盈余为 $\left(P_N - P_S\right) f$。

假设每个节点的用电量都是严格正值，即式（7.2f）和式（7.2g）中的$\beta_j = 0$，并且电力以额定容量从节点 S 流向节点 N，即有式（7.2e）中的$\lambda^{-*} = 0$和式（7.2d）中的$f^* = K$。可以从式（7.2a）和式（7.2b）中看出，每个节点 j 的市场出清价格等于边际成本 C_j。因此，根据式（7.2c），可以得到$\lambda^{+*} = C_N - C_S$,的结果，即输电容量微小增加的边际价值。只要北方节点的长期边际成本较高$(C_N \geq C_S)$，即从价格相对便宜的节点输电可以提高社会福利，这一结论就具有经济意义。更重要的是，这表明扩建输电线路的边际价值λ^{+*}正好等于用 S 节点的发电量取代节点 N 昂贵的发电量所产生的净收益❶。因此从本质上讲，追求提高福利的输电投资需要将这种边际效益与扩容的边际成本进行比较。

有鉴于此，本节现在开始讨论一个更详细的框架，以评估集中规划下的输电扩容。此方法类与文献［8］中的方法类似，即在发电容量给定的情况下，由单一输电规划者在电网中增加线路。但是，本节考虑了负荷的价格响应，以便在过渡到双层模型后纳入可能的市场支配力[16]。特别是，本节假设电力系统有一组节点 N，每个节点有一个与需求负相关的函数$D_{n,s,t}^{\text{int}} - D_{n,s,t}^{\text{slp}} c_{n,s,t}$，其中$D_{n,s,t}^{\text{int}}$（单位：美元 /MWh）和$D_{n,s,t}^{\text{slp}}$（单位：美元 /MWh^2）分别为在季节$s \in \mathcal{S}$和时段$t \in \mathcal{T}$内节点$n \in \mathcal{N}$处的截距参数和斜率参数。季节和时段的概念与第 2 章给出的类似，即代表性季节具有无单位权重 W_s 并且时段的时长为 T_t（单位：小时用 h 表示），而$c_{n,s,t}$（单位：MWh）是一个决策变量，表示在季节$s \in \mathcal{S}$和时段$t \in \mathcal{T}$内节点$n \in \mathcal{N}$处消耗的电量。每个节点$n \in \mathcal{N}$配置了不同的发电技术类型$u \in \mathcal{U}_{i,n}$及对应的发电装机容量$K_{i,n,u}^{\text{gen}}$（单位：MW），其约束了发电量$y_{i,n,s,t,u}$（单位：MWh），率属于❷。对应不同技术的运行成本为$C_{i,n,u}^{\text{opr}}$（单位：美元 /MWh），VRES 的运营成本较低，为简单起见，假定为零。VRES 可用性可通过 0 和 1 之间的无单位参数$A_{n,s,t,u}$来描述❸。非 VRES 技术的灵活性分别用最大上爬坡率R_u^{up}和最大下爬坡率R_u^{down}表示。

---

❶   这里的简单框架忽略了行使市场支配力造成的经济扭曲以及节点 S 的火力发电排放量产生的社会成本，这将改变上述分析[28]。

❷   指数$i \in I$暂时是多余的，因为它指的是企业。不过，在第 7.2.2 节的双层框架中，它的使用将具有相关性。

❸   对于非 VRES 技术，这些参数设为 1。

集中规划者可按级别 $j \in \mathcal{J}_i$，采用输电线路 $\ell \in \mathcal{L}$ 来连接各节点，目的是以提高福利的方式应对电力系统运行状态的变化。假定采用基于基尔霍夫定律的无损耗直流潮流做近似计算，在季节 s 和时段 t 内，级别 j 线路 ℓ 上的潮流 $f_{j,\ell,s,t}$（单位：MW）与线路首末端节点的电压相角 $\upsilon_{n,s,t}$（单位：弧度，以 rad 表示）之差成正比。因此，通过二元变量 $x_{j,\ell}$ 选择每条输电线路的规模，输电规划者可以有效地选择容量 $K_{j,\ell}^{\mathrm{tm}}$（单位：MW）和电纳 $B_{j,\ell}$（单位：S）**❶**。因此，尽管线路电纳随容量大小而变化，但仍可以线性方式处理这种依赖关系，即将所有级别的功率流相加，即可得出实际流量 $\hat{f}_{\ell,s,t} = \sum_{j \in \mathcal{J}_\ell} f_{j,\ell,s,t}$（单位：MW）。

后续问题公式中的符号与第 2 章中使用的符号类似。

指数和集合

$i \in I$	企业
$j \in \mathcal{J}_\ell$	线路 ℓ 上输电投资的离散容量级别
$\ell \in \mathcal{L}$	输电线路
$\mathcal{L}_n^+, \mathcal{L}_n^-$	输电线路，首端或末端节点为 n
$n \in \mathcal{N}$	节点
n_ℓ^+, n_ℓ^-	线路 ℓ 上首端 / 末端节点的序号
$s \in S$	季节
$t \in \mathcal{T}$	时段
$u \in \mathcal{U}_{i,n}$	企业 i 在节点 n 处的发电机组

参数

$A_{n,s,t,u}$	季节 s 和时段 t 内节点 n 的技术 u 的最大可用系数（无量纲）
$B_{j,\ell}$	级别 $j \in \mathcal{J}_\ell$ 下输电线路 ℓ 的电纳（S）
$C_{i,n,u}^{\mathrm{opr}}$	企业 i 的发电机组 $u \in \mathcal{U}_{i,n}$ 在节点 n 的发电成本（美元 /MWh）
$C_{j,\ell}^{\mathrm{tm}}$	级别 $j \in \mathcal{J}_\ell$ 下输电线路 ℓ 的摊销投资成本（美元）
$D_{n,s,t}^{\mathrm{int}}$	季节 s 和时段 t 内节点 n 需求负相关的线性截距（美元 /MWh）
$D_{n,s,t}^{\mathrm{slp}}$	季节 s 和时段 t 内节点 n 需求负相关的斜率（美元 /MWh^2）
$K_{i,n,u}^{\mathrm{gen}}$	企业 i 的发电机组 $u \in \mathcal{U}_{i,n}$ 在节点 n 的发电装机容量（MW）

---

❶ S 是指国际单位制单位"西门子"。

$K_{j,\ell}^{\text{trn}}$	级别 $j \in \mathcal{J}_\ell$ 下输电线路 ℓ 的容量（MW）
M^{trn}	用于线性化潮流的大的正数（无量纲）
R_u^{up}	发电机组 u 的最大上爬坡速率（无量纲）
R_u^{down}	发电机组 u 的最大下爬坡速率（无量纲）
T_t	时段 t 的时长（h）
W_s	季节 s 的权重（无量纲）

二元变量

$x_{j,\ell}$	二元变量，如果为线路 ℓ 选择离散容量级别 $j \in \mathcal{J}_\ell$，则该变量等于 1，否则等于 0

连续变量

$c_{n,s,t}$	季节 s 和时段 t 内节点 n 的用电量（MWh）
$f_{j,\ell,s,t}$	季节 s 和时段 t 内容量级别为 $j \in \mathcal{J}_\ell$ 时线路 ℓ 的潮流（MW）
$\hat{f}_{\ell,s,t}$	季节 s 和时段 t 内线路 ℓ 的实际潮流（MW）
$\upsilon_{n,s,t}$	季节 s 和时段 t 内节点 n 的电压相角（弧度，以 rad 表示）
$y_{i,n,s,t,u}$	在季节 s 和时段 t 内，企业 i 的发电机组 $u \in \mathcal{U}_{i,n}$ 在节点 n 的发电量（MWh）

$$\underset{\Omega^{\text{CP}}}{\text{Maximize}} \sum_{s \in \mathcal{S}} W_s \sum_{t \in \mathcal{T}} \sum_{n \in \mathcal{N}} \left[\left(D_{n,s,t}^{\text{int}} c_{n,s,t} - \frac{1}{2} D_{n,s,t}^{\text{slp}} c_{n,s,t}^2 \right) - \sum_{i \in \mathcal{I}} \sum_{u \in \mathcal{U}_{i,n}} C_{i,n,u}^{\text{opr}} y_{i,n,s,t,u} \right] - \sum_{\ell \in \mathcal{L}} \sum_{j \in \mathcal{J}_\ell} C_{j,\ell}^{\text{trn}} x_{j,\ell} \tag{7.3a}$$

$$\text{s.t.} \, x_{j,\ell} \in \{0,1\}, \forall \ell, j \in \mathcal{J}_\ell \tag{7.3b}$$

$$\sum_{j \in \mathcal{T}_\ell} x_{j,\ell} = 1, \forall \ell \tag{7.3c}$$

$$-\left(1 - x_{j,\ell}\right) M^{\text{trn}} \leqslant f_{j,\ell,s,t} - B_{j,\ell}\left(\upsilon_{n_\ell^+,s,t} - \upsilon_{n_\ell^-,s,t}\right) \leqslant \left(1 - x_{j,\ell}\right) M^{\text{trn}},$$
$$\forall \ell, s, t, j \in \mathcal{J}_\ell \tag{7.3d}$$

$$-K_{j,\ell}^{\text{trn}} x_{j,\ell} \leqslant f_{j,\ell,s,t} \leqslant K_{j,\ell}^{\text{trn}} x_{j,\ell}, \forall \ell, s, t, j \in \mathcal{J}_\ell \tag{7.3e}$$

$$\hat{f}_{\ell,s,t} = \sum_{j \in \mathcal{J}_\ell} f_{j,\ell,s,t}, \forall \ell, s, t \tag{7.3f}$$

$$-\pi \leqslant \upsilon_{n,s,t} \leqslant \pi, \forall n,s,t \tag{7.3g}$$

$$c_{n,s,t} - \sum_{i \in \mathcal{I}} \sum_{u \in \mathcal{U}_{i,n}} y_{i,n,s,t,u} + T_t \sum_{\ell \in \mathcal{L}_n^+} \hat{f}_{\ell,s,t} - T_t \sum_{\ell \in \mathcal{L}_n^-} \hat{f}_{\ell,s,t} = 0, \forall n,s,t \tag{7.3h}$$

$$y_{i,n,s,t,u} \leqslant T_t A_{n,s,t,u} K_{i,n,u}^{\mathrm{gen}}, \forall i,n,s,t,u \in \mathcal{U}_{i,n} \tag{7.3i}$$

$$y_{i,n,s,t,u} - y_{i,n,s,t-1,u} \leqslant T_t R_u^{\mathrm{up}} K_{i,n,u}^{\mathrm{gen}}, \forall i,n,s,t,u \in \mathcal{U}_{i,n} \tag{7.3j}$$

$$-y_{i,n,s,t,u} + y_{i,n,s,t-1,u} \leqslant T_t R_u^{\mathrm{down}} K_{i,n,u}^{\mathrm{gen}}, \forall i,n,s,t,u \in \mathcal{U}_{i,n} \tag{7.3k}$$

$$c_{n,s,t} \geqslant 0, \forall n,s,t \tag{7.3l}$$

$$y_{i,n,s,t,u} \geqslant 0, \forall i,n,s,t,u \in \mathcal{U}_{i,n} \tag{7.3m}$$

$$f_{j,\ell,s,t} \mathrm{u.r.s.}, \forall \ell,s,t,j \in \mathcal{J}_\ell \tag{7.3n}$$

$$\hat{f}_{\ell,s,t} \ \mathrm{u.r.s.}, \forall \ell,s,t \tag{7.3o}$$

$$\upsilon_{n,s,t} \ \mathrm{u.r.s.}, \forall n,s,t \tag{7.3p}$$

其中，$\Omega^{\mathrm{CP}} \equiv \left\{ c_{n,s,t}, f_{j,\ell,s,t}, \hat{f}_{\ell,s,t}, \upsilon_{n,s,t}, x_{j,\ell}, y_{i,n,s,t,u} \right\}$ 为优化变量。目标函数式（7.3a）是求社会福利的最大值，包括消费者剩余、生产者剩余、独立系统运营商的销售盈余和输电系统运营商的投资成本。假设消费者（生产者）在季节 s 和时段 t 内在节点 n 支付（赚取）的均衡价格 $p_{n,s,t}$ 是内生决定的，可将社会福利分解如下：

（1）消费者剩余是总剩余减去购电成本，即：

$$\sum_{n \in \mathcal{N}} \sum_{s \in \mathcal{S}} \sum_{t \in \mathcal{T}} W_s \left(D_{n,s,t}^{\mathrm{int}} c_{n,s,t} - \frac{1}{2} D_{n,s,t}^{\mathrm{slp}} c_{n,s,t}^2 - p_{n,s,t} c_{n,s,t} \right)$$

（2）生产者剩余是企业赚取的收入减去发电成本，即：

$$\sum_{i \in \mathcal{I}} \sum_{n \in \mathcal{N}} \sum_{s \in \mathcal{S}} \sum_{t \in \mathcal{T}} \sum_{u \in \mathcal{U}_{i,n}} W_s \left(p_{n,s,t} - C_{i,n,u}^{\mathrm{opr}} \right) y_{i,n,s,t,u}$$

（3）销售盈余是各节点电能进口产生的净收入，即：

$$\sum_{n \in \mathcal{N}} \sum_{s \in \mathcal{S}} \sum_{t \in \mathcal{T}} W_s T_t p_{n,s,t} \left(\sum_{\ell \in \mathcal{L}_n^-} \hat{f}_{\ell,s,t} - \sum_{\ell \in \mathcal{L}_n^+} \hat{f}_{\ell,s,t} \right)$$

（4）投资成本为 $\sum_{\ell \in \mathcal{L}} \sum_{j \in \mathcal{J}_\ell} C_{j,\ell}^{\mathrm{trm}} x_{j,\ell \circ}$

请注意，通过能量平衡约束条件式（7.3h），消费者支出 $p_{n,s,t} c_{n,s,t}$ 等于发电收入 $\sum_{i \in \mathcal{I}} \sum_{u \in \mathcal{U}_{i,n}} p_{n,s,t} y_{i,n,s,t,u}$ 加上销售盈余，$T_t p_{n,s,t} \left(\sum_{\ell \in \mathcal{L}_n^-} \hat{f}_{\ell,s,t} - \sum_{\ell \in \mathcal{L}_n^+} \hat{f}_{\ell,s,t} \right)$。因此，这些项在目标函数中可以抵消。

在混合整数二次规划问题式（7.3a）~式（7.3p）中，最大化社会福利的目标受到若干约束。首先，输电线路投资是二元选项，即可以选择或不选

择线路 ℓ 和级别 $j \in \mathcal{J}_\ell$ 的每种组合 [见式（7.3b）]，并且只能为每条线路 ℓ 选择一个级别 $j \in \mathcal{J}_\ell$ [见式（7.3c）]。其次，输电线路上的潮流按式（7.3d）~式（7.3g）建模。实际上，式（7.3d）~式（7.3e）可以更直接地表示为：

$$f_{j,\ell,s,t} = x_{j,\ell} B_{j,\ell}\left(\upsilon_{n_\ell^+,s,t} - \upsilon_{n_\ell^-,s,t}\right), \forall \ell,s,t,j \in \mathcal{J}_\ell$$

$$-K_{j,\ell}^{\mathrm{trn}} \leqslant f_{j,\ell,s,t} \leqslant K_{j,\ell}^{\mathrm{trn}}, \forall \ell,s,t,j \in \mathcal{J}_\ell$$

然而，因为有 $x_{j,\ell}$ 乘以 $\upsilon_{n,s,t}$，所以前一个方程是非线性的。通过式（7.3d）~式（7.3e），可将其线性化如下：如果 $x_{j,\ell}=1$，则线路 ℓ 按级别 $j \in \mathcal{J}_\ell$ 建设，可以按需将式（7.3d）~式（7.3e）转化为：

$$f_{j,\ell,s,t} = B_{j,\ell}\left(\upsilon_{n_\ell^+,s,t} - \upsilon_{n_\ell^-,s,t}\right), \quad ,s,t,j \in \quad_\ell$$

$$-K_{j,\ell}^{\mathrm{trn}} \leqslant f_{j,\ell,s,t} \leqslant K_{j,\ell}^{\mathrm{trn}}, \forall \ell,s,t,j \in \mathcal{J}_\ell$$

相反，如果 $x_{j,\ell}=0$，则通过式（7.3e）可得 $f_{j,\ell,s,t}=0$，而式（7.3d）是非约束条件。根据这些析取约束条件 ❶，通过对所有级别 $j \in \mathcal{J}_\ell$ 求和，可以得到式（7.3f）中的线路 ℓ 实际潮流。式（7.3g）表示限制电压相角为 $[-\pi,\pi]$。再次，在季节 s 和时段 t 内，通过等化用电量与本地发电量和净输入电量 [见式（7.3h）]，确保每个节点 n 实现能量平衡。接下来，发电量受到可用发电容量的限制 [见式（7.3i）]，而发电爬坡能力则按比例受装机容量限制 [见式（7.3j）~式（7.3k）]。最后，决策变量划分为非负值决策变量式（7.3l）~式（7.3m）（对于用电量和发电量）或无符号限制（即 "u.r.s."）决策变量式（7.3n）~式（7.3p）（对于潮流、实际潮流和电压角）。

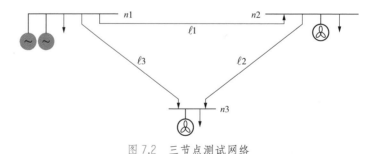

图 7.2　三节点测试网络

表 7.1　所有 (s, t) 的需求参数

参数	节点		
	$n = 1$	$n = 2$	$n = 3$
$D_{n,s,t}^{\text{int}}$（美元 /MWh）	220	140	120
$D_{n,s,t}^{\text{slp}}$（美元 /MWh^2）	1	1	1

示例 7.1　集中式输电扩容的福利最大化混合整数二次规划

图 7.2 展示了三节点网络集中规划的混合整数二次规划问题，见式（7.3a）～式（7.3p）。表 7.1 中给出的需求数据表明，节点 $n = 1$ 是负荷中心，节点 $n = 3$ 的用电量相对较低。有两个季节且每个季节包含三个时段，每个季节包括 183 天，即 $W_s = 183$，每个时段的时长为 8 h，即 $T_t = 8$。为简单起见，需求参数不随季节或时段的变化而变化。相反，本节关注发电资源的异质性，例如企业 $i = 1$（表 7.2）的节点 $n = 1$ 处采用化石燃料发电技术 $u = 3$（煤）和 $u = 4$（燃气），其运营成本根据示例 2.1 得出。相比之下，在低需求节点 $n = 2$ 和 $n = 3$ 处，企业 $i = 2$ 拥有间歇性可再生能源（VRES），其可用性参数 $A_{n,s,t,u}$ 由表 7.3 和 7.4 给出。根据这些数据，VRES 技术 $u = 1$ 可视为陆上发电技术，而 $u = 2$ 可视为海上发电技术。尽管表 7.2 列出了各种发电技术的装机容量，但本节假定最初不存在输电线路。集中者可根据表 7.5 中的候选方案建设输电线路。这些数据基于文献［22］的更小估算范围，年摊销成本大致相当于每千米 335 美元 /MW。例如，对于一条长度为 85km、输电容量为 48.8MW 的线路，其年摊销成本为 1,393,142.4 美元。不同离散容量等级的电纳是根据文献［21］的计算结果得出的。

表 7.2　发电成本、装机容量和爬坡速率

参数	$i = 1$	$i = 1$	$i = 2$	$i = 2$
	$n = 1$	$n = 1$	$n = 2$	$n = 3$
	$u = 3$	$u = 4$	$u = 1$	$u = 2$
$C_{i,n,u}^{\text{opr}}$（美元 /MWh）	20	50	0	0
$K_{i,n,u}^{\text{gen}}$（MW）	35	40	50	50
$R_u^{\text{up}} = R_u^{\text{down}}$（无量纲）	0.30	0.60	1	1

表 7.3 节点 $n = 2$ 处的 VRES 技术 $u = 1$ 可用性参数 $A_{n,s,t,u}$（无量纲）

季节	时段		
	$t = 1$	$t = 2$	$t = 3$
$s = 1$	0.20	0.10	0.05
$s = 2$	0.25	0.50	0.75

表 7.4 节点 $n = 3$ 处的 VRES 技术 $u = 2$ 可用性参数 $A_{n,s,t,u}$（无量纲）

季节	时段		
	$t = 1$	$t = 2$	$t = 3$
$s = 1$	0.20	0.40	0.50
$s = 2$	1.00	0.75	0.10

表 7.5 所有 ℓ 的输电线路参数

级别 j	属性		
	$B_{j,\ell}(\text{S})$	$K^{\text{tm}}_{j,\ell}(\text{MW})$	$C^{\text{tm}}_{j,\ell}(\text{S})$
1	0	0	0
2	1200	3.7	104,529.6
3	1500	6.1	173,923.2
4	1700	12.2	348,724.8
5	2000	18.3	522,648.0
6	2300	24.4	696,571.2
7	2800	30.5	870,494.4
8	3600	36.6	1,045,296.0
9	4900	42.7	1,219,219.2
10	5100	48.8	1,393,142.4

表 7.6　　集中式输电扩容情况下有 / 无输电投资的福利结果　　单位：美元

组成部分	有输电投资	无输电投资
消费者剩余	34,377,804	29,170,201
生产者剩余	5,957,193	6,719,759
销售盈余	810,715	0
输电成本	1,220,098	0
社会福利	39,925,614	35,889,960

表 7.7　　集中式输电扩容情况下有 / 无输电投资的运营结果　　单位：MWh

属性	节点（或线路）	有输电投资	无输电投资
用电量	$n=1$	214,598	197,640
	$n=2$	128,902	95,160
	$n=3$	108,602	109,800
发电量	$n=1$	114,719	197,640
	$n=2$	133,735	95,160
	$n=3$	203,647	109,800
净输入电量	$n=1$	99,879	0
	$n=2$	−4834	0
	$n=3$	−95,045	0
电能流动	$\ell=1$	−31,484	0
	$\ell=2$	−26,651	0
	$\ell=3$	−68,394	0

根据输入数据，最优解是建设输电线路 $\ell=1$、$\ell=2$ 和 $\ell=3$，其容量分别为 12.2MW、12.2MW 和 18.3MW。表 7.6 中给出的总体福利结果表明，该输电计划的收益主要归于消费者，因为消费者剩余（CS）增加了约 18%。

与无投资的情况相比,虽然生产者剩余(PS)损失了12%,但社会福利(SW)总体增加了11%。值得注意的是,名义上的输电业主以商品销售盈余(MS)形式获得的收入不足以支付输电成本(TC)[18]。实际上,为了实现社会福利的净增长,在集中规划下,电力行业的某个部门出现亏损是可以接受的 ❶。

表7.7进一步说明了输电投资对电力系统运营的促进作用。一般来说,输电线路可考虑节点$n = 1$,以便充分挖掘VRES在节点$n = 2$(特别是节点$n = 3$)的潜力。通过在节点$n = 1$输入电能,从而在最有价值的地方增加用电量,同时用VERS发电取代化石燃料发电。虽然节点$n = 1$和$n = 2$的平均价格有所下降,但由于可以向支付意愿较高的消费者输出海上风力发电,节点$n = 3$的平均价格实际上有所上升。因此,虽然设想企业$i = 1$在有输电投资时的生产者剩余较低,但在最优输电计划下,设想企业$i = 2$的VRES发电机组最终会产生较高的生产者剩余。

表 7.8　集中式输电扩容情况下的节点价格　　　　单位:美元 /MWh

节点	季节	时段		
		$t = 1$	$t = 2$	$t = 3$
$n = 1$	$s = 1$	50	37.33	20
	$s = 2$	20	0	20
$n = 2$	$s = 1$	50	37.33	20
	$s = 2$	10	0	18.29
$n = 3$	$s = 1$	50	37.33	20
	$s = 2$	0	0	19.21

❶　对于名义上的输电业主来说,建设亏损输电线路可能还有其他原因。例如,为了减少二氧化碳排放量[28]和增加VRES发电量[16]。

表 7.9　集中式输电扩容情况下的发电量　　　　单位：MWh

节点	季节	时段		
		$t = 1$	$t = 2$	$t = 3$
$n = 1$	$s = 1$	170	168	200
	$s = 2$	6.38	0	82.50
$n = 2$	$s = 1$	80	40	20
	$s = 2$	100	190.79	300
$n = 3$	$s = 1$	80	160	200
	$s = 2$	343.62	289.21	40

　　为了解输电投资对系统运营的影响，仔细研究季节性结果也很有帮助。由于各季节之间没有关联约束条件，实际上可以分别分析每个季节的运营结果 ❶。本节从季节 $s = 1$ 开始研究。在该季节中，节点 $n = 2$ 的 VRES 可用性相对较低，而节点 $n = 3$ 的 VRES 可用性适度偏高，参见表 7.3 和表 7.4。因此，每个时段都有一些非 VRES 出力是最优结果，每个时段内各节点的价格相等，参见表 7.8 和表 7.9。这意味着，任何时段都不存在输电阻塞。时段 $t = 1$、$t = 2$ 和 $t = 3$ 的定价技术分别为燃气、燃煤和燃煤发电技术。具体而言，在时段 $t = 1$，由于具有上爬坡限制，燃煤发电量为 84 MWh，这意味着作为边际技术的燃气发电必须生产 86 MWh 的电量，即市场出清价格等于燃气发电的边际成本。在时段 $t = 2$，燃气发电量下降到 0 MWh，而燃煤发电量上升到 168 MWh，即燃煤发电再次受到爬坡限制并根据其爬坡能力确定市场价格。由于受到爬坡限制，市场出清价格高于燃煤发电的边际成本 20 美元 /MWh。相比之下，在时段 $t = 3$，只需要 200 MWh 的燃煤发电量，这在装机容量和爬坡速率的限制范围之内。因此，市场出清价格就是燃煤发电的边际成本。在所有时间段内，VRES 发电调度都处于其可用容量范围内。最后，从表 7.10

---

❶　此类约束条件的例子包括二氧化碳排放量的年度上限以及对储能的季节间能量平衡要求。

中发现，在季节 $s=1$，节点 $n=2$ 一直进口电量，节点 $n=3$ 出口电量，而对于节点 $n=1$，除在 $t=2$ 时段因其发电容量受到爬坡限制需要进口电量外，其余时段均自给自足[1]。

表 7.10   集中式输电扩容情况下的净输入电量   单位：MWh

节点	季节	时段		
		$t=1$	$t=2$	$t=3$
$n=1$	$s=1$	0	14.67	0
	$s=2$	193.62	220	117.50
$n=2$	$s=1$	10	62.67	100
	$s=2$	30	−50.79	−178.29
$n=3$	$s=1$	−10	−77.33	−100
	$s=2$	−223.62	−169.21	60.79

与季节 $s=1$ 相比，除时段 $t=3$ 的节点 $n=3$ 外，季节 $s=2$ 在所有时段都有相对较高的 VRES 可用性。在时段 $t=1$，节点 $n=3$ 的 VRES 可用性尤其高，这使得节点 $n=1$ 和 $n=2$ 都能大量生产和送出 VRES 发电量。事实上，节点 $n=3$ 的 VRES 可用性特别高，以至于线路 $\ell=3$ 会在时段 $t=1$ 出现阻塞现象。因此，节点 $n=1$、$n=2$ 和 $n=3$ 的价格分别由燃煤发电、容量受限的 VRES 和不受限 VRES 确定。因此，节点 $n=2$ 的价格正向反映装机容量的边际价值，而节点 $n=3$ 的价格为 0，反映了 VRES 发电的边际成本。同时，在时段 $t=2$，节点 $n=2$ 和 $n=3$ 都有很大的 VRES 可用性，这使得有足够电量出口到节点 $n=1$，避免该节点采用化石燃料发电。由于 VRES 发电技术是边际技术，没有达到 VRES 发电的容量限制，也没有输电线路阻塞，因此所有节点的价格都为零。时段 $t=3$ 的情况则明显不同，因为节点 $n=3$ 几乎不存在 VRES 可用性，因此必须进口电量。相反，节点

---

[1]   为便于解释，在表 7.9 和表 7.10 中按日列出了分类结果。为了得到表 7.7 中报告的年度数量，应将各类数量相加并乘以每个季节的天数，即 183 天。

$n = 2$ 在可用容量范围内的 VRES 发电量都送向节点 $n = 1$ 和 $n = 3$，因此线路 $\ell = 1$ 会发生阻塞，这将导致不受限的燃煤发电（节点 $n = 1$）和容量受限的 VRES 发电（节点 $n = 2$ 和 $n = 3$）产生不同的节点价格。

7.2.2 双层输电扩容

与遵循集中规划的电力行业不同的是，电力系统运营由追求利润最大化的各企业和一个追求福利最大化的独立系统运营商负责，其中独立系统运营商与受监管的输电系统运营商截然不同。由于输电系统运营商的输电扩容决策会预先考虑各企业和独立系统运营商的决策，因此适合采用双层框架来分析输电投资和运营[7,16]。具体而言，上层包括输电系统运营商的福利最大化问题，其决策 $x_{j,\ell}$ 受制于各企业和独立系统运营商的下层问题。在下层，每个企业 $i \in \mathcal{I}$ 决定发电调度 $y_{i,n,s,t,u}$，而独立系统运营商则决定用电量 $c_{n,s,t}$、潮流 $f_{j,\ell,s,t}$、实际潮流 $\hat{f}_{\ell,s,t}$ 以及电压相角 $\upsilon_{n,s,t}$。需要强调的是，下层的每个行为主体不仅要考虑 $x_{j,\ell}$，还要考虑其他行为主体的决策 ❶。

符号沿用第 7.2.1 节中的符号，并增加以下内容：

对偶变量

$\beta_{i,n,s,t,u}$	在季节 s 和时段 t 内，企业 i 的发电机组 $u \in \mathcal{U}_{i,n}$ 在节点 n 的最大发电量边际值（美元 /MWh）
$\beta^{\text{up}}_{i,n,s,t,u}$ / $\beta^{\text{down}}_{i,n,s,t,t}$	在季节 s 和时段 t 内，企业 i 的发电机组 $u \in \mathcal{U}_{i,n}$ 在节点 n 的上爬坡 / 下爬坡约束边际值（美元 /MWh）
$\mu_{j,\ell,s,t}$	在季节 s 和时段 t 内，容量级别 $j \in \mathcal{J}_\ell$ 线路 ℓ 上的潮流边际值（美元 /MW）
$\hat{\mu}_{j,\ell,s,t}$	在季节 s 和时段 t 内，容量级别 $j \in \mathcal{J}_\ell$ 线路 ℓ 上潮流边际值的辅助变量（美元 /MW）
$\underline{\mu}_{j,\ell,s,t}$ / $\overline{\mu}_{j,\ell,s,t}$	在季节 s 和时段 t 内，容量级别 $j \in \mathcal{J}_\ell$ 线路 ℓ 上的最小 / 最大输电容量约束边际值（美元 /MW）

❶　例如，企业 i 将下列变量视为给定变量：$c_{n,s,t}, f_{j,\ell,s,t}, \hat{f}_{\ell,s,t}, \upsilon_{n,s,t}, x_{j,\ell}$ 和 $y_{i,n,s,t,u}$，$\forall i \neq i'$。同样，独立系统运营商将 $x_{j,\ell}$ 和 $y_{i,n,s,t,u}$ 视为给定变量。

$\psi_{\ell,s,t}$ 在季节 s 和时段 t 内，线路 ℓ 上实际潮流的边际值（美元/MW）

$\underline{\kappa}_{n,s,t} / \overline{\kappa}_{n,s,t}$ 在季节 s 和时段 t 内，节点 n 的最小/最大电压相角限值的边际值（美元/rad）

$\lambda_{n,s,t}$ 在季节 s 和时段 t 内，节点 n 的用电量边际值（美元/MWh）

$\phi_{n,s,t}^{c}$ 在季节 s 和时段 t 内，节点 n 的非负用电量边际值（美元/MWh）

$\phi_{i,n,s,t,u}^{y}$ 在季节 s 和时段 t 内，企业 i 的发电机组 $u \in \mathcal{U}_{i,n}$ 在节点 n 的非负发电量边际值（美元/MWh）

输电系统运营商的上层问题如下：

$$
\begin{aligned}
\underset{x_{j,\ell}}{\text{Maximize}} \sum_{s \in \mathcal{S}} W_s \sum_{t \in \mathcal{T}} \sum_{n \in \mathcal{N}} & \left[\left(D_{n,s,t}^{\text{int}} c_{n,s,t} - \frac{1}{2} D_{n,s,t}^{\text{slp}} c_{n,s,t}^2 \right) \right. \\
& \left. - \sum_{i \in \mathcal{I}} \sum_{u \in \mathcal{U}_{i,n}} C_{i,n,u}^{\text{opr}} y_{i,n,s,t,u} \right] - \sum_{\ell \in \mathcal{L}} \sum_{j \in \mathcal{J}_{\ell}} C_{j,\ell}^{\text{trn}} x_{j,\ell}
\end{aligned}
\tag{7.4a}
$$

$$
\text{s.t.} \, x_{j,\ell} \in \{0,1\}, \forall \ell, j \in \mathcal{J}_{\ell}
\tag{7.4b}
$$

$$
\sum_{j \in \mathcal{J}_{\ell}} x_{j,\ell} = 1, \forall \ell
\tag{7.4c}
$$

可以看出，输电系统运营商的目标函数式（7.4a）与集中式规划的目标函数式（7.3a）完全相同。同样，其约束条件式（7.4b）和式（7.4c）也与集中式规划的约束条件式（7.3b）和式（7.3c）相同。然而，二者的重要区别在于，有关电力系统运营的其他决策是由下层的不同行为主体做出的。

首先，每个企业 $i \in \mathcal{I}$ 都要确定调度方式，以实现经营利润最大化：

$$
\begin{aligned}
\underset{y_{i,n,s,t,u}}{\text{Maximize}} \sum_{s \in S} W_s \sum_{n \in \mathcal{N}} \sum_{t \in \mathcal{T}} \sum_{u \in \mathcal{U}_{i,n}} & \left(D_{n,s,t}^{\text{int}} - D_{n,s,t}^{\text{slp}} \left(\sum_{i' \in \mathcal{I}} \sum_{u' \in \mathcal{U}_{i',n}} y_{i',n,s,t,u'} \right. \right. \\
& \left. \left. - T_t \left(\sum_{\ell \in \mathcal{L}_n^+} \hat{f}_{\ell,s,t} - \sum_{\ell \in \mathcal{L}_n^-} \hat{f}_{\ell,s,t} \right) \right) - C_{i,n,u}^{\text{opr}} \right) y_{i,n,s,t,u}
\end{aligned}
\tag{7.5a}
$$

$$
\text{s.t.} \, y_{i,n,s,t,u} \leq T_t A_{n,s,t,u} K_{i,n,u}^{\text{gen}} : \beta_{i,n,s,t,u}, \forall n,s,t,u \in \mathcal{U}_{i,n}
\tag{7.5b}
$$

$$
y_{i,n,s,t,u} - y_{i,n,s,t-1,u} \leq T_t R_u^{\text{up}} K_{i,n,u}^{\text{gen}} : \beta_{i,n,s,t,u}^{\text{up}}, \forall n,s,t,u \in \mathcal{U}_{i,n}
\tag{7.5c}
$$

$$
-y_{i,n,s,t,u} + y_{i,n,s,t-1,u} \leq T_t R_u^{\text{down}} K_{i,n,u}^{\text{gen}} : \beta_{i,n,s,t,u}^{\text{down}}, \forall n,s,t,u \in \mathcal{U}_{i,n}
\tag{7.5d}
$$

$$y_{i,n,s,t,u} \geqslant 0 : \phi_{i,n,s,t,u}^{y}, \forall n,s,t,u \in \mathcal{U}_{i,n} \qquad (7.5e)$$

企业 $i \in \mathcal{I}$ 的目标是实现利润最大化（由于忽略固定成本，可以等效地认为是实现生产者剩余最大化），见式（7.5a）。正如第 7.2.1 节所述，其利润包括销售收入减去运营成本，即 $\sum_{n \in \mathcal{N}} \sum_{s \in \mathcal{S}} \sum_{t \in \mathcal{T}} \sum_{u \in \mathcal{U}_{i,n}} W_s \left(p_{n,s,t} - C_{i,n,u}^{\mathrm{opr}} \right) y_{i,n,s,t,u}$。

后一个表达式与式（7.5a）中表达式之间的唯一区别在于，用反需求函数 $\left(D_{n,s,t}^{\mathrm{int}} - D_{n,s,t}^{\mathrm{slp}} c_{n,s,t} \right)$ 替代电价 $p_{n,s,t}$，以反映企业 i 的发电量对均衡价格的影响，如同纳什－古诺框架中的情况一样。通过将 $c_{n,s,t}$ 替代为本地发电量 $\sum_{i' \in \mathcal{I}} \sum_{u' \in \mathcal{U}_{\ell,n}} \bar{y}_{i',n,s,t,u'}$ 加上净输入电量 $-T_t \sum_{\ell \in \mathcal{L}_n^+} \hat{f}_{\ell,s,t} + T_t \sum_{\ell \in \mathcal{L}_n^-} \hat{f}_{\ell,s,t}$，也进一步强调了这一点。与此相反，价格接受型企业的目标函数中不会出现这种替代关系，因为它无法感知其决策对均衡价格的影响。接下来的三个约束条件式（7.5b）～式（7.5d）分别根据装机容量和爬坡速率限制发电量和爬坡量，与式（7.3i）～式（7.3k）类似。最后，式（7.5e）是发电量的非负限制条件，参见式（7.3m），分号后的小写希腊字母是与各约束条件相关的对偶变量 ❶。

其次，独立系统运营商的盈余最大化问题如下：

$$\underset{\substack{c_{n,s,t},f_{j,\ell,s,t}, \\ \hat{f}_{\ell,s,t},\upsilon_{n,s,t}}}{\mathrm{Maximize}} \sum_{s \in \mathcal{S}} W_s \sum_{t \in \mathcal{T}} \sum_{n \in \mathcal{N}} \left(D_{n,s,t}^{\mathrm{int}} c_{n,s,t} - \frac{1}{2} D_{n,s,t}^{\mathrm{slp}} c_{n,s,t}^2 \right) \qquad (7.6a)$$

$$\text{s.t.} f_{j,\ell,s,t} - B_{j,\ell} x_{j,\ell} \left(\upsilon_{n_e^+,s,t} - \upsilon_{n_e^-,s,t} \right) = 0 : \mu_{j,\ell,s,t}, \forall \ell,s,t,j \in \mathcal{J}_{\ell} \qquad (7.6b)$$

$$\underline{\mu}_{j,\ell,s,t} : -K_{j,\ell}^{\mathrm{trn}} \leqslant f_{j,\ell,s,t} \leqslant K_{j,\ell}^{\mathrm{trn}} : \overline{\mu}_{j,\ell,s,t}, \forall \ell,s,t,j \in \mathcal{J}_{\ell} \qquad (7.6c)$$

$$\hat{f}_{\ell,s,t} = \sum_{j \in \mathcal{J}_{\ell}} f_{j,\ell,s,t} : \psi_{\ell,s,t}, \forall \ell,s,t \qquad (7.6d)$$

$$\underline{\kappa}_{n,s,t} : -\pi \leqslant \upsilon_{n,s,t} \leqslant \pi : \overline{\kappa}_{n,s,t}, \forall n,s,t \qquad (7.6e)$$

$$c_{n,s,t} - \sum_{i \in \mathcal{I}} \sum_{u \in \mathcal{U}_{i,n}} y_{i,n,s,t,u} + T_t \sum_{\ell \in \mathcal{L}_n^+} \hat{f}_{\ell,s,t} - T_t \sum_{\ell \in \mathcal{L}_n^-} \hat{f}_{\ell,s,t} = 0 : \qquad (7.6f)$$
$$\lambda_{n,s,t}, \forall n,s,t$$

---

❶　或者，对偶变量也可以解释为是松弛相应约束条件的相关边际值。

$$c_{n,s,t} \geq 0 : \phi^c_{n,s,t}, \forall n,s,t \qquad (7.6g)$$

$$f_{j,\ell,s,t} \text{ u.r.s.}, \forall \ell, s, t, j \in \mathcal{J}_\ell \qquad (7.6h)$$

$$\hat{f}_{\ell,s,t} \text{ u.r.s.}, \forall \ell, s, t \qquad (7.6i)$$

$$\upsilon_{n,s,t} \text{ u.r.s.}, \forall n,s,t \qquad (7.6j)$$

独立系统运营商的目标式（7.6a）是实现电力消费总剩余最大化 $\sum_{s \in S} W_s \sum_{t \in \mathcal{T}} \sum_{n \in \mathcal{N}} \left(D^{\text{int}}_{n,s,t} c_{n,s,t} - \frac{1}{2} D^{\text{slp}}_{n,s,t} c^2_{n,s,t} \right)$。从独立系统运营商的角度看，发电和输电计划是给定的，其相关成本不变，因此无需计入式（7.6a），参见式（7.4a）。独立系统运营商对电网运行的约束条件直接沿用集中规划模型中的约束条件，但由于将 x_j 视为一个参数，在式（7.6b）和式（7.6c）中无需线性化基尔霍夫定律，参见式（7.3d）~式（7.3e）。因此，从独立系统运营商的角度来看，式（7.6b）和式（7.6c）已是线性的。此外，式（7.6d）~式（7.6j）与式（7.3f）~式（7.3h）、式（7.3l）和式（7.3n）~式（7.3p）相匹配。

双层模型包括上层问题式（7.4a）~式（7.4c）以及下层问题式（7.5a）~式（7.5e）、$\forall i \in \mathcal{I}$ 和式（7.6a）~式（7.6j），上层问题受下层问题约束，双层模型通常转化为单层优化问题求解。由于每个下层问题都是凸问题，因此只需将通过其 KKT 条件转化即可。由此产生的含均衡约束数学规划问题是一个单层优化问题，但由于存在互补条件，它是非凸问题。虽然这个问题可以通过间断型约束条件来处理[5]，但由于对偶变量数量庞大，所形成的混合整数二次规划问题可能难以求解。另一种求解双层问题的方法是将各下层问题重新表述为一个独立优化问题，并用原始约束条件、对偶约束条件和强对偶条件替换下层问题。由此产生的含原始约束和对偶约束数学规划问题可能需要较少的 0-1 变量来解决非凸性，这也是我们寻求的求解方法。

首先将下层均衡问题［式（7.5a）~式（7.5e）］、$\forall i \in \mathcal{I}$ 和式（7.6a）~式（7.6j）转化为单一行为主体的二次规划问题。供应函数和需求函数是线性的，输电成本与输电距离成正比，因此这种转化可以实现[9]。

$$\underset{\Omega^{\text{LL}}}{\text{Maximize}} \sum_{s \in S} W_s \sum_{t \in \mathcal{T}} \sum_{n \in \mathcal{N}} \left[D^{\text{int}}_{n,s,t} c_{n,s,t} - \frac{1}{2} D^{\text{slp}}_{n,s,t} c^2_{n,s,t} - \sum_{i \in \mathcal{I}} \sum_{u \in \mathcal{U}_{i,n}} C^{\text{opr}}_{i,n,u} y_{i,n,s,t,u} \right.$$

$$-\frac{1}{2}D_{n,s,t}^{\text{slp}}\sum_{i\in\mathcal{I}}\left(\sum_{u\in\mathcal{U}_{i,n}}y_{i,n,s,t,u}\right)^{2}\Bigg] \tag{7.7a}$$

$$\text{s.t.}\,f_{j,\ell,s,t}-B_{j,\ell}x_{j,\ell}\left(\upsilon_{n_e^+,s,t}-\upsilon_{n_e^-,s,t}\right)=0:\mu_{j,\ell,s,t},\forall\ell,s,t,j\in\mathcal{J}_{\ell} \tag{7.7b}$$

$$\underline{\mu}_{j,\ell,s,t}:-K_{j,\ell}^{\text{trn}}\leqslant f_{j,\ell,s,t}\leqslant K_{j,\ell}^{\text{trn}}:\overline{\mu}_{j,\ell,s,t},\forall\ell,s,t,j\in\mathcal{J}_{\ell} \tag{7.7c}$$

$$\hat{f}_{\ell,s,t}=\sum_{j\in\mathcal{J}_{\ell}}f_{j,\ell,s,t}:\psi_{\ell,s,t},\forall\ell,s,t \tag{7.7d}$$

$$\underline{\kappa}_{n,s,t}:-\pi\leqslant\upsilon_{n,s,t}\leqslant\pi:\overline{\kappa}_{n,s,t},\forall n,s,t \tag{7.7e}$$

$$c_{n,s,t}-\sum_{i\in\mathcal{I}}\sum_{u\in\mathcal{U}_{i,n}}y_{i,n,s,t,u}+T_{t}\sum_{\ell\in\mathcal{L}_{n}^{+}}\hat{f}_{\ell,s,t}-T_{t}\sum_{\ell\in\mathcal{L}_{n}^{-}}\hat{f}_{\ell,s,t}=0: \tag{7.7f}$$
$$\lambda_{n,s,t},\forall n,s,t$$

$$y_{i,n,s,t,u}\leqslant T_{t}A_{n,s,t,u}K_{i,n,u}^{\text{gen}}:\beta_{i,n,s,t,u},\forall i,n,s,t,u\in\mathcal{U}_{i,n} \tag{7.7g}$$

$$y_{i,n,s,t,u}-y_{i,n,s,t-1,u}\leqslant T_{t}R_{u}^{\text{up}}K_{i,n,u}^{\text{gen}}:\beta_{i,n,s,t,u}^{\text{up}}, \tag{7.7h}$$
$$\forall i,n,s,t,u\in\mathcal{U}_{i,n}$$

$$-y_{i,n,s,t,u}+y_{i,n,s,t-1,u}\leqslant T_{t}R_{u}^{\text{down}}K_{i,n,u}^{\text{gen}}:\beta_{i,n,s,t,u}^{\text{down}}, \tag{7.7i}$$
$$\forall i,n,s,t,u\in\mathcal{U}_{i,n}$$

$$y_{i,n,s,t,u}\geqslant0:\phi_{i,n,s,t,u}^{y},\forall i,n,s,t,u\in\mathcal{U}_{i,n} \tag{7.7j}$$

$$c_{n,s,t}\geqslant0:\phi_{n,s,t}^{c},\forall n,s,t \tag{7.7k}$$

$$f_{j,\ell,s,t}\text{u.r.s.},\forall\ell,s,t,j\in\mathcal{J}_{\ell} \tag{7.7l}$$

$$\hat{f}_{\ell,s,t}\text{u.r.s.},\forall\ell,s,t \tag{7.7m}$$

$$\upsilon_{n,s,t}\text{ u.r.s.},\forall n,s,t \tag{7.7n}$$

这里，$\Omega^{\text{LL}}\equiv\left\{c_{n,s,t},f_{j,\ell,s,t},\hat{f}_{\ell,s,t},\upsilon_{n,s,t},y_{i,n,s,t,u}\right\}$。请注意，$x_{j,\ell}$不是下层决策变量。目标函数式（7.7a）与独立系统运营商目标函数式（7.6a）中的社会剩余类似，但运营成本$-\sum_{s\in\mathcal{S}}W_{s}\sum_{t\in\mathcal{T}}\sum_{n\in\mathcal{N}}\sum_{i\in\mathcal{I}}\sum_{u\in\mathcal{U}_{i,n}}C_{i,n,u}^{\text{opr}}y_{i,n,s,t,u}$以及扩展成本项$-\frac{1}{2}\sum_{s\in\mathcal{S}}W_{s}\sum_{t\in\mathcal{T}}\sum_{n\in\mathcal{N}}D_{n,s,t}^{\text{slp}}\sum_{i\in\mathcal{I}}\left(\sum_{u\in\mathcal{U}_{i,n}}y_{i,n,s,t,u}\right)^{2}$除外，这两项需进行调整，以适应各企业的古诺行为。如果排除后一项，那么所有企业都是价格接受者。

其次，由于式（7.7a）~ 式（7.7n）是一个有给定$x_{j,\ell}$的二次规划问题，因此也是一个凸问题，可以用它的原始约束条件、对偶约束条件和强对偶等式替换。原始约束条件就是式（7.7b）~ 式（7.7n），对偶约束条件则与二次规划问题的KKT条件有关：

$$W_s C_{i,n,u}^{\mathrm{opr}} + \beta_{i,n,s,t,u} + \beta_{i,n,s,t,u}^{\mathrm{up}} - \beta_{i,n,s,t,u}^{\mathrm{down}} - \beta_{i,n,s,t+1,u}^{\mathrm{up}} + \beta_{i,n,s,t+1,u}^{\mathrm{down}}$$

$$-\lambda_{n,s,t} + W_s D_{n,s,t}^{\mathrm{slp}} \sum_{u' \in \mathcal{U}_{i,n}} y_{i,n,s,t,u'} - \phi_{i,n,s,t,u}^{y} = 0, \forall i,n,s,t,u \in \mathcal{U}_{i,n} \quad (7.8\mathrm{a})$$

$$-W_s \left(D_{n,s,t}^{\mathrm{int}} - D_{n,s,t}^{\mathrm{slp}} c_{n,s,t} \right) + \lambda_{n,s,t} - \phi_{n,s,t}^{c} = 0, \forall n,s,t \quad (7.8\mathrm{b})$$

$$\mu_{j,\ell,s,t} + \overline{\mu}_{j,\ell,s,t} - \underline{\mu}_{j,\ell,s,t} - \psi_{\ell,s,t} = 0, \forall \ell,s,t,j \in \mathcal{J}_{\ell} \quad (7.8\mathrm{c})$$

$$\psi_{\ell,s,t} + T_t \lambda_{n_\ell^+,s,t} - T_t \lambda_{n_\ell^-,s,t} = 0, \forall \ell,s,t \quad (7.8\mathrm{d})$$

$$-\sum_{\ell \in \mathcal{L}_n^+} \sum_{j \in \mathcal{J}_\ell} x_{j,\ell} B_{j,\ell} \mu_{j,\ell,s,t} + \sum_{\ell \in \mathcal{L}_n^-} \sum_{j \in \mathcal{J}_\ell} x_{j,\ell} B_{j,\ell} \mu_{j,\ell,s,t} + \overline{\kappa}_{n,s,t} - \underline{\kappa}_{n,s,t} = 0, \quad \forall n,s,t \quad (7.8\mathrm{e})$$

$$\beta_{i,n,s,t,u} \geqslant 0, \beta_{i,n,s,t,u}^{\mathrm{up}} \geqslant 0, \beta_{i,n,s,t,u}^{\mathrm{down}} \geqslant 0, \phi_{i,n,s,t,u}^{y} \geqslant 0, \forall i,n,s,t,u \in \mathcal{U}_{i,n} \quad (7.8\mathrm{f})$$

$$\underline{\mu}_{j,\ell,s,t} \geqslant 0, \overline{\mu}_{j,\ell,s,t} \geqslant 0, \forall \ell,s,t,j \in \mathcal{J}_{\ell} \quad (7.8\mathrm{g})$$

$$\underline{\kappa}_{n,s,t} \geqslant 0, \overline{\kappa}_{n,s,t} \geqslant 0, \phi_{n,s,t}^{c} \geqslant 0, \forall n,s,t \quad (7.8\mathrm{h})$$

$$\lambda_{n,s,t} \mathrm{u.r.s.}, \forall n,s,t \quad (7.8\mathrm{i})$$

$$\mu_{j,\ell,s,t} \mathrm{u.r.s.}, \forall \ell,s,t,j \in \mathcal{J}_{\ell} \quad (7.8\mathrm{j})$$

$$\psi_{\ell,s,t} \mathrm{u.r.s.}, \forall \ell,s,t \quad (7.8\mathrm{k})$$

同时，根据二次规划对偶性质[3]，对偶目标函数包括式（7.7a）中的二次项以及对偶变量的乘积和约束条件式（7.7b）~ 式（7.7n）中的常数项。为了与文献[12]保持一致，将强对偶表达式表示为以下不等式，其中原始问题目标需大于或等于对偶问题目标：

$$\sum_{s \in \mathcal{S}} W_s \sum_{n \in \mathcal{N}} \sum_{t \in T} \left[D_{n,s,t}^{\mathrm{int}} c_{n,s,t} - \frac{1}{2} D_{n,s,t}^{\mathrm{slp}} c_{n,s,t}^2 - \sum_{i \in \mathcal{I}} \sum_{u \in \mathcal{U}_{i,n}} C_{i,n,u}^{\mathrm{opr}} y_{i,n,s,t,u} \right.$$

$$-\frac{1}{2}D_{n,s,t}^{\text{slp}}\sum_{i\in\mathcal{I}}\left(\sum_{u\in\mathcal{U}_{i,n}}y_{i,n,s,t,u}\right)^2\Bigg]$$

$$\geqslant\frac{1}{2}\sum_{s\in\mathcal{S}}W_s\sum_{n\in\mathcal{N}}\sum_{t\in\mathcal{T}}D_{n,s,t}^{\text{slp}}c_{n,s,t}^2+\frac{1}{2}\sum_{s\in\mathcal{S}}W_s\sum_{n\in\mathcal{N}}\sum_{t\in\mathcal{T}}D_{n,s,t}^{\text{slp}}\sum_{i\in\mathcal{I}}\left(\sum_{u\in\mathcal{U}_{i,n}}y_{i,n,s,t,u}\right)^2$$

$$+\sum_{i\in\mathcal{I}}\sum_{n\in\mathcal{N}}\sum_{s\in\mathcal{S}}\sum_{t\in\mathcal{T}}\sum_{u\in\mathcal{U}_{i,n}}K_{i,n,u}^{\text{gen}}T_t\left(A_{n,s,t,u}\beta_{i,n,s,t,u}+R_u^{\text{up}}\beta_{i,n,s,t,u}^{\text{up}}+R_u^{\text{down}}\beta_{i,n,s,t,u}^{\text{down}}\right)$$

$$+\sum_{\ell\in\mathcal{L}}\sum_{s\in\mathcal{S}}\sum_{t\in\mathcal{T}}\sum_{j\in\mathcal{J}_\ell}K_{j,\ell}^{\text{trn}}\left(\underline{\mu}_{j,\ell,s,t}+\overline{\mu}_{j,\ell,s,t}\right)+\sum_{n\in\mathcal{N}}\sum_{s\in\mathcal{S}}\sum_{t\in\mathcal{T}}\pi\left(\underline{\kappa}_{n,s,t}+\overline{\kappa}_{n,s,t}\right)$$

$$(7.9)$$

现在，可以将双层问题重新表述为单层原始约束和对偶约束数学规划问题，其中下层问题替换为原始约束条件式（7.7b）～式（7.7n）、对偶约束条件式（7.8a）～式（7.8k）和强对偶表达式（7.9）。但在执行这一步之前，需要解决式（7.7b）和式（7.8e）中的非线性问题。具体而言，这些非线性问题来源于式（7.7b）中$x_{j,\ell}$与$\upsilon_{n,s,t}$的乘积，以及式（7.8e）中$x_{j,\ell}$与$u_{j,\ell,s,t}$的乘积，因为虽然在下层将$x_{j,\ell}$视为一个参数，但它整体上仍是原始约束和对偶约束数学规划问题中的一个变量。因此，如第7.2.1节所述，用式（7.3d）～式（7.3e）替换式（7.7b）～式（7.7c）。至于式（7.8e），用下面的辅助变量$\hat{\mu}_{j,\ell,s,t}$[1]替换：

$$-\sum_{\ell\in\mathcal{L}_n^+}\sum_{j\in\mathcal{J}_\ell}B_{j,\ell}\left(\mu_{j,\ell,s,t}-\hat{\mu}_{j,\ell,s,t}\right)+\sum_{\ell\in\mathcal{L}_n^-}\sum_{j\in\mathcal{J}_\ell}B_{j,\ell}\left(\mu_{j,\ell,s,t}-\hat{\mu}_{j,\ell,s,t}\right)$$

$$+\overline{\kappa}_{n,s,t}-\underline{\kappa}_{n,s,t}=0,\forall n,s,t$$

$$(7.10a)$$

$$-x_{j,\ell}M^{\text{trn}}\leqslant\mu_{j,\ell,s,t}-\hat{\mu}_{j,\ell,s,t}\leqslant x_{j,\ell}M^{\text{trn}},\forall\ell,s,t,j\in\mathcal{J}_\ell \quad(7.10b)$$

$$-\left(1-x_{j,\ell}\right)M^{\text{trn}}\leqslant\hat{\mu}_{j,\ell,s,t}\leqslant\left(1-x_{j,\ell}\right)M^{\text{trn}},\forall\ell,s,t,j\in\mathcal{J}_\ell \quad(7.10c)$$

$$\hat{\mu}_{j,\ell,s,t}\text{u.r.s.},\forall\ell,s,t,j\in\mathcal{J}_\ell \quad(7.10d)$$

综上所述，双层输电扩容的原始约束和对偶约束数学规划问题可以转化为以下混合整数二次约束二次规划问题：

$$\text{Maximize}_{\{x_{j,\ell}\}\cup\Omega^{\text{LL}}\cup\Omega^{\text{DV}}} \quad (7.4\text{a})$$

$$\text{s.t.} (7.4\text{b}) \sim (7.4\text{c})$$

$$(7.3\text{d}) \sim (7.3\text{e}), (7.7\text{d}) \sim (7.7\text{n})$$

$$(7.8\text{a}) \sim (7.8\text{d}), (7.8\text{f}) \sim (7.8\text{k}), (7.10\text{a}) \sim (7.10\text{d})$$

$$(7.9)$$

其中，$\Omega^{\text{DV}} \equiv \{\beta_{i,n,s,t,u}, \beta_{i,n,s,t,u}^{\text{up}}, \beta_{i,n,s,t,u}^{\text{down}}, \phi_{i,n,s,t,u}^{\text{y}}, \underline{\mu}_{i,\ell,s,t}, \overline{\mu}_{j,\ell,s,t}, \underline{\kappa}_{n,s,t}, \overline{\kappa}_{n,s,t}, \phi_{n,s,t}^{c},$
$\lambda_{n,s,t}, \mu_{j,\ell,s,t}, \hat{\mu}_{j,\ell,s,t}, \psi_{\ell,s,t}\}$ 为下层对偶变量的集合。

示例 7.2　*古诺寡头垄断下双层输电扩容的福利最大化混合整数二次约束二次规划*

为了说明双层输电规划，本例采用的数值算例具有与示例 7.1 相同的输入数据（即表 7.1、表 7.2、表 7.3、表 7.4 和表 7.5 中的数据）。需要注意的是，如果下层企业是价格接受者，那么代表双层问题实例的混合整数二次约束二次规划将得出与集中式规划下混合整数二次规划式（7.3a）~ 式（7.3p）相同的解。这是因为一旦忽略扩展成本项 $-\frac{1}{2}\sum_{s\in\mathcal{S}}W_s\sum_{t\in\mathcal{T}}\sum_{n\in\mathcal{N}}D_{n,s,t}^{\text{slp}}\sum_{i\in\mathcal{I}}\left(\sum_{u\in\mathcal{U}_{i,n}}y_{i,n,s,t,u}\right)^2$，下层目标函数式（7.7a）中的所有项都会出现在上层目标函数式（7.4a）中。在完全竞争的情况下，强对偶表达式（7.9）的两边都去掉了扩展成本项，并且其关于 $y_{i,n,s,t,u}$ 的偏导数（即 $W_s D_{n,s,t}^{\text{slp}}\sum_{u'\in\mathcal{U}_{i,n}}y_{i,n,s,t,u'}$）从相应的对偶约束条件式（7.8a）中删除。直观地说，就是下层和上层之间没有冲突[7]。然而，如果下层存在市场支配力，或者上层存在损害成本（即使在完全竞争的情况下），这两个函数就不能保持一致[28]。因此，本例重点关注下层企业的古诺行为结果。

作为基准，本例比较了无输电投资的总体结果。市场支配力会使社会福利减少 21% 以上，参见表 7.6 和表 7.11。由于发挥市场支配力，生产者剩余几乎增加了两倍，而消费者剩余以类似系数缩减，因此转移给生产者的福利也随之增加。产生这种效应的原因是，企业持留容量，使得边际成本等于边际收入（而不是边际效用）。例如，在季节 $s = 1$ 和时段 $t = 3$ 内，节点 $n = 1$ 的燃煤发电容量不受爬坡和容量限制。在完全竞争下，燃煤电厂的发电量为 200MWh，最终价格与其边际成本 20 美元 /MWh 匹配。相比之下，在古诺寡头垄断下，燃煤电厂的发电量能使其边际成本与边际收入$220-2c_{1,1,3}$相匹配，调度电量为 100 MWh，价格为 120 美元 /MWh。同样，在季节 $s=2$ 和时段 $t=1$ 内，节点 $n=3$ 有 400 MWh 的 VRES 发电量可用。在完全竞争下，调度 VRES 发电量为 140 MWh，价格为 0 美元 /MWh。由于节点 $n=3$ 的边际收入为 $120-2c_{3,2,1}$，因此尽管边际成本为零，在市场支配力影响下的最优调度发电量为 60 MWh，从而产生 60 美元 /MWh 的价格。

表 7.11　双层输电扩容情况下有 / 无输电投资的福利结果　　　　单位：美元

组成部分	有输电投资	无输电投资
消费者剩余	11,466,595	8,751,975
生产者剩余	19,228,945	19,524,270
销售盈余	50,527	0
输电成本	382,982	0
社会福利	30,363,085	28,276,245

　　下层存在古诺行为时的最优输电计划与集中式规划下的最优输电计划截然不同。由于生产者发挥市场支配力，所需的输电容量较小，即线路 $\ell=1$、$\ell=2$ 和 $\ell=3$ 分别按 3.7 MW、3.7 MW 和 6.1 MW 建设。这些容量足以提高经济效益。如果忽略生产者的市场支配力，并按照示例 7.1 中的方法设定最佳容量，那么整体社会福利将从 30,363,085 美元下降 ❶。由于操作空间有限，社会福利的增幅相对较小，仅为 7%，其中大部分归于消费者（见表 7.11）。

　　从表 7.12 中的运营结果来看，输电投资使节点 $n=2$ 和 $n=3$ 产生的更多 VRES 发电量能在支付意愿最高的节点 $n=1$ 出售。节点 $n=1$ 的燃煤发电量减少，但节点 $n=2$ 和 $n=3$ 的 VERS 出力增加，因而发电量（和用电量）总体略有增加。主要受益者是节点 $n=1$ 的消费者，他们以较低的价格

---

❶　特别是，尽管消费者剩余和生产者剩余分别高于 11,466,595 美元和 19,228,945 美元，但销售盈余将为零，并且输电成本更高。因此，更高输电容量产生的额外成本将足以抵消消费者剩余和生产者剩余的增加额。

享用较高的电量，而企业 $i=2$ 则以较高的价格增加了销售量。节点 $n=1$ 为净输入方，而其他两个节点则为净输出方。

表 7.12　双层输电扩容情况下有 / 无输电投资的运营结果　　单位：MWh

属性	节点（或线路）	有输电投资	无输电投资
用电量	$n=1$	143,732	104,310
	$n=2$	56,990	62,220
	$n=3$	34,420	62,220
发电量	$n=1$	75,868	104,310
	$n=2$	72,392	62,220
	$n=3$	86,882	62,220
净输入电量	$n=1$	67,864	0
	$n=2$	−15,402	0
	$n=3$	−52,463	0
电能流动	$\ell=1$	−24,891	0
	$\ell=2$	−9,489	0
	$\ell=3$	−42,974	0

表 7.13　双层输电扩容情况下的节点价格　　单位：美元 /MWh

节点	季节	时段		
		$t=1$	$t=2$	$t=3$
$n=1$	$s=1$	85	92	96
	$s=2$	83.99	83.99	93.60
$n=2$	$s=1$	85	92	96
	$s=2$	82.63	82.63	90.32
$n=3$	$s=1$	85	92	96
	$s=2$	83.38	83.38	92.15

表 7.14 双层输电扩容情况下的发电量 单位：MWh

节点	季节	时段		
		$t=1$	$t=2$	$t=3$
$n=1$	$s=1$	65	72	76
	$s=2$	63.99	63.99	73.60
$n=2$	$s=1$	80	40	20
	$s=2$	82.63	82.63	90.32
$n=3$	$s=1$	80	92	96
	$s=2$	83.39	83.39	40

表 7.15 双层输电扩容情况下的净输入电量 单位：MWh

节点	季节	时段		
		$t=1$	$t=2$	$t=3$
$n=1$	$s=1$	70	56	48
	$s=2$	72.03	72.03	52.79
$n=2$	$s=1$	−25	8	24
	$s=2$	−25.26	−25.26	−40.65
$n=3$	$s=1$	−45	−64	−72
	$s=2$	−46.77	−46.77	−12.15

对表 7.13~ 表 7.15 中的运营情况进行深入研究后发现，在季节 $s=1$，不存在输电阻塞，而在季节 $s=2$，线路 $\ell=1$ 总是阻塞。虽然季节 $s=1$ 中市场出清价格的均衡与示例 7.1 中的结果类似，但这里的节点 $n=2$ 并不是持续的净输入方。事实上，在资源可用性相对较高的时段 $t=1$，节点 $n=2$ 会出售电量。相比之下，节点 $n=1$ 和 $n=3$ 分别是持续的净输入方和净输出方。由于线路 $\ell=1$ 持续阻塞，在季节 $s=2$ 出现了节点价格差异。尽管如此，由于行使市场支配力，用电量和扩容后的电能流动都受到抑制，因

此变化并不像示例 7.1 中那么明显。因此，作为持续净输入方，节点 $n = 1$ 的价格略高。与示例 7.1 的情况相反，在整个季节内，节点 $n = 2$ 和 $n = 3$ 都是净输出方，即使在 VRES 可用性相对较低的时段 $t = 3$ 内，节点 $n = 3$ 也是如此。最后，节点 $n = 1$ 的唯一调度发电量来自燃煤发电。

7.3   发电扩容

与第 2.3 节中的投资规划类似，本节讨论的是电力系统中的发电扩容。与前面提到的输电投资不同，本节重点讨论的是策略型企业对发电容量的投资。假设有给定的输电网络和连续扩容决策，这种设置会形成一个双层框架。在此框架中，位于上层的某个策略型企业会根据预测到的跟随企业和独立系统运营商的决策，做出自身发电扩容决策。本节将跟随企业，假设同时做出投资和运营决策，即采用开环假设❶。相比之下，如果电力行业采取集中式规划，则涉及单一行为主体的二次规划问题。

7.3.1   集中式规划下的发电扩容

本节的计算公式和术语与第 7.2.1 节中的输电扩容部分类似。但是，由于输电网络是固定的，因此本节分别固定了电纳 $B_{j,\ell}$ 和容量参数 $K_{j,\ell}^{\text{trm}}$。同样，在求社会福利最大值的目标函数中不包括输电投资成本，变量 $f_{j,\ell,s,t}$ 也是多余的，因为 $\hat{f}_{\ell,s,t}$ 即可反映线路 ℓ 上的输电容量。取而代之的是，引入了一个新的决策变量 $z_{i,n,u}$（单位：MW）和相应参数 $C_{i,n,u}^{\text{gen}}$（单位：美元 /MW），用于反映企业 i 在节点 n 处增加技术 u 产生的新增发电容量和摊销投资成本。

$$\underset{\Omega^{\text{CP}}}{\text{Maximize}} \sum_{s \in S} W_s \sum_{t \in \mathcal{T}} \sum_{n \in \mathcal{N}} \left[\left(D_{n,s,t}^{\text{int}} c_{n,s,t} - \frac{1}{2} D_{n,s,t}^{\text{slp}} c_{n,s,t}^2 \right) \right.$$
$$\left. - \sum_{i \in \mathcal{I}} \sum_{u \in \mathcal{U}_{i,n}} C_{i,n,u}^{\text{opr}} y_{i,n,s,t,u} \right] - \sum_{i \in \mathcal{I}} \sum_{n \in \mathcal{N}} \sum_{u \in \mathcal{U}_{i,n}} C_{i,n,u}^{\text{gen}} z_{i,n,u} \qquad (7.11a)$$

---

❶ 如果有多个斯塔科尔伯格领导者参与竞争[15, 35]，就会形成一个闭环公式，即均衡约束均衡规划问题。

$$\text{s.t.} \hat{f}_{\ell,s,t} - B_\ell \left(\upsilon_{n_\ell^+,s,t} - \upsilon_{n_\ell^-,s,t} \right) = 0, \forall \ell, s, t \tag{7.11b}$$

$$-K_\ell^{\text{tm}} \leqslant \hat{f}_{\ell,s,t} \leqslant K_\ell^{\text{tm}}, \forall \ell, s, t \tag{7.11c}$$

$$-\pi \leqslant \upsilon_{n,s,t} \leqslant \pi, \forall n, s, t \tag{7.11d}$$

$$c_{n,s,t} - \sum_{i \in \mathcal{I}} \sum_{u \in \mathcal{U}_{i,n}} y_{i,n,s,t,u} + T_t \sum_{\ell \in \mathcal{L}_n^+} \hat{f}_{\ell,s,t} - T_t \sum_{\ell \in \mathcal{L}_n^-} \hat{f}_{\ell,s,t} = 0, \ \forall n, s, t \tag{7.11e}$$

$$y_{i,n,s,t,u} \leqslant T_t A_{n,s,t,u} \left(K_{i,n,u}^{\text{gen}} + z_{i,n,u} \right), \forall i, n, s, t, u \in \mathcal{U}_{i,n} \tag{7.11f}$$

$$y_{i,n,s,t,u} - y_{i,n,s,t-1,u} \leqslant T_t R_u^{\text{up}} \left(K_{i,n,u}^{\text{gen}} + z_{i,n,u} \right), \ \forall i, n, s, t, u \in \mathcal{U}_{i,n} \tag{7.11g}$$

$$-y_{i,n,s,t,u} + y_{i,n,s,t-1,u} \leqslant T_t R_u^{\text{down}} \left(K_{i,n,u}^{\text{gen}} + z_{i,n,u} \right), \forall i, n, s, t, u \in \mathcal{U}_{i,n} \tag{7.11h}$$

$$c_{n,s,t} \geqslant 0, \forall n, s, t \tag{7.11i}$$

$$y_{i,n,s,t,u} \geqslant 0, \forall i, n, s, t, u \in \mathcal{U}_{i,n} \tag{7.11j}$$

$$z_{i,n,u} \geqslant 0, \forall i, n, u \in \mathcal{U}_{i,n} \tag{7.11k}$$

$$\hat{f}_{\ell,s,t} \text{u.r.s.}, \forall \ell, s, t \tag{7.11l}$$

$$\upsilon_{n,s,t} \text{u.r.s.}, \forall n, s, t \tag{7.11m}$$

其中，$\Omega^{\text{CP}} \equiv \left\{ c_{n,s,t}, \hat{f}_{\ell,s,t}, \upsilon_{n,s,t}, y_{i,n,s,t,u}, z_{i,n,u} \right\}$ 为优化变量。目标函数式（7.11a）是求包括发电投资成本在内的社会福利的最大值，也就是说，除了去掉输电投资成本和加入发电投资成本外，它与输电扩容的目标函数式（7.3a）完全相同。基尔霍夫定律包含在式（7.11b）~ 式（7.11d）中，由于输电容量（和电纳水平）是固定的，因此不需要像式（7.3d）~ 式（7.3e）中那样线性化。节点电量均衡也体现在式（7.11e）中，式（7.11f）~ 式（7.11h）中规定了容量和爬坡约束条件，参见式（7.3i）~ 式（7.3k），其中包括现有和新建发电机组。最后，式（7.11i）~ 式（7.11k）为非负约束条件，例如发电投资不能为负值，而式（7.11l）~ 式（7.11m）则表示潮流和电压相角无符号限制。

示例 7.3 集中式规划发电扩容情况下的福利最大化二次规划

利用图 7.2 中的三节点测试网络和示例 7.1 中的数据，本例对基准集中式发电扩容进行了二次规划见式（7.11a）~式（7.11m）。其中，表 7.1 列出了需求数据，表 7.2 列出了发电运行特性，表 7.3 和表 7.4 显示了 VRES 可用性 ❶。季节权重和时段时长分别为 $W_s = 183$ 和 $T_t = 8$。由于本例重点关注发电投资，因此现在将所有线路的输电容量固定为 48.8 MW，相应的电纳如表 7.5 所示 ❷。此外，对于技术 $u = 1$ 至 $u = 4$，发电投资的摊销成本分别为 1,265 美元 /kW、4,375 美元 /kW、3,676 美元 /kW 和 1,084 美元 /kW。这分别对应 200 MW 陆上风力发电厂、400 MW 海上风力发电厂、650 MW 燃煤电厂和 430 MW 联合循环燃气电厂的摊销成本 [4]。采用第 2.3.1 节中的摊销步骤，摊销期为 30 年，年利率为 5%，每年的摊销成本分别为 82,290 美元 /MW、284,602 美元 /MW、239,120 美元 /MW 和 70,510 美元 /MW ❸。

社会最优发电扩容结果是：在节点 $n = 2$ 处增设 91.04 MW 的陆上风力发电装机容量（$u = 1$），在节点 $n = 1$ 处增设 27.83 MW 的燃气发电装机容量（$u = 4$）。由于一开始没有发电装机容量和足够的输电容量来防止出现阻塞，因此生产者剩余和销售盈余都等于零。换句话说，设想企业的投资和运营决策应使其收入完全覆盖摊销后的资本成本和运营成本 ❹。同样，在没有输电阻塞的情况下，整个网络的价格相等，因而不会给设想的独立系统运营商带来任何收入。因此，社会福利的最大值等于消费者剩余（见表 7.16）。在运营方面，所有发电都发生在节点 $n = 1$ 和 $n = 2$，其中节点 $n = 2$ 总体上为净输出方（见表 7.17）。相比之下，节点 $n = 1$ 和 $n = 3$ 总体上为净输入方，电能从节点 $n = 2$ 流向这两个节点，同时也有部分电能从节点 $n = 1$ 沿线路 $\ell = 3$ 流向节点 $n = 3$。

---

❶ 为了关注发电投资，此处没有引入初始发电装机容量。

❷ 目标函数中不包括输电投资的沉没成本。

❸ 假设对发电投资采用离散化决策更为现实。因为摊销成本随装机容量的变化而变化，因此这种假设更适合估算摊销成本。然而，要在下层（如第 7.3.2 节中的跟随企业）引入离散投资是具有挑战性的。因此，在假定没有规模效应的前提下，此处采用典型电厂来估算摊销资本成本。

❹ 摊销投资成本计入生产者剩余。

表 7.16　发电扩容的社会福利结果　　　　　　单位：美元

组成部分	集中式规划	双层规划
消费者剩余	24,272,952	19,328,908
生产者剩余	0	3,865,903
销售盈余	0	0
社会福利	24,272,952	23,194,811

表 7.17　发电扩容的运营结果　　　　　　单位：MWh

属性	节点（或线路）	集中式规划	双层规划
用电量	$n=1$	187,488	174,393
	$n=2$	99,648	86,553
	$n=3$	77,688	64,593
发电量	$n=1$	130,376	176,576
	$n=2$	234,449	148,962
	$n=3$	0	0
净输入电量	$n=1$	57,112	−2183
	$n=2$	−134,800	−62,409
	$n=3$	77,688	64,592
电能流动	$\ell=1$	−63,971	−20,075
	$\ell=2$	70,830	42,334
	$\ell=3$	6859	22,259

表 7.18　集中式发电扩容情况下的价格　　　　　　单位：美元 /MWh

季节	时段		
	$t=1$	$t=2$	$t=3$
$s=1$	66.92	61.51	73.65
$s=2$	54.78	38.62	0

表 7.19 集中式发电扩容情况下的发电量 单位：MWh

节点	季节	时段		
		$t = 1$	$t = 2$	$t = 3$
$n = 1$	$s = 1$	133.58	222.64	222.64
	$s = 2$	133.58	0	0
$n = 2$	$s = 1$	145.66	72.83	36.42
	$s = 2$	182.08	364.15	480

对运营结果的深入研究进一步揭示了季节性动态变化。例如，在季节 $s = 1$，时段 $t = 1$ 的价格由受到爬坡约束的燃气电厂和受到容量约束的陆上风力发电厂决定，而时段 $t = 2$ 和 $t = 3$ 的价格则由受到容量约束的燃气电厂和陆上风力发电厂决定（见表 7.18）。为了理解这个推理过程，需注意，在时段 $t = 1$ 内，燃气电厂的发电量为 133.58 MWh，是其最大出力的 60% 且符合其爬坡能力，而陆上风电厂的发电量为 145.66 MWh，是其最大出力的 20% 且符合其可用系数（见表 7.19）。在时段 $t = 2$ 和 $t = 3$ 内，燃气电厂的最大发电量为 222.64 MWh，而陆上风力发电厂分别根据其可用性按最大出力的 10% 和 5% 进行调度。事实上，在时段 $t = 2$ 和 $t = 3$ 内，由于节点 $n = 2$ 的陆上风电可用系数相对较低，节点 $n = 2$ 实际上是净输入方，而节点 $n = 1$ 则是净输出方（见表 7.20）。因此，线路 $\ell = 1$ 上的电能从节点 $n = 1$ 正向流动到节点 $n = 2$。然而，在时段 $t = 1$ 内，由于节点 $n = 1$ 的燃气电厂受到爬坡约束，而节点 $n = 2$ 的风能利用率相对较高，情况发生了逆转，即电能从节点 $n = 2$ 流向节点 $n = 1$。最后，节点 $n = 3$ 始终是净输入方，线路 $\ell = 2$ 和线路 $\ell = 3$ 上的电能均为正向流动。

表 7.20 集中式发电扩容情况下的净输入电量 单位：MWh

节点	季节	时段		
		$t = 1$	$t = 2$	$t = 3$
$n = 1$	$s = 1$	19.50	−64.15	−76.29
	$s = 2$	31.64	181.39	220

节点	季节	时段		
		$t = 1$	$t = 2$	$t = 3$
$n = 2$	$s = 1$	−72.58	5.66	29.94
	$s = 2$	−96.86	−262.77	−340
$n = 3$	$s = 1$	53.08	58.49	46.35
	$s = 2$	65.22	81.38	120

在季节 $s = 2$，由于节点 $n = 2$ 的风能利用率较高，价格和电能流动模式有所不同。事实上，燃气电厂只在时段 $t = 1$ 进行调度，其余各时段内则根本没有被调度。因此，时段 $t = 1$ 的价格由受到爬坡约束的燃气电厂 [注] 和受到容量约束的陆上风电厂决定。同时，时段 $t = 2$ 和 $t = 3$ 的价格由陆上风电厂决定，分别为 38.62 美元 /MWh 和 0 美元 /MWh，分别对应容量受限和不受限的调度情况。因此，在整个季节 $s = 2$，节点 $n = 2$ 一直是净输出方，而节点 $n = 1$ 和 $n = 3$ 则是净输入方。与季节 $s = 1$ 不同的是，除了在时段 $t = 1$ 对燃气电厂进行调度时，电能一般会沿着线路 $\ell = 3$ 从节点 $n = 3$ 流向节点 $n = 1$。

7.3.2 双层发电扩容

在评估放松管制的电力行业中的发电扩容时，假定企业 $i*$ 是策略型企业并拥有先发优势[14]。因此，相对于追随企业 $\hat{i} \in \hat{\mathcal{I}}$ 而言（其中 $i* \cup \hat{\mathcal{I}} = \mathcal{I}$ 且 $i* \cap \hat{\mathcal{I}} = \varnothing$），企业 $i*$ 在容量投资方面表现得像一个斯塔克尔伯格领导者。根据预测到的下层市场出清情况和追随者的增加容量，上层策略型企业 $i*$ 进行投资决策。实际上，跟随者的投资和运营决策被视为开环决策，即如同它们是同时做出的。此外，本小节不考虑下层的运营市场支配力，以便重点研究策略投资的影响。

相应地，上层问题是策略型企业 $i*$ 的发电扩容问题：

[注] 实际上，燃气电厂在时段 $t = 1$ 受到上爬坡约束，在时段 $t = 2$ 受到下爬坡约束。

$$
\underset{z_{i^{*},n,u}}{\text{Maximize}} \sum_{s \in \mathcal{S}} W_s \sum_{n \in \mathcal{N}} \sum_{t \in \mathcal{T}} \sum_{u \in \mathcal{U}_{i^{*},n}} \left(\frac{\lambda_{n,s,t}}{W_s} - C_{i^{*},n,u}^{\text{opr}} \right) y_{i^{*},n,s,t,u}
$$
$$
- \sum_{n \in \mathcal{N}} \sum_{u \in \mathcal{U}_{i^{*},n}} C_{i^{*},n,u}^{\text{gen}} z_{i^{*},n,u} \tag{7.12a}
$$

$$
\text{s.t.} z_{i^{*},n,u} \geqslant 0, \ \forall n, u \in \mathcal{U}_{i^{*},n} \tag{7.12b}
$$

目标函数式（7.12a）最大化包括销售收入在内的利润减去运营成本和发电扩容成本，但投资不得为负值见式（7.12b）。需要强调的是，策略型企业的收入 $\frac{\lambda_{n,s,t}}{W_s} y_{i^{*},n,s,t,u}$ 是下层原始变量和对偶变量的乘积。因此，虽然企业 i^* 并不直接控制市场出清价格，但它可以间接地通过投资决策影响市场出清价格。

在下层，策略型企业 $i*$ 是价格接受者，仅有 $y_{i^*,n,s,t,u}$ 作为决策变量：

$$
\underset{y_{i^{*},n,s,t,u}}{\text{Maximize}} \sum_{s \in \mathcal{S}} W_s \sum_{n \in \mathcal{N}} \sum_{t \in \mathcal{T}} \sum_{u \in \mathcal{U}_{i^{*},n}} \left(\frac{\lambda_{n,s,t}}{W_s} - C_{i^{*},n,u}^{\text{opr}} \right) y_{i^{*},n,s,t,u}
$$
$$
- \sum_{n \in \mathcal{N}} \sum_{u \in \mathcal{U}_{i^{*},n}} C_{i^{*},n,u}^{\text{gen}} z_{i^{*},n,u} \tag{7.13a}
$$

$$
\text{s.t.} y_{i^{*},n,s,t,u} \leqslant T_t A_{n,s,t,u} \left(K_{i^{*},n,u}^{\text{gen}} + z_{i^{*},n,u} \right) : \beta_{i^{*},n,s,t,u},
$$
$$
\forall n,s,t,u \in \mathcal{U}_{i^{*},n} \tag{7.13b}
$$

$$
y_{i^{*},n,s,t,u} - y_{i^{*},n,s,t-1,u} \leqslant T_t R_u^{\text{up}} \left(K_{i^{*},n,u}^{\text{gen}} + z_{i^{*},n,u} \right) :
$$
$$
\beta_{i^{*},n,s,t,u}^{\text{up}}, \forall n,s,t,u \in \mathcal{U}_{i^{*},n} \tag{7.13c}
$$

$$
-y_{i^{*},n,s,t,u} + y_{i^{*},n,s,t-1,u} \leqslant T_t R_u^{\text{down}} \left(K_{i^{*},n,u}^{\text{gen}} + z_{i^{*},n,u} \right) :
$$
$$
\beta_{i^{*},n,s,t,u}^{\text{down}}, \forall n,s,t,u \in \mathcal{U}_{i^{*},n} \tag{7.13d}
$$

$$
y_{i^{*},n,s,t,u} \geqslant 0 : \phi_{i^{*},n,s,t,u}^{y}, \forall n,s,t,u \in \mathcal{U}_{i^{*},n} \tag{7.13e}
$$

目标函数式（7.13a）是在考虑给定市场出清价格和发电投资的情况下求利润的最大值，而在对容量扩展值 $z_{i^{*},n,u}$ 进行调整后，约束条件式（7.13b）～式（7.13e）与式（7.5b）～式（7.5e）类似。对偶变量仍以小写希腊字母给出，与相关约束条件相邻。

非策略型企业 $\hat{i} \in \hat{\mathcal{I}}$ 的下层问题与策略型企业类似，但它也可以进行发电容量投资：

$$\underset{y_{\hat{i},n,s,t,u},z_{\hat{i},n,u}}{\text{Maximize}} \sum_{s\in\mathcal{S}} W_s \sum_{n\in\mathcal{N}} \sum_{t\in\mathcal{T}} \sum_{u\in\mathcal{U}_{\hat{i},n}} \left(\frac{\lambda_{n,s,t}}{W_s} - C_{\hat{i},n,u}^{\text{opr}} \right) y_{\hat{i},n,s,t,u}$$
$$- \sum_{n\in\mathcal{N}} \sum_{u\in\mathcal{U}_{\hat{i},n}} C_{\hat{i},n,u}^{\text{gen}} z_{\hat{i},n,u} \tag{7.14a}$$

$$\text{s.t.} \, y_{\hat{i},n,s,t,u} \leqslant T_t A_{n,s,t,u} \left(K_{\hat{i},n,u}^{\text{gen}} + z_{\hat{i},n,u} \right) : \beta_{\hat{i},n,s,t,u},$$
$$\forall n,s,t,u \in \mathcal{U}_{\hat{i},n} \tag{7.14b}$$

$$y_{\hat{i},n,s,t,u} - y_{\hat{i},n,s,t-1,u} \leqslant T_t R_u^{\text{up}} \left(K_{\hat{i},n,u}^{\text{gen}} + z_{\hat{i},n,u} \right) :$$
$$\beta_{\hat{i},n,s,t,u}^{\text{up}}, \forall n,s,t,u \in \mathcal{U}_{\hat{i},n} \tag{7.14c}$$

$$-y_{\hat{i},n,s,t,u} + y_{\hat{i},n,s,t-1,u} \leqslant T_t R_u^{\text{down}} \left(K_{\hat{i},n,u}^{\text{gen}} + z_{\hat{i},n,u} \right) :$$
$$\beta_{\hat{i},n,s,t,u}^{\text{down}}, \forall n,s,t,u \in \mathcal{U}_{\hat{i},n} \tag{7.14d}$$

$$y_{\hat{i},n,s,t,u} \geqslant 0 : \phi_{\hat{i},n,s,t,u}^{y}, \forall n,s,t,u \in \mathcal{U}_{\hat{i},n} \tag{7.14e}$$

$$z_{\hat{i},n,u} \geqslant 0 : \phi_{\hat{i},n,u}^{z}, \forall n,u \in \mathcal{U}_{\hat{i},n} \tag{7.14f}$$

由于下层存在扩容决策$z_{\hat{i},n,u}$，约束条件式（7.14f）包含在非策略型企业的问题中。

独立系统运营商仍负责管理电网中的消费者剩余和输电网潮流。因此，其优化问题与第 7.2.2 节中的式（7.6a）~式（7.6j）类似：

$$\underset{c_{n,s,t},\hat{f}_{\ell,s,t},\upsilon_{n,s,t}}{\text{Maximize}} \sum_{s\in\mathcal{S}} W_s \sum_{t\in\mathcal{T}} \sum_{n\in\mathcal{N}} \left(D_{n,s,t}^{\text{int}} c_{n,s,t} - \frac{1}{2} D_{n,s,t}^{\text{slp}} c_{n,s,t}^2 \right) \tag{7.15a}$$

$$\text{s.t.} \, \hat{f}_{\ell,s,t} - B_\ell \left(\upsilon_{n_\ell^+,s,t} - \upsilon_{n_\ell^-,s,t} \right) = 0 : \mu_{\ell,s,t}, \forall \ell,s,t \tag{7.15b}$$

$$\underline{\mu}_{\ell,s,t} : -K_\ell^{\text{trn}} \leqslant \hat{f}_{\ell,s,t} \leqslant K_\ell^{\text{trn}} : \overline{\mu}_{\ell,s,t}, \forall \ell,s,t \tag{7.15c}$$

$$\underline{\kappa}_{n,s,t} : -\pi \leqslant \upsilon_{n,s,t} \leqslant \pi : \overline{\kappa}_{n,s,t}, \forall n,s,t \tag{7.15d}$$

$$c_{n,s,t} - \sum_{i\in\mathcal{I}} \sum_{u\in\mathcal{U}_{i,n}} y_{i,n,s,t,u} + T_t \sum_{\ell\in\mathcal{L}_n^+} \hat{f}_{\ell,s,t} - T_t \sum_{\ell\in f_n^-} \hat{f}_{\ell,s,t}$$
$$= 0 : \lambda_{n,s,t}, \forall n,s,t \tag{7.15e}$$

$$c_{n,s,t} \geqslant 0 : \phi_{n,s,t}^c, \forall n,s,t \qquad (7.15\text{f})$$

$$\hat{f}_{\ell,s,t} \text{ u.r.s., } \forall \ell,s,t \qquad (7.15\text{g})$$

$$\upsilon_{n,s,t} \text{ u.r.s., } \forall n,s,t \qquad (7.15\text{h})$$

由于输电容量固定，因此不再需要变量 $f_{j,g,s,t}$。否则，独立系统运营商的目标函数（即求消费者总剩余的最大值），式（7.15a）就与式（7.6a）一致。同样，基尔霍夫定律［见式（7.15b）］、输电容量［见式（7.15c）］、电压角［见式（7.15d）］、节点能量平衡［见式（7.15e）］和变量［见式（7.15f）~式（7.15h）］的约束条件与第 7.2.2 节中的约束条件相似。

总体而言，双层模型由策略型企业 $i*$ 的上层问题［见式（7.12a）~式（7.12b）］和以下三部分组成：①策略型企业 $i*$ 的下层运营问题，见式（7.13a）~式（7.13e）；②非战略型公司 $\hat{i} \in \hat{I}$ 的开环投资和运营问题，见式（7.14a）~式（7.14f）；③独立系统运营商的剩余最大化问题，见式（7.15a）~式（7.15h）。其中，上层问题受制于各下层问题。

通过第 7.2.2 节中使用的原始约束和对偶约束数学规划法，可以重新表述这个双层模型。在这种情况下，首先将各下层问题重新表述为单一行为主体的二次规划问题，然后等效地表示为所得到二次规划问题的各项，即原始约束条件、对偶约束条件和强对偶表达式。但是，在此过程中，会出现两个复杂问题。第一，上层目标函数式（7.12a）有双线性项 $\lambda_{n,s,t} y_{i*,n,s,t,u}$，即下层对偶变量和原始变量的乘积。这些双线性项需要通过二进制扩充法或利用策略型企业下层规划问题的强对偶性［见式（7.13a）~式（7.13e）］进行线性化处理。第二，下层二次规划问题的强对偶表达式包括双线性项 $\beta_{i*,n,s,t,u} z_{i*,n,u}$、$\beta_{i*,n,s,t,u}^{\text{up}} z_{i*,n,u}$，和 $\beta_{i*,n,s,t,u}^{\text{down}} z_{i*,n,u}$，因为 $z_{i*,n,u}$ 不是下层变量。这些双线性项也需要通过二元展开法进行线性化处理。

虽然可以采用前述原始约束和对偶约束数学规划法，但对于现实问题实例而言，通过对偶变量对强对偶表达式进行线性化处理，在计算上可能并不可行[34]。相反，采用均衡约束数学规划法将双层模型重新表述为混合整数二次规划问题，可能更加合理。具体来说，是将每个下层问题替换为其 KKT 条件。虽然这需要通过强对偶性对式（7.12a）中的双线性项进行线性化处理，以及通过对偶变量对 KKT 条件进行线性化处理[5,6]，但并没有像原始约束和对偶约束数学规划法所产生混合整数二次约束二次规划问题中那样，对双线性项造成二次约束。

与策略型企业 $i*$ 的下层优化问题［式（7.13a）~式（7.13e）］相对应的 KKT 条件是：

$$W_s C_{i^*,n,u}^{\mathrm{opr}} + \beta_{i^*,n,s,t,u} + \beta_{i^*,n,s,t,u}^{\mathrm{up}} - \beta_{i^*,n,s,t,u}^{\mathrm{down}} - \beta_{i^*,n,s,t+1,u}^{\mathrm{up}}$$
$$+ \beta_{i^*,n,s,t+1,u}^{\mathrm{down}} - \lambda_{n,s,t} - \phi_{i^*,n,s,t,u}^{\mathrm{y}} = 0, \forall n,s,t,u \in \mathcal{U}_{i^*,n} \tag{7.16a}$$

$$0 \leqslant \phi_{i^*,n,s,t,u}^{\mathrm{y}} \perp y_{i^*,n,s,t,u} \geqslant 0, \ \forall n,s,t,u \in \mathcal{U}_{i^*,n} \tag{7.16b}$$

$$0 \leqslant \beta_{i^*,n,s,t,u} \perp T_t A_{n,s,t,u} \left(K_{i^*,n,u}^{\mathrm{gen}} + z_{i^*,n,u} \right) - y_{i^*,n,s,t,u} \geqslant 0,$$
$$\forall n,s,t,u \in \mathcal{U}_{i^*,n} \tag{7.16c}$$

$$0 \leqslant \beta_{i^*,n,s,t,u}^{\mathrm{up}} \perp T_t R_u^{\mathrm{up}} \left(K_{i^*,n,u}^{\mathrm{gen}} + z_{i^*,n,u} \right) - y_{i^*,n,s,t,u} + y_{i^*,n,s,t-1,u} \geqslant 0,$$
$$\forall n,s,t,u \in \mathcal{U}_{i^*,n} \tag{7.16d}$$

$$0 \leqslant \beta_{i^*,n,s,t,u}^{\mathrm{down}} \perp T_t R_u^{\mathrm{down}} \left(K_{i^*,n,u}^{\mathrm{gen}} + z_{i^*,n,u} \right) + y_{i^*,n,s,t,u} - y_{i^*,n,s,t-1,u} \geqslant 0,$$
$$\forall n,s,t,u \in \mathcal{U}_{i^*,n} \tag{7.16e}$$

同样，非策略型企业也有一组与优化问题［式（7.14a）~式（7.14f）］相对应的类似 KKT 条件：

$$W_s C_{i,n,u}^{\mathrm{opr}} + \beta_{i,n,s,t,u} + \beta_{i,n,s,t,u}^{\mathrm{up}} - \beta_{i,n,s,t,u}^{\mathrm{down}} - \beta_{i,n,s,t+1,u}^{\mathrm{up}}$$
$$+ \beta_{i,n,s,t+1,u}^{\mathrm{down}} - \lambda_{n,s,t} - \phi_{i,n,s,t,u}^{\mathrm{y}} = 0, \ \forall \hat{i} \in \hat{\mathcal{I}}, n,s,t,u \in \mathcal{U}_{\hat{i},n} \tag{7.17a}$$

$$0 \leqslant \phi_{\hat{i},n,s,t,u}^{\mathrm{y}} \perp y_{\hat{i},n,s,t,u} \geqslant 0, \forall \hat{i} \in \hat{\mathcal{I}}, n,s,t,u \in \mathcal{U}_{\hat{i},n} \tag{7.17b}$$

$$0 \leqslant \beta_{\hat{i},n,s,t,u} \perp T_t A_{n,s,t,u} \left(K_{\hat{i},n,u}^{\mathrm{gen}} + z_{\hat{i},n,u} \right) - y_{\hat{i},n,s,t,u} \geqslant 0,$$
$$\forall \hat{i} \in \hat{\mathcal{I}}, n,s,t,u \in \mathcal{U}_{\hat{i},n} \tag{7.17c}$$

$$0 \leqslant \beta_{\hat{i},n,s,t,u}^{\mathrm{up}} \perp T_t R_u^{\mathrm{up}} \left(K_{\hat{i},n,u}^{\mathrm{gen}} + z_{\hat{i},n,u} \right) - y_{\hat{i},n,s,t,u} + y_{\hat{i},n,s,t-1,u} \geqslant 0,$$
$$\forall \hat{i} \in \hat{\mathcal{I}}, n,s,t,u \in \mathcal{U}_{\hat{i},n} \tag{7.17d}$$

$$0 \leqslant \beta_{\hat{i},n,s,t,u}^{\mathrm{down}} \perp T_t R_u^{\mathrm{down}} \left(K_{\hat{i},n,u}^{\mathrm{gen}} + z_{\hat{i},n,u} \right) + y_{\hat{i},n,s,t,u} - y_{\hat{i},n,s,t-1,u} \geqslant 0,$$
$$\forall \hat{i} \in \hat{\mathcal{I}}, n,s,t,u \in \mathcal{U}_{\hat{i},n} \tag{7.17e}$$

$$C_{\hat{i},n,u}^{\mathrm{gen}} - \sum_{s\in\mathcal{S}}\sum_{t\in\mathcal{T}} T_t A_{n,s,t,u}\beta_{\hat{i},n,s,t,u} - \sum_{s\in\mathcal{S}}\sum_{t\in\mathcal{T}} T_t R_u^{\mathrm{up}}\beta_{\hat{i},n,s,t,u}^{\mathrm{up}}$$

$$-\sum_{s\in\mathcal{S}}\sum_{t\in\mathcal{T}} T_t R_u^{\mathrm{down}}\beta_{\hat{i},n,s,t,u}^{\mathrm{down}} - \phi_{\hat{i},n,u}^z = 0, \ \forall \hat{i}\in\hat{\mathcal{I}}, n, u\in\mathcal{U}_{i,n} \tag{7.17f}$$

$$0\leqslant \phi_{\hat{i},n,u}^z \perp z_{\hat{i},n,u}\geqslant 0, \forall \hat{i}\in\hat{\mathcal{I}}, n, u\in\mathcal{U}_{i,n} \tag{7.17g}$$

KKT 条件式（7.17a）～式（7.17e）类似于策略型企业 $i*$ 的 KKT 条件式（7.16a）～式（7.16e）。此外，由于非战略性企业 $\hat{i}\in\hat{\mathcal{I}}$ 也必须在下层确定发电容量，因此它还有两个与 $z_{i,n,u}$ 相对应的附加 KKT 条件式（7.17f）～式（7.17g）。例如，式（7.17g）规定，若 $z_{i,n,u}>0$，则 $\phi_{i,n,u}^z=0$。因此，根据式（7.17f），节点 n 处技术 $u\in u_{i,n}$ 的摊销投资成本必须完全由容量租金和爬坡租金支付。

同样，独立系统运营商优化问题［式（7.15a）～式（7.15h）］的 KKT 条件为：

$$-W_s\left(D_{n,s,t}^{\mathrm{int}} - D_{n,s,t}^{\mathrm{slp}}c_{n,s,t}\right) + \lambda_{n,s,t} - \phi_{n,s,t}^c = 0, \forall n, s, t \tag{7.18a}$$

$$\mu_{\ell,s,t} + \overline{\mu}_{\ell,s,t} - \underline{\mu}_{\ell,s,t} - T_t\lambda_{n_\ell^+,s,t} - T_t\lambda_{n_\ell^-,s,t} = 0, \forall \ell, s, t \tag{7.18b}$$

$$-\sum_{\ell\in\mathcal{L}_n^+} B_\ell \mu_{\ell,s,t} + \sum_{\ell\in\mathcal{L}_n^-} B_\ell \mu_{\ell,s,t} + \overline{\kappa}_{n,s,t} - \underline{\kappa}_{n,s,t} = 0, \forall n, s, t \tag{7.18c}$$

$$\mu_{\ell,s,t}\,\mathrm{u.r.s.}, \hat{f}_{\ell,s,t} - B_\ell\left(\upsilon_{n_\ell^+,s,t} - \upsilon_{n_\ell^-,s,t}\right) = 0, \forall \ell, s, t \tag{7.18d}$$

$$0\leqslant \underline{\mu}_{\ell,s,t} \perp \hat{f}_{\ell,s,t} + K_\ell^{\mathrm{tm}}\geqslant 0, \forall \ell, s, t \tag{7.18e}$$

$$0\leqslant \overline{\mu}_{\ell,s,t} \perp -\hat{f}_{\ell,s,t} + K_\ell^{\mathrm{tm}}\geqslant 0, \forall \ell, s, t \tag{7.18f}$$

$$0\leqslant \underline{\kappa}_{n,s,t} \perp \upsilon_{n,s,t} + \pi\geqslant 0, \forall n, s, t \tag{7.18g}$$

$$0\leqslant \overline{\kappa}_{n,s,t} \perp -\upsilon_{n,s,t} + \pi\geqslant 0, \forall n, s, t \tag{7.18h}$$

$$\lambda_{n,s,t}\,\mathrm{u.r.s.}, c_{n,s,t} - \sum_{i\in\mathcal{I}}\sum_{u\in\mathcal{U}_{i,n}} y_{i,n,s,t,u} + T_t\sum_{\ell\in\mathcal{L}_n^+}\hat{f}_{\ell,s,t}$$

$$-T_t\sum_{\ell\in\mathcal{L}_n^-}\hat{f}_{\ell,s,t} = 0, \forall n, s, t \tag{7.18i}$$

$$0\leqslant \phi_{n,s,t}^c \perp c_{n,s,t}\geqslant 0, \forall n, s, t \tag{7.18j}$$

利用这些 KKT 条件来替换下层问题，双层模型可以表示为以下均衡约束数学规划问题：

$$\underset{\{z_{i^*,n,u}\}\cup\Omega^{\mathrm{LL}}\cup\Omega^{\mathrm{DV}}}{\mathrm{Maximize}} \quad （7.12a）$$

$$\text{s.t.} \quad （7.12b）$$
$$（7.16a）\sim（7.16e）$$
$$（7.17a）\sim（7.17g）$$
$$（7.18a）\sim（7.18j）$$

其中，$\Omega^{\mathrm{LL}} \equiv \left\{ c_{n,s,t}, \hat{f}_{\ell,s,t}, \upsilon_{n,s,t}, y_{i,n,s,t,u}, z_{\hat{i},n,u} \right\}$ 且 $\Omega^{\mathrm{DV}} \equiv \left\{ \beta_{i,n,s,t,u}, \beta^{\mathrm{up}}_{i,n,s,t,u}, \beta^{\mathrm{down}}_{i,n,s,t,u}, \phi^{\mathrm{y}}_{i,n,s,t,u}, \phi^{z}_{i,n,u}, \underline{\mu}_{\ell,s,t}, \overline{\mu}_{\ell,s,t}, \underline{\kappa}_{n,s,t}, \overline{\kappa}_{n,s,t}, \phi^{c}_{n,s,t}, \lambda_{n,s,t}, \mu_{\ell,s,t} \right\}$。

需注意，均衡约束数学规划问题是非线性的，因为①目标函数式（7.12a）中有双线性项 $\lambda_{n,s,t} y_{i^*,n,s,t,u}$；②式（7.16b）～式（7.16e）、式（7.17b）～式（7.17e）和式（7.17g），以及式（7.18e）～式（7.18h）和式（7.18j）中有互补条件。

此处修改策略型企业发电投资的均衡约束数学规划模型，利用①非策略型企业线性规划问题［式（7.14a）～式（7.14f）］和独立系统运营商线性规划问题［式（7.15a）～式（7.15h）］的强对偶性，从而对目标函数式（7.12a）中的双线性项 $\lambda_{n,s,t} y_{i^*,n,s,t,u}$[23] 进行线性化处理；②间断约束条件[5] 来转化式（7.16b）～式（7.16e）、式（7.17b）～式（7.17e）和式（7.17g），以及式（7.18e）～式（7.18h）和式（7.18j）中的互补条件。首先将线性规划问题的强对偶性应用到式（7.14a）～式（7.14f），即对于所有 $\hat{i} \in \hat{\mathcal{I}}$ 均成立，可得：

$$\sum_{s\in\mathcal{S}} W_s \sum_{n\in\mathcal{N}} \sum_{t\in T} \sum_{u\in\mathcal{U}_{i,n}} \left(\frac{\lambda_{n,s,t}}{W_s} - C^{\mathrm{opr}}_{\hat{i},n,u} \right) y_{\hat{i},n,s,t,u} - \sum_{n\in\mathcal{N}} \sum_{u\in\mathcal{U}_{i,n}} C^{\mathrm{gen}}_{\hat{i},n,u} z_{\hat{i},n,u}$$

$$= \sum_{n\in\mathcal{N}} \sum_{s\in\mathcal{S}} \sum_{t\in T} \sum_{u\in\mathcal{U}_{i,n}} T_t K^{\mathrm{gen}}_{\hat{i},n,u} \left(A_{n,s,t,u} \beta_{\hat{i},n,s,t,u} + R^{\mathrm{up}}_u \beta^{\mathrm{up}}_{\hat{i},n,s,t,u} + R^{\mathrm{down}}_u \beta^{\mathrm{down}}_{\hat{i},n,s,t,u} \right)$$

$$\Rightarrow \sum_{s\in\mathcal{S}} \sum_{n\in\mathcal{N}} \sum_{t\in T} \sum_{u\in\mathcal{U}_{i,n}} \lambda_{n,s,t} y_{\hat{i},n,s,t,u}$$

$$= \sum_{s\in\mathcal{S}} \sum_{n\in\mathcal{N}} \sum_{t\in T} \sum_{u\in\mathcal{U}_{i,n}} W_s C^{\mathrm{opr}}_{\hat{i},n,u} y_{\hat{i},n,s,t,u} + \sum_{n\in\mathcal{N}} \sum_{u\in\mathcal{U}_{i,n}} C^{\mathrm{gen}}_{\hat{i},n,u} z_{\hat{i},n,u}$$

$$+\sum_{n\in\mathcal{N}}\sum_{s\in\mathcal{S}}\sum_{t\in T}\sum_{u\in\mathcal{U}_{\hat{i},n}}T_t K_{\hat{i},n,u}^{\mathrm{gen}}\left(A_{n,s,t,u}\beta_{\hat{i},n,s,t,u}+R_u^{\mathrm{up}}\beta_{\hat{i},n,s,t,u}^{\mathrm{up}}+R_u^{\mathrm{down}}\beta_{\hat{i},n,s,t,u}^{\mathrm{down}}\right)\quad(7.19)$$

同样，将二次规划问题的强对偶性应用到式（7.15a）~式（7.15h），可得：

$$\sum_{s\in\mathcal{S}}W_s\sum_{n\in\mathcal{N}}\sum_{t\in T}\left(D_{n,s,t}^{\mathrm{int}}c_{n,s,t}-D_{n,s,t}^{\mathrm{slp}}c_{n,s,t}^2\right)$$

$$=\sum_{\ell\in\mathcal{L}}\sum_{s\in\mathcal{S}}\sum_{t\in T}K_\ell^{\mathrm{trn}}\left(\underline{\mu}_{\ell,s,t}+\overline{\mu}_{\ell,s,t}\right)+\sum_{n\in\mathcal{N}}\sum_{s\in\mathcal{S}}\sum_{t\in T}\pi\left(\underline{\kappa}_{n,s,t}+\overline{\kappa}_{n,s,t}\right)$$

$$+\sum_{n\in\mathcal{N}}\sum_{s\in\mathcal{S}}\sum_{t\in T}\lambda_{n,s,t}\left(\sum_{\hat{i}\in\hat{\mathcal{I}}}\sum_{u\in\mathcal{U}_{\hat{i},n}}y_{\hat{i},n,s,t,u}+\sum_{u\in\mathcal{U}_{i^*,n}}y_{i^*,n,s,t,u}\right)$$

$$\Rightarrow\sum_{n\in\mathcal{N}}\sum_{s\in\mathcal{S}}\sum_{t\in T}\sum_{u\in\mathcal{U}_{i^*,n}}\lambda_{n,s,t}y_{i^*,n,s,t,u}$$

$$=\sum_{s\in\mathcal{S}}W_s\sum_{n\in\mathcal{N}}\sum_{t\in T}\left(D_{n,s,t}^{\mathrm{int}}c_{n,s,t}-D_{n,s,t}^{\mathrm{slp}}c_{n,s,t}^2\right)$$

$$-\sum_{\ell\in\mathcal{L}}\sum_{s\in\mathcal{S}}\sum_{t\in T}K_\ell^{\mathrm{trn}}\left(\underline{\mu}_{\ell,s,t}+\overline{\mu}_{\ell,s,t}\right)-\sum_{n\in\mathcal{N}}\sum_{s\in\mathcal{S}}\sum_{t\in T}\pi\left(\underline{\kappa}_{n,s,t}+\overline{\kappa}_{n,s,t}\right)$$

$$-\sum_{\hat{i}\in\hat{\mathcal{I}}}\sum_{n\in\mathcal{N}}\sum_{s\in\mathcal{S}}\sum_{t\in T}\sum_{u\in\mathcal{U}_{\hat{i},n}}\lambda_{n,s,t}y_{\hat{i},n,s,t,u}\quad(7.20)$$

其中利用了一个事实，即 $y_{i,n,s,t,u}$ 不是独立系统运营商优化问题的决策变量以及 $\sum_{i\in\mathcal{I}}\sum_{u\in\mathcal{U}_{i,n}}y_{i,n,s,t,u}=\sum_{\hat{i}\in\hat{\mathcal{I}}}\sum_{u\in\mathcal{U}_{\hat{i},n}}y_{\hat{i},n,s,t,u}+\sum_{u\in\mathcal{U}_{i^*,n}}y_{i^*,n,s,t,u}$。接下来，对所有 $\hat{i}\in\hat{\mathcal{I}}$ 求和，见式（7.19），并将其代入式（7.20），即可得出 $\sum_{n\in\mathcal{N}}\sum_{s\in\mathcal{S}}\sum_{t\in T}\sum_{u\in\mathcal{U}_{i^*,n}}\lambda_{n,s,t}y_{i^*,n,s,t,u}$ 的以下凸化表达式：

$$\sum_{s\in\mathcal{S}}W_s\sum_{n\in\mathcal{N}}\sum_{t\in T}\left(D_{n,s,t}^{\mathrm{int}}c_{n,s,t}-D_{n,s,t}^{\mathrm{slp}}c_{n,s,t}^2\right)$$

$$-\sum_{\ell\in\mathcal{L}}\sum_{s\in\mathcal{S}}\sum_{t\in T}K_\ell^{\mathrm{trn}}\left(\underline{\mu}_{\ell,s,t}+\overline{\mu}_{\ell,s,t}\right)-\sum_{n\in\mathcal{N}}\sum_{s\in\mathcal{S}}\sum_{t\in T}\pi\left(\underline{\kappa}_{n,s,t}+\overline{\kappa}_{n,s,t}\right)$$

$$-\sum_{\hat{i}\in\hat{\mathcal{I}}}\sum_{s\in\mathcal{S}}\sum_{n\in\mathcal{N}}\sum_{t\in T}\sum_{u\in\mathcal{U}_{\hat{i},n}}W_s C_{\hat{i},n,u}^{\mathrm{opr}}y_{\hat{i},n,s,t,u}-\sum_{\hat{i}\in\hat{\mathcal{I}}}\sum_{n\in\mathcal{N}}\sum_{u\in\mathcal{U}_{\hat{i},n}}C_{\hat{i},n,u}^{\mathrm{gen}}z_{\hat{i},n,u}$$

$$-\sum_{\hat{i}\in\hat{\mathcal{I}}}\sum_{n\in\mathcal{N}}\sum_{s\in\mathcal{S}}\sum_{t\in T}\sum_{u\in\mathcal{U}_{\hat{i},n}}T_t K_{\hat{i},n,u}^{\mathrm{gen}}\left(A_{n,s,t,u}\beta_{\hat{i},n,s,t,u}+R_u^{\mathrm{up}}\beta_{\hat{i},n,s,t,u}^{\mathrm{up}}+R_u^{\mathrm{down}}\beta_{\hat{i},n,s,t,u}^{\mathrm{down}}\right)\quad(7.21)$$

因此，策略型企业的目标函数式（7.12a）可以写为：

$$\sum_{s\in\mathcal{S}}W_s\sum_{n\in\mathcal{N}}\sum_{t\in T}\left(D_{n,s,t}^{\mathrm{int}}c_{n,s,t}-D_{n,s,t}^{\mathrm{slp}}c_{n,s,t}^2\right)$$

$$-\sum_{\ell\in\mathcal{L}}\sum_{s\in\mathcal{S}}\sum_{t\in T}K_\ell^{\mathrm{trm}}\left(\underline{\mu}_{\ell,s,t}+\overline{\mu}_{\ell,s,t}\right)-\sum_{n\in\mathcal{N}}\sum_{s\in\mathcal{S}}\sum_{t\in T}\pi\left(\underline{\kappa}_{n,s,t}+\overline{\kappa}_{n,s,t}\right)$$

$$-\sum_{\hat{i}\in\hat{\mathcal{I}}}\sum_{s\in\mathcal{S}}\sum_{n\in\mathcal{N}}\sum_{t\in T}\sum_{u\in\mathcal{U}_{\hat{i},n}}W_s C_{\hat{i},n,u}^{\mathrm{opr}}y_{\hat{i},n,s,t,u}-\sum_{\hat{i}\in\hat{\mathcal{I}}}\sum_{n\in\mathcal{N}}\sum_{u\in\mathcal{U}_{\hat{i},n}}C_{\hat{i},n,u}^{\mathrm{gen}}z_{\hat{i},n,u}$$

$$-\sum_{\hat{i}\in\hat{\mathcal{I}}}\sum_{n\in\mathcal{N}}\sum_{s\in\mathcal{S}}\sum_{t\in T}\sum_{u\in\mathcal{U}_{\hat{i},n}}T_t K_{\hat{i},n,u}^{\mathrm{gen}}\left(A_{n,s,t,u}\beta_{\hat{i},n,s,t,u}+R_u^{\mathrm{up}}\beta_{\hat{i},n,s,t,u}^{\mathrm{up}}\right)$$

$$+R_u^{\mathrm{down}}\beta_{\hat{i},n,s,t,u}^{\mathrm{down}}$$

$$-\sum_{s\in\mathcal{S}}W_s\sum_{n\in\mathcal{N}}\sum_{t\in T}\sum_{u\in\mathcal{U}_{i^*,n}}C_{i^*,n,u}^{\mathrm{opr}}y_{i^*,n,s,t,u}-\sum_{n\in\mathcal{N}}\sum_{u\in\mathcal{U}_{i^*,n}}C_{i^*,n,u}^{\mathrm{gen}}z_{i^*,n,u} \qquad（7.22）$$

对于析取约束，首先为所有企业决策对应的互补条件式（7.16b）~式（7.16e）和式（7.17b）~式（7.17e）设定析取约束条件：

$$0\leqslant y_{i,n,s,t,u}\leqslant M^{\mathrm{y}}x_{i,n,s,t,u}^{\mathrm{y}},\forall i,n,s,t,u\in\mathcal{U}_{i,n} \qquad（7.23a）$$

$$0\leqslant\phi_{i,n,s,t,u}^{\mathrm{y}}\leqslant M^{\mathrm{y}}\left(1-x_{i,n,s,t,u}^{\mathrm{y}}\right),\forall i,n,s,t,u\in\mathcal{U}_{i,n} \qquad（7.23b）$$

$$0\leqslant T_t A_{n,s,t,u}\left(K_{i,n,u}^{\mathrm{gen}}+z_{i,n,u}\right)-y_{i,n,s,t,u}\leqslant M^\beta x_{i,n,s,t,u}^\beta,$$
$$\forall i,n,s,t,u\in\mathcal{U}_{i,n} \qquad（7.23c）$$

$$0\leqslant\beta_{i,n,s,t,u}\leqslant M^\beta\left(1-x_{i,n,s,t,u}^\beta\right),\forall i,n,s,t,u\in\mathcal{U}_{i,n} \qquad（7.23d）$$

$$0\leqslant T_t R_u^{\mathrm{up}}\left(K_{i,n,u}^{\mathrm{gen}}+z_{i,n,u}\right)-y_{i,n,s,t,u}+y_{i,n,s,t-1,u}$$
$$\leqslant M^{\beta^{\mathrm{up}}}x_{i,n,s,t,u}^{\beta^{\mathrm{up}}},\forall i,n,s,t,u\in\mathcal{U}_{i,n} \qquad（7.23e）$$

$$0\leqslant\beta_{i,n,s,t,u}^{\mathrm{up}}\leqslant M^{\beta^{\mathrm{up}}}\left(1-x_{i,n,s,t,u}^{\beta^{\mathrm{up}}}\right),\forall i,n,s,t,u\in\mathcal{U}_{i,n} \qquad（7.23f）$$

$$0\leqslant T_t R_u^{\mathrm{down}}\left(K_{i,n,u}^{\mathrm{gen}}+z_{i,n,u}\right)+y_{i,n,s,t,u}-y_{i,n,s,t-1,u}$$
$$\leqslant M^{\beta^{\mathrm{down}}}x_{i,n,s,t,u}^{\beta^{\mathrm{down}}},\forall i,n,s,t,u\in\mathcal{U}_{i,n} \qquad（7.23g）$$

$$0\leqslant\beta_{i,n,s,t,u}^{\mathrm{down}}\leqslant M^{\beta^{\mathrm{down}}}\left(1-x_{i,n,s,t,u}^{\beta^{\mathrm{down}}}\right),\forall i,n,s,t,u\in\mathcal{U}_{i,n} \qquad（7.23h）$$

$$x_{i,n,s,t,u}^{y} \in \{0,1\}, x_{i,n,s,t,u}^{\beta} \in \{0,1\}, x_{i,n,s,t,u}^{\beta^{\text{up}}} \in \{0,1\},$$

$$x_{i,n,s,t,u}^{\beta^{\text{down}}} \in \{0,1\}, \forall i,n,s,t,u \in \mathcal{U}_{i,n} \tag{7.23i}$$

其中，M^y是一个大的正数，$x_{i,n,s,t,u}^{y}$是一个二元变量，若$y_{i,n,s,t,u} > 0$，则该变量等于1。例如，该二元变量可以转换为$\phi_{i,n,s,t,u}^{y} = 0$①。式（7.23i）中的其他二元变量和大 M 值的定义类似。由于非策略型企业也有与下层发电投资相关的互补条件式（7.17g），此处同样可以通过以下析取约束条件，对其进行线性化处理：

$$0 \leqslant z_{\hat{i},n,u} \leqslant M^z x_{\hat{i},n,u}^{z}, \forall \hat{i} \in \hat{\mathcal{I}}, n, u \in \mathcal{U}_{i,n} \tag{7.24a}$$

$$0 \leqslant \phi_{\hat{i},n,u}^{z} \leqslant M^z \left(1 - x_{\hat{i},n,u}^{z}\right), \forall \hat{i} \in \hat{\mathcal{I}}, n, u \in \mathcal{U}_{i,n} \tag{7.24b}$$

$$x_{\hat{i},n,u}^{z} \in \{0,1\}, \forall \hat{i} \in \hat{\mathcal{I}}, n, u \in \mathcal{U}_{i,n} \tag{7.24c}$$

其中M^z是一个较大的正常数，$x_{\hat{i},n,n}^{z}$是一个二元变量，若$z_{\hat{i},n,u} > 0$，则该变量等于1。

最后使用以下析取约束条件，对独立系统运营商的互补条件式（7.18e）~式（7.18h）和式（7.18j）进行线性化处理：

$$0 \leqslant \hat{f}_{\ell,s,t} + K_{\ell}^{\text{trn}} \leqslant M^{\underline{\mu}} x_{\ell,s,t}^{\underline{\mu}}, \forall \ell,s,t \tag{7.25a}$$

$$0 \leqslant \underline{\mu}_{\ell,s,t} \leqslant M^{\underline{\mu}} \left(1 - x_{\ell,s,t}^{\underline{\mu}}\right), \forall \ell,s,t \tag{7.25b}$$

$$0 \leqslant -\hat{f}_{\ell,s,t} + K_{\ell}^{\text{trn}} \leqslant M^{\bar{\mu}} x_{\ell,s,t}^{\bar{\mu}}, \forall \ell,s,t \tag{7.25c}$$

$$0 \leqslant \bar{\mu}_{\ell,s,t} \leqslant M^{\bar{\mu}} \left(1 - x_{\ell,s,t}^{\bar{\mu}}\right), \forall \ell,s,t \tag{7.25d}$$

$$0 \leqslant \upsilon_{n,s,t} + \pi \leqslant M^{\underline{\kappa}} x_{n,s,t}^{\underline{\kappa}}, \forall n,s,t \tag{7.25e}$$

$$0 \leqslant \underline{\kappa}_{n,s,t} \leqslant M^{\underline{\kappa}} \left(1 - x_{n,s,t}^{\underline{\kappa}}\right), \forall n,s,t \tag{7.25f}$$

$$0 \leqslant -\upsilon_{n,s,t} + \pi \leqslant M^{\bar{\kappa}} x_{n,s,t}^{\bar{\kappa}}, \forall n,s,t \tag{7.25g}$$

$$0 \leqslant \bar{\kappa}_{n,s,t} \leqslant M^{\bar{\kappa}} \left(1 - x_{n,s,t}^{\bar{\kappa}}\right), \forall n,s,t \tag{7.25h}$$

$$0 \leqslant c_{n,s,t} \leqslant M^c x_{n,s,t}^{c}, \forall n,s,t \tag{7.25i}$$

---

① 所谓的"大 M 值"必须调整得足够大，以免对潜在约束条件造成人为限制，但又要足够小，以免给数值求解器带来缩放问题。集中式规划问题实例的结果可以作为这些值的参考。或者，也可以根据其他已知参数来选择大 M 值，例如，参数 My = 1000 对应于任何时段的最大发电量[19]。

$$0 \leqslant \phi_{n,s,t}^{c} \leqslant M^{c}\left(1 - x_{n,s,t}^{c}\right), \forall n,s,t \tag{7.25j}$$

$$x_{\ell,s,t}^{\mu} \in \{0,1\}, x_{\ell,s,t}^{\bar{\mu}} \in \{0,1\}, \forall \ell,s,t \tag{7.25k}$$

$$x_{n,s,t}^{\kappa} \in \{0,1\}, x_{n,s,t}^{\bar{\kappa}} \in \{0,1\}, x_{n,s,t}^{c} \in \{0,1\}, \forall n,s,t \tag{7.25l}$$

最终，与双层发电扩容问题对应的均衡约束数学规划问题，可转化为以下混合整数二次规划问题：

$$\underset{\{z_{i^*,n,u}\} \cup \Omega^{LL} \cup \Omega^{DV} \cup \Omega^{BV}}{\text{Maximize}} \tag{7.22}$$

$$\text{s.t.} \ (7.12b)$$
$$(7.16b)$$
$$(7.17a), (7.17f)$$
$$(7.18a) \sim (7.18d), (7.18i)$$
$$(7.23a) \sim (7.23i)$$
$$(7.24a) \sim (7.24c)$$
$$(7.25a) \sim (7.25l)$$

其中，$\Omega^{BV} \equiv \{x_{i,n,s,t,u}^{y}, x_{i,n,s,t,u}^{\beta}, x_{i,n,s,t,u}^{\beta^{up}}, x_{i,n,s,t,u}^{\beta^{down}}, x_{i,n,u}^{z}, x_{\ell,s,t}^{\mu}, x_{\ell,s,t}^{\bar{\mu}}, x_{n,s,t}^{\kappa}, x_{n,s,t}^{\bar{\kappa}}, x_{n,s,t}^{c}\}$ 是指析取约束条件中所用二元变量的集合。

表 7.21　双层发电扩容的价格　　　　　　单位：美元 /MWh

季节	时段		
	$t = 1$	$t = 2$	$t = 3$
$s = 1$	77.24	56.28	63.62
$s = 2$	69.90	50	50

需要强调的是，约束条件式（7.12b）和式（7.16a）仅适用于策略型企业，约束条件式（7.17a）、式（7.17f）和式（7.24a）~式（7.24c）仅适用于非策略型企业，而约束条件式（7.23a）~式（7.23i）则适用于所有企业。

示例 7.4　双层发电扩容的利润最大化混合整数二次规划

与示例 7.3 中的非策略型企业一样，追求利润最大化的策略型企业 $i = 2$ 在节点 $n = 2$ 上也采用陆上风力发电。然而，与集中规划模型中

91.04 MW 的装机容量相比，这里采用的装机容量仅为 55 MW。这种持留投资的做法是为了提高下层的市场出清价格，从而增加战略型公司的利润。与此同时，非策略型企业 $i = 1$ 扩大其在节点 $n = 1$ 采用技术 $u = 4$ 的新增容量，从 27.83 MW 增至 33.39 MW，以响应价格信号。因此，与集中式规划下的消费者剩余相比，双层框架下的消费者剩余减少了 20% 以上（见表 7.16），而战略型公司的生产者剩余[1]则从零增加到近 400 万美元。由于生产者剩余的增加不足以抵消消费者剩余的损失，因此总体福利损失近 5%。总体运营结果与集中式规划的结果类似（见表 7.17），不同之处在于每个节点的用电量都会减少，燃气发电量会增加，以替代陆上风力发电厂空出的份额。因此，节点 $n = 1$ 实际上总体上为净输出方，以补偿节点 $n = 2$ 减少的部分出力。

通过减少发电投资，策略型企业 $i = 2$ 在大多数（但不是所有）时段都能成功地提高市场出清价格。例如，在季节 $s = 1$，价格仅在时段 $t = 1$ 高于集中式规划下的价格（见表 7.21）。事实上，非策略型企业 $i = 1$ 会扩大其在节点 $n = 1$ 的发电容量，从而在时段 $t = 2$ 和 $t = 3$（当 VRES 可用性有限时）控制价格（见表 7.22）。与时段 $t = 2$ 相比，由于 VRES 可用性较低，时段 $t = 3$ 的价格也较高。在这两个时段，节点 $n = 1$ 的燃气发电厂以额定装机容量运行，只有在时段 $t = 1$ 受到爬坡限制时，才会产生策略型企业所期望的较高价格。因此，时段 $t = 1$ 的价格是由受爬坡约束的燃气发电量和受容量约束的可 VRES 发电量决定的。这使得节点 $n = 2$ 成为净输入方（时段 $t = 1$ 除外），而节点 $n = 1$（$n = 3$）在所有时段都是净输出方（见表 7.23）。

表 7.22   双层发电扩容的发电量   单位：MWh

节点	季节	时段		
		$t = 1$	$t = 2$	$t = 3$
$n = 1$	$s = 1$	160.29	267.15	267.15
	$s = 2$	160.29	110	0

---

[1]   该指标中包括摊销投资成本。

续表

节点	季节	时段		
		$t=1$	$t=2$	$t=3$
$n=2$	$s=1$	88	44	22
	$s=2$	110	220	330

表 7.23　双层发电扩容的净输入电量　　　　　　单位：MWh

节点	季节	时段		
		$t=1$	$t=2$	$t=3$
$n=1$	$s=1$	−17.53	−103.44	−110.77
	$s=2$	−10.20	60	170
$n=2$	$s=1$	−25.24	39.72	54.38
	$s=2$	−39.90	−130	−240
$n=3$	$s=1$	42.76	63.72	56.38
	$s=2$	50.10	70	70

与季节 $s=1$ 相比，在季节 $s=2$，由于 VRES 可用性普遍较高，策略型企业能够决定各项条件。所有时段的价格均高于集中式规划下的价格。具体而言，在时段 $t=2$ 和 $t=3$，节点 $n=1$ 的燃气发电量实际上低于装机容量，这使得节点 $n=2$ 的陆上风力发电厂能够按装机容量进行调度来确定价格。实际上，从战略上设定陆上风力发电装机容量是为了让它取代燃气发电厂，而燃气发电厂本可以以 50 美元 /MWh 的价格实现市场出清。因此，节点 $n=2$（$n=3$）在所有时段都是净输出方（净输入方），而节点 $n=1$ 则是净输入方，只有在时段 $t=1$ 除外（此时 VRES 可用性最低）。

7.4　总结

电力行业的去碳化需要对间歇性可再生能源（VRES）发电技术进行新的投资。在过去十年中，上网电价和可再生能源投资组合标准等政策措施激励发电公司逐步采用 VRES。如第 2 章所述，由此产生的规模效益已将陆上风力发电机的投资成本降至与燃气发电厂相当的水平。尽管如此，此类 VRES 发电厂位于偏远位置且具有间歇性出力，这对电力系统以及与市场力相关的现有问题构成了挑战。

本章设计并采用了输电和发电扩容投资分析模型。输电扩容采取追求福利最大化的输电系统运营商的视角，输电系统运营商在投资新建线路以接入 VRES 时，必须考虑各企业可能施加的市场支配力。与集中式规划模式相比，在放松管制的模式下，各企业在市场运作中的行为方式类似古诺行为，此模式需要一个双层分析框架，而这种框架必然会导致产生不同的输电扩容计划。对于发电投资，本章将追求福利最大化的基准集中式规划采用的发电容量，与作为斯塔科尔伯格领导者的策略型企业所采用的发电容量进行了比较。在这种情况下，策略型公司为了提高市场出清价格而减少发电容量投资，从而以牺牲社会福利为代价实现自身利润最大化。

考虑到大多数经合组织国家有宏大的气候目标，在制定政策时忽视这些现实世界中的复杂因素，不仅会损害经济目标，也会损害环境目标。本章的分析框架提供了依据，可以量化福利损失和探索更好地协调公共和私人激励措施的平衡机制。例如，在输电投资中，输电系统运营商会主动预测下层发电公司的古诺行为。这一视角可扩展到三层模型[24,25]中追求福利最大化输电系统运营商的策略性发电投资问题，其中该输电系统运营商会预测中间层的策略性投资和下层的市场出清情况。另外，即使是在双层模型中，上层实体也可以是政策制定者，其决定 VERS 目标或排放目标，该目标将成为下层的约束条件[27,30]。此外，本章介绍的双层模型还可用于研究储能投资的激励措施[34]，甚至更广泛的产消者行为[26]。最后，更实际的模型需要在均衡约束均衡规划中更细致地考虑时空变化[20,32]和多个发电商[15,35]或输电规划商[12]之间的策略均衡，以及可用于解决大规模双层问题的有效求解方法[2,13]。

7.5 章末练习

7.1 假设有内部解，利用 KKT 条件式（7.2a）~式（7.2g），求出典型二次规划问题［式（7.1a）~式（7.1d）］中所有原始变量和对偶变量的闭式表达

式。提示：依据电力流向和被调度的电厂，将解集划分为不同的情况可能会
有所帮助，参见文献［28］。根据输电线路的规模 K，对原始变量和对偶变量
进行比较静态分析。

7.2　收集相关数据，以便应用适合你所在辖区的示例 7.1 和示例 7.2。输
电扩容计划与政策文件中设定的计划相比，结果如何？

7.3　在示例 7.2 中本书提到，如果采用示例 7.1 中所述的集中式规划下输
电扩容计划，福利最大值实际上更低。通过运行示例 7.2 的 GAMS 代码，同
时将上层决策设为示例 7.1 中的决策，验证情况确实如此。

7.4　应用示例 7.4，但两家企业的角色互换，即让企业 $i = 1$ 成为策略型
公司，在上层做出利润最大化的发电投资决策。与主要采用间歇性可再生能
源的企业相比，拥有化石燃料发电资产的企业会制定何种策略？

7.5　收集相关数据，以便应用适合你所在辖区的示例 7.3 和示例 7.4。发
电扩容计划与政策文件中设定的计划相比，结果如何？

7.6　GAMS 代码

本节提供了数值求解所选示例的 GAMS 代码。为便于进行数值缩放，特
别是对于双层规划问题实例，建模以单日为基础，之后，将各结果（如发电
量）相加，再乘以每个季节的天数（183 天），即可求得每年的结果。以下代
码包含输电扩容问题实例（即示例 7.1 和 7.2）中使用的常用数据。

```
1  * TEP_data.gms: 输电规划问题实例的数据

3  * 集合定义

5  Sets
6  i Firms                          /i1*i2/
7  j Discrete transmission levels   /j1*j10/
8  l Transmission lines             /l1*l3/
9  n Nodes                          /n1*n3/
10 s Seasons                        /s1*s2/
11 t Periods                        /t1*t3/
12 u Generation units               /u1*u4/
```

```
13 itontou(I,N,U) Firm-to-node-to-unit relation /i1.n1.u3, i1.n1.u4
     , i2.n2.u1, i2.n3.u2/
14 ;

16 Set TL Transmission line characteristics
17 /Susceptance, Capacity, Cost/
18 ;

20 Alias(N,NN);
21 Alias(I,II);
22 Alias(U,UU);

24 * 时间参数

26 Parameters
27 TT(T)       Length of each period in hours
28 / t1        8
29 t2          8
30 t3          8/

32 W(S)        Weight of each season
33 / s1        1
34 s2          1/
35 ;

37 * 每个季节的天数

39 Scalar Days /183/
40 ;

42 * 电力线路参数

44 Table Incidance(L,N) Matches power lines with nodes
45        n1      n2      n3
46 l1     1       -1      0
47 l2     0       1       -1
48 l3     1       0       -1
49 ;

51 TABLE LineOpt (J, TL) Transmission line information
52           Susceptance   Capacity    Cost
53 j1        0             0           0
54 j2        1200          3.7         11.9
55 j3        1500          6.1         19.8
56 j4        1700          12.2        39.7
57 j5        2000          18.3        59.5
58 j6        2300          24.4        79.3
```

```
59 j7          2800         30.5         99.1
60 j8          3600         36.6         119.0
61 j9          4900         42.7         138.8
62 j10         5100         48.8         158.6
63 ;

65 Parameter K_trn(J,L) Maximum thermal capacity of power line;
66 K_trn(J,L) = LineOpt(J, 'Capacity');

68 Parameter C_trn(J,L) Amortized investment cost;
69 C_trn(J,L) = SUM(S, SUM(T, W(S)*TT(T)*LineOpt(J, 'Cost')));

71 Parameter B(J,L) Transmission line susceptance;
72 B(J,L) = LineOpt(J, 'Susceptance');

74 Parameter
75 LPlus(L,N)
76 /
77 l1.n1 1
78 l2.n2 1
79 l3.n1 1
80 /

82 LMinus(L,N)
83 /
84 l1.n2 1
85 l2.n3 1
86 l3.n3 1
87 /
88 ;

90 Parameter
91 NPlus(L,N)
92 /
93 l1.n1 1
94 l3.n1 1
95 l2.n2 1
96 /

98 NMinus(L,N)
99 /
100 l1.n2 1
101 l2.n3 1
102 l3.n3 1
103 /
104 ;
```

```
106  * 需求参数

108  Table DemandData(N,*) Demand data by node
109          INT  SLP
110  n1      220  1
111  n2      140  1
112  n3      120  1
113  ;

115  Parameter
116  D_int(N,S,T) Demand intercept,
117  D_slp(N,S,T) Demand slope
118  ;

120  D_int(N,S,T)= DemandData(N, 'INT');
121  D_slp(N,S,T)= DemandData(N, 'SLP');

123  * 发电参数

125  Parameters

127  R(U)       Ramping limit of each technology
128  / u1       1
129    u2       1
130    u3       0.3
131    u4       0.6
132  /
133  ;

135  Table
137  A(N,S,T,U) Maximum availability factor for each technology at
        each node by season and by period
138              u1    u2    u3    u4
139  n1.s1.t1    0     0     1     1
140  n1.s1.t2    0     0     1     1
141  n1.s1.t3    0     0     1     1
142  n1.s2.t1    0     0     1     1
143  n1.s2.t2    0     0     1     1
144  n1.s2.t3    0     0     1     1
145  n2.s1.t1    0.20  0     1     1
146  n2.s1.t2    0.10  0     1     1
147  n2.s1.t3    0.05  0     1     1
148  n2.s2.t1    0.25  0     1     1
149  n2.s2.t2    0.50  0     1     1
150  n2.s2.t3    0.75  0     1     1
151  n3.s1.t1    0     0.20  1     1
```

```
152 n3.s1.t2    0        0.40      1      1
153 n3.s1.t3    0        0.50      1      1
154 n3.s2.t1    0        1.00      1      1
155 n3.s2.t2    0        0.75      1      1
156 n3.s2.t3    0        0.10      1      1
157 ;

159 Table C_opr(I,N,U) Operating cost of generation unit type u at
      node n owned by firm i
160            u1    u2    u3    u4
161 i1.n1      0     0     20    50
162 i2.n2      0     0     20    50
163 i2.n3      0     0     20    50
164 ;

166 Table K_gen(I,N,U) Installed generation capacity of generation
      type u at node n owned by firm i
167            u1      u2      u3      u4
168 i1.n1      0       0       35      40
169 i2.n2      50      0       0       0
170 i2.n3      0       50      0       0
171 ;

173 Parameter K_gen_vres(I,N,U);

175 K_gen_vres('i2','n2','u1')=K_gen('i2','n2','u1');
176 K_gen_vres('i2','n3','u2')=K_gen('i2','n3','u2');

178 Display B, C_trn;

180 Scalar Pi /3.14159/;

182 Scalar M_trn /14500/;
```

以下代码用于求解示例 7.1，以确定集中式规划下的福利最大化输电扩容。

```
1 * CP_TEP.gms：实行混合整数二次规划的三节点中央计划输电扩容规划

3 $INCLUDE PSE/TEP_data.gms

5 Scalar starttime;
6 starttime = jnow;

8 * 变量定义
```

```
10 Variables
11 f(J,L,S,T) Potential power flow on line l at capacity level j in
      season s and period t
12 f_hat(L,S,T) Realized power flow on line l in season s and period
      t
13 v(N,S,T) Voltage angle at node n in season s and period t
14 OF Objective function;

16 Positive variables
17 c(N,S,T) Consumption at node n in season s and period t
18 y(I,N,S,T,U) Generation output from unit u at node n owned by
      firm i in season s and period t
19 ;

21 Binary variables
22 x(J,L) Investment decision on line l at capacity level j;

24 Equations OF_SW, CP_EQ3, CP_EQ4a, CP_EQ4b, CP_EQ5a, CP_EQ5b,
      CP_EQ6, CP_EQ7a, CP_EQ7b, CP_EQ8, CP_EQ9, CP_EQ10, CP_EQ11;
25 * 最大化社会福利
26 OF_SW.. SUM(S, W(S)*(SUM((N,T), D_int(N,S,T)*c(N,S,T) - 0.5*D_slp
      (N,S,T)*c(N,S,T)*c(N,S,T) - SUM(I, SUM(U, C_opr(I,N,U)*y(I,N,
      S,T,U)) ) ) ) ) - SUM((J,L), C_trn(J,L)*x(J,L))-OF =E= 0;
27 * 每条线路 L 只能选择一个容量级别
28 CP_EQ3(L).. SUM(J, x(J,L)) =E= 1;
29 * 在季节 S 和时段 T 内，J 级线路 L 的潮流
30 CP_EQ4a(J,L,S,T).. (1-x(J,L))*M_trn - f(J,L,S,T) + B(J,L)*(SUM(
      N$LPlus(L,N),v(N,S,T)) - SUM(N$LMinus(L,N),v(N,S,T))) =G= 0;
31 * 在季节 S 和时段 T 内，J 级线路 L 的潮流
32 CP_EQ4b(J,L,S,T).. (1-x(J,L))*M_trn + f(J,L,S,T) - B(J,L)*(SUM(
      N$LPlus(L,N),v(N,S,T)) - SUM(N$LMinus(L,N),v(N,S,T))) =G= 0;
33 * 在季节 S 和时段 T 内，J 级线路 L 的输电容量约束条件
34 CP_EQ5a(J,L,S,T).. K_trn(J,L)*x(J,L)-f(J,L,S,T) =G= 0;
35 * 在季节 S 和时段 T 内，J 级线路 L 的输电容量约束条件
36 CP_EQ5b(J,L,S,T).. K_trn(J,L)*x(J,L)+f(J,L,S,T) =G= 0;
37 * 在季节 S 和时段 T 内，线路 L 的实际潮流
38 CP_EQ6(L,S,T).. f_hat(L,S,T) - SUM(J,f(J,L,S,T)) =E= 0;
39 * 在季节 S 和时段 T 内，节点 N 的电压角限值
40 CP_EQ7a(N,S,T).. -v(N,S,T) + Pi =G= 0;
41 * 在季节 S 和时段 T 内，节点 N 的电压角限值
42 CP_EQ7b(N,S,T).. v(N,S,T) + Pi =G= 0;
43 * 在季节 S 和时段 T 内，节点 N 的功率平衡
44 CP_EQ8(N,S,T).. c(N,S,T)- SUM(I, SUM(U, y(I,N,S,T,U))) + TT(T)*
      SUM(L$NPlus(L,N), f_hat(L,S,T)) - TT(T)*SUM(L$NMinus(L,N),
      f_hat(L,S,T)) =E= 0;
```

```
45  * 在季节 S 和时段 T 内，企业 I 的机组 U 在节点 N 的发电量约束条件
46  CP_EQ9(I,N,S,T,U).. -y(I,N,S,T,U) + TT(T)*A(N,S,T,U)*K_gen(I,N,U)
       =G= 0;
47  * 在季节 S 和时段 T 内，企业 I 的机组 U 在节点 N 的发电上爬坡约束条件
48  CP_EQ10(I,N,S,T,U).. R(U)*TT(T)*K_gen(I,N,U) - y(I,N,S,T,U) + y(I
       ,N,S,T-1,U) =G= 0;
49  * 在季节 S 和时段 T 内，企业 I 的机组 U 在节点 N 的发电下爬坡约束条件
50  CP_EQ11(I,N,S,T,U).. R(U)*TT(T)*K_gen(I,N,U) + y(I,N,S,T,U)- y(I,
       N,S,T-1,U) =G= 0;

52  **** 生产者 ****
53  y.fx(I,N,S,T,U)$(NOT itontou(I,N,U))=0;

55  Model CP_MIQP_TEP
56          /
57  ALL
58          /
59  ;
60  option optcr=0;
61  option reslim = 3000000;
62  Option Iterlim=100000;
63  Option MIQCP = Cplex;

65  Solve CP_MIQP_TEP maximizing OF using miqcp ;
```

以下代码用于求解示例 7.2，以确定双层规划输电扩容。

```
1   * BL_TEP.gms：实行混合整数二次约束二次规划的三节点双层输电扩容规划

3   $INCLUDE PSE/TEP_data.gms

5   Scalar starttime;
6   starttime = jnow;

8   * 将 "CO" 设为 "1"，允许存在市场支配力

10  Scalar CO /1/;

12  * 变量定义

14  Variables
15  c(N,S,T) Consumption at node n in season s and period t
16  y(I,N,S,T,U) Generation output from unit u at node n owned by
       firm i in season s and period t
17  f(J,L,S,T) Potential power flow on line l at capacity level j in
```

```
              season s and period t
 18  f_hat(L,S,T) Realized power flow on line l in season s and period
              t
 19  v(N,S,T) Voltage angle at node n in season s and period t
 20  mu(J,L,S,T) Dual for voltage law on line l at capacity level j in
              season s and period t
 21  lambda(N,S,T) Dual for energy balance at node n in season s and
              period t
 22  psi(L,S,T) Dual for realized power flow on line l in season s and
              period t
 23  mu_hat(J,L,S,T) Auxiliary variable for voltage law on line l at
              capacity level j in season s and period t
 24  OF Objective function
 25  ;

 27  Positive variables
 28  phi_c(N,S,T) Dual for non-negativity of consumption at node n in
              season s and period t
 29  phi_y(I,N,S,T,U) Dual for non-negativity of generation from unit
              u at node n owned by firm i in season s and period t
 30  beta(I,N,S,T,U) Dual for generation capacity from unit u at node
              n owned by firm i in season s and period t
 31  beta_up(I,N,S,T,U) Dual for generation up-ramping capacity from
              unit u at node n owned by firm i in season s and period t
 32  beta_down(I,N,S,T,U) Dual for generation down-ramping capacity
              from unit u at node n owned by firm i in season s and period
              t
 33  mu_up(J,L,S,T) Dual for positive transmission capacity on line l
              at capacity level j in season s and period t
 34  mu_down(J,L,S,T) Dual for negative transmission capacity on line
              l at capacity level j in season s and period t
 35  kappa_up(N,S,T) Dual for positive voltage angle limit at node n
              in season s and period t
 36  kappa_down(N,S,T) Dual for negative voltage angle limit at node n
              in season s and period t
 37  ;

 39  Binary variables
 40  x(J,L) Investment decision on line l at capacity level j;

 42  Equations OF_SW, CP_EQ3, CP_EQ4a, CP_EQ4b, CP_EQ5a, CP_EQ5b,
              CP_EQ6, CP_EQ7a, CP_EQ7b, CP_EQ8, CP_EQ9, CP_EQ10, CP_EQ11,
              CP_EQ12, CP_EQ13, SD_EQ, YD_EQ, CD_EQ, FD_EQ, HD_EQ, VD_EQa,
              VD_EQb, VD_EQc, VD_EQd, VD_EQe;
 43  * 最大化社会福利
```

```
44  OF_SW.. SUM(S, W(S)*(SUM((N,T), D_int(N,S,T)*c(N,S,T) - 0.5*D_slp
        (N,S,T)*c(N,S,T)*c(N,S,T) - SUM(I, SUM(U, C_opr(I,N,U)*y(I,N,
        S,T,U)) ) ) ) ) - SUM((J,L), C_trn(J,L)*x(J,L))-OF =E= 0;
45  * 每条线路 L 只能选择一个容量级别
46  CP_EQ3(L).. SUM(J, x(J,L)) =E= 1;
47  * 在季节 S 和时段 T 内，J 级线路 L 的潮流
48  CP_EQ4a(J,L,S,T).. -(1-x(J,L))*M_trn + f(J,L,S,T) - B(J,L)*(SUM(
        N$LPlus(L,N),v(N,S,T)) - SUM(N$LMinus(L,N),v(N,S,T))) =L= 0;
49  * 在季节 S 和时段 T 内，J 级线路 L 的潮流
50  CP_EQ4b(J,L,S,T).. -(1-x(J,L))*M_trn - f(J,L,S,T) + B(J,L)*(SUM(
        N$LPlus(L,N),v(N,S,T)) - SUM(N$LMinus(L,N),v(N,S,T))) =L= 0;
51  * 在季节 S 和时段 T 内，J 级线路 L 的输电容量约束条件
52  CP_EQ5a(J,L,S,T).. -K_trn(J,L)*x(J,L) + f(J,L,S,T) =L= 0;
53  * 在季节 S 和时段 T 内，J 级线路 L 的输电容量约束条件
54  CP_EQ5b(J,L,S,T).. -K_trn(J,L)*x(J,L) - f(J,L,S,T) =L= 0;
55  * 在季节 S 和时段 T 内，线路 L 的实际潮流
56  CP_EQ6(L,S,T).. f_hat(L,S,T) - SUM(J,f(J,L,S,T)) =E= 0;
57  * 在季节 S 和时段 T 内，节点 N 的电压角限值
58  CP_EQ7a(N,S,T).. -v(N,S,T) - Pi =L= 0;
59  * 在季节 S 和时段 T 内，节点 N 的电压角限值
60  CP_EQ7b(N,S,T).. v(N,S,T) - Pi =L= 0;
61  * 在季节 S 和时段 T 内，节点 N 的功率平衡
62  CP_EQ8(N,S,T).. c(N,S,T)- SUM(I, SUM(U, y(I,N,S,T,U))) + TT(T)*
        SUM(L$NPlus(L,N), f_hat(L,S,T)) - TT(T)*SUM(L$NMinus(L,N),
        f_hat(L,S,T)) =E= 0;
63  * 在季节 S 和时段 T 内，企业 I 的机组 U 在节点 N 的发电量约束条件
64  CP_EQ9(I,N,S,T,U).. y(I,N,S,T,U) - TT(T)*A(N,S,T,U)*K_gen(I,N,U)
        =L= 0;
65  * 在季节 S 和时段 T 内，企业 I 的机组 U 在节点 N 的发电上爬坡约束条件
66  CP_EQ10(I,N,S,T,U).. -R(U)*TT(T)*K_gen(I,N,U) + y(I,N,S,T,U) - y(
        I,N,S,T-1,U) =L= 0;
67  * 在季节 S 和时段 T 内，企业 I 的机组 U 在节点 N 的发电下爬坡约束条件
68  CP_EQ11(I,N,S,T,U).. -R(U)*TT(T)*K_gen(I,N,U) - y(I,N,S,T,U) + y(
        I,N,S,T-1,U) =L= 0;
69  * 消费量为非负值
70  CP_EQ12(N,S,T).. -c(N,S,T) =L= 0;
71  * 发电量为非负值
72  CP_EQ13(I,N,S,T,U).. -y(I,N,S,T,U) =L= 0;
73  * 强对偶表达式
74  SD_EQ.. SUM(S, W(S)*(SUM((N,T), D_int(N,S,T)*c(N,S,T) - D_slp(N,S
        ,T)*c(N,S,T)*c(N,S,T) - SUM(I, SUM(U, C_opr(I,N,U)*y(I,N,S,T,
        U)) ) ) ) ) - SUM(S, W(S)*(SUM((N,T), D_slp(N,S,T)*(SUM(I,
        SUM(U, y(I,N,S,T,U))*SUM(U, y(I,N,S,T,U))$(CO) ) ) ) ) )
        - (SUM(I, SUM(N, SUM(S, SUM(T, SUM(U, TT(T)*K_gen(I,N,U)*(A(N
```

```
     ,S,T,U)*beta(I,N,S,T,U) + R(U)*beta_up(I,N,S,T,U) + R(U)*
     beta_down(I,N,S,T,U) ) ) ) ) ) + SUM(L, SUM(S, SUM(T,
     SUM(J, K_trn(J,L)*(mu_up(J,L,S,T)+ mu_down(J,L,S,T))) ) ) )
     +SUM(N, SUM(S, SUM(T, Pi*(kappa_up(N,S,T)+kappa_down(N,S,T))
     ) ) ) ) =G= 0;
75 * 与 y 相关的对偶约束条件
76 YD_EQ(I,N,S,T,U)$(itontou(i,n,u))..  W(S)*C_opr(I,N,U) + beta(I,N,
     S,T,U) + beta_up(I,N,S,T,U) - beta_down(I,N,S,T,U) - beta_up(
     I,N,S,T+1,U) + beta_down(I,N,S,T+1,U) - lambda(N,S,T) - phi_y
     (I,N,S,T,U) + W(S)*D_slp(N,S,T)*SUM(UU, y(I,N,S,T,UU))$(CO) =
     E= 0;
77 * 与 c 相关的对偶约束条件
78 CD_EQ(N,S,T)..  -W(S)*(D_int(N,S,T) - D_slp(N,S,T)*c(N,S,T)) +
     lambda(N,S,T) - phi_c(N,S,T) =E= 0;
79 * 与 f 相关的对偶约束条件
80 FD_EQ(J,L,S,T)..  mu(J,L,S,T)+mu_up(J,L,S,T)-mu_down(J,L,S,T)-psi(
     L,S,T) =E= 0;
81 * 与 f_hat 相关的对偶约束条件
82 HD_EQ(L,S,T)..  psi(L,S,T) + TT(T)*SUM(N$LPlus(L,N), lambda(N,S,T)
     ) - TT(T)*SUM(N$LMinus(L,N), lambda(N,S,T)) =E= 0;
83 * 与 v 相关的对偶约束条件
84 VD_EQa(N,S,T)..  -SUM(L$NPlus(L,N), SUM(J, B(J,L)*(mu(J,L,S,T)-
     mu_hat(J,L,S,T)) ) ) + SUM(L$NMinus(L,N), SUM(J, B(J,L)*(mu(J
     ,L,S,T)-mu_hat(J,L,S,T)) ) ) + kappa_up(N,S,T) - kappa_down(N
     ,S,T) =E= 0;
85 * 与 v 相关的对偶约束条件
86 VD_EQb(J,L,S,T)..  -x(J,L)*M_trn + (mu(J,L,S,T)-mu_hat(J,L,S,T)) =
     L= 0;
87 * 与 v 相关的对偶约束条件
88 VD_EQc(J,L,S,T)..  -x(J,L)*M_trn - (mu(J,L,S,T)-mu_hat(J,L,S,T)) =
     L= 0;
89 * 与 v 相关的对偶约束条件
90 VD_EQd(J,L,S,T)..  -(1-x(J,L))*M_trn + mu_hat(J,L,S,T) =L= 0;
91 * 与 v 相关的对偶约束条件
92 VD_EQe(J,L,S,T)..  -(1-x(J,L))*M_trn - mu_hat(J,L,S,T) =L= 0;

94 **** 生产者 ****
95 y.fx(I,N,S,T,U)$(NOT itontou(I,N,U))=0;

97 Model BL_MIQCQP_TEP
98       /
99 ALL
100      /
101 ;
102 option optcr=0;
```

```
103 option reslim = 3000000;
104 Option Iterlim=100000;
105 Option MIQCP = Cplex;

107 Solve BL_MIQCQP_TEP maximizing OF using miqcp ;
```

以下代码包含发电扩容问题实例（即示例 7.3 和示例 7.4）中使用的常用数据。

```
1  * GEP_data.gms: 发电规划问题实例的数据

3  * 集合定义

5  Sets
6  i Firms                       /i1*i2/
7  is(i) Strategic firms         / i2 /
8  ins(i) Fringe firms           / i1 /
9  l Transmission lines          /l1*l3/
10 n Nodes                       /n1*n3/
11 s Seasons                     /s1*s2/
12 t Periods                     /t1*t3/
13 u Generation units            /u1*u4/
14 itontou(I,N,U) Firm-to-node-to-unit relation /i1.n1.u3, i1.n1.u4
    , i2.n2.u1, i2.n3.u2/
15 ;

17 Set TL Transmission line characteristics
18 /Susceptance, Capacity/
19 ;

21 Alias(N,NN);
22 Alias(I,II);
23 Alias(U,UU);

25 * 时间参数

27 Parameters
28 TT(T)      Length of each period in hours
29 / t1       8
30   t2       8
31   t3       8/

33 W(S)       Weight of each season
34 / s1       1
```

```
35  s2            1/
36  ;

38  * 每个季节的天数

40  Scalar Days /183/
41  ;

43  * 电力线路参数

45  Table  Incidence(L,N) Matches power lines with nodes
46       n1      n2       n3
47  l1   1       -1       0
48  l2   0       1        -1
49  l3   1       0        -1
50  ;

52  TABLE LineOpt (L, TL) Transmission line information
53     Susceptance Capacity
54  l1 5100          48.8
55  l2 5100          48.8
56  l3 5100          48.8
57  ;

59  Parameter K_trn(l) Maximum thermal capacity of power line;
60  K_trn(l) = LineOpt(L, 'Capacity');

62  Parameter B(l) Transmission line susceptance;
63  B(l) = LineOpt(L, 'Susceptance');

66  Parameter
67  LPlus(L,N)
68  /
69  l1.n1 1
70  l2.n2 1
71  l3.n1 1
72  /

74  LMinus(L,N)
75  /
76  l1.n2 1
77  l2.n3 1
78  l3.n3 1
79  /
80  ;

82  Parameter
```

```
83 NPlus(L,N)
84 /
85 l1.n1 1
86 l3.n1 1
87 l2.n2 1
88 /

90 NMinus(L,N)
91 /
92 l1.n2 1
93 l2.n3 1
94 l3.n3 1
95 /
96 ;
```

98 * 需求参数

```
100 Table DemandData(N,*) Demand data by node
101       INT  SLP
102 n1    220  1
103 n2    140  1
104 n3    120  1
105 ;

107 Parameter
108 D_int(N,S,T)    Demand intercept,
109 D_slp(N,S,T)    Demand slope
110 ;

112 D_int(N,S,T)= DemandData(N, 'INT');
113 D_slp(N,S,T)= DemandData(N, 'SLP');
```

115 * 发电参数

```
117 Parameters

119 R(U)      Ramping limit of each technology
120 / u1       1
121   u2       1
122   u3       0.3
123   u4       0.6
124 /
125 ;

127 Table

129 A(N,S,T,U) Maximum availability factor for each technology at
```

```
         each node by season and by period
130                u1       u2       u3      u4
131 n1.s1.t1       0        0        1       1
132 n1.s1.t2       0        0        1       1
133 n1.s1.t3       0        0        1       1
134 n1.s2.t1       0        0        1       1
135 n1.s2.t2       0        0        1       1
136 n1.s2.t3       0        0        1       1
137 n2.s1.t1       0.20     0        1       1
138 n2.s1.t2       0.10     0        1       1
139 n2.s1.t3       0.05     0        1       1
140 n2.s2.t1       0.25     0        1       1
141 n2.s2.t2       0.50     0        1       1
142 n2.s2.t3       0.75     0        1       1
143 n3.s1.t1       0        0.20     1       1
144 n3.s1.t2       0        0.40     1       1
145 n3.s1.t3       0        0.50     1       1
146 n3.s2.t1       0        1.00     1       1
147 n3.s2.t2       0        0.75     1       1
148 n3.s2.t3       0        0.10     1       1
149 ;

151 Table C_opr(I,N,U) Operating cost of generation unit type u at
        node n owned by firm i
152                u1    u2    u3    u4
153 i1.n1          0     0     20    50
154 i2.n2          0     0     20    50
155 i2.n3          0     0     20    50
156 ;

158 Table K_gen(I,N,U) Installed generation capacity of generation
        type u at node n owned by firm i
159                u1       u2       u3      u4
160 i1.n1          0        0        0       0
161 i2.n2          0        0        0       0
162 i2.n3          0        0        0       0
163 ;

165 Table C_gen(i,n,u) Amortized investment cost of generation type u
        at node n owned by firm i
166      u1       u2       u3        u4
167 i1.n1 449.76  1555.2   1306.56   385.44
168 i2.n2 449.76  1555.2   1306.56   385.44
169 i2.n3 449.76  1555.2   1306.56   385.44
170 ;
```

```
172  Parameter K_gen_vres(I,N,U);

174  K_gen_vres('i2','n2','u1')=K_gen('i2','n2','u1');
175  K_gen_vres('i2','n3','u2')=K_gen('i2','n3','u2');

177  Display B, C_gen;

179  Scalar Pi /3.14159/;

181  * 标量 M_trn/14500/ ;

183  Scalar M_y /1000/;

185  Scalar M_beta /3000/;

187  Scalar M_beta_down /3000/;

189  Scalar M_beta_up /3000/;

191  Scalar M_c /1000/;

193  Scalar M_z /1000/;

195  * 标量 M_gamma_d/14500/ ;

197  * 标量 M_gamma_u/14500/ ;

199  Scalar M_mu_down /14500/;

201  Scalar M_mu_up /14500/;

203  Scalar M_kappa_down /3000/;

205  Scalar M_kappa_up /3000/;
```

以下代码用于求解示例 7.3，以确定集中式规划下的福利最大化发电扩容。

```
1   * CP_GEP.gms: 实行二次规划的三节点中央计划发电扩容规划

3   $INCLUDE PSE/GEP_data.gms

5   Scalar starttime;
6   starttime = jnow;

8   * 变量定义

10  Variables
11  f_hat(L,S,T) Realized power flow on line l in season s and period
```

```
         t
12  v(N,S,T) Voltage angle at node n in season s and period t
13  OF Objective function;

15  Positive variables
16  c(N,S,T) Consumption at node n in season s and period t
17  y(I,N,S,T,U) Generation output from unit u at node n owned by
        firm i in season s and period t
18  z(I,N,U) Generation investment in unit u at node n owned by firm
        i
19  ;

21  Equations OF_SW, CP_EQ2, CP_EQ3a, CP_EQ3b, CP_EQ4a, CP_EQ4b,
        CP_EQ5, CP_EQ6, CP_EQ7, CP_EQ8;
22  * 最大化社会福利
23  OF_SW.. SUM(S, W(S)*(SUM((N,T), D_int(N,S,T)*c(N,S,T) - 0.5*D_slp
        (N,S,T)*c(N,S,T)*c(N,S,T) - SUM(I, SUM(U, C_opr(I,N,U)*y(I,N,
        S,T,U)) ) ) ) ) - SUM(I, SUM(N, SUM(U, C_gen(I,N,U)*z(I,N,U)
        ) ) ) - OF =E= 0;
24  * 在季节 S 和时段 T 内,线路 L 的潮流
25  CP_EQ2(L,S,T).. f_hat(L,S,T) - B(L)*(SUM(N$LPlus(L,N),v(N,S,T)) -
        SUM(N$LMinus(L,N),v(N,S,T))) =E= 0;
26  * 在季节 S 和时段 T 内,线路 L 的输电容量约束条件
27  CP_EQ3a(L,S,T).. K_trn(L)-f_hat(L,S,T) =G= 0;
28  * 在季节 S 和时段 T 内,线路 L 的输电容量约束条件
29  CP_EQ3b(L,S,T).. K_trn(L)+f_hat(L,S,T) =G= 0;
30  * 在季节 S 和时段 T 内,节点 N 的电压角限值
31  CP_EQ4a(N,S,T).. -v(N,S,T) + Pi =G= 0;
32  * 在季节 S 和时段 T 内,节点 N 的电压角限值
33  CP_EQ4b(N,S,T).. v(N,S,T) + Pi =G= 0;
34  * 在季节 S 和时段 T 内,节点 N 的功率平衡
35  CP_EQ5(N,S,T).. c(N,S,T)- SUM(I, SUM(U, y(I,N,S,T,U))) + TT(T)*
        SUM(L$NPlus(L,N), f_hat(L,S,T)) - TT(T)*SUM(L$NMinus(L,N),
        f_hat(L,S,T)) =E= 0;
36  * 在季节 S 和时段 T 内,企业 I 的机组 U 在节点 N 的发电量约束条件
37  CP_EQ6(I,N,S,T,U).. -y(I,N,S,T,U) + TT(T)*A(N,S,T,U)*(K_gen(I,N,U
        )+z(I,N,U)) =G= 0;
38  * 在季节 S 和时段 T 内,企业 I 的机组 U 在节点 N 的发电上爬坡约束条件
39  CP_EQ7(I,N,S,T,U).. R(U)*TT(T)*(K_gen(I,N,U)+z(I,N,U)) - y(I,N,S,
        T,U) + y(I,N,S,T-1,U) =G= 0;
40  * 在季节 S 和时段 T 内,企业 I 的机组 U 在节点 N 的发电下爬坡约束条件
41  CP_EQ8(I,N,S,T,U).. R(U)*TT(T)*(K_gen(I,N,U)+z(I,N,U)) + y(I,N,S,
        T,U)- y(I,N,S,T-1,U) =G= 0;

43  **** 生产者 ****
```

```
44  y.fx(I,N,S,T,U)$(NOT itontou(I,N,U))=0;
45  z.fx(I,N,U)$(NOT itontou(I,N,U))=0;

47  Model CP_QP_GEP
48              /
49  ALL
50              /
51  ;
52  option optcr=0;
53  option reslim = 3000000;
54  Option Iterlim=100000;
55  Option QCP = Cplex;

57  Solve CP_QP_GEP maximizing OF using qcp ;
```

以下代码用于求解示例 7.4，以确定上层有追求福利最大化企业的双层发电扩容。

```
1   * BL_GEP.gms: 实行混合整数二次规划的三节点双层发电扩容规划

3   $INCLUDE PSE/GEP_data.gms

5   Scalar starttime;
6   starttime = jnow;

8   * 变量定义

10  Variables
11  f_hat(L,S,T) Realized power flow on line l in season s and period
        t
12  v(N,S,T) Voltage angle at node n in season s and period t
13  c(N,S,T) Consumption at node n in season s and period t
14  y(I,N,S,T,U) Generation output from unit u at node n owned by
        firm i in season s and period t
15  z(I,N,U) Generation investment in unit u at node n owned by firm
        i
16  mu(L,S,T) Dual for voltage law on line l in season s and period t
17  lambda(N,S,T) Dual for energy balance at node n in season s and
        period t
18  OF Objective function
19  ;

21  Positive variables
22  phi_c(N,S,T) Dual for non-negativity of consumption at node n in
```

```
      season s and period t
23 phi_y(I,N,S,T,U) Dual for non-negativity of generation from unit
      u at node n owned by firm i in season s and period t
24 phi_z(INS,N,U) Dual for non-negativity of generation from unit u
      at node n owned by non-strategic firm ins
25 beta(I,N,S,T,U) Dual for generation capacity from unit u at node
      n owned by firm i in season s and period t
26 beta_up(I,N,S,T,U) Dual for generation up-ramping capacity from
      unit u at node n owned by firm i in season s and period t
27 beta_down(I,N,S,T,U) Dual for generation down-ramping capacity
      from unit u at node n owned by firm i in season s and period
      t
28 mu_up(L,S,T) Dual for positive transmission capacity on line l in
      season s and period t
29 mu_down(L,S,T) Dual for negative transmission capacity on line l
      in season s and period t
30 kappa_up(N,S,T) Dual for positive voltage angle limit at node n
      in season s and period t
31 kappa_down(N,S,T) Dual for negative voltage angle limit at node n
      in season s and period t
32 ;

34 Binary variables
35 x_c(N,S,T) BV for KKT condition for c at node n in season s and
      period t
36 x_y(I,N,S,T,U) BV for KKT condition for y from unit u at node n
      owned by firm i in season s and period t
37 x_z(INS,N,U) BV for KKT condition for z from unit u at node n
      owned by non-strategic firm ins
38 x_beta(I,N,S,T,U) BV for KKT condition for beta from unit u at
      node n owned by firm i in season s and period t
39 x_beta_up(I,N,S,T,U) BV for KKT condition for beta_up from unit u
      at node n owned by firm i in season s and period t
40 x_beta_down(I,N,S,T,U) BV for KKT condition for beta_udown from
      unit u at node n owned by firm i in season s and period t
41 x_kappa_up(N,S,T) BV for KKT condition for kappa_up at node n in
      season s and period t
42 x_kappa_down(N,S,T) BV for KKT condition for kappa_down at node n
      in season s and period t
43 x_mu_up(L,S,T) BV for KKT condition for mu_up on line l in season
      s and period t
44 x_mu_down(L,S,T) BV for KKT condition for mu_down on line l in
      season s and period t
45 ;
```

```
47 Equations OF_SP, UL_EQ, YD_EQ, ZD_EQ, CD_EQ, FD_EQ, VD_EQ, CP_EQ2
     , CP_EQ5, Phi_Y_EQa, Phi_Y_EQb, Phi_Y_EQc, Beta_EQa, Beta_EQb
     , Beta_EQc, Beta_Up_EQa, Beta_Up_EQb, Beta_Up_EQc,
     Beta_Down_EQa, Beta_Down_EQb, Beta_Down_EQc, Phi_Z_EQa,
     Phi_Z_EQb, Phi_Z_EQc, Mu_Down_EQa, Mu_Down_EQb, Mu_Down_EQc,
     Mu_Up_EQa, Mu_Up_EQb, Mu_Up_EQc, Kappa_Down_EQa,
     Kappa_Down_EQb, Kappa_Down_EQc, Kappa_Up_EQa, Kappa_Up_EQb,
     Kappa_Up_EQc, Phi_C_EQa, Phi_C_EQb, Phi_C_EQc;
48 * 最大化战略型企业的利润
49 OF_SP.. SUM(S, W(S)*(SUM((N,T), D_int(N,S,T)*c(N,S,T) - D_slp(N,S
     ,T)*c(N,S,T)*c(N,S,T) - SUM(I, SUM(U, C_opr(I,N,U)*y(I,N,S,T,
     U)) ) ) ) ) - SUM(I, SUM(N, SUM(U, C_gen(I,N,U)*z(I,N,U) ) )
     ) - (SUM(INS, SUM(N, SUM(S, SUM(T, SUM(U, TT(T)*K_gen(INS,N,U
     )*(A(N,S,T,U)*beta(INS,N,S,T,U) + R(U)*beta_up(INS,N,S,T,U) +
     R(U)*beta_down(INS,N,S,T,U) ) ) ) ) ) ) + SUM(L, SUM(S,
     SUM(T, K_trn(L)*(mu_up(L,S,T)+ mu_down(L,S,T))) ) ) +SUM(N,
     SUM(S, SUM(T, Pi*(kappa_up(N,S,T)+kappa_down(N,S,T))) ) ) ) -
     OF =E= 0;
50 * 战略型企业的投资决策为非负值
51 UL_EQ(IS,N,U).. -z(IS,N,U) =L= 0;
52 * y 的 KKT 条件
53 YD_EQ(I,N,S,T,U)$(itontou(i,n,u)).. W(S)*C_opr(I,N,U) + beta(I,N,
     S,T,U) + beta_up(I,N,S,T,U) - beta_down(I,N,S,T,U) - beta_up(
     I,N,S,T+1,U) + beta_down(I,N,S,T+1,U) - lambda(N,S,T) - phi_y
     (I,N,S,T,U) =E= 0;
54 * z 的 KKT 条件
55 ZD_EQ(INS,N,U)$(itontou(ins,n,u)).. C_gen(INS,N,U) - SUM(S, SUM(T
     , TT(T)*A(N,S,T,U)*beta(INS,N,S,T,U) ) ) - SUM(S, SUM(T, TT(T
     )*R(U)*beta_up(INS,N,S,T,U) ) ) - SUM(S, SUM(T, TT(T)*R(U)*
     beta_down(INS,N,S,T,U) ) ) - phi_z(INS,N,U) =E= 0;
56 * c 的 KKT 条件
57 CD_EQ(N,S,T).. -W(S)*(D_int(N,S,T) - D_slp(N,S,T)*c(N,S,T)) +
     lambda(N,S,T) - phi_c(N,S,T) =E= 0;
58 * f_hat 的 KKT 条件
59 FD_EQ(L,S,T).. mu(L,S,T) + mu_up(L,S,T) - mu_down(L,S,T) + TT(T)
     *SUM(N$LPlus(L,N), lambda(N,S,T)) - TT(T)*SUM(N$LMinus(L,N),
     lambda(N,S,T)) =E= 0;
60 * v 的 KKT 条件
61 VD_EQ(N,S,T).. -SUM(L$NPlus(L,N), B(L)*mu(L,S,T) ) + SUM(L$NMinus
     (L,N), B(L)*mu(L,S,T) ) + kappa_up(N,S,T) - kappa_down(N,S,T)
     =E= 0;
62 * 在季节 S 和时段 T 内，线路 L 的潮流
63 CP_EQ2(L,S,T).. f_hat(L,S,T) - B(L)*(SUM(N$LPlus(L,N),v(N,S,T)) -
     SUM(N$LMinus(L,N),v(N,S,T))) =E= 0;
```

64 * *在季节 S 和时段 T 内, 节点 N 的功率平衡*
65 CP_EQ5(N,S,T).. c(N,S,T)- SUM(I, SUM(U, y(I,N,S,T,U))) + TT(T)*
   SUM(L$NPlus(L,N), f_hat(L,S,T)) - TT(T)*SUM(L$NMinus(L,N),
   f_hat(L,S,T)) =E= 0;
66 * *phi_y 的析取约束条件*
67 Phi_Y_EQa(I,N,S,T,U).. -y(I,N,S,T,U) =L= 0;
68 Phi_Y_EQb(I,N,S,T,U).. y(I,N,S,T,U) - M_y*x_y(I,N,S,T,U) =L= 0;
69 Phi_Y_EQc(I,N,S,T,U).. phi_y(I,N,S,T,U) - M_y*(1-x_y(I,N,S,T,U))
   =L= 0;
70 * *beta 的析取约束条件*
71 Beta_EQa(I,N,S,T,U).. y(I,N,S,T,U) - TT(T)*A(N,S,T,U)*(K_gen(I,N,
   U)+z(I,N,U)) =L= 0;
72 Beta_EQb(I,N,S,T,U).. -y(I,N,S,T,U) + TT(T)*A(N,S,T,U)*(K_gen(I,N
   ,U)+z(I,N,U)) - M_beta*x_beta(I,N,S,T,U) =L= 0;
73 Beta_EQc(I,N,S,T,U).. beta(I,N,S,T,U) - M_beta*(1-x_beta(I,N,S,T
   ,U)) =L= 0;
74 * *beta_up 的析取约束条件*
75 Beta_Up_EQa(I,N,S,T,U).. y(I,N,S,T,U) - y(I,N,S,T-1,U) - TT(T)*R(
   U)*(K_gen(I,N,U)+z(I,N,U)) =L= 0;
76 Beta_Up_EQb(I,N,S,T,U).. -y(I,N,S,T,U) + y(I,N,S,T-1,U) + TT(T)*R
   (U)*(K_gen(I,N,U)+z(I,N,U)) - M_beta_up*x_beta_up(I,N,S,T,U)
   =L= 0;
77 Beta_Up_EQc(I,N,S,T,U).. beta_up(I,N,S,T,U) - M_beta_up*(1-
   x_beta_up(I,N,S,T,U)) =L= 0;
78 * *beta_down 的析取约束条件*
79 Beta_Down_EQa(I,N,S,T,U).. -y(I,N,S,T,U) + y(I,N,S,T-1,U) - TT(T)
   R(U)(K_gen(I,N,U)+z(I,N,U)) =L= 0;
80 Beta_Down_EQb(I,N,S,T,U).. y(I,N,S,T,U) - y(I,N,S,T-1,U) + TT(T)*
   R(U)*(K_gen(I,N,U)+z(I,N,U)) - M_beta_down*x_beta_down(I,N,S,
   T,U) =L= 0;
81 Beta_Down_EQc(I,N,S,T,U).. beta_down(I,N,S,T,U) - M_beta_down
   *(1-x_beta_down(I,N,S,T,U)) =L= 0;
82 * *phi_z 的析取约束条件*
83 Phi_Z_EQa(INS,N,U).. -z(INS,N,U) =L= 0;
84 Phi_Z_EQb(INS,N,U).. z(INS,N,U) - M_z*x_z(INS,N,U) =L= 0;
85 Phi_Z_EQc(INS,N,U).. phi_z(INS,N,U) - M_z*(1-x_z(INS,N,U)) =L=
   0;
86 * *mu_down 的析取约束条件*
87 Mu_Down_EQa(L,S,T).. -K_trn(L) - f_hat(L,S,T) =L= 0;
88 Mu_Down_EQb(L,S,T).. K_trn(L) + f_hat(L,S,T) - M_mu_down*
   x_mu_down(L,S,T) =L= 0;
89 Mu_Down_EQc(L,S,T).. mu_down(L,S,T) - M_mu_down*(1-x_mu_down(L,S
   ,T)) =L= 0;
90 * *mu_up 的析取约束条件*

```
91  Mu_Up_EQa(L,S,T).. -K_trn(L) + f_hat(L,S,T) =L= 0;
92  Mu_Up_EQb(L,S,T).. K_trn(L) - f_hat(L,S,T) - M_mu_up*x_mu_up(L,S,
        T) =L= 0;
93  Mu_Up_EQc(L,S,T).. mu_up(L,S,T) - M_mu_up*(1-x_mu_up(L,S,T)) =L=
        0;
94  * kappa_down 的析取约束条件
95  Kappa_Down_EQa(N,S,T).. -Pi - v(N,S,T) =L= 0;
96  Kappa_Down_EQb(N,S,T).. Pi + v(N,S,T) - M_kappa_down*x_kappa_down
        (N,S,T) =L= 0;
97  Kappa_Down_EQc(N,S,T).. kappa_down(N,S,T) - M_kappa_down*(1-
        x_kappa_down(N,S,T)) =L= 0;
98  * kappa_up 的隔离约束
99  Kappa_Up_EQa(N,S,T).. -Pi + v(N,S,T) =L= 0;
100 Kappa_Up_EQb(N,S,T).. Pi - v(N,S,T) - M_kappa_up*x_kappa_up(N,S,T
        ) =L= 0;
101 Kappa_Up_EQc(N,S,T).. kappa_up(N,S,T) - M_kappa_up*(1-x_kappa_up
        (N,S,T)) =L= 0;
102 * phi_c 的析取约束条件
103 Phi_C_EQa(N,S,T).. -c(N,S,T) =L= 0;
104 Phi_C_EQb(N,S,T).. c(N,S,T) - M_c*x_c(N,S,T) =L= 0;
105 Phi_C_EQc(N,S,T).. phi_c(N,S,T) - M_c*(1-x_c(N,S,T)) =L= 0;

107 **** 生产者 ****
108 y.fx(I,N,S,T,U)$(NOT itontou(I,N,U))=0;
109 z.fx(I,N,U)$(NOT itontou(I,N,U))=0;

112 Model BL_MIQP_GEP
113        /
114 ALL
115        /
116 ;
117 option optcr=0;
118 option reslim = 3000000;
119 Option Iterlim=100000;
120 Option MIQCP = Cplex;

122 Solve BL_MIQP_GEP maximizing OF using miqcp ;
```

参考文献

[1] Baringo, L., Conejo, A.J.: Transmission and wind power investment. IEEE

Trans. Power Syst. 27, 885–893 (2012).

[2] Bylling, H., Gabriel, S.A., Boomsma, T.K.: A parametric programming approach to bilevel optimisation with lower-level variables in the upper level. J. Oper. Res. Soc. 71, 846–865 (2020).

[3] Dorn, W.S.: Duality in quadratic programming. Quart. Appl. Math. 18, 155–162 (1960).

[4] Energy Information Administration: Capital cost and performance characteristic estimates for utility scale electric power generating technologies (2020). https://www.eia.gov/analysis/ studies/powerplants/capitalcost/pdf/ capital_cost_AEO2020.pdf.

[5] Fortuny-Amat, J., McCarl, B.: A representation and economic interpretation of a two-level programming problem. J. Oper. Res. Soc. 9, 783–792 (1981).

[6] Gabriel, S.A., Conejo, A.J., Fuller, J.D., Hobbs, B.F., Ruiz, C.: Complementarity Modeling in Energy Markets. Springer, New York (2013).

[7] Garcés, L.P., Conejo, A.J., García-Bertrand, R., Romero, R.: A bilevel approach to the transmission expansion planning within a market environment. IEEE Trans. Power Syst. 24, 1513–1522 (2009).

[8] Garver, L.L.: Transmission network estimation using linear programming. IEEE Trans. Power Apparat. Syst. 89, 1688–1697 (1970).

[9] Hashimoto, H.: A spatial Nash equilibrium model. In: Harker, P.T. (ed.) Spatial Price Equilibria: Advances in Theory, Computation, and Application. Springer, Berlin (1985).

[10] Hobbs, B.F.: Optimization methods for electric utility resource planning. Eur. J. Oper. Res. 83, 1–20 (1995).

[11] Hobbs, B.F.: Linear complementarity models of Nash-Cournot competition in bilateral and POOLCO power markets. IEEE Trans. Power Syst. 16, 194–202 (2001).

[12] Huppmann, D., Egerer, J.: National-strategic investment in European power transmission capacity. Eur. J. Oper. Res. 247, 191–203 (2015).

［13］Kazempour, J., Conejo, A.J.: Strategic generation investment under uncertainty via Benders decomposition. IEEE Trans. Power Syst. 27, 424–432 (2012).

［14］Kazempour, J., Conejo, A.J., Ruiz, C.: Strategic generation investment using a complementarity approach. IEEE Trans. Power Syst. 26, 940–948 (2011).

［15］Kazempour, J., Conejo, A.J., Ruiz, C.: Generation investment equilibria with strategic producers–Part I: formulation. IEEE Trans. Power Syst. 28, 2613–2622 (2013).

［16］Maurovich-Horvat, L., Boomsma, T.K., Siddiqui, A.S.: Transmission and wind investment in a deregulated electricity industry. IEEE Trans. Power Syst. 30, 1633–1643 (2015).

［17］Organisation for Economic Co-operation and Development (2021). https://www.oecd.org/.

［18］Pérez-Arriaga, I.J., Rubio, F.J., Puerta, J.F., Arceluz, J., Marín, J.: Marginal pricing of transmission services: an analysis of cost recovery. In: Einhorn, M., Siddiqi, R. (eds.) Electricity Transmission Pricing and Technology. Springer, Berlin (1996).

［19］Pineda, S., Morales, J.M.: Solving linear bilevel problems using big-Ms: not all that glitters is gold. IEEE Trans. Power Syst. 34, 2469–2471 (2019).

［20］Reichenberg, L., Siddiqui, A.S., Wogrin, S.: Policy implications of downscaling the time dimension in power system planning models to represent variability in renewable output. Energy 159, 870–877 (2018).

［21］Reta-Hernández, M.: Transmission line parameters. In: Grigsby, L.L. (ed.) Electric Power Generation, Transmission, and Distribution. CRC Press, Boca Raton (2012).

［22］Rodríguez-Sarasty, J.A., Debia, S., Pineau, P.-O.: Deep decarbonization in Northeastern North America: the value of electricity market integration and hydropower. Ener. Pol. 152, 112210 (2021).

［23］Ruiz, C., Conejo, A.J.: Pool strategy of a producer with endogenous formation of locational marginal prices. IEEE Trans. Power Syst. 24, 1855–1866 (2009).

[24] Sauma, E.E., Oren, S.S.: Proactive planning and valuation of transmission investments in restructured electricity markets. J. Reg. Econ. 30, 261–290 (2006).

[25] Sauma, E.E., Oren, S.S.: Economic criteria for planning transmission investment in restructured electricity markets. IEEE Trans. Power Syst. 22, 1394–1405 (2007).

[26] Schittekatte, T., Momber, I., Meeus, L.: Future-proof tariff design: recovering sunk grid costs in a world where consumers are pushing back. Ener. Econ. 70, 484–498 (2018).

[27] Siddiqui, A.S., Tanaka, M., Chen, Y.: Are targets for renewable portfolio standards too low? The impact of market structure on energy policy. Eur. J. Oper. Res. 250, 328–341 (2016).

[28] Siddiqui, A.S., Tanaka, M., Chen, Y.: Sustainable transmission planning in imperfectly competitive electricity industries: balancing economic and environmental outcomes. Eur. J. Oper. Res. 275, 208–223 (2019).

[29] Storrow, B.: Why the deep freeze caused Texas to lose power. Sci. Amer (2021). https://www. scientificamerican.com/article/why-the-deep-freeze-caused-texas-to-lose-power/.

[30] Tanaka, M., Chen, Y., Siddiqui, A.S.: Regulatory jurisdiction and policy coordination: a bi- Level modeling approach for performance-based environmental policy. J. Oper. Res. Soc. https://doi.org/10.1080/01605682.2020.1843980.

[31] Tangerås, T.P., Mauritzen, J.: Real-time versus day-ahead market power in a hydro-based electricity market. J. Ind. Econ. 66, 904–941 (2018).

[32] Tejada-Arango, D.A., Domeshek, M., Wogrin, S., Centeno, E.: Enhanced representative days and system states modeling for energy storage investment analysis. IEEE Trans. Power Syst. 33, 6534–6544 (2018).

［33］Varian, H.R.: Microeconomic Analysis. W.W. Norton, New York (1992).

［34］Virasjoki, V., Siddiqui, A.S., Oliveira, F., Salo, A.: Utility-scale energy storage in an imperfectly competitive power sector. Ener. Econ. 88, 104716 (2020).

［35］Wogrin, S., Hobbs, B.F., Ralph, D., Centeno, E., Barquin, J.: Open versus closed loop capacity equilibria in electricity markets under perfect and oligopolistic competition. Math. Prog. 140, 295–322 (2013).

索　引
Index